글로벌 산업과 국가경쟁력

이 재 기 저

청목출판사

머리말

세계경제의 통합(integration of global economy)이 진전되고 기술혁신(technological innovation)이 가속화되면서 세계경제의 글로벌화(globalization)가 급속히 진행되고 있다. 1948년 이후 세계교역질서(global trade order)를 규정하여 온 관세 및 무역에 관한 일반협정(GATT : General Agreement on Tariffs and Trade) 체제가 1995년 세계무역기구(WTO : World Trade Organization) 체제로 전환되면서 세계경제는 교역과 투자측면에서 이전보다 한층 광범위한 영역에서 다자간 자유무역규범(multilateral free trade norm)의 지배 하에 놓이게 되었다. 특히, 급속한 경제성장으로 글로벌 거대시장으로 부상하고 있는 중국이 2001년말 WTO에 가입함으로써 교역과 투자환경이 더욱 글로벌화되었다.

세계경제의 글로벌화 수준을 파악할 수 있는 대표적 지표인 해외직접투자(FDI : Foreign Direct Investment)는 1990년대 후반 급격히 증가하여 2000년에는 1조 4,000억 달러를 기록하였다. 2001년 이후에는 해외직접투자가 감소추세를 보이고 있으나 투자규모는 1990년대 초·중반에 비해 여전히 높은 수준을 기록하였다. 거래규모 10억 달러 이상의 국가간 인수·합병(cross-border M&A)도 건수와 금액 면에서 1990년대 후반부터 2000년까지 급증하였다. 상기한 바와 같이 해외투자가 증가하고 있는 것은 세계시장이 단일화되면서 기업들이 글로벌 경쟁체제(global competitive system)에 직면하게 됨에 따라 국제경쟁력(international competitiveness) 제고와 시장확보를 위한 연구·개발(R&D), 조달, 생산 등에 있어 세계적인 최적입지를 확보하고자 하기 때문인 것으로 판단된다.

일국이 국가경쟁력을 가지기 위해서는 해당국 내에 존재하는 산업이 국제경쟁력을 보유하고 있어야 한다. 이 경우 산업의 경쟁력이란 세계시장에서 해당산업이 일정수준 이상의 수익성을 가지면서 지속적인 성장(sustainable growth)을 이룸으로써 경쟁상대보다 우월적 시장지위(superior market status)를 차지하는 것을 의미한다. 일국이 경쟁력있는 산업을 소수(하나 혹은 둘) 보유한다고 해서 해당국가를 경쟁력

있는 국가로 평가할 수 없으며 해당국의 경제 내에 경쟁력 있는 산업이 다수 있어야 비로소 국제경쟁력이 있다고 할 수 있다.

미국은 1997년 이후 국가경쟁력 1위를 고수(固守)하고 있다. 미국의 경쟁력은 지식기반경제(knowledge-based economy) 하에서 세계 각국으로부터 미국기업에 대한 투자뿐만 아니라 우수인력이 미국 내로 모여드는 가장 양호한 환경을 제공하고 있는 데서 비롯된다고 할 수 있다. 미국의 경우 IT부문에서 취업자의 약 20%가 외국인이며 실리콘 밸리(Silicon Valley)에서 취업하고 있는 소프트웨어 엔지니어의 30% 정도가 인도출신이어서 이들 외국인이 미국의 산업부문, 특히 첨단산업부문에 기여하는 바가 지대하다고 할 수 있다.

유럽지역은 국가별로 순위의 부침(浮沈)을 보였는데 정보통신부문에서 세계 최고 수준의 경쟁력을 보유하고 있는 핀란드, 룩셈부르크, 스웨덴 등의 국가경쟁력은 향상된 반면 독일, 영국, 프랑스 등은 국가경쟁력이 하락하였다. 특히, 북유럽국가들의 경쟁력이 향상된 것이 특징으로 지적될 수 있다. 이는 이들 국가가 정보통신 등 신기술 하부구조(new technological infrastructure)에 대한 대규모 투자(핀란드 5.7%, 스웨덴 4%)에 힘입어 경제호황을 나타낸 데 기인하고 있다.

1997년 발표된 부즈·앨런 & 해밀턴 보고서에서는 한국을 일본과 중국 사이에 끼인 넛크래커(nutcracker)와 같은 존재로 비유한 바 있다. 동 보고서는 일본의 경우 첨단고급기술 산업에서 한국을 상당부분 추월하고 있으며 중국의 경우에도 중하급기술 산업은 물론 첨단기술부문도 급속도로 발전하고 있어서 한국이 국가경쟁력을 업그레이드시키지 않는다면 조만간 중국에도 뒤처질 가능성이 큰 것으로 지적하였다.

상기한 대외적인 경쟁여건의 변화에도 불구하고 우리의 국가경쟁력은 거의 향상되지 않고 있다. 매년 스위스 IMD에서 발표하는 국가경쟁력 종합순위(2002년 기준)에서 우리는 조사대상 49개국 중 27위를 나타내고 있다. 이는 우리의 경쟁상대국인 싱가포르(5위), 홍콩(9위), 대만(24위)은 물론이거니와 말레이시아(26위)보다도 낮은 수준이다. 또한, 타 경쟁국들과 기업환경을 비롯한 여러 부문의 조사에서도 가장 낮은 수준을 보이고 있다.

본서는 기본적으로 글로벌 산업과 국가경쟁력에 관심이 있는 학부학생들과 대학원생들뿐만 아니라 기업의 관련업무 종사자들에게도 도움이 되기 위해 최근의 글로벌 산업 및 투자환경의 변화와 국가경쟁력에 관한 제(諸) 이슈를 정리하고자 노력하였다. 본서는 저자를 비롯한 여러 학자들의 시각과 논리, 그리고 관련참고문헌과 자료를 될 수 있는 대로 다양하게 소개하려고 시도하였다. 경우에 따라서는 논리적인 비약도 있으리라 생각된다. 본서가 가지고 있는 내용상의 미흡함에 대해서는 넓은 아량으로 이해해 주기 바란다. 선배 제현과 독자 여러분의 아낌없는 질타와 조언을 기대해 보며 오류로 지적되는 부분이 있으면 차후에 이를 수정할 계획이다.

본서가 나오기까지 여러 동료 교수님들의 성원과 도움이 있었으며 이에 깊은 감사의 말씀을 드리는 바이다. 또한, 원고정리에 많은 수고를 아끼지 않았던 본교 사회과학대학에 재학하고 있는 유대석 군에게 각별히 고마운 마음을 전한다.

출판계의 어려운 사정에도 불구하고 본서의 출판을 흔쾌히 허락해 주신 청목출판사의 유성렬 사장님과 편집에 여러모로 수고해 주신 편집부 여러분에게 진심으로 감사의 말씀을 드린다. 본서의 집필기간 동안 가정에 소홀했음에도 불구하고 항상 사랑과 격려를 보내주고 편안한 안식처를 제공해 준 사랑하는 아내 경심과 군 복무에 열중하고 있는 소중한 아들 형진에게 무한한 감사의 마음을 전한다.

안서동 연구실에서

이 재 기

차 례

제3편 글로벌 주요 산업 분석

제5편 국가경쟁력

제 1 편

글로벌 경제의 동향과 전망*

* 한국개발연구원, KDI 경제전망, 2006. 12. 요약 · 재구성

제 1 장

글로벌 경제의 동향

제1절 개 관

미국은 경기둔화의 조짐을 보이고 있으나 일본과 유로지역(Euroland)은 경기회복세가 지속되고 중국은 높은 성장세를 유지하고 있다.

1. 미국

미국경제는 내구소비재를 중심으로 소비증가세가 유지되고 있으나 주택건설투자가 대폭 감소하고 취업자수 증가도 둔화되는 등 경기둔화의 조짐을 보이고 있다. 주요 전망기관들은 미국경제가 2007년에 내수성장세 둔화로 2006년보다 낮은 2.2~2.7%의 성장을 기록할 것으로 전망하고 있다.

2. 일본

일본경제는 소비가 부진하였으나 설비투자와 수출이 호조를 보이며 완만한 경기회복세가 지속되고 있다. 주요 전망기관들은 일본경제가 수출증가세 유지와 내수회복세로 2007년에는 2.0~2.4%의 성장률을 기록할 것으로 보고 있다.

3. 유로지역

유로경제는 투자지출을 중심으로 한 내수부문의 성장에 대한 기여율이 증가하며 견실한 성장세를 보이고 있다. 주요 전망기관들은 유로경제가 2007년에 금리인상과 긴축재정정책 등 내수에 부정적인 요인이 상존하고 있으나 1.7~2.2% 성장할 것으로 보고 있다.

4. 중국

중국경제는 고정자산투자(fixed asset investment)의 증가세가 둔화되고 있으나 사상최대의 무역흑자(trade surplus)를 갱신하고 있는 수출호조로 높은 성장세를 유지하고 있다. 최근 경제협력개발기구(OECD)는 경제전망발표에서 중국경제가 2007년에도 10.3%의 높은 성장을 시현할 것으로 전망하고 있다.

제 2 절 주요 국가(지역)별 동향

1. 미국

1.1 국내총생산

국내총생산(GDP : Gross Domestic Product)은 2006년 3분기 중 주택투자가 감소함에 따라 2분기(전기 대비 0.6%, 연율 2.6%)에 비해 증가세가 소폭 둔화된 0.5%(연율 2.2%)를 기록한 것으로 나타났다.

(1) 소비

민간소비지출은 전기 대비 0.7%(2분기 : 0.6%) 증가하여 증가폭이 소폭 확대되었는 데 이는 주로 내구재소비 증가폭의 확대(2분기 : -0.0% → 3분기 : 1.5%)에 기인한 것으로 판단된다.

(2) 투자

설비투자는 전기의 0.4% 감소에서 1.8% 증가로 전환되었으나 주택건설투자는 전기 대비 4.8% 감소하여 감소세가 지속적으로 확대된 것으로 나타났다.

(3) 수입

수입은 전기 대비 1.3%(2분기 : 0.3%)로 크게 증가하여 주택건설투자의 약세와 함께 3분기 중 국내총생산 성장률 둔화의 주요 요인으로 작용하였다.

〈표 1-1〉 미국의 국민계정(실질) 추이

(단위 : 전기대비 증가율, %)

	2004	2005				2006		
	연간	연간	2분기	3분기	4분기	1분기	2분기	3분기[1)]
GDP	3.9	3.2	0.8	1.0	0.4	1.4	0.6	0.5
민간소비	3.9	3.5	1.0	1.0	0.2	1.2	0.6	0.7
고정투자	7.3	7.5	2.5	1.5	0.7	2.0	-0.4	-0.2
설비	7.3	8.9	1.9	2.6	0.7	3.7	-0.4	1.8
주택	9.9	8.6	4.7	1.7	-0.2	-0.1	-2.9	-4.8
총 수 출	9.2	6.8	2.3	0.8	2.3	3.3	1.5	1.5
총 수 입	10.8	6.1	0.3	0.6	3.1	2.2	0.3	1.3
정부소비 및 투자	1.9	0.9	0.3	0.8	-0.3	1.2	0.2	0.5

주 : 1) 잠정치

자료 : 미 상무부

1.2 경기관련지표

2006년 10월 중 취업자수는 지속적으로 증가폭이 둔화되고 있으며 에너지가격 급락에 따라 물가는 안정되고 있다.

(1) 산업생산

2006년 10월 중 산업생산은 9월 중 일시적인 감소세가 회복되면서 전월 대비 0.2%로 지속적인 증가세를 유지(9월 : -0.6% → 10월 : 0.2%)한 것으로 나타났다.

※ ISN 제조업지수는 신규주문 및 생산 등 전반적인 지표 둔화에 기인하여 2006년 10월 중 51.2%를 기록하였는 데, 이는 2003년 6월 이후 최저 수준임

(2) 취업자수

2006년 10월 중 취업자수(비농업부문)는 건설업과 제조업의 취업자수 감소로 인해 전월에 비해 증가폭이 둔화되었으며 실업률은 4.4%로 하락한 것으로 나타났다.

취업자수 증가(비농업, 만명) : (2006년 8월) 23.0 → (9월) 14.8 → (10월) 9.2
실업률(연율, %) : (2006년 8월) 4.7 → (9월) 4.6 → (10월) 4.4

(3) 물가

2006년 10월 중 소비자물가는 에너지가격(-7.0%) 급락에 따라 전월 대비 0.5% 하락하여 2개월 연속 하락세를 나타내었다.

(4) 소비

2006년 10월 중 실질 개인소비지출은 비내구재 소비지출(2006년 9월 : -0.1% → 10월 : 0.7%)의 증가에 따라 전월 대비 0.4% 증가한 것으로 나타났다.

(5) 투자

2006년 10월 중 설비투자 관련 비국방자본재 출하는 전월 대비 2.4% 감소하였으며 건설지출도 주택건설 감소로 인해 전월 대비 1.0% 감소하면서 3분기에 이어 지속적인 하락세를 기록하였다.

(6) 수출입

2006년 9월 중 수출은 0.7%의 증가를 기록하였으며(8월 : 3.0%), 수입은 2.5% 감소한 것으로 나타났다.

※ 무역수지 적자는 2006년 9월 중 701억 달러(8월 중 749억 달러)로 축소되었음

〈표 1-2〉 미국의 주요 경기지표 추이

(단위 : 전기대비 증가율, %, 지수)

	2005			2006						
	연간	3분기	4분기	1분기	2분기	3분기	7월	8월	9월	10월
소비판매	7.2	2.0	0.6	3.1	0.8	0.9	1.4	0.0	-0.6	-0.4
개인소비지출[1)]	3.5	1.0	0.2	1.2	0.6	0.7	0.5	-0.1	0.2	0.4
비국방자본재출하	11.8	1.3	7.6	0.4	1.3	2.4	0.6	2.0	-0.4	-2.4
건설지출	9.1	1.7	2.8	1.6	0.7	-1.8	-0.7	-0.0	-0.8	-1.0
산업생산	3.2	0.3	1.3	1.3	1.6	1.0	0.3	0.3	-0.6	0.2
실업률	5.1	5.0	4.9	4.7	4.7	4.7	4.8	4.7	4.6	4.4
수 출	10.8	1.1	3.5	5.0	3.4	3.7	-1.7	3.0	0.7	-
수 입	13.9	3.1	5.1	1.6	2.4	3.7	1.2	2.5	-2.5	-
무역수지(억$)	-7,827	-1,988	-2,125	-2,079	-2,106	-2,185	-735	-749	-701	-
소비자물가	3.4	1.4	0.8	0.6	1.2	0.7	0.4	0.2	-0.5	-0.5
생산자물가	4.9	1.6	1.8	-0.1	1.1	0.1	0.1	0.1	-1.3	-1.6
ISM제조업지수[2)]	55.4	55.9	57.0	55.6	55.2	54.0	54.7	54.5	52.9	51.2
소비자신뢰지수[3)]	100.3	98.9	95.8	105.6	106.6	104.2	106.5	100.2	105.9	105.1

주 : 1) 2000년 불변가격 기준, 2) 50 기준, 3) Conference Board, 1985 = 100
자료 : 미 FRB, 미 상무부, 미 노동부, 미 통계국, ISM, Conference Board

2. 일본

1.1 국내총생산

국내총생산(잠정치)은 2006년 3분기 중 전기 대비 0.5%(연율 2.0%)를 기록하며 2분기(0.4%, 연율 1.5%)에 이어 견실한 성장을 유지하였다.

민간소비가 고용소득 감소로 인해 전기 대비 0.7% 감소를 기록하며 대폭 하락하였으나 전반적인 고용상황 개선과 함께 민간소비도 회복될 것으로 전망된다. 한편, 소비약세에도 불구하고 주택투자(2006. 2분기 : -2.5% → 3분기 : 0.1%) 및 총수

출(2006. 2분기 : 0.9% → 3분기 : 2.7%) 증가로 인해 국내총생산(GDP)은 7분기 연속 증가세를 유지한 것으로 나타났다.

〈표 1-3〉 일본의 국민계정(실질) 추이

(단위 : 전기대비 증가율, %)

	2004	2005				2006		
	연간	연간	2분기	3분기	4분기	1분기	2분기	3분기[1]
국내총생산	2.3	2.7	1.3	0.5	1.0	0.8	0.4	0.5
민간소비	1.9	2.3	0.9	0.9	0.7	-0.1	0.5	-0.7
주 택	1.9	-0.7	-1.4	1.5	1.6	1.2	-2.5	0.1
설비투자	4.9	7.5	2.3	1.1	0.2	3.7	3.5	2.9
정부소비	2.0	1.7	0.3	0.3	0.1	0.0	0.2	0.1
총 수 출	13.9	7.0	3.6	2.9	3.7	2.5	0.9	2.7
총 수 입	8.5	6.2	1.7	3.9	-0.8	2.4	1.4	-0.1

주: 1) 잠정치

자료 : 일본 내각부

1.2 경기관련지표

2006년 10월 중 기업관련지표는 지속적인 호조를 보였으며 소비관련지표의 약세도 소폭 완화된 것으로 나타났다.

(1) 산업생산

2006년 10월 중 산업생산은 기업들의 투자가 확대되면서 전월 대비 1.6% 증가하였으며 전년동월 대비로도 7.4% 증가하여 증가세가 지속되었다.

(2) 취업자수

2006년 10월 중 취업자수는 6,437만명을 기록하여 전월(6,431만명)보다 소폭 증가하였으며 실업률(unemployment rate)은 4.1%로 전월(4.2%)에 비해 감소한 것으로 나타났다.

(3) 소비 · 투자

2006년 10월 중 실질 가계소비지출 및 설비투자 동행지표인 자본재 출하는 각각 전월 대비 5.5%, 9.4% 증가로 반전되었다.

※ 설비투자선행지표인 민간기계 수주는 철강업(-22.3%) 등의 업종부진으로 2006년 9월 중 전월 대비 7.4% 감소로 전환되었음(2006년 8월 : 6.7% 증가)

(4) 수출입

2006년 10월 중 수출은 전월 대비 3.5% 감소한 반면에 수입은 전월 대비 2.7% 증가한 것으로 나타났다.

※ 전년동월 대비로도 수출은 11.5%를 기록하며 증가폭이 축소된 반면에 수입은 17.5%의 높은 증가세를 유지하였음

(5) 경기기대지수

2006년 9월 중 경기주체들의 경기기대지수(Diffusion Index)는 8월과 같은 18.2(잠정치)를 기록한 것으로 나타났다.

〈표 1-4〉 일본의 경기관련지표 추이

(단위 : 전기대비 증가율, %, 지수)

	2005			2006						
	연간	3분기	4분기	1분기	2분기	3분기	7월	8월	9월	10월
소매판매	1.1	-1.5	-0.1	1.7	-0.3	-0.9	-1.6	1.7	-1.5	-0.2
가계소비지출[1)]	-0.3	-1.4	2.0	-2.8	-1.0	-2.5	-0.6	-1.2	-2.3	5.5
기계수주(민간)	7.1	3.2	2.8	-0.4	8.9	-11.1	-16.7	6.7	-7.4	-
자본재출하[2)]	5.4	0.0	2.4	-4.8	9.7	-1.4	1.0	-2.6	-6.0	9.4
산업생산	1.7	-0.5	2.8	0.6	0.9	1.0	-0.9	1.8	-0.7	1.6
경기선행지수[3)]	55.2	69.5	61.1	70.8	62.5	21.2	27.3	18.2	18.2	-
실업률	4.4	4.3	4.5	4.2	4.1	4.1	4.1	4.1	4.2	4.1
소비자물가[4)]	-0.3	-0.3	-0.7	-0.1	0.2	0.6	0.3	0.9	0.6	0.4
수출	7.3	5.7	8.9	-2.7	2.4	6.6	0.8	-2.8	11.2	-3.5
수입	15.7	7.9	7.2	1.7	1.0	5.9	-0.0	8.8	-2.1	2.7
M2+CD[4)]	1.9	1.8	2.0	1.7	1.4	0.5	0.5	0.4	0.6	0.7
환율(엔/달러)	110.2	113.3	117.5	117.5	114.7	118.1	114.5	117.2	118.1	117.7
주가(닛케이)[5)]	16,111	13,574	16,111	17,060	15,505	15,908	15,457	16,141	16,128	16,352

주 : 1) 근로자 세대, 2) 수송기계 제외, 3) DI 50기준지수, 4) 전년동기대비 증가율, 5) 기말
자료 : 총무성 통계국, 내각부, 경제산업성, 재무성, 일본은행, 국제금융센터

3. 유로지역

3.1 경제성장

유로지역의 역내총생산은 2006년 3분기 중 전기 대비 0.5% 증가하여 2006년 2분기(1.0%)에 비해 성장세가 둔화된 것으로 나타났다.

(1) 소비

민간소비는 2006년 2분기 0.3% 증가에서 3분기 0.6%로 증가세가 확대되었으며 정부소비 또한 3분기 0.8%를 기록하며 전분기(0.1%)에 비해 증가세가 확대된 것으로 나타났다.

(2) 투자

총고정투자는 2006년 2분기 2.3% 증가에서 3분기 0.8% 증가로 상승세가 둔화되었다.

(3) 국가별 동향

국가별로 독일과 프랑스는 2006년 3분기 중 각각 0.6%와 0.0%의 성장률을 기록하여 2분기(각각 1.1%와 1.2%)에 비해 성장세가 둔화되었으며 스페인은 0.9%, 영국은 0.7% 성장하여 각각 전분기와 유사한 양상을 나타내었다.

〈표 1-5〉 유로지역의 역내 총생산(실질) 추이

(단위 : 전기대비 증가율, %)

	2005		2006		
	3분기	4분기	1분기	2분기	3분기
역내총생산	0.6	0.3	0.8	1.0	0.5
민간소비	0.7	0.1	0.7	0.3	0.6
정부소비	0.6	0.4	0.9	0.1	0.8
총고정투자	1.4	0.6	1.0	2.3	0.8
총수출	2.6	0.7	3.8	1.1	1.7
총수입	2.5	1.6	2.8	1.1	2.1

국가별 총생산 증가율	2005		2006		
	3분기	4분기	1분기	2분기	3분기
독일	0.5	0.3	0.8	1.1	0.6
프랑스	0.8	0.2	0.5	1.2	0.0
스페인	0.8	1.0	0.9	0.9	0.9
영국	0.5	0.7	0.7	0.7	0.7

주 : 영국은 유로경제권에 포함되지 않지만 참고로 수록
자료 : Eurostat

3.2 경기관련지표

유로지역은 주요 심리지표들이 개선되고 유로(Euro)화 강세에도 불구하고 수출이 증가세를 보이고 있으나 산업생산은 소폭 감소세로 전환되었다.

(1) 실업률

실업률은 2006년 10월 중 7.7%로 2001년 4월 이후 가장 낮은 수준을 나타내었다.

(2) 소비

2006년 9월 중 전월 대비 유럽 소매판매는 -1.1%에서 10월 중에는 0.3%를 기록하였다.

(3) 물가

소비자물가지수는 2006년 10월 중 1.6%로 전월 1.8%에 비해 감소한 것으로 나타났다.

※ 유로통계국 잠정치에 의하면 2006년 11월 중 물가지수는 1.8%로 소폭 증가하였으나 유럽중앙은행(ECB) 물가목표치인 2%보다 3개월 연속 낮은 수준을 기록하였음

(4) 생산

산업생산은 전기 대비 2006년 9월 중 -1.0%를 기록하며 감소세로 전환되었다.

(5) 경기체감지수

전반적인 경기상황을 반영하는 경기체감지수(장기 추세치 100)는 2006년 9월 중 109.3에 이어 10월 중 110.3으로 1.0포인트 개선된 것으로 나타났다. 이는 2001년 2월 이래 가장 높은 수준으로 2005년 7월 이후 지속적으로 상승세를 보이고 있다.

(6) 제조업 구매자지수 · 서비스업 구매자지수

① 제조업 구매자지수

제조업 구매자지수(PMI)는 2006년 9월 중 58.4에 이어 10월 중 58.4를 기록하였다. 제조업 구매자지수는 2005년 7월(50.8) 이후 지속적으로 50을 상회하고 있다.

② 서비스업 구매자지수

서비스업 구매자지수(PMI)는 2006년 10월 중 56.3(9월 56.5)을 기록하여 전월 대비 소폭 감소한 것으로 나타났다.

(7) 수출입

수출은 2006년 9월 중 전년동월 대비 9.5% 증가로 8월 7.4%보다 높은 증가율을 보이고 있는 반면에 수입은 2006년 9월 중 8.9%로 8월 9.6%에 비해 둔화된 것으로 나타났다.

〈표 1-6〉 유로지역의 경기관련지표 추이

(단위 : 전기대비 증가율, 지수, %)

	2005					2006						
	연간	1분기	2분기	3분기	4분기	1분기	2분기	3분기	7월	8월	9월	10월
경제성장률	1.3	0.4	0.4	0.6	0.3	0.8	1.0	0.5	-	-	-	-
소매판매	1.4	0.5	-0.3	0.7	0.3	0.2	-	-	0.4	0.7	-1.0	0.3
실업률	8.6	8.8	8.7	8.5	8.3	8.1	7.9	-	7.8	7.8	7.8	7.7
소비자물가[1]	2.2	2.0	2.0	2.3	2.3	2.3	2.5	2.1	2.4	2.3	1.8	1.6
산업생산[2]	1.2	0.0	0.7	0.9	0.6	1.1	-	-	-0.5	1.9	-1.5	-
경기체감지수[3]	98.2	98.7	96.1	97.7	100.1	102.6	106.5	108.8	108.6	108.3	109.3	110.3
제조업PMI[4]	53.1	51.4	49.3	51.0	53.0	54.7	57.1	57.8	57.4	57.7	58.4	58.4
서비스업PMI[4]	53.9	53.1	53.1	53.8	55.6	57.3	59.2	57.0	57.9	56.5	56.5	56.3
수출[1)5)]	7.4	3.3	6.2	10.0	9.8	16.3	9.2	-	7.3	7.4	9.5	-
수입[1)5)]	12.7	8.9	11.2	15.1	15.1	22.9	14.0	-	13.8	9.6	8.9	-
M3[1]	7.4	6.7	7.0	8.0	7.8	7.9	-	-	7.8	8.2	8.5	8.5
환율(US$/EUR)[6]	1.244	1.311	1.259	1.220	1.188	1.202	1.258	1.274	1.278	1.280	1.273	1.261
주가[7]	3,209	3,025	3,064	3,308	3,433	3,729	3,693	3,727	3,617	3,741	3,818	3,976

주 : 1) 전년동기대비, 2) 건설업을 제외한 전산업, 3) 100 기준, 4) 50 기준, 5) 통관 기준 (역내교역 제외), 6) 기간 평균, 9월은 기말기준,
7) DJ EURO STOXX 50, 기간 평균

자료 : Eurostat, ECB, Global Insight

4. 중국

중국은 고정자산투자의 증가세가 둔화되고 있으나 전반적으로 높은 경제성장세를 유지하고 있다.

4.1 생산

공업생산은 2006년 10월 중 14.7% 증가하며 전월(16.1%)에 비해 증가세가 소폭 둔화된 것으로 나타났다.

4.2 소비

소매판매는 2006년 10월 중 전년동월 대비 14.3% 증가하며 5월 이후 14% 내외의 증가세를 지속하였다.

4.3 투자

고정자산투자는 2006년 10월 중 26.8% 증가하며 6월 이후 증가세가 서서히 둔화되는 양상을 나타내었다.

> ※ 고정자산투자(전년동기 대비, %) : (2006년 7월) 30.5 → (8월) 29.1 → (9월) 28.2 → (10월) 26.8

4.4 물가

소비자물가는 2006년 10월 중 전년동월 대비 1.4% 증가하여 전월(1.3%)과 비슷한 수준의 증가세를 유지한 것으로 나타났다.

4.5 수출입

수출은 2006년 10월 중 전년동월 대비 29.6% 증가하며 전월(30.6%)에 이어 높은 증가세를 기록하였고, 수입은 14.7% 증가하여 전월(22%)에 비해 증가율이 크게 감소한 것으로 나타났다.

※ 수입의 감소에 따라 무역수지는 전월에 이어 대규모(238억 달러) 흑자를 기록하였음

〈표 1-7〉 중국의 경기관련지표 추이

(단위 : 전년동기대비 증가율, %)

	2005				2006					
	연간	2분기	3분기	4분기	1분기	2분기	3분기	8월	9월	10월
국내총생산	10.2	10.1	9.8	9.9	10.2	11.3	10.4	-	-	-
공업생산	16.4	16.5	16.2	16.4	16.7	18.0	16.2	15.7	16.1	14.7
소매판매	12.9	12.6	12.6	12.6	12.8	13.9	13.8	13.8	13.9	14.3
고정자산투자[1]	27.2	27.1	27.7	27.2	29.8	30.9	28.2	29.1	28.2	26.8
소비자물가	1.8	1.7	1.3	1.4	1.2	1.4	1.3	1.3	1.5	1.4
수출[2]	28.4	30.9	28.7	21.7	26.6	24.1	28.6	32.7	30.6	29.6
수입[2]	17.6	16.0	19.7	22.1	24.8	18.6	22.0	24.5	22.0	14.7
무역수지(억$)[2]	1,019	233	280	335	233	380	487	188	153	238
M2(말잔)	16.0	15.7	17.9	17.6	18.9	18.8	17.7	17.9	16.8	17.1
주가(상해B)[3]	62.0	65.3	67.7	60.9	87.0	93.1	96.8	91.8	107.8	107.6

주 : 1) 누계액 기준, 2) US$ 기준, 3) 기말 기준

자료 : 중국 국가통계국, 상무부

제 3 절 환율 및 금리 동향

엔(Yen)화와 유로(Euro)화는 달러화 대비 강세를 보이고 있으며 주요 선진국의 장기금리는 미국은 하락한 반면에 독일과 일본은 2006년 3분기 말 수준을 유지하였다.

1. 환율

엔화와 유로화는 2006년 10~11월 중 일본과 유로지역(Euroland)의 경기회복세 지속, 미국과의 금리격차 축소 예상 등으로 달러화 대비 강세를 보였다.

1.1 엔/달러

엔/달러 환율은 일본경제의 회복세 지속, 일본은행(BOJ)의 콜금리 인상 가능성이 제기되며 하락하였다.

※ 일본경제는 2006년 3분기 성장률(전기 대비 0.5%, 연율 2.0%)이 예상치(전기 대비 0.2%, 연율 1.0%)를 크게 상회하고 일본은행(BOJ : Bank of Japan)의 연내 추가 금리인상설로 엔/달러 환율은 2006년 9월말 118.2엔에서 10월말 117.0엔, 11월말 115.8엔으로 하락하였음

1.2 유로/달러

유로/달러 환율은 유럽중앙은행(ECB : European Central Bank)의 기준금리 인상 가능성과 견실한 성장세에 기인하여 하락하였다. 유로지역의 통화량과 가계대출 증가세가 지속되며 인플레이션 압력(inflationary pressure)에 대한 가능성이 증가하는 가운데 ECB의 기준금리 인상 가능성이 제고되었다.

※ 유로/달러 환율은 2006년 11월말 기준 달러당 0.760유로를 기록하여 2006년말(0.844유로) 대비 9.8% 하락하였음

〈표 1-8〉 주요 통화 환율 추이

		2005	2006								
		12월	3월	4월	5월	6월	7월	8월	9월	10월	11월
엔/달러	평균	118.4	117.3	117.0	111.8	114.7	115.7	116.0	117.2	118.7	117.3
	기말	117.8	117.8	113.8	112.7	114.4	114.7	117.4	118.2	117.0	115.8
유로/달러	평균	0.843	0.831	0.815	0.783	0.790	0.788	0.781	0.785	0.793	0.777
	기말	0.844	0.825	0.792	0.781	0.782	0.783	0.780	0.787	0.786	0.760

자료 : 한국은행, 국제금융속보

2. 금리

미국의 장기금리는 2006년 11월말 기준 3분기 말보다 하락하였으나 독일과 일본의 장기금리는 지난 3분기말 수준을 유지한 것으로 나타났다.

2.1 미국

미국의 장기국채금리(10년물)는 미국경제의 둔화예상으로 정책금리인상이 2006년 8월 이후 연속 동결된 영향으로 11월말 기준 4.46%로 9월말(4.63%) 대비 17bp 하락하였다.

2.2 독일 · 일본

독일과 일본의 장기국채금리(10년물)는 2006년 10월 중 유럽중앙은행(ECB)의 기준금리 인상과 일본의 경제지표 호조로 일시 상승하였으나 11월에는 다시 하락하며 9월말과 비슷한 수준인 각각 3.70%와 1.66%를 나타내었다.

〈표 1-9〉 주요 국가의 국채 수익률 추이

		2005	2006								
		4분기	3월	4월	5월	6월	7월	8월	9월	10월	11월
미국	평균	4.49	4.72	4.99	5.10	5.10	5.08	4.87	4.71	4.73	4.59
	기말	4.39	4.85	5.05	5.12	5.14	4.98	4.73	4.63	4.60	4.46
독일	평균	3.37	3.66	3.92	3.98	3.99	4.02	3.89	3.76	3.80	3.73
	기말	3.31	3.77	3.95	3.98	4.07	3.92	3.76	3.71	3.74	3.70
일본	평균	1.53	1.70	1.91	1.92	1.87	1.91	1.81	1.68	1.76	1.70
	기말	1.48	1.78	1.89	1.84	1.93	1.93	1.63	1.68	1.72	1.66

주 : 각국의 10년물 국채 금리
자료 : 한국은행, 국제금융속보(실적치)

제4절 국제원자재 및 반도체 가격

국제유가는 지정학적 위험요인(geopolitical risk factor)의 개선과 원유수급 안정으로 하락한 후 횡보하는 양상을 나타내고 있으며 반도체 가격은 하락한 것으로 나타났다.

1. 국제유가

국제유가(두바이 기준)는 2006년 9월 중순 이후 배럴당 60달러 아래로 하락한 후 55~60달러 수준에서 등락하는 양상을 나타내고 있다. 국제유가는 2006년 3분기 중 이란 핵문제와 이스라엘과 헤즈볼라간 충돌, 미 알래스카 유전생산 차질 등으로 급등세를 보였으나 9월 이후 지정학적 위험요인의 개선, 원유생산차질 시설의 복구, 미 휘발유 성수기 시즌 종료, 투기자금(speculative fund)의 이탈 등으로 국제유가는 하락세로 반전하였다.

한편, 국제유가의 하락세가 지속되자 석유수출국기구(OPEC)는 2006년 10월 19일 긴급총회에서 하루 120만 배럴 감산에 합의하고 추가적인 유가하락 방지를 위해 노력하고 있다. 국제유가는 2006년 11월 말까지 평균 62달러를 기록하여 2005년 연평균(50달러) 대비 23.8% 상승한 것으로 나타났다.

〈표 1-10〉 유가 및 로이터지수 추이

(단위 : 달러/배럴, 지수, 평균기준)

	2005	2006								
	12월	3월	4월	5월	6월	7월	8월	9월	10월	11월
유가(두바이)	57.3	57.9	64.2	65.3	65.2	69.2	68.9	56.3	56.6	56.8
로이터지수	1,768	1,925	1,978	2,025	1,995	2,015	2,036	2,034	2,088	2,153
CRB지수[1)]	331.8	333.2	349.9	344.9	342.3	349.8	329.0	300.9	305.9	321.5

주 : 1) CRB지수는 기간말 기준
자료 : 재경부, 일일경제지표

2. 주요 원자재가격

원자재가격은 농산물가격과 일부 비철금속의 가격상승으로 2006년 9월 중의 하락에서 10~11월 중에는 상승하였다. 비철금속은 2006년 11월말 기준 전월말 대비로 알루미늄(-2.9), 동(-4.5%) 등이 하락하였으나 니켈(6.9%), 아연(4.6%), 등이 상승하였으며, 농산물은 옥수수(17.5%), 대두(8.8%), 소맥(3.9%) 등 대부분 품목이 상승하였다.

※ CRB지수는 2006년 11월말 기준 321.5를 기록하여 전월말 대비 5.1% 상승하였으며, 로이터상품지수도 전월말 대비 3.1% 상승한 것으로 나타났음

3. 반도체가격

반도체(DDR256MB 기준) 현물가격은 2006년 11월 중 하락한 것으로 나타났다. 반도체가격은 2006년 3분기 중 지속적으로 상승하였으나 10월 중순 이후 반도체 수요 감소로 11월말 기준 개당 2.92달러를 기록하고 있다.

※ 세계반도체무역통계기구(WSTS)의 2006년 10월 전망보고서에 따르면 2007년과 2008년에는 각각 8.6%와 12.1% 증가할 것으로 나타났음

〈표 1-11〉 반도체 현물가격 추이

(단위 : DDR256MB, 달러/개)

	2005	2006								
	12월	3월	4월	5월	6월	7월	8월	9월	10월	11월
평 균	2.05	2.05	2.22	2.42	2.39	2.71	2.78	3.06	3.14	3.01
기 말	2.11	1.99	2.46	2.39	2.39	2.53	2.87	3.19	3.08	2.92

제 2 장

글로벌 경제의 전망

제 1 절 경제성장

세계경제는 2007년에 주요 선진국을 중심으로 성장률이 하락하여 2006년보다 둔화될 것으로 전망된다.

1. 경제협력개발기구(OECD)

OECD가 2006년 11월 발표한 경제전망에 따르면 미국은 2006년 3.3%에서 2007년에는 2.4%로 성장률이 둔화되고 일본과 유로지역(Euroland)도 각각 2.8%, 2.6%에서 2.0%와 2.2%로 둔화될 것으로 예상하고 있다.

〈표 2-1〉 세계 경제성장률 추이 및 전망[1)]

(단위 : %)

	2004	2005	2006	2007
세계[2)]	4.0 (5.3)	3.5 (4.8)	3.9 (5.1)	3.2 (4.9)
선진국	- (3.2)	- (2.6)	- (3.1)	- (2.7)
미국	3.9	3.2	3.4 (3.1) [3.3]	2.2 (2.7) [2.4]
일본	2.3	2.6	2.7 (2.7) [2.8]	2.4 (2.1) [2.0]
유로지역	1.7	1.4	2.5 (2.4) [2.6]	1.7 (2.0) [2.2]
독일	0.8	1.1	2.3 (2.0) [2.6]	1.2 (1.3) [1.8]
프랑스	2.0	1.2	2.4 (2.4) [2.1]	1.6 (2.3) [2.2]
영국	3.3	1.9	2.6 (2.7) [2.6]	2.5 (2.7) [2.6]
개도국	- (7.7)	- (7.4)	- (7.3)	- (7.2)
아시아[3)]	7.4 (8.8)	6.9 (9.0)	7.2 (8.7)	6.6 (8.6)
중국	10.1	9.9	10.6 (10.0)[10.6]	9.0 (10.0)[10.3]
대만	6.1	4.0	3.8 (4.0)	3.6 (4.2)
인도	7.5	8.4	7.6 (8.3)	7.2 (7.3)
중남미	5.9	4.3	4.7 (4.8)	4.3 (4.2)
브라질	4.9	2.3	3.1 (3.6) [3.1]	3.7 (4.0) [3.8]
중동	6.4	6.4	5.3 (5.8)	5.3 (5.4)
아프리카	5.0	4.9	5.6 (5.4)	5.5 (5.9)
중앙·동유럽	6.6	5.5	5.3 (5.3)	4.9 (5.0)
CIS	8.3	7.0	7.3 (6.8)	6.2 (6.5)
러시아	7.2	6.4	6.4 (6.5) [6.8]	5.2 (6.5) [6.0]

주: 1) Global Insight 자료를 주로 참조하였으며 ( )와 [ ]의 수치는 각각 IMF와 OECD 자료 참조
2) IMF의 세계 전체 성장률은 PPP 방식의 추정치
3) 아시아 지역에서 Global Insight는 일본만을 제외하고 있으나 IMF는 한국, 일본, 대만, 홍콩, 싱가포르를 제외함
(선진국에 포함)

자료: Global Insight, World Overview, 3Q(Oct.) 2006.
IMF, World Economic Outlook, 2006. 9.
OECD, Economic Outlook, No. 80, 2006. 11.

2. 국제투자은행(IB)

주요 국제투자은행들은 2006년 11월 수정전망에서 미국과 일본의 성장률은 하향 조정하였으며 유로지역은 9월 시점의 전망치를 유지하였다.

2.1 미국 · 일본

미국과 일본은 2007년 중 각각 2.3%와 2.2% 성장할 것으로 전망하여 2006년 9월의 전망치(각각 2.5%와 2.4%)를 소폭 하향 조정하였다.

2.2 유로지역

유로지역은 2007년 중 1.9% 성장할 것으로 예상하여 2006년 9월의 전망치를 유지하였다.

〈표 2-2〉 국제투자은행의 주요 국가 성장률(2006~2007) 전망

국제투자은행	전망연도	2006		2007		전망연도	2006		2007	
	전망시점	9월말	11월말	9월말	11월말	전망시점	9월말	11월말	9월말	11월말
JP Morgan	미국	3.5	3.2	2.9	2.4	일본	2.8	2.8	2.8	2.4
Goldman Sachs		3.4	3.2	2.3	2.0		2.7	2.9	2.4	2.2
Deutsche Bank		3.1	3.3	2.3	2.3		2.9	2.7	1.6	1.4
Morgan Stanley		3.6	3.3	3.0	2.9		2.8	2.8	2.3	2.3
UBS Warburg		3.3	3.2	2.2	2.0		2.6	2.7	2.0	2.2
Merrill Lynch		3.3	3.2	1.8	1.9		3.1	2.8	3.0	2.6
Lehman Brothers		3.4	3.3	2.7	2.5		2.7	2.8	2.8	2.4
성장률 평균		3.4	3.2	2.5	2.3		2.8	2.8	2.4	2.2
JP Morgan	유로	2.8	2.7	2.5	2.3	중국	10.0	10.6	9.0	9.5
Goldman Sachs		2.6	2.7	2.0	2.1		10.5	10.5	9.1	9.8
Deutsche Bank		2.6	2.6	1.6	1.6		10.4	10.6	8.9	9.5
Morgan Stanley		2.5	2.6	1.4	1.6		10.5	10.5	8.5	9.3
UBS Warburg		2.7	2.7	2.1	1.8		10.0	10.2	8.7	9.1
Merrill Lynch		2.2	2.7	2.0	2.1		10.5	-	9.5	-
Lehman Brothers		2.6	2.7	1.4	1.5		10.0	10.4	10.0	9.6
성장률 평균		2.6	2.7	1.9	1.9		10.3	10.5	9.1	9.5

자료: 국제금융센터

제2절 환 율

주요 투자은행들은 향후 달러화는 유로화와 엔화 등 주요 통화 대비 약세를 나타낼 것으로 전망하고 있다.

1. 엔/달러

엔/달러 환율의 경우 전망시점(2006년 11월)부터 3개월 후 114.1엔, 6개월 후 110.9엔, 1년 후에는 105.0엔으로 하락할 것으로 전망하였다.

2. 유로/달러

유로/달러 환율은 전망시점(2006년 11월)부터 3개월 후 0.775유로, 6개월 후 0.770유로, 1년 후에는 0.758유로를 나타낼 것으로 보고 있다.

〈표 2-3〉 주요 투자은행의 환율 전망

	엔/달러			유로/달러		
	3개월	6개월	1년	3개월	6개월	1년
ABN Amro (11. 10)	114.2	113.2	111.2	0.786	0.797	0.760
Barclays Capital (11. 23)	115.0	113.0	110.0	0.769	0.758	0.741
Citi Bank (11. 23)	116.0	114.0	109.0	0.781	0.794	0.806
Glodman Sachs (11. 08)	115.0	115.0	105.0	0.769	0.758	0.758
HSBC (11. 10)	108.0	105.0	98.0	0.758	0.730	0.690
JP Morgan (11. 24)	120.0	-	116.0	0.794	-	0.755
Merrill Lynch (11. 22)	110.0	103.0	96.0	0.794	0.794	0.769
Morgan Stanley (11. 22)	115.0	113.0	108.0	0.752	0.758	0.806
UBS Warburg (11. 20)	114.0	-	100.0	0.769	-	0.714
평 균	114.1	110.9	105.9	0.775	0.770	0.758

자료: 국제금융센터

제3절 금 리

주요 투자은행들은 유로지역과 일본의 장기금리(long-term interest rate)는 2007년 상반기 중 상승할 것으로 전망하고 있다.

1. 미국

미국의 장기국채금리(10년물)는 2007년 1분기 하락, 2분기 상승하여 상반기 전체로는 2006년 4분기 수준과 비슷할 것으로 보고 있다.

2. 유로지역 · 일본

유로지역과 일본의 장기국채금리(10년물)는 2006년 4분기 중 각각 3.89%, 1.84%에서 2007년 상반기에는 3.93%와 2.02%로 상승할 것으로 전망하고 있다.

〈표 2-4〉 주요 투자은행의 주요국 장기 금리(2006~2007) 전망

	미국국채(10년물)			유로화 채권(10년물)			일본국채(10년물)		
	2006. 4분기	2007. 1분기	2007. 2분기	2006. 4분기	2007. 1분기	2007. 2분기	2006. 4분기	2007. 1분기	2007. 2분기
Barclays Capital (11. 20)	-	-	-	4.00	4.00	4.05	1.90	2.10	2.40
Bear Steams (11. 27)	4.70	4.90	5.10	3.85	4.10	4.35	-	-	-
Citi Bank (11. 24)	4.80	4.60	4.65	3.80	3.75	3.80	1.80	1.90	2.00
CSFB (11. 24)	4.55	4.50	4.50	3.75	3.65	3.75	1.55	1.50	1.75
Goldman Sachs (11. 20)	4.80	4.50	4.50	3.90	4.20	4.10	1.80	2.00	2.00
JP Morgan (11. 27)	4.60	4.60	5.00	3.70	3.60	3.60	1.80	2.10	2.40
Merrill Lynch (11. 22)	4.75	4.50	4.30	4.10	4.15	-	2.00	2.10	-
Morgan Stanley (11. 17)	4.85	5.00	5.25	3.95	4.10	3.85	2.00	2.00	1.90
UBS (11. 22)	4.40	4.30	4.10	4.00	3.95	3.85	-	-	-
평 균	4.68	4.61	4.68	3.89	3.94	3.92	1.84	1.96	2.08

자료: 국제금융센터

제4절 유 가

주요 국제석유분석기관들은 국제유가는 2007년에 2006년과 비슷한 수준이거나 하락할 것으로 전망하고 있다.

1. 미 캠브리지에너지연구소

미 캠브리지에너지연구소(CERA)는 2006년 11월 전망보고서에서 기준유가(두바이유) 시나리오의 경우 2006년과 2007년에 각각 배럴당 60.5달러, 55.5달러로 전망하여 9월 전망시(61.3달러, 57.3달러) 보다 하향 조정하였다.

2. 미 에너지정보청

미 에너지정보청(EIA)은 WTI유 기준으로 2007년에 65.2달러로 전망하여 2006년(66.3달러)과 비슷할 것으로 보고 있다.

3. 미 석유산업연구소

미 석유산업연구소(PIRA)는 석유수출국기구(OPEC)의 감산결정, 지정학적 위험(geopolitical risk) 증대 등을 반영하여 2007년에 브렌트(Brent)유와 WTI유는 각각 63.7달러, 64.2달러를 기록하여 2006년(65.2달러, 66.2달러)과 비슷할 것으로 보고 있다.

〈표 2-5〉 국제석유분석기관들의 유가 전망

(단위 : 달러/배럴)

기관 (전망시기)	기준 유종	2005 평균	2006 4분기	2006 평균	2007 1분기	2007 2분기	2007 3분기	2007 4분기	2007 평균	비고
CGES (11. 20)	Brent	54.3	59.0	64.8 (65.2)	51.6	48.1	49.3	50.6	49.9 (58.4)	기준유가
		54.3	60.5	65.2 (-)	54.4	49.9	49.1	48.3	50.4 (-)	겨울 한파
		54.3	61.3	65.4 (66.7)	61.6	62.6	64.7	60.9	62.4 (68.3)	고유가 (IEA 수요 증대)
CERA (11. 8)	Dubai	49.5	53.4	60.5 (61.3)	57.5	56.5	55.5	52.5	55.5 (57.3)	기준유가
	Brent	54.5	56.4	64.3 (67.4)	60.5	59.5	58.5	55.5	58.5 (62.3)	
	WTI	56.6	57.3	65.4 (68.4)	62.0	61.0	60.0	57.0	60.0 (63.8)	
	Dubai	49.5	62.3	62.7 (64.9)	70.3	78.3	76.3	74.3	74.8 (74.3)	고유가 (공급 부족)
	Brent	54.5	66.3	66.8 (70.6)	74.3	82.3	80.3	78.3	78.8 (81.8)	
	WTI	56.6	67.0	67.8 (72.1)	75.0	83.0	81.0	79.0	79.5 (83.8)	
	Dubai	49.5	45.5	58.5 (56.5)	43.5	41.5	40.5	38.5	41.0 (46.8)	저유가 (수요 감소)
	Brent	54.5	48.5	62.4 (60.2)	46.5	44.5	43.5	41.5	44.0 (49.8)	
	WTI	56.6	50.0	63.5 (61.6)	48.0	46.0	45.0	43.0	45.5 (51.3)	
EIA (11. 7)	WTI	56.5	61.0	66.3 (69.8)	64.3	66.3	65.0	65.0	65.2 (70.4)	
PIRA (11. 30)	Brent	54.4	60.1	65.2 (65.8)	64.3	64.7	62.8	62.9	63.7 (63.0)	
	WTI	56.5	60.6	66.2 (67.0)	64.9	65.3	63.3	64.5	64.2 (64.5)	

주 : 1) CGES : 런던 소재 세계에너지센터(Center for Global Energy Studies)
CERA : 미 캠브리지에너지연구소(Cambridge Energy Research Associates)
EIA : 미 에너지정보청(Energy Information Administration)
PIRA : 석유산업연구소(Petroleum Industry Research Associates)
2) 2006년과 2007년 ( )안의 수치는 2006년 9월 전망시점의 유가전망치임

자료 : 석유정보망

제 2 편

글로벌 산업 및 투자환경의 변화

제 3 장

글로벌 산업환경의 변화와 전망

제 1 절　글로벌 산업환경의 변화

글로벌 산업환경의 변화를 다음 5가지 측면에서 살펴보고자 한다.

1. 세계경제의 글로벌화

세계경제의 통합(integration of global economy)이 진전되고 기술혁신(technological innovation)이 가속화되면서 세계경제의 글로벌화(globalization)가 급속히 진행되고 있다. 1948년 이후 세계교역질서(global trade order)를 규정하여 온 관세 및 무역에 관한 일반협정(GATT : General Agreement on Tariffs and Trade)[1] 체제가 1995년 세계무역기구(WTO : World Trade Organization) 체제로 전환되면서 세계경제는 교역과 투자측면에서 이전보다 한층 광범위한 영역에서 다자간 자유무역규범

1) GATT는 관세 및 무역규제 등 무역장벽을 제거할 목적으로 1947년에 발족된 국제경제협정이다. 제2차 세계대전 이후 세계통화질서(global monetary order)의 기초가 된 국제통화기금(IMF : International Monetary Fund) 체제와 함께 자유무역의 기반이 되었다. 1994년 4월 제8차 다자간협상인 우루과이라운드(UR)의 타결을 계기로 1995년 1월부터는 GATT 체제가 종료되고 세계무역기구(WTO)가 세계무역질서를 관장하고 있다(산업은행, 산은조사월보, 2006. 1. pp. 3~38 요약・재구성).

(multilateral free trade norm)의 지배 하에 놓이게 되었다.[2] 특히, 급속한 경제성장으로 인해 글로벌 거대시장으로 부상하고 있는 중국이 2001년말 WTO에 가입함으로써 교역과 투자환경이 더욱 글로벌화되었다.

세계경제의 글로벌화 수준을 파악할 수 있는 대표적 지표인 해외직접투자(FDI : Foreign Direct Investment)는 1990년대 후반 급격히 증가하여 2000년에는 1조 4,000억 달러를 기록하였다.[3] 2001년 이후에는 해외직접투자가 감소추세를 보이고 있으나 투자규모는 1990년대 초・중반에 비해 여전히 높은 수준을 기록하였다.[4] 거래규모 10억 달러 이상의 국가간 인수・합병(cross-border M&A)도 건수와 금액 면에서 1990년대 후반부터 2000년까지 급증하였다. 상기한 바와 같이 해외투자가 증가하고 있는 것은 세계시장이 단일화되면서 기업들이 글로벌 경쟁체제(global competitive system)에 직면하게 됨에 따라 국제경쟁력(international competitiveness) 제고와 시장 확보를 위한 연구・개발(R&D), 조달, 생산 등에 있어 세계적인 최적입지를 확보하고자 하기 때문인 것으로 판단된다.

〈표 3-1〉 세계의 해외직접투자 및 국제 M&A 추이

(단위 : 억달러, 개)

		1993~1998	1999	2000	2001	2002	2003	2004
해외직접투자	금 액	4,017	10,921	13,965	8,259	7,161	6,326	6,481
10억 달러 이상 국제 M&A	건 수	45	114	175	113	81	56	75
	금 액	1,180	5,220	8,662	3,781	2,139	1,411	1,998

주 : 1) 해외직접투자는 FDI Inflows 기준임 2) 1993~1998년은 기간 중 연평균 수치임
자료 : UNCTAD, World Investment Report, 2005. 9.

2) WTO 체제의 출범으로 관세 및 비관세 장벽(tariff and non-tariff barriers)이 완화됨으로써 이전보다 더욱 자유로운 무역환경이 조성되었다. 관할범위도 공산품 분야뿐만 아니라 농산물, 서비스, 지적재산권(intellectual property rights), 투자 등의 분야로까지 확대되었다. 2001년 이후 진행되고 있는 도하개발아젠다(DDA : Doha Development Agenda) 협상이 타결되면 세계경제의 개방 수준은 한 단계 더 진전될 것으로 기대된다.

3) 해외직접투자는 국제간 장기자본이동의 한 형태로서 경영참가를 위해 자본 이동 외에 생산・경영기술, 인력의 진출 등이 수반된다.

4) 2004년의 FDI는 선진국에 대한 투자가 전년 대비 14.1% 감소하였음에도 불구하고 개발도상국(developing country)에 대한 투자의 급증(40.2%)에 힘입어 전년 대비 2.5% 증가한 것으로 나타났다.

해외직접투자(FDI)가 확대되면서 세계교역은 1990년대 이후 지속적으로 증가하여 왔으며 세계교역 증가율은 경기침체기였던 2001년을 제외하면 1991년 이후 지속적으로 세계경제 성장률을 상회하였다.

〈표 3-2〉 세계의 경제성장률과 교역증가율 추이

(단위 : %)

	1991~1995	1996~2000	2001~2004	1998	1999	2000	2001	2002	2003	2004
실질GDP	2.8	3.9	3.6	2.8	3.7	4.7	2.4	3.0	4.0	5.1
교 역	6.2	8.1	4.8	4.6	5.8	12.4	0.1	3.4	5.4	10.3

주 : 교역은 재화와 서비스의 수출입 합계 기준임
자료 : IMF, World Economic Outlook, 2005. 9.

2. 지역주의의 심화

세계경제는 글로벌화되고 있으나 이와 병행하여 지역주의화(regionalization)도 동시에 심화되고 있다(특히, 2003년 9월 개최된 '제5차 WTO 각료회의'에서의 DDA 협상(중간 합의) 실패 이후 주요 국가들은 자유무역협정(FTA) 체결을 위한 노력을 본격화하고 있음). 세계경제의 지역주의화는 지역무역협정의 확산으로 나타나고 있다.5) 1960년에 결성된 유럽자유무역연합(EFTA : European Free Trade Association)에서 비롯된 지역주의는 1990년대 들어 유럽연합(EU : European Union) 통합의 가속화와 북미자유무역협정(NAFTA : North American Free Trade Agreement)의 출범에 자극받아 급속히 확산되었다. 2000년 이후에는 미주, 유럽 및 아시아를 중심으로 더욱 심화되고 있다. EU는 2004년 체코 등 10개 동유럽 국가를 가입시켰으며 미국은 NAFTA와 남미남부공동시장을 포괄하는 세계 최

5) 지역무역협정(RTA : Regional Trade Agreement)은 통합정도의 약한 순서에 따라 자유무역협정(Free Trade Agreement), 관세동맹(Customs Union), 공동시장(Common Market), 경제동맹(Economic Union) 등으로 분류된다. 이 중 대표적인 지역무역협정인 FTA는 정치・경제적으로 긴밀한 관계에 있는 2개 이상의 국가 간에 관세 및 수입제한을 철폐함으로써 가입국 간의 통상을 자유화하려는 국가 간의 협정을 의미한다.

대규모(34개국)의 미주자유무역지대(FTAA) 창설을 추진 중에 있다. 2005년 7월에는 교역규모로 EU와 NAFTA에 이은 세계 3위의 경제블록(economic bloc)인 중·ASEAN FTA가 발효된 바 있다. 세계지역무역협정의 체결건수(2005년 11월 기준)는 186개에 이르고 있으며 이 중 84개가 2001년 이후 체결되었다. 한국도 국가 전략적 차원에서 동시다발적으로 자유무역협정 체결을 시도하고 있다. 2004년 4월 최초로 한·칠레 FTA를 체결하였으며 이미 협상이 타결된 싱가포르, 유럽자유무역연합(EFTA)과의 FTA는 발효되었다. 현재 한국은 EU, 일본, ASEAN, 캐나다, 멕시코 등과 협상을 진행하고 있다.

상기한 바와 같이 세계경제의 지역주의화가 심화되고 있는 것은 세계 각국이 다자간 무역자유화 및 다자규범 제정의 가치를 인정하면서도 특정 국가와의 맞춤식 통상이익 향유, 역내 무역자유화 촉진 등을 위해 자유무역협정을 통상전략의 일환으로 활용하고 있기 때문인 것으로 판단된다.

〈표 3-3〉 시기별 지역무역협정(RTA) 체결건수 추이

(단위 : 개)

	1955~1960	1961~1970	1971~1980	1981~1990	1991~2000	2001~2005.11
신 규	3	3	11	10	75	84
누 계	3	6	17	27	102	186

주 : 186건의 RTA 중 120건(64.5%)이 FTA임
자료 : WTO(www.wto.org)

3. 산업의 디지털화

디지털 기술의 발달에 따른 디지털화(digitalization)의 진전으로 산업 내 정보화(informationization), 산업의 융·복합화 및 소프트·서비스화가 촉진되고 있다. 디지털화의 진전에 따른 세부변화 내용은 다음 3가지로 정리될 수 있다.

① 산업 내 정보화는 정보통신기술의 발달과 인터넷 이용의 폭발적 확산 등에 따라 가속화되면서 기업활동의 글로벌화, 사업모델의 변화 등을 촉진하고 소

비자들의 기업 및 시장 정보에 대한 접근을 용이하게 해주고 있다.

② 디지털 기술(digital technology)을 매개로 다양한 기술들이 유기적으로 결합되면서 산업의 융·복합화가 진전되어 신사업(new business)이 발생하고 있다.

③ 산업의 소프트화·서비스화는 지식과 정보의 가치 증대 및 전자상거래(e-Commerce) 활성화 등에 따라 가속화되면서 소프트웨어 및 서비스 등에 대한 신규수요를 창출하고 있다.

4. 중국의 고도 경제성장

중국은 1978년 이후 개혁·개방정책의 지속적인 추진과 외국인직접투자(FDI) 확대, 2001년말 세계무역기구(WTO) 가입 등에 따른 경제의 고도성장에 힘입어 '세계의 공장'(global factory)이자 세계 최대시장으로 급부상하고 있다. 중국은 1980~2004년 중 세계경제의 연평균 성장률(3.4%)의 약 2.8배에 이르는 연평균 9.5%의 경제성장률을 기록하여 2004년 세계 7위의 경제대국으로 성장하였다. 이에 따라 세계 GDP에서 중국이 차지하는 비중도 1980년 2.6%에서 2004년에는 4.0%로 상승하였다. 무역규모는 동 기간 중 연평균 15.3% 증가하여 1980년 380억 달러에서 2004년에는 11,545억 달러를 기록하여 세계 3위의 무역대국으로 성장하였다.

〈표 3-4〉 중국의 주요 경제지표 추이

	1978	1990	1995	2000	2001	2002	2003	2004	2005. 1~6
GDP(억위안)	3,624	18,548	58,478	89,468	97,315	103,554	117,252	136,515	67,422
경제성장률(%)	11.7	3.8	10.5	8.0	7.5	8.5	9.3	9.5	9.5
FDI(억달러)	18	35	375	407	469	527	535	606	286
무역총액(억달러)	206	1,154	2,809	4,743	5,097	6,208	8,510	11,545	6,450

주 : 1978년의 FDI 18억 달러는 1978~1983년까지의 누적 수치임
자료 : 중국 국가통계국 및 상무부

향후에도 중국은 외국인직접투자의 확대, 2008년 북경올림픽, 2010년 상해박람회 개최에 따른 사회간접자본(SOC) 투자수요 증대 등에 힘입어 고도성장을 지속할 것

으로 보인다.[6)]

〈표 3-5〉 세계 GDP 및 교역에서 중국의 비중 추이

(단위 : %)

	1980	1990	2000	2001	2002	2003	2004
G D P	2.6	1.7	3.4	3.8	3.9	3.9	4.0
교 역	0.9	1.7	3.7	4.1	4.8	5.6	6.3

자료 : IMF, World Economic Outlook, 각호 및 IMF, International Financial Statistics, 각 년도

5. 환경규제의 강화

세계는 지구 온난화 억제, 대기 및 토양오염 방지와 지속적인 경제성장을 위해 환경규제(environmental regulation)를 강화하고 있다. IPCC(Intergovernmental Panel on Climate Change, 기후변화에 관한 정부간 협의체)의 연구결과에 의하면 지구의 평균기온이 지난 1세기 동안 약 0.6℃ 상승하였으며 2100년에는 1990년 대비 1.4~5.8℃ 상승할 것으로 예상된다. 특히, 2005년 2월 선진국의 온실가스(CO_2, CH_4, N_2O, HFCs, PFCs, SF_6) 배출감축 의무를 규정한 교토의정서(Kyoto Protocol)가 발효됨에 따라 온실가스 배출억제를 위한 국제적 환경규제가 더욱 강화될 것으로 보인다.

한편, EU는 청정생산 및 자원순환형 사회경제체제 구축을 목표로 환경규제를 강화하고 있다. EU의 주요 환경규제 내용을 보면 2003년 7월부터 자동차 부품·소재의 중금속 함유량을 규제하는 '폐자동차처리지침'이 시행되고 있다. 납·수은 등 유해물질이 포함된 전기·전자제품의 판매를 금지하는 '유해물질 사용제한지침'과 전기·전자 제품별 회수, 재사용, 재활용 비율을 요구하는 '전기·전자제품 폐기물처리지침'은 각각 2006년 7월과 2007년 1월 시행되고 있다. 이 밖에 생산자가 일정규모 이상 생산·사용하는 물질을 등록하고 관련정보를 제공하도록 의무화하는 '신화

6) 다국적기업들(MNCs)을 대상으로 한 2005~2009년의 매력적인 R&D 투자대상 국가 조사에서 중국이 1위를 차지하였다. 한국은 이탈리아, 태국 등과 공동 13위를 기록하였다(UNCTAD, World Investment Report, 2005. 9).

학물질관리정책(REACH)'도 도입될 예정으로 있다.[7]

제 2 절 글로벌 산업환경의 전망

향후 세계경제는 다음 6가지의 세계적 변화 동인(動因)으로 인해 급격하게 변화될 것으로 보인다.

1. 기술혁신의 가속화

IT, BT, NT[8] 등 신기술의 발달과 이의 융・복합화로 에너지, 소재, 제조공정 및 삶의 질 측면에서 급격한 변화가 예상된다.

2. 글로벌화의 확산 및 글로벌 분업구도 재편의 심화

지역경제블록(regional economic bloc) 및 광역 집적지역을 축으로 한 글로벌화가 확산되고 이에 따른 글로벌 분업구도 재편이 심화될 것으로 전망된다.[9]

3. 글로벌 분업구도 변화의 가속화

선진국 인구의 고령화는 글로벌 분업구도 변화를 가속화시킴과 동시에 고령 및 여성 근로인력 비중의 확대 등을 유발시키게 된다.

---

7) 유럽위원회(EC : European Commission)는 2003년 10월 REACH(Registration, Evaluation and Authorization of Chemicals) 규제안을 채택한 바 있다.

8) IT(Information Technology, 정보기술), BT(Bio Technology, 생명공학기술), NT(Nano Technology, 나노기술)

9) 광역 집적지역(Mega-region)이란 일국 내의 인접한 주요 도시들을 거점으로 한 경제활동지역을 의미한다. 예를 들면, 베이징・톈진・회광, 등베이 3성, 주장 삼각주, 도쿄, 서울 등이다.

4. 제조업의 서비스화 확대

산업간 융합이 심화됨에 따라 제조업의 서비스화가 확대되고 경험가치 제공의 중요성이 더욱 증대될 것으로 전망된다.

5. 환경규제의 강화 및 에너지 개발 필요성의 증대

에너지 자원의 부족과 환경규제의 강화가 예상되며 에너지의 효율적 활용 및 신에너지 개발 필요성이 증대된다.

6. 기업의 사회적 책임 증대

기업의 사회적 책임(CSR : Corporate Social Responsibility)에 대한 요구 증대 및 사회운동이 활동화되면서 기업의 사회적 책임에 대한 국제규범 제정 움직임이 확대된다.

이에 따라 글로벌 산업구조는 생산의 아웃소싱(outsourcing) 보편화, 고부가가치 서비스 영역의 확장, 새로운 산업의 성장 및 발전 등의 방향으로 변화되고 지역구도는 지역경제블록 단위 내의 분업구조 및 경제단위간 교역 심화, 개발도상국들(developing countries)의 대규모 수요 발생에 따른 개발도상국 시장범위의 확대, 대규모·저마진 저개발국 틈새시장(niche market)으로의 진출 확대 등의 방향으로 전개될 것으로 예상된다.

제 4 장

글로벌 투자환경의 변화

제1절 개 관

국경을 초월한 다국적기업(MNCs : Multinational Corporations)의 활동 증가와 해외직접투자(FDI)의 경제적 효과를 인식한 세계 각국들의 FDI 유치 노력으로 인해 지난 20여년 동안 세계 FDI는 고도의 성장세를 시현하였다.[1] 특히, 1990년대 중반 이후 세계 각국은 무역 및 투자자유화 정책을 적극적으로 추진하고 있고 다국적기업들은 급속한 기술변화와 심화되고 있는 경쟁 격화에 대응하여 효율성(efficiency)을 제고시키기 위한 다양한 형태의 해외투자를 증가시킴에 따라 세계 FDI는 연평균 30%를 초과하는 고성장을 시현하였다.

세계경제를 주도하고 있는 미국경제가 2000년 하반기 이후 침체상태를 보이면서 유럽을 비롯한 세계 주요 국가들의 경제성장률이 동조화(synchronization) 현상을 보임에 따라 세계 FDI도 어느 정도 위축될 것으로 예견되었으나 2001년에 들어 연

1) UNCTAD 세계투자보고서에 따르면 2001년 기준 약 65,000여개의 다국적기업이 활동을 하고 있는 것으로 나타났다. 이들 기업은 85만여개에 이르는 해외 계열사를 가지고 있는데 해외에서 5,400만명을 고용하고 있으며(1990년에는 2,400만명을 고용하였으므로 50% 이상 증가), 매출액은 19조 달러에 이르고 있다. 또한, 이들 기업이 투자한 FDI 스톡은(outward 기준) 1990년 1조 7,000억 달러에서 2001년 6조 6,000억 달러로 증가하였다. 이러한 활동의 결과 다국적기업의 해외 계열사들은 2001년 기준 전세계 GDP의 1/10, 전세계 수출의 1/3을 차지하고 있다(대외경제정책연구원, 세계경제, 2002. 11. pp. 27~37 요약 · 재구성).

이어 발생한 9 · 11 테러사태와 미국기업의 부실문제 등으로 해외투자에 대한 불확실성(uncertainty regarding foreign investment)이 가중되면서 세계 FDI는 급격히 위축되었다.

이러한 양상은 2002년에도 그대로 지속되었으며 이 같이 대외여건이 악화되면서 투자유치에 있어서 어려움이 가중되고 있다.[2)] 특히, 우리의 경우 1996년부터 2000년까지 괄목할 만한 FDI 유치 실적을 기록하였다.[3)] 그러나 2001년부터는 대내외 환경악화로 FDI 유치 규모가 급격히 감소하고 있어 우려되고 있다.[4)]

최근 세계 FDI의 위축 국면은 세계경제의 침체,[5)] 미국 테러사태 등의 직접적인 원인과 지난 수년간 발생했던 인수 · 합병(M&A)을 통한 해외투자 과열현상이 조정국면으로 진입하면서 발생한 단기적 현상으로 볼 수 있다. 따라서 이러한 부정적 요인이 제거되고 세계무역기구(WTO) 협상이 진전되어 무역 및 투자가 보다 자유화되면 세계 FDI는 중장기적으로는 더욱 확대될 것으로 보인다.

우리의 경우 국내 구조조정 촉진과 경제성장의 기조유지를 위해 지속적인 FDI 유치가 요구되고 있으나 최근 들어 대내외적 요인으로 인해 투자 유치에 상당한 어려움을 겪고 있다. 이러한 어려움을 극복하기 위해서 우리경제에 내재되어 있는 대내적 요인을 개선하는 것이 시급한 과제가 되고 있다.[6)]

제 2 절 글로벌 투자환경의 변화

1990년대 이후 무역 및 투자자유화(trade and investment liberalization)가 점진적으로 진전되고 있고 기술의 급격한 변화가 발생하였으며 이러한 2가지 요인으로 인

2) 경제협력개발기구(OECD) 주요 회원국의 2002년 1분기 FDI 유치 실적은 전년동기 대비 미국이 42.3% 감소, 영국이 73.8% 감소, 네덜란드가 60.7% 감소한 것으로 나타났다.
3) 2000년 FDI 유치 규모는 1996년과 비교할 때 약 5배 이상 증가하였다.
4) 대외적으로는 세계 FDI의 급격한 위축과 중국경제의 급성장, 대내적으로는 국내기업의 구조조정이 마무리됨에 따라 FDI 유치 규모가 감소하고 있다.
5) 특히, 미국과 EU 및 일본 등의 경제침체가 주요 원인이 되었다.
6) 대외적 요인은 주어진 여건으로서 우리의 의지와는 무관하게 투자 유치에 영향을 미치는 요인이라고 할 수 있다.

해 세계시장에서의 경쟁이 치열하게 전개되고 있다.

우선 무역 및 투자자유화는 다자 및 양자 차원에서 진행되어 왔다. 다자차원에서는 우루과이라운드(UR) 협상 및 1995년 세계무역기구(WTO) 출범을 통해 전세계적인 무역 및 투자자유화를 이행하기 위한 국제적인 합의(international consensus)를 도출해 낸 것이 계기가 되었다. 특히, 투자를 저해하는 개별 국가의 진입 장벽(entry barrier)을 점진적으로 제거해 나간다는 목표 하에서 개별 국가들은 협상을 통해 자국의 여건에 부합되는 개방 수준에 합의한 바 있으며 이를 구체적인 일정 하에서 이행해 나가고 있다. 양자차원에서는 투자촉진을 위한 양자간투자협정(BIT : Bilateral Investment Treaties)과 이중과세협정 체결이 증가하고 있다. BIT의 경우 2000년에 97개국이 158건을 체결, 2001년말 기준 총 2,099건이 체결된 것으로 집계되고 있다. 이러한 양자 및 다자차원의 노력으로 인해 2001년에는 71개국에서 208개의 FDI 관련법이 제정된 바 있으며[7] 다수의 국가들이 허용되는 투자 형태에 대한 제한을 크게 완화하거나 완전히 철폐하게 되었다.[8]

한편, 1990년대 이후 세계시장에서의 기술변화는 매우 급속히 진행되었다. 기업에게는 이 같은 변화가 비용 및 위험을 증가시키는 동시에 운송 및 통신비용 등을 경감시키기 때문에 기업의 세계적 분사(分社)를 촉진시키는 계기가 되었다. 즉, 급격한 기술변화에 따른 위험 및 비용 증가는 기업으로 하여금 최적의 입지로 이동하여 생산 및 판매 활동을 수행하는 데 기여하였으며 통신 및 운송비용의 경감은 전세계에 산재된 생산 및 판매활동의 보다 효율적인 관리를 가능하게 하였다.

전술한 무역 및 투자자유화정책 기조와 급속한 기술변화로 인해 세계시장에서의 경쟁은 보다 격화되었고 기업들은 이러한 여건 하에서 경영효율성을 제고시킬 수 있는 방안을 모색하였다. 그 결과 다국적기업을 포함하는 여러 기업들은 다수 국가의 다양한 산업에 대하여 투자를 함으로써 기업별로 하나의 세계생산시스템(global production system)을 구축하게 되었다.

이 같이 세계경제환경이 급속히 변화하면서 최근의 세계생산시스템은 초기와 비

7) FDI 관련법 중 90% 이상은 FDI 유치를 위한 호의적인 투자환경을 만드는 것을 목표로 하고 있는 법안이다.

8) 최근 들어 과거에는 허용하지 않던 적대적 M&A와 non-equity arrangements 등 모든 형태의 FDI를 허용하는 국가가 점차 증가하고 있다.

교할 때 극적인 변화를 하고 있다. 즉, 지역적 · 세계적 차원에서 세계생산시스템의 통합 강도가 제고되었으며 전체 시스템으로서의 효율성이 강조되고 있다. 이에 따라 세계시장에서는 현지에 입지한 다국적기업 해외계열사의 개별 경쟁력보다는 다국적기업에 의해 조율되는 세계생산시스템 간의 경쟁이 증가하고 있다.

국제생산시스템 간의 경쟁증가로 다국적기업의 관리방식이 주식을 소유해서 직접관리를 하는 방법 위주에서 다양한 비주식관계를 통해 생산자, 공급자, 판매자 등이 프랜차이즈(franchise), 라이센싱(licensing), 하도급계약 등의 형태로 연결되는 방법으로 전환되고 있다. 또한, 생산활동 및 기타 기능을 조직하고 배분하는 세계가치사슬 면에서는 R&D, 서비스관리, 마케팅, 브랜드관리(brand management) 등과 같은 가치사슬의 기능을 보다 기술집약적으로 변화시키는 데 중점을 두고 있다. 그리고 지리적 형태면에서 지난 10여년 동안 기술, 생산, 마케팅 등의 활동이 세계생산시스템 내에서 지리적으로 분산이 되었으나 점차 광범위한 지리적 규모로 강력히 통합되고 있다.

제 3 절 투자유치 성과와 투자잠재력

1. 투자유치 성과

전세계적으로 다국적기업에 의한 투자활동이 전개되어 오는 과정 속에서 국가별로 주목할 만한 차이점이 나타나고 있다. 즉, 투자를 유치할 수 있는 개별 국가의 잠재력과 실제 유치하는 투자는 반드시 일치하지 않을 뿐만 아니라 국가별로 어떠한 정책을 시행하였는가에 따라 국별 투자유치 수준 및 투자잠재력(investment potentials)이 동태적으로 변화하는 것으로 나타나고 있다.

UNCTAD(2002)는 세계 각국의 FDI 성취지수(FDI Performance Index)와 FDI 잠재력지수(FDI Potential Index)를 산출한 후 이를 조합하여 2차 평면위에 각국의 해당 위치를 명시함으로써 향후 정책 수립에 대한 함의를 제공하고 있다. FDI 성취지수는 특정국이 FDI를 유치한 상대적 성과를 나타내는 것인데 이는 특정국이 전세계 FDI에서 차지하는 비중을 특정국이 전세계 GDP에서 차지하는 비중으로 나눈 값이다. FDI 성취지수가 1인 경우 특정국이 전세계에서 차지하는 FDI 비중은 특정국이 전세계 GDP에서 차지하는 비중과 동일하다는 것을 의미한다.

2. 투자잠재력

FDI 잠재력지수는 FDI를 유치하는 개별 국가의 입지상의 우위 또는 투자매력도에 영향을 미치는 여러 가지 요인을 고려하여 산출한 지수이며 UNCTAD의 해외직접투자 결정요인(host country determinants of FDI)에 따르고 있다.[9] UNCTAD 보고서에서는 FDI의 결정요인을 크게 3가지 요인(정책적 결정요인〈policy framework〉, 경제적 결정요인〈economic determinants〉, 사업편의〈business facilitation〉)으로 구분하고 있다.[10]

이 같은 기준 하에 국가별 위치를 조합하여 분류해 보면 〈표 4-1〉과 같이 4개의 영역(front-runner, below-potential, above-potential, under-performance) 등으로 나뉘게 된다. Front-runner는 투자유치 실적과 투자잠재력이 모두 우수한 국가를, below-potential은 투자잠재력은 상대적으로 높으나 투자유치 성과는 상대적으로 좋지 않은 국가를, above-potential은 투자잠재력은 상대적으로 열위이지만 여타 요인으로 인해 투자유치 성과가 우수한 국가를, under-performance는 투자잠재력 및 투

9) FDI 잠재력지수에 영향을 미치는 요인은 여러 가지가 있다. 이 중 전통적 투자이론인 Dunning, J. H.(1980)의 절충이론에 따르면 다국적기업의 해외생산 결정 기준(기업특유의 우위, 내부화, 입지우위) 중 입지우위(입지우위의 구성 요소로서 시장접근성, 투입요소비용 및 생산성, 물류·통신비용, 투자인센티브, 정부개입, 사회간접자본, 문화적 요인 등)가 FDI를 유치하는 현지국의 여건으로서 해당 국가의 투자잠재력을 상당 부분 포함하고 있는 것으로 나타났다.

10) 정책적 결정요인(policy framework)으로는 사회·정치적 안정(sociopolitical stability), 외국인투자기업 관리정책, 민영화정책, FDI 및 무역에 대한 국제협약가입 등을 지적할 수 있다. 사업편의(business facilitation)로는 투자촉진활동(이미지 제고와 홍보), 투자인센티브제도, 사회생활편의제도, 사후투자관리 서비스 등이 있다. 경제적 결정요인(economic determinants)으로는 시장, 자원, 효율성 및 전략적 자산 및 능력 획득 등이 있다. 해외직접투자를 결정한 기업은 정책적 결정요인, 사업편의, 경제적 결정요인 등의 하위 요인을 고려한 후 적합한 투자대상국을 선정하게 된다.

자유치 성과 모두가 상대적으로 열위를 보이는 국가를 의미한다.

〈표 4-1〉 국별 투자유치 성과와 투자잠재력

1988~1990			1988~2000		
	높은 FDI 성과	낮은 FDI 성과		높은 FDI 성과	낮은 FDI 성과
높은 FDI 잠재력	front-runner 호주, 캐나다, 칠레, 중국, 체코, 프랑스, 그리스, 홍콩, 헝가리, 말레이시아, 네덜란드, 폴란드, 싱가포르, 대만, 태국, 영국, 미국 등	below-potential 브라질, 핀란드, 독일, 이탈리아, 일본, 한국, 남아공 등	높은 FDI 잠재력	front-runner 아르헨티나, 캐나다, 칠레, 체코, 핀란드, 프랑스, 독일, 홍콩, 헝가리, 말레이시아, 네덜란드, 폴란드, 싱가포르, 태국, 영국 등	below-potential 호주, 그리스, 이탈리아, 일본, 한국, 멕시코, 대만, 미국 등
낮은 FDI 잠재력	above-potential 아르헨티나, 인도네시아, 멕시코, 필리핀, 베트남 등	under-performance 인도 등	낮은 FDI 잠재력	above-potential 브라질, 중국, 베트남 등	under-performance 인도, 인도네시아, 필리핀, 남아공 등

자료: UNCTAD, World Investment Report, 2002.

중국, 브라질 등은 FDI 유치에 있어서 높은 성과를 보이고 있으나, 지난 10년 전과 비교해 볼 때 잠재력 면에서 상당히 낮아진 것으로 나타났다. 이는 여타 국가들이 상대적으로 FDI를 유치하기 위해 많은 노력을 하고 있기 때문에 상대적인 잠재력이 낮아졌고, 중국의 사회주의(socialism) 지속, 브라질의 경제불안 등이 악영향을 미치고 있을 뿐만 아니라 이미 상당한 투자가 이루어졌다는 것을 시사하고 있다. 호주, 미국 등의 국가는 높은 잠재력은 유지되고 있으나 지난 10여년 동안 FDI 유치 성과가 상대적으로 악화된 것으로 나타났다. 특히, 미국은 최근의 경제불황과 9·11 테러사태 등으로 당분간 투자유치에 어려움이 많을 것으로 판단되나 향후 유치전망은 개선될 것으로 예상된다.

아르헨티나는 지속적으로 투자를 결정하는 제반 요소를 개선시켜 나감으로써 front-runner 위치에 서게 되었으나 최근 악화된 경제여건으로 인해 향후 전망은 밝지 않다고 평가할 수 있다. 이와는 상반되게 독일, 핀란드 등은 FDI 유치를 위해 지속적으로 투자결정요소를 보완한 결과 front-runner 위치로 이동하였다.

한국, 일본, 이탈리아 등은 높은 FDI 잠재력에도 불구하고 FDI 성과 면에서는 상대적으로 낮은 수준을 보이고 있다. 인도네시아, 필리핀 등은 10년 전에는 낮은 FDI 잠재력을 보유하였음에도 불구하고 높은 수준의 FDI를 유치하였지만 동아시아 외환위기(East Asian Foreign Exchange Crisis) 이후 FDI 유치면에서 어려움을 겪고 있다.

한국은 FDI에 대한 잠재력은 상대적으로 높지만 실제 FDI를 유치하는 데에는 부진한 면을 보이고 있는 것으로 평가할 수 있다. 따라서 향후 투자유치 증대를 위해서는 투자가들에게 투자대상국으로서 우리의 입지적 우위 요소에 대해 적극적으로 홍보하는 것이 필요하고 우리가 가지고 있는 정책적 결정요인과 경제적 결정요인 및 사업편의 요소를 전략적으로 조합하고 강화함으로써 다국적기업들의 투자 동기를 유발해야 한다. 또한, 이러한 점에서 핀란드, 독일 등과 같이 below-potential 그룹에서 front-runner 그룹으로 이동한 국가와 front-runner 그룹 국가들의 FDI 결정요인 및 유치 사례를 벤치마킹(benchmarking)하여 우리의 관련제도를 지속적으로 정비할 필요가 있다.

제 4 절 수출경쟁력 제고를 위한 투자유치방향

개도국 및 체제전환국의 과거 경험으로 볼 때 다국적기업에 의한 투자는 투자대상국의 수출경쟁력(export competitiveness)을 제고시켰으며 이로써 투자유치국의 외화소득이 증대되고 고용이 증가하는 등 지대한 경제적 이익(economic benefit)을 가져다 준 것으로 UNCTAD 보고서는 평가하고 있다. 더욱이 수출이 증대됨으로써 자연스럽게 재화(원자재, 중간재, 최종재 등), 서비스, 기술 등의 수입이 늘게 되어 투자유치국의 생산성(productivity)과 삶의 질(quality of life)이 향상된 것으로 나타났다. 이러한 효과가 점차 가시화되면서 개도국 및 체제전환국 등은 자국의 수출경쟁력 강화를 위해 수출지향적인 다국적기업(export-oriented MNCs)을 유치해 왔다. 이는 광범위한 국가발전전략과 연계되어 일관되고 조화된 정책지원이 병행될

때 상당한 긍정적 결과가 발생한 것으로 나타났다.11)

이러한 변화 속에서 투자유치국이 다국적기업의 세계생산시스템에 연계되어 그 것으로부터 보다 많은 이익을 얻기 위해서는 차별화된 목표(differential objective)를 수립하는 전략이 필요하다. UNCTAD 보고서에서는 여러 국가의 투자유치 및 동태적인 국가발전 사례를 검토해 본 결과, 수출지향적인 투자를 촉진시키는 것은 국가전체의 발전전략에서 필수적인 부분이라고 할 만큼 중요하고 투자를 유치하여 수출경쟁력을 제고시키고 나아가 국가발전을 이룩하기 위해서는 단지 투자를 유치하는 것 뿐만 아니라 수출지향적인 투자를 유치하고 향상시키며 국내 역량을 발전시킬 수 있는 투자를 유치하도록 전략을 마련하는 것이 긴요하다고 보고 있다.

따라서 투자촉진정책(investment promotion policy)은 국가의 광범위한 발전 및 산업전략과 일치하도록 목표가 설정되어야 하며 수출보조금(export subsidy)에 대한 WTO 규범을 고려하여 각국의 발전 전략에 부합되는 분야 및 활동에 다국적기업이 투자하도록 이에 적합한 인센티브 패키지(incentive package)를 제공할 필요가 있다. 또한, 인적자원(human resources)을 육성하고 높은 수준의 인프라스트럭처를 구축해야 하며 국내경제의 균형된 발전이 이루어질 수 있도록 지원 정책을 실행해야 한다.

제 5 절 시사점

다국적기업에 의한 FDI는 해당 국가경제에 있어서 후생증대, 경제성장, 국제수지 개선, 고용증대, 기술이전 및 기타 기업구조조정 촉진, 산업구조 고도화 등의 경제적 효과를 야기시켰다. 특히, 동아시아 개도국 및 체제전환국의 경우 수출지향적인 다국적기업이 투자를 함에 따라 동 국가의 생산성과 경쟁력(productivity and competitiveness)이 상당히 제고되었다고 평가할 수 있다.

---

11) 최근에도 다국적기업들은 주식취득 또는 기타 비주식 관계를 통해 다수의 개도국에 진출하여 저·중기술이 요구되는 세계가치사슬 분야, 특히 제조업 분야에서 활동하면서 이들 국가의 수출경쟁력을 제고시키는 데 기여하고 있다.

한국의 경우 지난 수십년 간의 경제개발과정에서 여타 개도국들이 선택한 다국적기업 유치를 통한 경제발전 정책보다는 외자를 유치하여 국내기업을 육성하는 방향으로 정책을 시행하였다. 결과적으로는 동 정책을 통해 고도의 경제발전을 이루었다. 그러나 이러한 정책은 실행과정에서 상당한 시행착오(trial and error)를 야기시켰을 뿐만 아니라 새로운 발전단계로 도약해야 하는 현 시점에서 국내 사업환경은 폐쇄적이고 비합리적인 관행이 만연하게 되었고 세계화가 급추진되는 경제환경에 국내기업이 적절히 대응하지 못하고 있으며 경제전반의 구조조정과 산업구조의 고도화에 어려움을 겪고 있는 등 다수의 문제점이 노출되고 있다.

따라서 세계경제의 변화에 능동적으로 대응하면서 국익을 극대화하기 위해서는 FDI 유치 증대를 위한 지속적인 노력이 요구된다. 전술한 바와 같이 우리의 투자잠재력은 여타 국가에 비해 상대적으로 높은 수준이지만 유치성과는 만족할만한 수준이 아니기 때문에 성공적으로 FDI를 유치하고 있는 국가의 투자환경 및 투자유치 사례를 연구하여 매력적인 투자환경(attractive investment environment)으로 개선해 나가면서 이를 적극적으로 홍보할 필요가 있다.

또한, 장기적인 국가발전 및 산업발전 방향과 일치하도록 투자유치 목표를 설정한 후 전략적으로 관련 다국적기업을 유치해야 한다. 특히, 지식집약적이면서 고부가가치를 유발하는 부문의 투자를 보다 많이 유치하고 이를 우리경제가 충분히 활용할 수 있도록 인적자원을 육성하고 관련제도를 정비해야 하며 수출특구, 사이언스파크(science park) 등 효율적인 인프라스트럭처(efficient infrastructure)를 구축해야 한다.

제 3 편

글로벌 주요 산업 분석

제 5 장

에너지산업

제 1 절　석유위기 이후 최근까지의 에너지 수급동향

제1차 석유위기(oil crisis)가 시작되기 직전인 1972년, 배럴당 2달러대(CIF 기준)에 불과하던 국제유가는 제2차 석유위기 직후인 1981년에는 37달러까지 급상승하였다. 당시 위기감을 느낀 세계 각국은 에너지 절약과 대체 에너지 활용을 적극 추진한 결과 1982년 이후 국제유가는 하락세를 보였다. 1986년에는 국제유가가 1981년의 1/3 수준인 14달러까지 폭락하였고 그 이후 비교적 낮은 수준을 유지하며 다른 에너지원의 가격하락에까지 영향을 미쳤다. 이로 인해 에너지 절약과 대체에너지 활용을 위한 세계 각국의 노력은 주춤해지고 소위 '석유로의 회귀'(back to oil) 현상이 나타나면서 석유수요는 다시 증가하게 되었다.[1)]

1990년에는 걸프전쟁(Gulf War)의 영향으로 국제유가가 배럴당 23달러까지 상승하였으나, 1990년대 들어서는 전반기의 사회주의체제 붕괴와, 후반기의 아시아금융위기(Asian Financial Crisis) 등의 영향으로 인한 수요 증가 둔화로 국제유가는 평

1) 미국 에너지 정보국(Energy Information Administration of the US Department of Energy)은 2005년까지 세계 에너지수급을 예측한 보고서인 'International Energy Outlook(IEO) 2003'을 작성하였는 데 동 보고서에서 EIA는 전세계를 선진권, 구소련 및 동구권, 개발도상국 지역 등 3개 지역으로 분류하여 에너지 시장을 분석하였다(수출입은행, 수은해외경제, 2003. 11. pp. 84~89 요약・재구성).

균 18달러대의 낮은 수준을 유지하였다. 이로 인해 석유메이저와 산유국의 수입은 크게 감소하였으며, 이를 계기로 석유메이저들은 대형합병을 통해 수퍼 메이저로 변신하는 한편, 산유국은 생산제한 협조체제로의 이행에 성공하게 되었다. 그 결과 유가는 1990년대보다 약 10달러 상승한 28달러 수준까지 다시 상승해 있는 상태이며 석유 메이저 기업은 일정 수익을 거두고 있고 산유국들도 안정적인 석유수입을 확보하고 있다.

한편, 에너지원별 구성을 보면 제1차 석유위기 이전인 1972년의 석유(47.3%), 석탄(32.5%), 천연가스(18.0%), 수력(2.0%), 원자력(0.2%)의 비율에서 2002년에는 석유(37.5%), 석탄(25.5%), 천연가스(24.2%), 수력(6.5%), 원자력(6.3%)의 비율로 변모했다. 그 순위에 변화는 없으나 석유와 석탄의 비중이 축소된 반면, 천연가스와 원자력의 비중이 확대되었으며, 동 기간 총 에너지 공급(수요)은 연평균 1.8% 비율로 증가했다.

제 2 절 세계경제 전망과 에너지 소비

1. 세계경제 전망

2002년 미국경제의 회복은 예상보다 부진하였으며, 세계 최대의 경제대국인 미국경제의 부진은 미국에 대한 수출에 크게 의존하고 있는 대부분의 개발도상국(developing country)을 포함한 세계경제 전반에 악영향을 미쳤다. 그러나 세계경제는 2003년 하반기 이후 점진적으로 회복되고 있다. 미국 에너지정보국의 에너지수급전망 보고서(International Evergy Outlook 2003)에 의하면 세계경제는 2001년부터 2025년까지 동구권 및 아시아 개발도상국의 고성장에 힘입어 연평균 3.1% 성장할 것으로 전망되고 있다.

〈표 5-1〉 세계경제성장률 전망(2001～2025년 평균)

(단위: %)

지 역	저성장 시나리오	기준 시나리오	고성장 시나리오
선 진 지 역	1.6	2.6	3.7
구소련 및 동구권	2.9	4.0	6.6
개 발 도 상 국	3.2	4.6	5.6
세 계 전 체	2.0	3.1	4.2

자료: International Energy Outlook 2003.

2. 에너지 소비

이 같은 경제성장(기준 시나리오 기준)을 전제로 할 때 세계의 에너지 소비는 2001년 404×1012Btu에서 2025년 640×1012Btu로 25년간 약 58%(연평균 1.9%) 증가할 것으로 전망된다.[2] 지역별로는 구소련 및 동구권의 소비증가가 다소 저조한 가운데, 개발도상국의 소비가 증가하여 2025년에는 선진국에 버금가는 수준까지 증가할 것으로 전망된다. 특히, 아시아지역 개도국의 에너지 소비는 2001년의 2배 수준까지 증가할 것으로 보인다.

〈표 5-2〉 세계 에너지소비 추이 및 전망(2001～2025년 평균)

(단위: 10^{12}Btu, %)

지 역	1990	2001	2010	2025	연평균성장률
선 진 지 역	182.3	211.5	240.1	288.3	1.3
구소련및동구권	76.3	53.3	65.9	82.3	1.8
개 발 도 상 국	89.3	139.2	174.7	269.6	2.8
세 계 전 체	348.4	403.9	480.6	640.1	1.9

자료: International Energy Outlook 2003.

2) Btu는 British thermal unit을 의미하며 1Btu는 0.252kcal이다.

제3절 석유 소비 및 유가 전망

1. 석유 소비

세계의 석유 소비는 2001년 7,700만 B/D에서 2025년에는 1억 1,900만 B/D로 4,200만 B/D(연평균 1.8%) 증가할 것으로 예상되며, 이 같은 수요 증가분을 놓고 OPEC 회원국과 카스피해 주변 및 남미와 서부 아프리카의 심해 등에서 생산확대를 계획하고 있는 비OPEC 산유국 간의 경쟁이 격화될 것으로 보인다.[3)]

과거 수십년 동안 석유는 세계 1차 연료에서 가장 중요한 위치를 차지해 왔으며 당분간 이러한 추세는 지속될 것으로 보인다. 다수의 국제에너지 전문가들은 향후 발전분야에서 천연가스의 사용이 급증할 것으로 예상하지만 수송연료로서의 석유의 압도적 지위에는 변함이 없을 것으로 보고 있다. IEO 2003에서도 전체 에너지 중에서 석유가 차지하는 비중은 2001년 39%에서 2025년 38%로 불과 1%밖에 감소하지 않을 것으로 전망하고 있다.

〈표 5-3〉 세계 석유소비 동향 및 전망(2001~2025년 평균)

(단위: 백만 B/D)

지 역	2001	2005	2010	2020	2025
선 진 지 역	43.9	45.4	49.3	55.8	59.3
구소련및동구권	5.3	6.1	6.8	7.9	8.8
개 발 도 상 국	27.9	29.4	33.5	44.5	50.7
세 계 전 체	77.1	81.1	89.7	108.2	118.8

자료: International Energy Outlook 2003.

3) B/D는 Barrel per Day를 의미한다.

2. 유가 전망

유가는 장기적으로 완만한 상승세를 보일 것으로 보인다. 석유소비의 증가가 지속되는 가운데 OPEC을 중심으로 한 산유국들이 생산량 삭감정책을 지속적으로 유지할 것으로 전망되기 때문이다. 2002년에 OPEC은 생산량 삭감을 통해 일정가격을 유지하기 위해 바스켓 유가 목표를 22~28달러/B로 유지한 바 있다.[4)]

〈표 5-4〉 세계 유가 전망(2001~2025년 평균)

(단위: 달러/B)

지 역	2005	2010	2015	2020	2025
기 준 시 나 리 오	23.27	23.99	24.72	25.48	26.57
고 가 시 나 리 오	28.65	32.51	32.95	33.02	33.05
저 가 시 나 리 오	22.04	19.04	19.04	19.04	19.04

자료: International Energy Outlook 2003.

제 4 절 천연가스 · 석탄 · 원자력 소비

1. 천연가스 소비

1차 에너지 중 가장 급속한 소비증가가 예상되는 것은 천연가스로 예측기간(2001~2025년) 중 연평균 2.8%의 성장을 보여 2025년에는 2001년 대비 2배 가까운 소비증가가 전망된다. 개발도상국에서는 발전용 연료를 중심으로 소비가 급증하여 2025년 동 지역의 소비는 2001년의 약 2.5배까지 상승할 것으로 보인다. 한편, 선진국 지역의 천연가스 시장은 이미 상당히 성숙하여 성장률은 연평균 2.2% 정도

4) 바스켓유가는 석유수출국기구(OPEC)가 극단적으로 낮거나 높은 유가는 산유국들에게 이익이 되지 않는다는 판단에 따라 1987년 1월에 도입한 제도로, 회원국들이 생산하는 6개의 대표 유종(油種)과 멕시코산 원유 가격을 묶어 적정 목표유가를 산출한다.

에 그칠 것으로 전망된다. 이 지역에서 소비가 증가하는 곳은 역시 미국으로 주로 전력용 연료를 중심으로 소비를 선도할 것으로 보인다.

이처럼 천연가스 소비는 지속적으로 증가하여 2005년에는 석탄을 추월할 것으로 전망되며, 전체 에너지 소비 중 차지하는 비중도 2001년의 23%에서 2025년에는 28%로 증가할 것으로 예상된다. 이 같이 천연가스 사용이 증가하는 이유는 고효율 터빈의 도입에 따라 전력용 연료로서의 수요가 증대되는 한편, 선진국에서는 환경과 경제적 이유로 개도국에서는 발전용과 산업용으로 사용이 증대될 것으로 예상되기 때문이다.

2. 석탄 소비

석탄 소비의 증가율은 1980년 이후 서서히 둔화되기 시작하였으며 향후 이러한 경향은 지속되어 연평균 1.5%의 성장에 그칠 것으로 전망된다. 이에 따라 전체에너지 중 차지하는 비중도 2025년에는 22%로 감소할 것으로 보인다. 그러나 석탄에서 천연가스로 연료사용이 대체되고 있는 가운데 석탄사용 비중의 저하 속도가 예상보다 느린 이유는 중국이나 인도 등 아직도 석탄을 주 연료로 사용하고 있는 개발도상국의 소비가 크게 증가하고 있기 때문이다.

세계 석탄 소비의 대부분(55%)은 발전용 소비이며 이러한 추세는 당분간 유지될 것으로 보인다. 향후 다양한 부문에서 석탄 사용은 천연가스로 대체될 것으로 예상되지만 중국은 유일한 예외지역이 될 것으로 전망된다. 이는 급속한 경제성장을 시현하고 있는 중국은 풍부한 석탄자원을 가지고 있을 뿐만 아니라 다른 에너지원의 공급에 어려움이 있어 상당기간 석탄사용이 지속될 것으로 예상되기 때문이다.

3. 원자력 소비

원자력 에너지는 대부분의 국가에서 안정성과 관련된 이유로 인해 사용이 제약되면서 소비 비중도 2001년 세계 전력공급의 19%에서 2025년에는 12%로 오히려 감소할 것으로 보인다. 원자력은 다른 에너지와 비교해서 플랜트의 안전운용, 방사성 폐기물의 처리방법, 핵 확산 문제에 대한 사회적 불안 등과 관련하여 매우 불리한 상황에 직면해 있으며 장기적으로 사용이 감소할 것으로 보인다. 다만 단기적으로는 연명장치나 출력증강 등 기술의 발전, 일부 아시아 국가에서의 원자력 발전소 신설 등의 영향으로 사용이 증가할 전망이다. IEO 2003에 따르면 2001년부터 2025년 사이에 4,500만kw, 35기의 원자력 발전소가 신설될 전망이며, 이 중 17기가 아시아 지역에 건설될 것으로 보인다.

제 5 절 한국에의 시사점

IEO 2003에 따르면 세계 에너지 소비는 향후 2025년까지 지속적으로 증가하고 유가도 상승추세를 보일 것으로 전망된다. 석유는 가장 중요한 에너지원으로서의 위치에는 변함이 없으나 석탄은 일부 산업에서 도태되는 한편, 천연가스의 소비가 급증할 것으로 보이며 원자력 에너지의 개발은 안전문제로 인해 억제되는 경향을 보일 것으로 예상된다. 특히, 석유와 천연가스의 소비는 전체 에너지 소비의 약 70% 수준까지 상승할 것으로 예측된다.

〈표 5-5〉 한국의 에너지 위기 요인

	과거로부터 지속되어 온 요인	새로운 위기 요인
세 계	· 에너지 수급 불균형 · 에너지의 지역적 편재 · 불안정한 원유가격	· 국제환경규제의 강화 · 기후변화협약(교토의정서) · 대체에너지 비율 설정논의
지 역	· 역내국가의 취약한 에너지 구조 및 높은 중동 의존도	· 중국의 에너지 수요 급증 · 아시안 프리미엄의 심화
국 내	· 세계 제10위의 에너지 소비국 · 97%를 넘는 에너지 수입의존도 · 에너지 다소비형 산업구조	· 기후변화협약에 민감 · 중동지역 의존도의 심화 · 원자력 에너지 사용 자제 움직임

에너지의 대부분(97%)을 수입에 의존하며 에너지를 대량 소비하는 산업구조를 가진 우리로서는 에너지위기를 초래할 수 있는 요인들을 정확하게 예측하고, 에너지의 안정적 확보에 전역량을 결집시켜야 한다. 최근 에너지 시장은 중국의 에너지

수요 및 수입 급증에 따라 에너지 수급에 불균형이 발생하는가 하면, 세계적 차원에서는 기후변화협약 등 국제환경규제의 강화가 진행되어 에너지 안보의 새로운 위기 요인으로 작용하고 있다.

일반적으로 에너지 위기(energy crisis)는 자원의 직접적 고갈보다는 자원의 지역적 편재와 자원을 둘러싼 정치적 불안에 의해서 야기되는 경우가 많은 데 이에 상응하는 대책수립이 시급하다고 할 수 있다. 에너지전문가들은 한국이 에너지 자원을 안정적으로 확보하기 위해 다음 5가지를 시급한 과제로 제시하고 있다.

① 시베리아 횡단 원유 파이프라인 등을 활용한 수입선 다변화
② 사할린 I 프로젝트 등에의 참여를 통한 천연가스 에너지 도입선 확보
③ 주변국과의 석유공동비축 등 석유융통시스템 정비
④ 원유 도입가격 및 석유제품시장 체제 정비를 통한 가격협상력 제고
⑤ 환경문제 해결을 위한 지역국가와의 협력

제 6 장

반도체산업

제1절 개 관

1. 반도체산업의 개념과 패러다임 변화

1.1 개념

반도체의 종류는 크게 2가지(① 정보를 저장할 수 있는 메모리반도체, ② 정보저장 없이 연산이나 제어기능을 하는 비메모리반도체(논리 회로소자))로 구분할 수 있다. 그러나 반도체는 부품이므로 용도별, 기술별, 집적도별, 제조공정별 등에 따라 각각 분류체계를 달리하며 국가별로도 분류를 상이하게 하고 있는 실정이다.[1)]

반도체의 용도는 장난감에서부터 우주항공산업에 이르기까지 다양하게 사용되고 있으며 미래산업의 핵심인 산업 융합화 및 유비쿼터스 사회구축을 가능하게 하는 가장 중요한 부품으로 부상하고 있다. 현재 반도체가 이용되는 분야는 PC를 비롯하여 TV, DVD 등 가전제품뿐만 아니라 통신기기, 자동차, 산업용기계, 로봇, 시계

1) 한국은 메모리반도체를 주로 생산하고 있기 때문에 메모리에 대한 분류는 구체화되고 있으나 메모리가 아닌 반도체는 모두 비메모리라고 칭하여 한국에서만 사용하는 분류체계로 평가할 수 있다(산업연구원, 반도체산업의 2020 비전과 전략, 2007. 2. 요약 · 재구성).

등 다양한 분야에 이르고 있다. 그 중에서도 자동차, 휴대폰(cellular phone) 등은 최근에 새로운 시장으로 부상하여 세계 주요 국가에서 개발 경쟁을 치열하게 전개하고 있다. 일례로 최근의 자동차는 '달리는 전자제품'으로 지칭될 정도로 많은 반도체가 사용되고 있다. 특히, 마이크로컨트롤러는 일반 승용차에 약 30개, 고급 승용차에 약 80개나 사용되고 있는 실정이다.

〈표 6-1〉 반도체의 구분

<table>
<tr><th></th><th>중분류</th><th>세분류</th><th>제품설명</th></tr>
<tr><td rowspan="8">메
모
리</td><td rowspan="3">휘발성
(RAM)</td><td>D램</td><td>주로 PC용 주기억장치에 이용되며 정보처리 속도 및 그래픽 처리 능력에 따라 SD램, 램버스 D램, DDR, DDR2 등이 있음</td></tr>
<tr><td>S램</td><td>소비전력이 적고 처리속도가 빠르기 때문에 컴퓨터의 캐시(cache), 전자오락기 등에 사용됨</td></tr>
<tr><td>V램</td><td>화상정보를 기억하기 위한 전용메모리</td></tr>
<tr><td rowspan="4">비휘발성
(ROM)</td><td>Mask롬</td><td>제조공정시 고객이 원하는 정보를 저장하며 전자게임기의 S/W 저장용, 전자악기, 전자사전 등에 사용</td></tr>
<tr><td>EP롬</td><td>자외선을 이용하여 정보를 삭제하거나 저장함</td></tr>
<tr><td>EEP롬</td><td>ROM의 특징과 입출력할 수 있는 RAM의 특징을 겸비</td></tr>
<tr><td>Flash
메모리</td><td>전력소모가 적고 고속프로그래밍 및 대용량 저장이 가능하여 컴퓨터의 HDD를 대체할 수 있는 제품으로 NOR(코드저장)형과 NAND(데이터저장)형으로 구분됨</td></tr>
<tr><td colspan="3"></td></tr>
<tr><td rowspan="6">비
메
모
리</td><td rowspan="4">시스템IC</td><td>마이크로
컴포넌트</td><td>컴퓨터를 제어하기 위한 핵심부품으로 Micro Processor Unit, Micro Controller Unit, Digital Signal Processor 등이 있음</td></tr>
<tr><td>Logic
(ASIC)</td><td>사용자의 요구에 의해 설계된 특정회로 반도체이며 주문형 IC로서 다품종 소량생산에 적합함</td></tr>
<tr><td>Analog
IC</td><td>제반 신호의 표현 처리를 연속적인 신호변환에 의해 인식하는 IC로서 Audio/Video, 통신용, 신호변환용으로 사용됨</td></tr>
<tr><td>LDI</td><td>LCD Driver IC로서 구동 또는 제어에 필수적인 IC임</td></tr>
<tr><td colspan="2">개별소자
(discrete)</td><td>Diode, 트랜지스터처럼 집적회로(IC)와는 달리 개별품목으로서 단일기능을 갖는 제품을 의미하며 이것이 모여 IC가 됨</td></tr>
<tr><td colspan="2">기 타</td><td>Opto(광반도체), 반도체센서 등이 있음</td></tr>
</table>

반도체기업들은 자사의 기술 역량, 자금, 반도체 경기 등에 따라 전략적으로 생산에 참여하고 있다. 반도체 생산업체는 제조공정에 따라 크게 2가지(① 일관공정업체(IDM : Integrated Device Manufacturer) · 설계전문업체(Fabless) · 수탁제조업체(Foundry) · IP개발업체(Chipless) 등의 전공정(Front-End Process)업체, ② 후공

정(Back-End Process)의 어셈블리 및 테스트 전문업체)로 분류된다.

메모리분야는 대부분 일관공정체제(IDM)이며, 비메모리분야는 부가가치 체인별 분업화가 잘 이루어져 있다. 특히, IP전문업체(Chipless 비즈니스)는 새로운 수익모델기업으로 부상하고 있다. 이는 반도체 칩을 완제품으로 설계하지 않고 칩의 아키텍처 설계, 규격설정, IP개발 등 연구개발(R&D) 부문에 가까운 분야를 특화하는 기업이다. 설계전문(Fabless) 비즈니스도 고속성장하고 있는 데 이는 반도체 칩을 직접 생산하지 않고 특정용도 IC의 설계 및 마케팅에 특화한 기업이다. 또한, 이들 기업을 지원하는 파운드리(Foundry) 비즈니스도 활발히 성장하고 있다. 생산기술 및 생산비용의 우위성(advantage in production technology and production cost)을 기반으로 설계업체의 위탁에 의해 제조만을 전문으로 하며 글로벌 시장(global market)에서 대만, 한국, 중국이 치열한 경쟁을 전개하고 있다.

〈표 6-2〉 반도체 종류별 수요처 매트릭스

	Analog Processor	Digital Processor	MPU/MCU	메모리	System Enabling Devices
Desktop PC	Graphic Interface, Sound Interface, Ethernet PHY, Mode Line Driver	칩셋, Graphics Processor, Sound Processor	마이크로 프로세서	DRAM, ROM, 플래시	파워IC, Clocks, 스위치, 개별소자
Notebook PC	Graphics/Sound Interface, Ethernet PHY, 모뎀, WLAN/Bluetooth Radio, Power Management	칩셋, Graphics Processor, Sound Processor, WLAN/Bluetooth Baseband/MAC	마이크로 프로세서	DRAM, ROM, 플래시	파워IC, Clocks, 스위치, 개별소자
Hard Disk Drive	Read Channel, Preamp Motor Driver	Servo ASIC, Hard Disk Controller	Microcontroll-er	D램 S램 플래시	자기센서, 파워IC Clocks, 개별소자
이동통신 단말기	Power Amp, Radio (RF/IF), Audio Codec, Bluetooth Radio, Analog Baseband	Digital Baseband(DSP) Bluetooth Baseband/MAC	Applications Processor	플래시, SRAM	센서, 파워IC Clocks, 스위치, 개별소자
Ethernet Switch	Ethernet PHY	Ethernet MAC, Switch 칩셋, Programmable Logic	MIPS/Power PC Processor	FIFOs /Multi -ports DRAM, SRAM	파워IC, Clocks, 스위치, 개별소자
무선랜 AP	Radio (RF/IF), Power Amp	Baseband/MAC	MIPS/Power PC Processor	DRAM, SRAM	파워IC, Clocks, 스위치, Discretes

〈표 6-2〉 이어서

SONET/SDH 모뎀	PMD, CDR, SONET Transceiver/PHY, Backplane SerDes	Framer, FEC, Network Processor, Traffic Manager, Switch 칩셋	MIPS Processor	FIFOs /Multi-ports DRAM, SRAM	Optoelectronics, 파워IC, Clocks, 스위치, 개별소자
Cable/AD-SL 모뎀	튜너/Line Driver, Analog Front End	DOCSIS MAC/Processor (cable 모뎀), Data pumpDSP (DSL)	Communications Processor	DRAM, SRAM, 플래시	센서, Power ICs, Clocks, 스위치, 개별소자
Fibre Channel Host Bus Adapter	Fibre Channel SerDes/PHY	Fibre Channel Controller ASIC	마이크로 프로세서	SRAM, 플래시	파워IC, Clocks, 스위치, 개별소자
디지털 셋톱박스	튜너, Analog Front End(mux/demux)	MPEG Decoder, Graphics Processor	Microcontroller	DRAM, 플래시, ROM	파워IC, Clocks, 스위치, Discretes
디지털 카메라	A/D Converter Bluetooth/WLAN Radio	Digital Image Processor, ASICs, Bluetooth/WLAN Baseband/MAC	Microcontroller Application Processor	플래시, DRAM	CCD/CMOS Image 센서, 파워 IC, Clocks, 스위치, 개별소자
휴대용 기기	Audio Driver, Cellular/WLAN/ Bluetooth Radio	Graphics Processor, DSP, Wireless/WLAN/ Bluetooth Baseband	마이크로 프로세서, Application Processor	DRAM, 플래시	Touchscreen 센서, 파워IC, Clocks, 스위치, 개별소자
MP3 플레이어	Audio Driver, D/A Converter	DSP, Audio Processor/ASS	Microcontroller	플래시	파워 IC, Clocks 스위치, 개별소자
DVD 플레이어	Laser Supply Driver, Spindle Driver, Servo Driver, D/A Converter	Front End Decoder, Servo Processor, CD/DVD Read Channel DSP, MPEG Decoder, Audio Decoder	Microcontroller	DRAM, SRAM, 플래시	센서, 파워IC, Clocks, 스위치, 개별소자
비디오 게임콘솔	Audio Driver, Video Driver	Graphics Processor ASICs	마이크로 프로세서	D램, S램 플래시	센서, 파워IC, Clocks, 개별소자

자료 : IITA, 2005

국가별로 보면 대체로 한국과 일본은 수직계열화의 종합기업들이 대부분을 차지하고 있기 때문에 여전히 자신들이 사용할 반도체를 생산하는 설비를 보유하고 있다. 이에 비해 미국과 유럽은 반도체전문업체가 많은 편이다.

일본은 마이크로컨트롤러(MCU), 개별반도체(Discrete), 아날로그 IC 등의 주요 공급국가이고 미국은 여전히 마이크로프로세서, DSP, 마이크로컨트롤러, ASSP, 주문형 ASIC, 아날로그 IC 등의 주요 생산국이며 한국은 메모리 강국이고, 대만은 파운드리의 주요 공급국으로 평가할 수 있다.

〈표 6-3〉 반도체 제조공정별 특성과 주요 기업

	공정별	사업특성	주요업체
前공정	일관공정 (IDM)	· 칩설계에서 제조 및 테스트까지 일관공정 체제를 구축하여 직접 수행 · 메모리제조의 가장 성숙한 모델 · 기술력과 규모의 경제를 통한 경쟁확보 · 거대투자의 고위험 고수익 형태	Intel, 삼성전자, 하이닉스, Micron, TI, STMicro, Qimonda, Infineon, Freescale, Elpida, Renesas, NEC Elec
	설계전문 (Fabless)	· 칩의 설계만 전문으로 하는 업체 · 고위험의 거대투자를 회피할 수 있으나 위탁제조의 비용부담 필요 · 고도의 시장예측이 필요하며 주문생산의 최소 물량수준 예측 필요	Broadcom, Qualcomm, Marvell, Xilinx, Altera, NVIDIA, ATI, 코어로직, 엠택비젼
	제조전문 (파운드리)	· 주문방식에 의해 칩생산만 전문 · 직접 칩을 설계하지 않고 설계전문업체로부터 위탁제조	TSMC, UMC, SMIC, Chartered Semi, IBM Micro, 동부일렉
後공정	패키지 및 테스트	· 일반적으로 메모리 제조는 자체적으로 조립하나 비메모리분야는 다양한 제품을 모두 패키징 처리할 수 없어 외부 위탁함 · 반도체테스트는 전수검사이므로 자체적으로 조립업체에서 하나 검사장비가 고가이므로 다양한 칩을 모두 생산할 수 없어 테스트 전문 업체에 위탁	ASE Test, Amkor, SiliconwartPrescision, STATS-ChipPAC
설계 및 장비	IP전문 (Chipless)	· 설계기술 R&D 전문 · IDM이나 Fabless에 IP 제공 · 칩설계용 Architecture IP, Chip 생산용 Physical IP, System IP, 일반기술 IP 등	ARM, Rambus, Artisan, TTCom, Ceva
	공정장비	· 반도체 제조장비 개발 및 생산 · 생산공정기술 개발도 주도	Applied Materials, TEL, ASML, Advantest, Nikon

최근 들어 반도체산업과 관련된 환경은 급격히 변화되고 있다. 이에 따라 각 기업들은 새로운 성장 패러다임(new growth paradigm)의 변화에 대응하여 사업구조 개편, 핵심역량(core capacity) 강화, 연구개발(R&D) 관련산업의 재구축 등 자사의 강점을 재정비하고 있다.

상기한 반도체산업의 성장여건 변화는 과거 1990년대를 메모리 전성시대라면, 21세기는 SoC(System-on-a-Chip) 시대라고 평가할 수 있다. SoC는 하나의 칩에 시스템이 필요한 논리적 계산, 데이터 전환, 기억 등의 기능을 모두 담은 반도체로서 칩 하나로 시스템을 구현하기 때문에 장점이 매우 크다고 할 수 있다. SoC 기술을 이용하면 시스템의 크기 최소화, 제조비용 절감, 다양한 복합기능 구현 등이 가능하게 된다.

〈표 6-4〉 주요 국가별 반도체 생산과 주요 기업

	한국	일본	대만	중국	미국	유럽·이스라엘
일관공정 (IDM)	삼성전자, 하이닉스, 매그나칩	Renesas, 도시바, NEC Elec, Sharp, 소니, 마쓰시타	Winbond, Nanya, Powerchip, Promos	Hynix-STS	Intel, TI, AMD, Micron, Freescale, Analog Devices, IBM	Infineon, Qimonda, STMicro, NXP
파운드리	매그나칩, 동부일렉	도시바, Seiko-Epson, 후지쓰	TSMC, UMC	ASMC, SMIC, Grace	IBM, Micro, Jazz Semi	X-Fab, Tower Semi
주요 생산품	메모리, Logic, ASSP	MCU, 메모리, 개별소자, Logic, ASSP, Analog	Logic, ASSP, 메모리, DDI	메모리, 개별소자, Logic	MPU, MCU, DSP, Logic, ASSP, 메모리, 개별소자	Logic, ASSP, Analog, 개별소자, 메모리

그러나 SoC 기술은 고도의 하드웨어 기술(hardware technology)은 물론 소프트웨어 기술(software technology)이 복합적으로 요구되기 때문에 반도체 공정기술, 전자공학, 기계, 화학, 물리 등의 다양한 과학기술과 산업현장의 경험이 융합된 통합적 산업의 성격을 대표하고 있고, 연구개발에 막대한 투자가 수반된다.

〈표 6-5〉 반도체산업의 생존구조 변화

	메모리 시대(1990년대)	→ 시스템IC 시대(21세기)
시장구조	PC	모바일제품, 정보가전 등
공정기술	0.5~0.18㎛	0.15㎛~Nano
제품수명	2~3년	수 개월
경쟁구조	제조비용, 규모의 경제	설계기술력, IP
사업구조	일관생산체제(IDM)	수평분업체제 (설계, 제조, 조립, 검사)

반도체의 제조공정기술이 나노기술(Nano Technology)로 진행되면서 기기를 구성하는 시스템의 대부분을 하나의 칩으로 집약하는 것이 가능해졌다. 따라서 SoC를 설계하는 것은 곧 시스템의 완성품을 설계하는 것과 동일하게 되었다. 이로 인해 SoC 개발에는 시스템 전체를 파악할 수 있는 기술적인 시야와 고도의 시스템 설계 능력이 요구된다. 이 같은 SoC의 출현은 반도체산업의 성장 조건을 크게 변화시키고 있어서 SoC는 새로운 비즈니스모델(new business model)로 부상하고 있다.

〈표 6-6〉 비메모리와 메모리의 비즈니스 모델

	목표시장	제품특성	투자성향	개발방향	고객니즈	수익구조	경쟁우위
SoC (현재) → (향후)	디지털가전, 휴대전화, 게임기, 자동차, 네비게이터 (내수중심) →(글로벌)	복합기능 (고객주문형)→(사실상 표준화 지배)	R&D 투자 막대 (선행개발 이익)→(시장적기투자 중요)	고속화, 저전력화, 대용량화 (다면방향) →(특수기능)	성능, 가격, 납기, 서비스	저위험, 저수익 (유일가치) →고위험, 고수익(세계최고 승부)	시스템 설계력, 고객자산, IP, 자금력
메모리 반도체	PC, 휴대폰, 디카(글로벌)	단일기능 (범용품)	대규모 설비투자 (머니게임)	대용량화, 미세화 (단일방향)	가격중시	고위험, 고수익(세계최고 승부)	자금력, 신속경영, 제조기술 (전문기업)

1.2 패러다임 변화

반도체산업의 패러다임 변화는 다음 4가지로 요약할 수 있다.

(1) 반도체시장을 견인하는 주력시장이 기존의 PC 위주에서 모바일제품(mobile products)과 디지털 가전으로 급속히 전환하고 있음

예를 들면, 메모리제품의 경우 모바일 및 정보가전제품의 수요로 확대되고, 시스템IC는 다양한 기능의 복합칩(SoC)으로 발전되고 있다. 이에 따라 반도체의 차세대 제품은 다양화(diversification) 및 차별화(differentiation)를 위한 경쟁이 치열해지고 있으며 기술은 미세화, 고속화, 저전력화 등의 경쟁이 가속화되고 있다.

(2) 기술혁신 속도(speed of technological innovation)가 나노기술의 공정미세화를 촉진하고 있음

설계 및 공정기술발전은 0.5㎛(1995년) → 0.2㎛(1999년) → 0.13㎛(2002년) → 90㎚(2003년) → 60㎚(2005년)로 가속화되고 있다. 웨이퍼 사이즈도 대구경화하여 160㎜(1992년) → 200㎜(1995년) → 300㎜(2002년)로 진화되고 있다.

(3) 메모리반도체의 사업구조도 커다란 변화가 발생되고 있음

메모리사업은 지속적으로 거대화되어 과점화가 진행되고 있으며 메모리제품도 D램에서 플래시 메모리로 그 비중이 점차 증대되고 있다.

(4) 반도체산업의 환경변화에 따라 경쟁국의 반도체업계들은 반도체 시장을 신속하게 파악하고 획기적인 구조조정을 통해 시장에 적극적으로 대응하고 있음

일본은 메모리를 과감하게 포기하고 복합기능칩(SoC) 육성에 관・민이 주력하고 있다. 대만은 메모리반도체 대신 파운드리(수탁가공생산)로 성과를 거두고 있으며, 중국은 세계의 공장(global factory)답게 다국적기업들(MNCs : Multinational Corporations)을 유도하여 다수의 지역에 반도체공장을 설립하고 있다.

2. 반도체산업의 범위 설정

2.1 메모리분야는 D램과 플래시로 구분됨

(1) 메모리반도체에서는 가장 광범위하게 사용되고 시장성장성이 큰 분야가 가장 유망하다고 할 수 있으며 이 분야는 D램과 플래시 메모리를 대표적인 품목으로 지

적할 수 있음

① D램

D램은 주로 PC용 주기억장치에 이용되고 있으며 정보처리 속도 및 그래픽 처리 능력에 따라 SD램, 램버스 D램, DDR, DDR2 등이 있다.

② 플래시 메모리

플래시 메모리는 전력소모가 적고 고속프로그래밍이 가능하여 컴퓨터의 하드디스크드라이버(HDD)를 대체할 수 있는 제품으로 평가된다. 이 제품은 모바일 컴퓨터, 디지털카메라, MP3, 휴대폰, 셋톱박스, 서버, 워크스테이션 등에서 프로그램 저장용으로 광범위하게 사용되며 NOR(코드저장)형과 NAND(데이터저장)형으로 구분된다.

(2) 메모리는 표준품의 대량생산에 필요한 생산기술이 경쟁력(competitiveness)의 핵심요인으로 작용하고 있고 대부분의 기술이 제조장비에 체화되어 있으므로 고가장비의 적시투입이 성공의 핵심임

2.2 비메모리분야는 용도별 세분화가 필요함

(1) 비메모리분야는 대체로 SoC(System-on-a-Chip)를 포괄적으로 지칭하는 분야인데 이 분야는 특정 세트제품에 적절하게 맞춤 형태로 개발하여 생산하는 비즈니스로 평가할 수 있음

(2) 비메모리 분야는 종류가 용도별에 따라 매우 다양하며 시스템과 소프트웨어가 조화되어야 하므로 설계지향적 사업부문임. 최근 들어 기계의 IT화로 메카트로닉스가 발달하여 비메모리의 수요가 급증하고 있음

비메모리 분야는 메모리와는 달리 논리적 회로를 구현하기 때문에 사용자의 요구에 의해 설계된 특정회로를 반도체 IC로 응용설계하여 사용자에게 독점 공급하는 특정용도 IC로서 다품종 소량생산 형태를 나타내고 있다.

(3) 비메모리분야의 용도별 구분은 대체로 3가지(① 미디어 SoC, ② 통신 SoC, ③ 산업용 SoC)로 구분하여 각각을 세분할 수 있음. 통상적으로 이들에 대한 투자는 연구개발 부문으로 분류되어 국책연구과제화되고 있으며 비메모리분야의 투

자는 설계부문을 지칭하며 연구개발 분야에 해당됨

① 미디어 SoC

미디어 SoC 반도체는 차세대 DTV SoC, 지능형 HCI SoC, Home Server SoC 등이 있다.

② 통신 SoC

통신 SoC 반도체는 차세대 인터넷 SoC, BAN SoC, 4세대 무선통신 SoC, 저속 무선 개인통신 네트워크 SoC, 고속 무선 개인통신 네트워크 SoC, GNSS SoC, RFID SoC, Sensor Network SoC 등이 있다.

③ 산업용 SoC

산업용 SoC 반도체는 Smart ECU SoC, Network Module SoC, 유전자 칩 SoC, Power Management용 SoC, Motor Driver용 SoC 등이 있다.

〈표 6-7〉 반도체의 유망분야

	분야	중점 투자 제품
메모리	차세대 메모리	DRAM(Dynamic Random Access Memory), Flash Memory, MRAM(Magnetic Random Access Memory), PRAM(Phase-change RAM), ReRAM(Resistance Memory)/PoRAM(Polymer Random Access)
비메모리	미디어 SoC 반도체	차세대 Digital TV SoC(System-on-a-Chip), 지능형HCI(Human Computer Interface) SoC, Home Server SoC
	통신 SoC 반도체	차세대 인터넷 SoC, BAN(Burrows-Abadi-Neednam) SoC, 4세대 무선통신 SoC, 저속 무선 개인통신 네트워크 SoC, 고속 무선 개인통신 네트워크 SoC, GNSS(Global Navigation Satellite System) SoC, RFID(Radio Frequency Identification) SoC, Sensor Network SoC
	산업용 SoC 반도체	Smart ECU(Electronic Control Unit) SoC, Network Module SoC, 유전자 칩 SoC, Power Management용 SoC, Motor Driver용 SoC

2.3 시장성 및 기술혁신 가능성

(1) 메모리분야는 한국이 현재의 시장점유율에서 세계 최고의 수준임을 고려하고 향후 시장성장성과 기술적 중요성을 판단하여 유망제품으로 선정했음

(2) 비메모리 중에서 미디어 SoC 반도체의 경우에도 시장성장성과 기술적 중요도를 고려하여 전략적 제품군을 선정할 수 있음

① 차세대 DTV SoC

차세대 DTV SoC는 상대적 시장점유율과 시장성장률이 높고 기술적 중요도가 커서 우선 선정할 수 있다.

② 지능형 HCI SoC

지능형 HCI SoC는 상대적 시장점유율 및 기술적 성숙도는 낮으나 향후 시장성장률이 높고 기술적으로 중요하므로 선정할 수 있다.

③ Home Server SoC

Home Server SoC는 상대적 시장점유율 및 기술적 성숙도는 중간 정도로 평가되나 향후 시장성장 가능성이 크고 기술적 중요도가 커서 선정할 수 있다.

(3) 통신 SoC 반도체의 경우에도 시장성장성과 기술적 중요도를 고려하여 전략적 제품군을 선정할 수 있음

① 차세대 인터넷 SoC

IP기술 기반으로 다양한 통신(대용량 데이터, VoIP, Mobile IP)을 가능하게 하는 SoC 기술로 시장점유율과 증가율이 증대될 수 있다.

② BAN SoC

최근 소득수준이 제고되면서 건강에 대한 관심이 커지고 있으며 향후 10년 이내 시장이 급격히 증대될 것으로 보인다.

③ 4세대 무선통신 SoC

무선통신 시장에서 휴대폰이 가장 중요한 위치를 차지하고 있다고 평가할 수 있다. 현재 한국이 이 시장에서 높은 점유율을 차지하고 있으며 이를 유지하기 위해

서 4세대 무선통신 SoC의 연구가 필요한 실정이다.

④ 저속 무선 개인통신 네트워크 SoC

전자제품 간의 근거리 유선연결을 대체할 기술과 개인 중심의 무선통신에 대한 관심 증대로 시장이 급성장하고 있다.

⑤ 고속 무선 개인통신 네트워크 SoC

저속 무선 개인통신과 같이 개인 중심의 무선통신이 급성장하고 있다.

⑥ GNSS SoC

측위를 하는 데 있어 미국의 GPS에 전적으로 의존하여 왔는데 이에 대한 의존도를 저하시킬 필요성이 있다. 유럽에서 진행 중인 Galileo와 GPS를 같이 사용하는 다중 GNSS에 대한 연구가 절실한 실정이다.

⑦ RFID SoC

바코드를 대체할 수 있는 기술로 물류관리뿐만 아니라 군사, 혈액, 부품관리 등 다양한 응용분야에서 시장이 급성장하고 있다.

⑧ Sensor Network SoC

유비쿼터스 네트워킹을 위한 필수 기술로 아직까지 시장이 형성되지는 않았으나 향후 10년 이내 시장규모가 증대될 것으로 보인다.

(4) 산업용 SoC 반도체의 경우에도 시장성장성과 기술적 중요도를 고려하여 전략적 제품군을 선정할 수 있음

① Smart ECU SoC

가. 자동차의 전장품 증가로 인한 시장확대 추세

나. 현재 수입 비중이 높고 개발 후 수입대체효과(import substitution effect)가 큼

다. 자동차용 SoC 중 3~6년 내 시장진입 가능 품목

라. 센서 및 CMOS 회로를 하나의 칩으로 구현하여 기술선점

② Network Module SoC

가. 자동차의 전장품 증가로 인한 시장확대 추세

나. 현재 수입 비중이 높고 개발 후 수입대체효과가 큼

다. 자동차용 SoC 중 3~6년 내 시장진입 가능 품목

라. 초기에는 CAN을 기반으로 하는 차량제어용 저속 Network 시장이 형성되고, 이후 차량 내 infotainment(information + entertainment의 합성어로 최근 영화나 음악 등 컨텐츠부문이 디지털화되면서 각종 단말기, 특히 모바일기기로 정보를 용이하게 접근하여 즐기는 현상을 의미함) 기능의 확산이 예상되므로 고속의 멀티미디어 및 x-by-wire를 위한 네트워크가 필요함

마. 경쟁력 확보 및 부가가치(value added) 증대를 위한 중요 부품 품목

③ 유전자 칩 SoC

가. 건강 관련 관심 증대 및 생명공학(Bio Technology) 발달로 인한 시장확대 추세

나. 시장이 매우 커질 품목으로서 개발 후 수입대체, 수출증대효과가 큰 품목임

다. 글로벌 경쟁력(global competitiveness)을 확보하기 위해 기술개발이 필요함

라. CMOS 기반에 맞도록 생체분석을 위한 전처리 센서 기술개발이 중요함

마. 실리콘 칩(silicon chip) 상에 유전자 센서를 내장 집적화하여 소형화 및 신뢰도 향상 구현이 절실한 품목

바. 기술선점, 경쟁력 확보 및 부가가치 증대를 위한 중요 부품

④ Power Management용 SoC

가. 비교적 시장이 크고 지속적인 품목임

나. 시스템의 집적화 증가 추세 및 기계, 자동차 등의 전장품 증가로 인해 전력수급 조정에 필수적이며 경쟁력 향상에 필요한 품목

다. 시장이 매우 커서 개발 후 수입대체 및 수출증대효과가 큰 품목

라. 자동차를 포함한 시스템 수출 등 글로벌 경쟁력을 확보하기 위해 기술개발이 절실함

⑤ Motor Driver용 SoC

가. 시장의 크기와 지속성이 큰 품목임

나. 로봇을 포함한 고기능화 시스템의 집적화 증가 추세 및 기계, 자동차 등의 움직임 조정 구동에 필수적인 전장품이며, 또한 경쟁력 제고에 필요한 품목

다. 개발 후 수입대체, 수출증대효과가 큰 품목이고 3~6년 내 시장진입 가능품목

라. 로봇, 자동차를 포함한 시스템 수출 등 글로벌 경쟁력을 확보하기 위해 기술개발이 절실한 품목

마. 스위칭 노이즈를 최소화하는 저소음 구동 칩 개발로 경쟁력 확보

(5) 비메모리는 시스템의 운용에 필요한 설계기술이 경쟁력의 핵심이 되고 있으므로 기술이 대부분이 설계엔지니어에 체화되어 있음

〈표 6-8〉 시기별 반도체산업의 중점 투자부문

	2007~2010	2011~2020
메모리	· DRAM 차세대제품 지속적 개발 및 설비투자 · 플래시 차세대제품 개발 및 설비투자 · 뉴메모리 개발 강화 · NAND Flash, MCP화 · 40㎚급 공정 → 32G	· DRAM 차세대제품 지속적 개발 및 설비투자 · 플래시 차세대제품 개발 및 설비투자 · 뉴메모리 개발의 가시화 · PRAM 실용화, MCP 능력 강화 · 25㎚급 공정 → 128G
비메모리	· Fabless 업계 기술개발 대형화 · Mobile, DTV 주도 · CIS, LDI, CAP, DMB	· Fabless 업체의 기술개발 지속 확대 · Automotive, Bio, Robot · CIS, LDI, Biochip, Power IC

3. 반도체산업의 발전 필요성

반도체 부품의 한 종류이기 때문에 수요처인 응용제품의 기술 발전과 밀접한 관계를 유지하고 있다. PC와 같은 세트제품은 반도체의 기술발전과 소프트웨어의 발전 속도에 따라 함께 성장하게 된다. 시대별로 반도체의 기술혁신(technological innovation) 변화과정을 살펴보면 1980년대에는 D램 칩의 소형화 및 고속화, 1990년대에는 고속화 기술이 수요제품을 선도해 나갔다. 2000년대에는 저소비전력화 기술이 이동통신 등의 응용제품을 리드해 나가고 있다. 응용제품 측면에서 살펴보면 1980년대 메인프레임(대형컴퓨터의 일종) 업계는 소형화된 고집적의 반도체를 사용하여 고기능의 메인프레임 컴퓨터를 시장에 공급하는 것이 중요하였다. 1990년대에는 다운사이징(downsizing, 분산처리)의 부상으로 PC가 중요하게 사용됨에 따라 반도체의 주요 수요처는 PC로 전환되었다. PC제품은 고기능화와 통신기능의 구현을

위해 소형고집적화뿐만 아니라 고속화를 더욱 중시하게 되었다.

2000년대에는 휴대전화(cellular phone) 등 이동성을 중시하는 모바일제품(mobile products)이 발달되어 반도체의 기술요구는 소형화, 고속화와 더불어 저소비 전력화가 중요한 관건이 되었다. 이 같이 반도체 기술은 응용제품의 발전 속도에 따라 반도체 자체의 기술개발 내용이 결정되고 있는 실정이다.

〈표 6-9〉 반도체의 기술혁신에 따른 응용제품의 변화

	1980년대	1990년대	2000년대
반도체 기술혁신	소형고집적화 지향 (칩의 물리적인 축소기술)	고속화 지향 (데이터 통신기능의 실현)	저소비전력화 지향 (이동통신의 장시간 사용 기술)
주력 응용제품	메인프레임 (일괄처리 방식)	PC (분산처리 구현)	모바일 (물리적인 이동 실현)
주요기능	중앙에 집중시킨 업무형태의 일괄정보 처리 시스템	멀티미디어 등의 DB에 쌍방향으로 접속 가능	물리적인 이동 중에 멀티미디어 등의 접속 가능

기업측면에서 보면 D램은 라이프 사이클(life cycle) 상에서 시장이 형성되는 초기에 제품을 출시해야만 선도자의 이익(pioneer advantage)을 최대로 향유할 수 있다. 이는 제품의 라이프 사이클이 짧기 때문에 시장의 형성 초기에 반도체 가격이 높게 형성되나 이후에는 급락하는 특성을 지니고 있는 데 기인한다.

따라서 반도체업계는 차세대제품을 개발하는 연구개발(R&D) 능력과 시장이 형성되는 초기에 신제품을 출하할 수 있는 양산능력이 경쟁력의 핵심요소가 된다. 반도체 제품주기에서 시장의 규모는 성장기에 급격히 증대되나 성숙기에 이르면 점진적으로 감소하여 평형상태를 잠시 이루다가 쇠퇴기에는 감소하게 된다. 이에 반해 반도체 가격은 성장기에 급속히 하락하고 성숙기에는 상대적으로 안정되는 양상을 나타낸다.

상기한 제품주기상의 특성으로 인해 각 기업은 시장형성 초기에 제품을 출하하여 시장 선점의 이득을 확보하려고 한다. 더욱이 성숙기에는 제품의 원가를 안정가격 이하의 수준으로 지속적으로 감소시킬 수 있는 능력을 구비하기 위해 주력하게 된다. 이 같은 경쟁우위(competitive advantage)를 지닐 수 있는 핵심관건이 선행적 기술개발이라고 할 수 있다.

전술한 바와 같이 반도체업계가 선행적 연구개발을 통한 시장선점을 위해 연구개발 체제를 다세대 중첩화를 이루어 실시하고 있다. 일반적으로 2~3년의 단기적인 라이프 사이클에 대응하기 위해서는 기술개발 주기를 소자의 세대간 중첩적 구조로 연구개발 체제를 도입하고 있어 막대한 투자비용이 소요되고 있다. 한편, 일반적으로 시장을 변화시켜서 신제품 개발을 촉진하는 요인에는 2가지(① 수요견인(demand pull), ② 기술공급(technology push))가 있다.

① 수요견인

수요견인은 고객니즈(customer needs)의 관점에서 인구의 변화, 소득의 변화, 제품의 수명주기, 선호도(preference)의 변화 등이 발생하여 기업의 신제품 개발을 촉진하게 된다.

② 기술공급

기술공급은 기업 내외의 기술혁신(technological innovation)이 기업의 제품개발을 촉진하게 된다.

반도체산업에서도 상기한 수요견인 요인과 기술공급 요인이 신제품 개발을 촉진시키고 있다. 이 같은 요인의 능력에 따라 신제품(또는 차세대제품)의 개발유형이 좌우된다. 반도체의 신제품 개발유형은 2가지 변화(① 공정기술의 변화(process change), ② 제품기술의 변화(product change))에 따라 크게 다른 형태로 구분된다. 즉, 특정목적을 위해 새롭게 연구개발(R&D)하는 것과 기존제품에 비해 개념이 크게 다른 세대의 혁신제품(breakthrough)이 존재한다. 또한, 동일한 종류의 제품이지만 기술발전으로 내용이 크게 변화한 세대변경(next generation)과 동일한 종류에서 내용이 조금 변화한 파생제품(derivative)이 있다.

신제품을 기준으로 반도체의 세대교체는 집적도의 변화가 대표적이다. 이는 신제품 개발유형의 세대변경과 동일한 개념으로서 메모리 기준으로 256M D램에서 1G D램으로 변하는 것과 같이 집적도가 변화하는 것이다. 이 제품은 고객의 요구와 기술발전요인으로 인하여 개발할 필요성이 증대되고 있다. 이러한 경우 선두 진입자는 경쟁사를 견제하기 위하여 신규시장을 창출하게 되고 이러한 과정에서 수요자들을 유도하여 기존 제품의 소비를 적극적으로 감소시키는 전략을 추진하게 된다. 반도체 기업이 지속적인 경쟁우위를 유지하기 위하여 생산하는 제품과 관련된 시장의 변화에 대하여 신속한 대응력 및 지속적인 적합성의 개발이 필요하다. 현재 반도체 제품을 사용하는 응용제품은 다양화, 소형화, 고속화, 고성능화, 저전력화, 디지털화되고 있으며, 이러한 환경에서 반도체도 고객을 만족시키기 위한 발전이 필요한 시점이 되고 있다.

응용제품시장이 변화하지 않더라도 기술혁신에 의해 지속적인 용량이 증가하는 반도체부문에서 우선 시장변화를 유도할 수도 있다. 즉, 특정기업이 경쟁기업과의 차별화를 통한 경쟁력의 확보 차원에서 먼저 성능이 우수하거나 독특한 메모리 제품을 개발하여 응용제품이 자사의 제품을 채용하도록 유도한다. 결국 어느 경우이든 반도체 생산기업은 우수한 제품을 생산하기 위하여 필연적으로 지속적인 세대교체 노력을 하게 된다. 이것은 단순한 세대교체가 아닌 성공적인 세대교체를 의미한다. 성공적인 세대교체는 경쟁사보다 조기진입, 고품질, 낮은 원가, 신속한 납기 등과 같은 경쟁우위 요소를 확보하는 것을 의미한다.

기업은 기술개발을 통한 시장진입 순서에 따라 선점우위 효과 및 무임승차 효과를 볼 수 있다. 선점우위 효과(first mover advantage)의 기업은 시장에 먼저 진입함으로써 무형 및 유형의 이익을 향유할 수 있다. 반면에 후발기업은 앞서 진출한 기업의 시행착오(trial and error)를 이용하여 성공적으로 시장에 안착하는 무임승차 효과(free ride effect)를 누릴 수 있다. 다만 후발자의 이익은 해당 제품의 라이프 사이클(life cycle)이 장기인 경우 유효하게 적용된다. 반도체처럼 라이프 사이클이 매우 단기일 경우에는 선발자가 이익을 최대로 향유할 수 있는 장점이 있다. 이로 인해 반도체 기업들은 기술경영을 매우 중시하고 연구개발부문에 집중적으로 투자하게 된다. 각국의 정부도 이 같은 반도체의 특성으로 인해 별도의 지원 프로그램을 개발하여 지원하고 있다.

〈표 6-10〉 주요 국가의 반도체 산업정책 및 기술정책

	주요 반도체 산업정책	현황
미국	· 나노기술 법안 - 나노급 반도체 개발을 위한 법안 - 4년간 37억 달러 투자 · 미국반도체 연구개발 컨소시엄 - SIA 주축의 연구개발조합 - 반도체 기술개발의 저변 확대를 위해 60여개 이상의 반도체 업체와 정부 기관 참여	산 · 학 · 연이 합동해 반도체 기술 경쟁력 우위를 지속하기 위한 투자를 진행 중임
일본	· 2001년부터 7개년 계획(MIRAI) 추진 - '경제산업성'의 반도체 핵심 R&D 프로젝트 - 미세화 세대 기반 기술 개발 · 컨소시엄 프로젝트(아스카) 추진 - 설계 효율화를 추진하기 위한 IP 유통 촉진 등	미국과 한국 등 아시아 국가의 부상에 의한 시장점유율 회복을 위해 SOC 분야를 집중적으로 육성하고 있음
유럽	· 유럽 16개국 공동연구 프로젝트(메디아 플러스) 추진 - 유럽 반도체산업의 기술우의를 목적으로 2008년까지 연구 - 16개국, 280여개 기업체, 25,000여명의 연구진 - 매년 3억 달러를 유럽 각국 정부가 분담 · 나노 CMOS 프로젝트 - 범유럽 차원의 2010년까지 32나노미터 공정개발 목표 연구	범유럽 차원에서 첨단 반도체 기술경쟁 우위를 위한 투자를 진행 중임
중국	· 반도체산업 육성정책 및 국가중점 반도체 프로젝트 추진 - 908 프로젝트, IC산업의 집중 육성 - 909 프로젝트 - IC산업을 중점 육성산업으로 선정 · 반도체산업 우대정책 - 자금지원, 부가가치세 우대 - 수입관세 면제, 각국 상각기간 단축 · 외국인 우대 조치 - 외국인 투자 유치를 위한 우대혜택 지원	반도체 산업 전반에 대한 국가적인 차원에서의 집중투자가 이루어지고 있음

제 2 절 세계시장 전망과 기업간 전략적 제휴

1. 세계시장 전망

세계 반도체시장은 2005년 PC, 인터넷장비, 이동통신단말기 등 디지털기기의 수요가 확대되면서 2,275억 달러에 이르고, 디지털 시대(digital era)가 도입되면서 향

후 성장세가 지속될 것으로 보인다. 세계 반도체시장은 성장이 2010년까지 지속될 것으로 예상된다. 이는 2008년 북경올림픽의 경제효과 등을 기대할 수 있기 때문이다. 2010년 이후 반도체 및 전자산업에 요구되는 것은 인류와 지구가 공생할 수 있는 핵심 디바이스의 개발(development of core device)이라고 할 수 있다. 따라서 세계 주요 반도체 기업들은 세계 표준(global standard)을 구축하면서 세계적인 사업을 전개해야 하는 상황에 직면해 있다.

반도체의 경영환경은 2010년을 경계로 크게 변화할 것으로 예상된다. 2008년 북경올림픽과 2010년 상해세계박람회 등의 경제효과를 기대할 수 있기 때문에 2010년까지는 시장의 성장이 예상되고 있다. 세계 인구는 1980~1990년에 급격히 증가했는데 그 때 태어난 사람이 2010년까지의 중요한 소비자가 될 것으로 보인다. 그러나 2010년 이후가 되면 지구 온난화, 에너지 문제, 환경 문제 등과 같은 인구증가에 의한 부담이 발생할 것으로 전망된다.

2010년 이후 반도체 및 전자산업은 과거 인류의 생활을 풍요롭게 하는 기간 부품의 개발에서 인류가 지구와 공생할 수 있는 핵심 디바이스의 개발로 이행할 것으로 분석된다.

〈표 6-11〉 반도체산업의 세계시장 전망

(단위 : 백만 달러, %)

	2005	2010	2015	2020	연평균증가율			
					2005~2010	2010~2015	2015~2020	2010~2020
시장규모	227,484	394,860	598,520	861,210	11.7	8.7	7.5	8.1
수출규모	130,166	232,970	365,090	553,170	12.3	9.4	8.7	9.0

자료 : 1) 2005년 실적치(WSTS 및 무역통계), 산업연구원 전망
2) 수출은 미국, 일본, 중국, 한국의 합계(HS 8541+8542)

〈표 6-12〉 반도체산업의 주요 국가별 수급 전망

(단위 : 백만 달러, %)

		2005	2010	2015	2020	연평균 증가율	
						2005~2010	2010~2020
미국	생산	62,170	107,820	161,540	215,720	11.6	7.2
	수입	25,772	51,680	76,620	124,300	14.9	9.2
	내수	40,736	75,030	107,830	146,410	13.0	6.9
	수출	47,206	84,470	130,330	193,610	12.3	8.6
일본	생산	39,447	68,670	113,710	160,190	11.7	8.8
	수입	21,282	39,120	79,340	151,230	12.9	14.5
	내수	22,221	38,750	65,870	129,280	11.8	12.8
	수출	38,508	69,040	127,180	182,140	12.4	10.2

자료 : 2005년 실적치(JEITA, WSTS), 산업연구원 전망

실리콘 사이클(silicon cycle)은 일명 올림픽 사이클(olympic cycle)로 지칭된다. 이는 세계경제가 발전하고 세계평화의 제전이 개최될 때에 전자산업 시장이 확대되고 그 핵심부품인 반도체 산업도 성장해 왔기 때문이다. 중국에서 북경올림픽이 개최되는 2008년에 반도체 시장은 3,000억 달러 이상으로 2004년의 1.4배가 될 것으로 전망된다.

2. 기업간 전략적 제휴

반도체업계는 최근 들어 핵심사업 분야의 특화(specialization in core business sector)를 통한 전문화 육성방향으로 추진되고 있다. 따라서 다수의 기업들은 분사화를 통해 사업효율성(business efficiency)을 제고시키기 위해 주력하고 있다.

미국 Texas Instrument(TI)사의 센서 및 컨트롤 사업부는 스위치나 센서, 자동 온도조절장치, 모터나 조명의 제어장치 등을 제조하고 있다. 동 사업부는 TI사의 반도체사업과는 관련성이 작았으나 안정된 수익을 거두고 있다. 디지털 신호처리와 아날로그 기술(analogue technology)을 이용한 반도체 칩 사업에 주력하고 있는 TI사가 방위 관련 사업부문이나 프린터 등의 사업부문을 매각해도 센서 및 컨트롤 사

업부는 좀처럼 매각하지 않았던 이유도 이 때문으로 분석된다.

2005년 하반기까지 센서 및 컨트롤 사업부문의 영업이익률은 동 사의 반도체사업과 서서히 차이를 나타내고 있었다. 이는 센서 및 컨트롤 사업부문이 동 사의 재무성과(financial performance)에 악영향을 미치기 시작하고 있었기 때문이다. 고액으로 매입하려는 의욕적인 비공개 투자회사가 있을 경우 매각은 언제라도 충분히 고려할 수 있는 상황이었다. 2006년 4월 TI사는 센서 및 컨트롤 사업부문을 30억 달러에 미국 Bain Capital사에 매각하였다. Bain Capital사는 동 사업부를 Sensata Technologies사라는 회사명으로 운영하고 있다.

TI사는 Bain Capital사에 동 사업 부문을 매각함으로써 주력하고자 하는 제품 라인에 자금을 투입할 수 있게 되었다. 센서 및 컨트롤 사업부문은 TI사로부터 분리하여 독자적인 투자 판단으로 보다 양호한 성장을 할 수 있을 것으로 전망된다.

〈표 6-13〉 반도체업계의 스핀오프 기업 동향

	매각기업	신회사	주요 내용
2004. 7	Motorola	Freescale Semiconductor	16억 달러 IPO 후, 모토롤라 마지막 지분 매각
2004. 10	Hynix	MagnaChip	Citi그룹이 8억 2,800만 달러에 매수, 2007년 IPO 계획
2005. 11	AMD, Fujitsu	Spansion	IPO와 우선주로 7억 5,000만 달러 조달, AMD지분 40%
2005. 12	Agilent	Avago	미국 KKR과 미국 Silver Lake가 26억 달러에 Agilent의 칩사업부 매수
2006. 4	TI	SensataTech	미국 Bain Capital이 TI의 센서 및 컨트롤사업부를 30억 달러에 매수
2006. 5	Infineon	Qimonda	Infineon으로부터 스핀오프한 DRAM기업, NY증권에 IPO 계획
2006. 10	Philips	NXP Semiconductors	미국 KKR, Silver Lake, AlpInvest 등이 지분 80.1% 매입

자료 : Electronic Business, 2006. 7.

상기한 바와 같이 최근 수년 사이에 비핵심사업에서 철수하려고 하는 반도체 기업이 증가하고 있다. 미국 Agilent Technologies사, 미국 Motorola사, 독일 Siemens사 등과 같이 반도체사업을 완전히 철수하여 일렉트로닉스 기업(electronics corporation)이 되기 위한 전략을 추진하고 있는 기업들이 증가하고 있는 실정이다.

일본 산요(Sanyo)전기도 반도체 사업부의 스핀오프 또는 매각을 계획하고 있다. 독일 인피니온(Infineon)사는 메모리사업을 스핀오프한 Quimonda사를 미국 주식시장에 상장시키는 계획을 추진하고 있다. 더욱이 미국 인텔(Intel)사도 통신사업과 노어플래시메모리 사업의 매각을 추진하고 있는 것으로 알려지고 있다. 기업들이 스핀오프를 계획하고 있는 이유는 다양하다. 예를 들면, 해당 사업부문이 전략과 합치하지 않는다든가, 사내 경쟁의 알력이 발생한다든가, 단순하게 부침이 격렬하여 대규모 투자가 필요한 반도체업계로부터 철수하고 싶은 것 등을 지적할 수 있다.

그러나 이러한 기업들은 상기의 어떠한 이유에서도 이제까지와 같이 세트제품에서 부품까지 다양하게 생산하던 기업들이 이제는 보다 핵심사업에 특화한 전문기업으로 재탄생하는 전략을 추진하고 있다. 이는 일반론으로서 다각화 기업의 비즈니스 모델은 어렵다는 판단에 따른 것으로 볼 수 있다. 반도체사업 부문을 남기고 있는 전자기업 중에서 대기업으로서 제대로 운영되고 있는 기업으로 한국의 삼성전자, 미국 IBM, 일본 도시바(Toshiba) 정도를 지적할 수 있다. 반도체 칩 부문의 거래처 대부분이 그룹 내 기업인 소니(Sony)도 이에 해당된다고 할 수 있다.

일본에서도 전자분야의 대기업 중에서 반도체 사업부문에서 철수한 기업이 다수 존재하고 있다. 히타치(Hitachi)와 NEC는 7년 전에 메모리 사업을 통합해 엘피다 메모리를 설립한 바 있다. 또한, 히타치와 미쓰비시는 비메모리 제품사업을 2003년에 스핀오프하여 르네상스 테크놀로지를 설립하였다. 후지쓰와 미국 Advanced Micro Devices사도 플래시메모리 전문의 합작회사 Spansion사를 설립하여 초기에 상당 기간 실적 부진에 직면하였으나 이 후 회생하여 2005년 12월에 미국의 주식시장에 상장까지 완수한 바 있다. 한국의 하이닉스(Hynix)사도 2004년에 스핀아웃하여 미국 Citi그룹에 매각하고, 그 회사를 Magna Chip Semiconductor사로 명명하였다.

〈표 6-14〉 세계 반도체업계 M&A 동향(2005)

	업체명 A	업체명 B	내 용
2005. 1	Hynix	ProMOS	· 하이닉스, ProMOS 300㎜ 파운드리생산 전략적 제휴 체결
2005. 2	Freescale	Philips/ STMicro	· Crolles2 alliance. 공동연구의 범위 연장 - 연구내용 : 반도체 R&D, 테스트 및 패키징기술 - 추가내용 : 100㎚ 이하공정기술(90㎚, 65㎚ 이하)
2005. 4	Hynix	STMicro	· 하이닉스, STM과 공동으로 중국현지 합작공장 설립 - 총투자금액 : 20억 달러(10억 달러 : 하이닉스, STM, 10억 달러 : 현지금융기관) - 지분 : 하이닉스 67%, STM 33%(운영:하이닉스) - 건설개시 : 2005년말, 양산시기 : 2006년
2005. 5	IBM	Infineon/ Macronix	· New Memory Tech(Phase-change Memory)에 대한 공동연구개발 합의 - IBM : 기초기술(물리, 재료 등) - Infineon : 메모리기술, 양산능력 - Macronix : 비휘발성메모리기술
2005. 8	IBM	AMD	· 2003~2011년 반도체기술 공동연구 제휴 - 연구분야 ① TR, Interconect, 기판인쇄, 패키징연결기술 ② 2㎚, 22㎚ 공정기술초기단계
2005. 11	Toshiba	NEC	· SoC(45㎚ CMOS Logic) 공정공동개발협의 · 주요 내용 - Toshiba : 디지털가전용 고속프로세스 기술 - NEC : 디지털 모바일폰용 저전력프로세스 기술
2005. 11	Intel	Micron	· Nand Flash Memory J/V(IMFT) 설립 - 초기자본투자 : 24억 달러(각사별 12억 달러), 향후 3년간 각사별 14억 달러 - 지분관계 : 마이크론(51%), 인텔(49%)
2005. 12	LSI Logic	Agere	· LSI Logic이 Agree를 매입 - 매입금액 : 40억 달러 - 스케일 메리트와 코스트삭감 효과

자료 : 산업연구원

상기한 사업재구축은 보다 효율적인 기업으로 재창조해야 성장할 수 있다. 기업규모가 증대되면 기업가정신(entrepreneurship)도 동반하여 변화하고 비즈니스 리스크(business risk)를 과감하게 수용하면서 신속한 의사결정을 해야 한다. 그러나 대부분의 경영자는 어느 부문도 리스크를 부담하려고 하지 않는 경향을 나타낸다.

미국 모토롤라(Motorola)사로부터 2004년에 스핀아웃한 Freescale Semiconductor

사를 하나의 성공 예로 지적할 수 있다. Freescale사는 기대 이상의 실적을 올려 주주가치(shareholders' value)를 제고시키는 데 성공하였다. 동 사는 순조롭게 실적을 증대시켜 주가는 최근 2년에 2배로 상승하고 있다. 반도체 업계가 성숙하면서 반도체 사업부문의 스핀오프는 지속적으로 증가할 것으로 보인다. 최근 들어 기업은 성장하는 것보다 황금알을 낳는 것을 중시하고 있어 사업의 평가기준이 변화되고 있다. 성장 목표나 이익 목표에 적합하지 않은 사업을 매각함으로써 사업효율성을 제고시키고자 하는 경향은 향후에도 지속될 것으로 판단된다.

제 7 장

미국 은행산업

제1절 개 관

미국 금융제도는 지난 수년간 광범위한 변화를 경험하였다. 인수·합병(M&A : Merger and Acquisition)이 빈번하게 발생하면서 금융산업이 전면적으로 개편되었다. 이제 미국 금융기관들은 치열한 경쟁상황에 적응하기 위해 사업 모델을 개선하는데 전(全)역량을 집중해야만 하는 상황에 직면해 있다.

즉, 미국 은행들은 수익(earning)과 수입 성장(revenue growth) 및 운영 효율성(operational efficiency) 제고를 지속적으로 요구하는 주주와 시장수요의 욕구에 부단한 압박을 받고 있을 뿐만 아니라 보험사와 중개기관(brokerage house) 등 다수의 기관과의 치열한 경쟁에 맞설 수 있는 고객 지향적인 영업 서비스(customer-oriented business service) 등을 요구받는 치열한 경쟁상황에 직면해 있다.[1)]

1990년대 미국 은행산업은 규모를 증대시키고 규모와 범위의 경제적 이점(economic benefit of scale and scope) 을 이룩하기 위해 경쟁적으로 지방은행을

1) 이러한 압박이 강화되는 환경 하에서 지난 1990년대 은행산업은 통합화(consolidation)라는 물결이 큰 대세를 형성하였다. 미국 상업은행은 1990년 12,343개 은행에서 2000년 8,080개 은행으로 지난 10년 동안 무려 4,200여개 이상 은행 금융기관이 감소하였다(전국은행연합회, 금융, 2003. 4. pp. 46~50 요약 · 재구성).

인수 · 합병하는 것이 유행이었다. 그러나 향후 또 다른 근본적인 변화를 시도하는 방향이 진행될 것으로 전망된다. 인수 · 합병을 통해 수익원을 개발하는 방식은 점차 퇴각하고 다음 세대에는 다양한 부분의 가치사슬(value chain)을 형성하는 새로운 경쟁적인 사업모델(new competitive business model)로 성장하는 시대가 도래할 것으로 예상된다.

제 2 절 금융기관 및 금융시장 현황

1. 상업은행

상업은행(commercial banks)은 미국 전체 예금의 75% 정도를 관리하고 있다. 대형 은행은 일반적으로 3가지 유형(① 머니센터 뱅크(money center banks), ② 초대형 지방은행(super regional banks), ③ 지방은행(regional banks))으로 분류된다.

① 머니센터 뱅크

머니센터 뱅크는 뉴욕과 주요 머니 허브(money hub)에 기반을 두고 있는 은행들로서 주로 국제대출과 외화영업에 집중하고 있다.

② 초대형 지방은행

초대형 지방은행들은 전국적으로 영업하거나 또는 소수 주(states)에 걸쳐 영업하는 은행들이다.

③ 지방은행

지방은행들은 소수 지역기반을 중심으로 영업하는 은행들이다.

5대 은행지주회사(bank holding companies)는 미국 상업은행 전체 자산의 50% 정도를 차지하고 있다. 자산 기준(2001년말 기준) 1,000억 달러 이상 되는 10대 은행은 다음과 같다.

① Citigroup	② JP Morgan Chase & Co.
③ Bank of America	④ Wachovia
⑤ Wells Fargo	⑥ Bank One
⑦ Fleet Boston Financial	⑧ U. S. Bancorp
⑨ National City	⑩ Sun Trust Banks

2. 저축은행

미국의 저축은행(thrift institutions)은 대부분 자산 규모가 작고 영업을 지역 범위로 한정하고 있으며 주택 모기지 대출(residential mortgage loans)과 수표 및 저축계좌 등의 금융상품을 주로 제공하는 은행그룹이다.

그러나 저축기관 전체 집단을 포괄하는 저축은행 그룹은 자산 기준으로 보면 미국 국내 은행산업에서 4번째로 큰 은행그룹에 속한다. 즉, 저축은행그룹은 상업은행, 뮤추얼펀드(mutual fund), 보험회사(insurance company) 다음 순위를 차지하고 있는 은행그룹이다.

저축금융기관으로는 50개 주에서 활동하는 900여개의 저축대부연합회(S&Ls : Saving & Loan Associations), 다른 저축기관보다 상업 및 소비자대출 비중이 높은 665개 정도의 저축은행(savings banks), 저축 대부연합과 유사하며 본래 뉴잉글랜드주에 자리잡았던 협동조합(cooperatives) 그리고 회원들이 소유하고 회원 소유자들이 운영하는 10,000여개 이상의 기관을 보유하고 있는 총자산 4,800억 달러인 신용연합(credit unions)이 있다.

3. 신용카드

신용카드(credit card)시장은 1990년대 통합과정(integration process)을 통해 고도로 집중화되었다. 5개 대형 은행은 Citigroup, MBNA, Bank One, JP Morgan Chase, Providian Financial이며, 이들은 미국 국내 카드시장의 60%를 점유하고 있다.

카드시장은 더 이상 크게 증가하지 않고 조금씩 늘어나는 상황이며 각 은행의 시장점유율(market share)은 경쟁사의 인수 또는 고객 확보를 통해 시장점유율을 확대하고 있다.

최근 들어 카드시장은 매우 완만한 속도로 성장하고 있다. 시장을 주도하는 은행들은 증가하는 전자상거래(e-Commerce)의 이점을 활용하기 위해 스마트 카드(smart card)를 개발하고 있다.

4. 모기지 대출

모기지 금융시장(mortgage finance market)은 경기침체(recession)로 인해 1999년 1조 2,090억 달러에서 2000년 1조원으로 20.4% 감소하였다. 웰스파고(Wells Fargo)와 같은 선도 은행들의 저당대출시장 비중이 감소하기는 하였으나 모기지 시장의 분할은 상업은행(commercial banks)보다 더 강화되는 추세를 보이고 있다. 다수 상업은행들과 저축은행들의 모기지 시장 점유율은 감소하고 있는 추세를 보이고 있다.

5. 소매금융

소비자 금융에 초점을 맞춘 소매뱅킹 서비스시장(retail banking services market)은 2000년 1조 1,000억 달러에서 2006년 1조 3,000억 달러로 증가할 것으로 보인다. 다수 소매은행들은 지방 지점, ATM 네트워크, 온라인뱅킹(on-line banking) 및 폰뱅킹(phone banking) 등을 강화하고 있으며 소매금융시장은 치열한 경쟁을 전개하고 있다. 소형 은행들은 다양한 금융상품을 개발한 머니센터 및 지방은행들과 극심한 경쟁을 전개하고 있으나 경쟁력이 저하되고 있는 실정이다.

제 3 절 미국의 뱅킹 환경

미국 금융서비스 산업의 환경은 1990년대 전반에 걸쳐 인수・합병의 물결이 대세를 이루었다고 평가할 수 있다. 그러나 21세기에 들어 이 같은 현상은 지속되지 못하고 경제 활력(economic vitality)의 이완과 함께 주가 폭락, 인수가의 거품에 대한 재고, 반독점(anti-monopoly)에 대한 관심고조, 합병 파트너의 공급 감소 등으로 인수・합병의 활동이 급속히 위축되었다.

1990년 제정된 새 금융법(Gramm-Leach-Bliley Act)으로 인해 상업은행과 증권사 및 보험사 언더라이터(underwriter) 간의 교차 합병이 가능하게 되었다. 즉, 동법으로 인해 미국 금융기관들은 겸업주의 은행모델을 추구할 수 있게 되었다.

새 연방법에 의해 뱅킹이 주요 특기였던 씨티 코프(Citicorp)는 살로먼 스미스 바니(Salomon Smith Barney)의 자회사인 보험 및 투자 뱅킹 전문기관 트래블러그룹(Travelers Group)과 합병함으로써 거대한 씨티그룹(Citigroup)을 형성하게 되었다.

그러나 이러한 초대형 합병은 효율성과 시너지효과(synergy effect)를 창출하는데 한계를 노출시키게 되었다. 재해 및 손실보험(property and casualty)은 투자수익성(investment profitability)에 비해 과다한 위험에 노출되어 있기 때문에 은행으로서는 경영상 상당한 부담으로 작용하게 된다. 이 같은 상황을 고려하여 씨티그룹은 2001년 말에 트래블러 재해손실보험 부문을 매각한 바 있다

경기침체(recession)의 영향을 받은 은행들은 정보통신기술(ICT) 예산에 대해 심도있게 탐색하고 있다. 예를 들면, 전통적인 은행들 중 BOA(Bank of America)는 인터넷 운영에 대규모 투자를 실행하고 있다. 그러나 인터넷 단독 뱅킹(internet-only banking)의 미래는 최근 Bank One이 Wingspansbank.com을 이윤없이 2년 만에 폐쇄함으로써 다수의 금융전문가들은 독자적인 인터넷 뱅킹의 성공적인 미래에 대해 의문을 제기하고 있다.

2001년 발생한 9・11 테러는 정보통신의 안전에 심각한 경각심을 야기시켰으며 신기술 투자의 수익률 요구는 재난 극복과 전자어음결재설비(EBPP : Electronic

Bill Payment and Presentation)에 대한 지출을 막대하게 증가시켰다.

현재 예금기관의 1%만이 EBPP에 지출하고 있는 데 2006년에는 8%까지 증가할 것으로 보인다. 2001년 미국 국내의 결재거래는 300억 달러를 초과하였으며 향후 EBPP의 잠재시장은 엄청난 규모로 증대될 것으로 추정하고 있다.

새 은행법에 의해 완화된 규제는 외국 은행이 미국 내 영업 활동영역을 확대시키는 데 기여하고 있다. 미국내 외국 은행의 자산은 1995~2000년 중 26% 증가해 12조 4,000억 달러로 증가하였다. 동 기간 동안 독일은행이 3배 증가하는 가장 높은 신장률을 기록해 자산 규모가 2,330억 달러에 이르고 있다. 그러나 미국 경기의 둔화와 치열한 경쟁 및 미국 국내 금융시장의 분할 등은 외국인투자의 장애요인이 되고 있다.

제4절 전 망

1990년대 이후 발생한 금융기관간 통합은 다수의 결실을 가져왔다. 자동화(automation)에서 집중화(concentration)를 거쳐 리엔지니어링(reengineering)까지 이르는 과정에서 은행들은 스스로 과잉 비즈니스를 제거하고 사업을 효율적으로 체계화함으로써 조직을 재구성하였다.

미래 성장의 기회로 인식했던 인수·합병의 시너지 효과는 1990년대 후반에 들어 한계를 노출시켰으며 운영의 효율성도 장기간 지속되지 못하는 결과를 초래하였다. 결국 인수·합병은 더 이상 전략적인 방법이 되지 못한 것으로 판명되었다.

향후 금융서비스 산업은 급속히 변화하는 변혁과정을 거치게 될 것으로 보인다. 은행은 미래 경쟁력(future competitiveness)을 확보하기 위해 다른 기관보다 더욱 차별적이고 적절한 사업 모델을 진지하게 고려해야 한다.

은행산업의 향후 전망을 3부문(① 글로벌 대형은행, ② 유형별 선두은행, ③ 중간시장의 혼합은행(middle market hybrids))으로 나누어 살펴본다.

1. 글로벌 대형은행

사내에 광범위한 용량(extensive capability inhouse)을 구축하는 방식을 통해 복합적인 다양한 통로를 확보하고 다양한 금융상품을 제공하며 다수 국가의 진출을 확립하는 방식을 통해 소수 초대형 은행들은 규모의 경제(economies of scale)와 범위의 경제(economies of scope)를 최대한 확보해 나갈 것으로 보인다.

2. 유형별 선두은행

다양한 다수 전문은행들은 이들 은행이 목표한 고객니즈(customer needs)와 특수한 금융상품의 제공 여하에 따라서 시장 지배가 결정된다. 고객의 틈새를 잘 활용하고 특징있는 금융상품을 개발한 전문은행들만이 시장의 승자가 될 것으로 보인다. 이들 은행은 부단히 글로벌 경쟁(global competition)에 뒤처지지 않고 지속적으로 성장궤도를 유지하기 위하여 지리적 영역이나 영업영역의 경계를 초월하는 기회를 최대한 활용할 것으로 판단된다.

예를 들면, Washinton Mutual 은행그룹은 지방의 저축은행에서 전국적인 모기지기관으로의 전환, 공격적인 인수를 통한 경쟁력있는 서비스 공급, 고객서비스의 집중, 싱글 패밀리 가정(single-family homes)에 대한 사업 개척 등에 의해 변신한 대표적인 은행으로 평가된다.

3. 중간시장의 혼합은행

중간시장에서 치열한 경쟁을 전개하는 90% 정도의 남은 여타 은행들은 차별화를 모색하게 된다. 모든 종류의 상품을 가지고 모든 고객에게 서비스하는 전통적인 전략은 글로벌 경쟁의 시대에는 적합한 전략이 될 수 없음은 주지의 사실이다. 이제 남아 있는 여타 은행들은 생존하기 위해 선택과 집중(selection and concentration)이라는 차별적인 전략을 통해 특정 목표에 역량을 집중하여 가치 사업을 시장과 상품 및 서비스 그리고 고객 분할(customer segmentation) 등으로 제한해야 한다. 최근 소매뱅킹 사업을 과감하게 포기한 Mellon Financial 은행이 선택과 집중을 통해 전략적으로 선택한 목표에 초점을 맞춘 대표적인 사례가 된다.

우수한 고객 서비스를 통해 지속가능한 이점만을 개발하는 은행들만이 중간 유형의 시장에서 승자가 될 수 있다. 금액 또는 수량 도표에 기초한 상품관리의 전통적 뱅킹모델인 상품저장형 정신(product-silo mentality)을 극복하고 고객니즈를 충족하는 상품과 서비스만 제공하는 고객 지향적인 목표(customer-oriented objective)로 방향을 수정하는 것은 은행산업에 거대한 도전이 될 것으로 예상된다.

고객을 획득하고 유지하며 교차 판매를 지원하는 고객관계관리(CRM : Customer Relationship Management) 시스템은 다양한 복합 채널(various complex channels)로 고객 자료를 통합함으로써 고객의 시각에서 관리하는 은행의 영업 방식에 기여할 것으로 판단된다.

제 8 장

중국 금융산업

중국 정부가 2001년말 WTO 가입 이후 자국의 은행시장을 점진적으로 개방함에 따라 국내 금융권의 중국 진출이 가속화되고 있다. 특히, 국내기업들의 중국진출이 활발하게 전개되면서 중국 내 금융서비스 수요가 급증하여 국내은행들은 중국현지에 중국사업본부를 설치하는 등 신속한 대응방안을 마련하고 있다.

중국의 금융제도, 중국 금융기관의 해외상장현황 및 전망을 살펴보고 국내은행의 중국진출 전략과 과제를 진단하고자 한다.[1)]

제 1 절 금융제도

세계 각국의 금융제도 및 금융시장 구조는 법적 제도 및 경제발전 과정의 상이함(difference of legal system and economic development process), 문화적 차이(cultural difference) 및 금융시장 규모(financial market size) 등의 요인들에 의해 매우 다양한 형태를 나타내고 있다. 이 중에서도 특히 법적 제도 또는 금융규제의 차이는 일반적으로 일국의 금융시장구조를 이해하는 데에 있어 가장 중요한 요인 중의 하나로 인식되고 있다.

---

1) 전국은행연합회, 금융, 2005. 3. pp. 12~29
수출입은행, 수은해외경제, 2004. 8. pp. 69-72 요약·재구성

금융산업(financial industry)은 기타 산업과는 달리 모든 국가에서 장기간 상이한 방향으로 정책당국의 엄격한 제재를 받아오면서 국가마다 고유한 형태의 금융제도를 발전시켜 왔다고 할 수 있다. 최근 들어 겸업화 추세와 함께 분업주의 은행제도(specialized banking system)와 겸업주의 은행제도(universal banking system)의 구분은 점차 중요도를 상실하고 있으나 이전에 이러한 형태의 분류방식은 금융제도의 차이가 기본적으로 금융규제(financial regulation)의 차이에서 기인한다고 보는 시각의 대표적인 예에 속한다.

국가별 금융구조의 차이에 대한 적합한 예는 가장 광범위하게 지칭되는 또 다른 상대적인 개념에서 영국과 미국의 증권시장중심 금융제도(securities market-based system)와 일본과 유럽대륙국가들의 은행중심 금융제도(banking-based system)이다.

대부분의 국가에서 기업의 자금조달 방법으로서 직접금융과 간접금융이 공존하고 있다. 단지 이러한 분류방식은 기업의 외부자금 동원에서 미국과 영국의 경우에는 일본과 유럽대륙국가들에 비해 증권시장(security market)을 통한 투자재원 조달이 더욱 빈번했으며, 일본과 유럽대륙국가들의 경우에는 반대의 현상이 나타났다는 사실을 강조하고 있다.2)

경험적으로 용이하게 관찰될 수 있는 또 다른 측면은 대부분의 개발도상국가들(developing countries)이 경제개발 초기에는 은행중심 금융제도를 구축하고 있고 경제가 발전함에 따라서 더욱 정교하고 복잡한 금융제도가 형성된다는 사실이다.

1. 현황

중국의 금융구조는 개발도상국가들의 경제개발 초기단계에서 공통적으로 나타나는 은행중심 금융제도로서 기업의 주요 외부자금조달원은 은행대출이다. 1980년대 중반부터 사금융시장(private financial market) 성격의 주식 발행시장이 형성되고 1990년대 초반 상해와 심천에 공식적인 증권거래소(stock exchange)가 개설되면서 중국의 주식시장은 본격적으로 발전하기 시작하였으나 중국기업의 외부자금조달은

2) 최근 들어 이러한 분류방식은 차츰 그 의미를 상실하고 있다. 일본의 주식시장은 시장규모면에서 결코 타국에 비해 뒤지지 않는다. 또한, 일본의 직접금융 비중도 영국과 미국에 비해 큰 차이가 없다.

아직까지 거의 은행차입에 의존하고 있는 실정이다.

〈표 8-1〉에서 알 수 있듯이 2001~2003년 기간 동안 은행대출은 중국기업의 전체 외부자금조달액에서 평균적으로 80%를 초과하고 있다. 반면에 주식 및 회사채 발행 등 직접금융시장을 통한 자금조달은 동 기간 중 평균 70%에도 못 미치고 있는 실정이다.

이 같이 기업의 자금조달 창구로서 지배적 위치를 차지하고 있는 중국의 은행산업은 현재 4개 국유상업은행, 3개의 국가정책성은행, 1980년대 후반부터 본격적으로 설립되기 시작한 주식제상업은행, 1990년대 중반부터 도시신용합작사의 합병과 함께 등장한 도시상업은행, 그리고 외국계 은행으로 구성되어 있다. 이 중에서 정책성은행은 중앙정부의 거시적 정책목표에 따라 정책금융을 제공하고 개인으로부터 예금을 수취하지 않는 특수금융기관이다. 이외에 비은행금융기관(NBFIs)에 속하지만 개인의 예금을 취급하는 기관으로는 농촌신용합작사와 도시신용합작사가 있다.

〈표 8-1〉 중국기업의 외부자금 조달 규모 및 비중

(단위 : 억원(元), %)

구 분	규모			비중		
	2001년	2002년	2003년	2001년	2002년	2003년
전 체	16,555	23,976	35,154	100.0	100.0	100.0
은행대출	12,558	19,228	29,936	75.9	80.2	85.1
국 채	2,598	3,461	3,525	15.7	14.4	10.0
회사채	147	325	336	0.9	1.4	1.0
주식	1,252	962	1,357	7.6	4.0	3.9

자료: 중국인민은행, 2003년중 중국화폐정책집행보고, 2004.

2. 특징

중국 은행산업의 독특한 특징 중의 하나는 4대 국유상업은행(중국공상은행, 중국은행, 중국농업은행, 중국건설은행)이 개인으로부터 수신업무를 취급하는 예금금융기관 중에서 거의 독점적인 위치(monopolistic position)를 구축하고 있다는 사실이다.

최근 들어 주식제상업은행, 도시상업은행 및 신용합작사의 성장세가 현저하게 나타나고 있으나 여전히 4대 국유상업은행은 예금금융기관 총 여수신업무의 약 60% 이상을 점유하고 있다.

〈표 8-2〉 예금금융기관별 여수신 비중(1998~2002)

(단위 : 억원(元), %)

구 분	연 도	1998년	1999년	2000년	2001년	2002년
4대 국유상업은행	예금	59,477.8	69,769.8	77,505.0	87,670.4	110,251.9
		(68.7)	(69.5)	(68.4)	(66.8)	(65.6)
	대출	62,314.0	69,573.1	76,061.8	72,307.3	81,548.6
		(76.5)	(76.3)	(74.7)	(69.6)	(62.0)
기타 상업은행[1)]	예금	7,583.4	8,968.4	11,867.3	15,865.4	23,484.7
		(8.8)	(8.9)	(10.5)	(12.1)	(14.0)
	대출	5,314.4	6,190.2	8,464.0	11,514.9	17,136.1
		(6.5)	(6.8)	(8.3)	(11.1)	(13.0)
기타 예금금융기관[2)]	예금	19,566.6	21,602.1	23,858.9	27,709.5	34,207.3
		(22.6)	(21.5)	(21.1)	(21.1)	(20.4)
	대출	13,864.8	15,396.9	17,289.8	20,134.9	32,779.3
		(17.0)	(16.9)	(17.0)	(19.4)	(24.9)
총 계	예금	86,627.8	100,340.3	113,231.2	131,245.3	167,943.9
		(100.0)	(100.0)	(100.0)	(100.0)	(100.0)
	대출	81,493.2	91,160.2	101,815.6	103,957.1	131,464.0
		(100.0)	(100.0)	(100.0)	(100.0)	(100.0)

주: 1) 기타 상업은행은 주식제상업은행과 도시상업은행을 포함
2) 기타 예금금융기관은 농촌신용합작사, 성시신용합작사 및 재무공사 등을 포함
자료: 중국금융연감(1997~2003)

이것은 4대 국유상업은행의 전국적 지점망, 정부의 암묵적 예금보장, 그리고 국가, 국유기업 및 국유상업은행 사이의 긴밀한 관계에서 기인한다. 여기서 정부-국유기업-국유은행 간의 밀착관계는 중국 은행산업의 또 다른 대표적인 특징으로 지적될 수 있다.

이전에 한국의 경제발전과정에서 나타난 바 있는 정부--은행-기업 간의 밀착관계는 현재 중국에서도 그대로 재현되고 있다. 이러한 밀착관계는 국가발전전략의 수행과 정치적 목적에서 기인한다고 평가할 수 있다.

중국의 산업구조에서 여전히 중요하게 간주되고 있는 국유기업에 대한 정책적 지원은 직·간접적으로 정부의 지시가 가장 효과적으로 전달되는 국유상업은행을 통해 이루어지고 있다.

〈표 8-3〉 중국 금융기관 예금 및 자산운영 총괄표[1)]

(단위 : 억원(元), %)

구분			1995년	1997년	1999년	2000년	2001년
예금	기업		17,182.8	28,656.3	37,182.3	4,4093.7	51,546.6
	도시·농촌기계		29,662.2	46,279.8	59,621.8	64,332.4	73,762.4
	재정		1,003.2	1,572.4	2,128.1	3,508.1	3,369.8
	농업		1,196.2	1,533.0	2,126.3	2,642.9	3,083.3
	신탁		-	2,634.7	3,072.2	2,877.6	2,689.8
	기타		4,817.8	1,714.2	4,648.2	6,353.7	9,165.3
	예금합계		53,862.2	82,390.0	108,778.9	123,804.4	143,617.2
	유가증권		1,683.6	29.9	39.5	30.2	51.4
	현금		7,885.3	10,177.6	13,455.5	14,652.7	15,688.8
	기타		802.5	1,583.2	956.7	-3,003.6	-4,481.3
	합계		62,628.6	94,181.5	123,230.6	135,483.7	154,876.1
대출	단기대출	공업기업	23,643.2	36,474.3	39,316.6	36,904.9	39,299.6
		농업	3,019.1	3,314.6	4,792.4	4,889.0	5,711.5
		향진기업	-	5,035.8	6,161.3	6,060.8	6,413.0
		3자기업	999.2	1,891.0	2,985.8	3,049.8	3,263.5
		개인기업	196.2	386.7	579.1	654.6	918.0
		기타	-	8,315.9	10,052.4	14,589.0	11,711.6
		합계	27,857.7	55,418.3	63,887.6	65,748.1	67,327.2
	중·장기대출		10,140.8	15,468.7	23,968.3	27,931.2	39,318.1
	신탁대출		-	2,322.1	2,504.0	2,409.7	2,497.0
	기타대출		10,393.5	1,705.0	3,373.8	3,282.1	3,251.8
	대출합계		50,538.0	74,914.1	93,734.3	99,371.1	112,314.7
	유가증권매입		3,178.9	3,683.7	12,517.8	19,651.1	22,112.7
	외환매입		6,774.5	13,467.2	14,792.3	14,291.1	17,856.4
	기타		2,137.2	2,116.5	2,186.2	2,170.4	2,592.3
	합계		62,628.6	94,181.5	123,230.6	135,483.7	154,876.1

주: 1) 인민은행, 정책은행, 국유상업은행, 우체국, 상업은행, 합작사, 신탁투자회사, 재무회사, 임대회사 포함

자료: 중국금융연감(1997~2003)

국유상업은행 총대출(2001년말 기준)의 약 70%가 국유기업에 대한 대출로 구성

되어 있다. 국유기업에 대한 대출규모는 정확한 통계로 공개되고 있지는 않지만 〈표 8-3〉을 통해 간접적으로 파악할 수 있다. 2001년말 당시 중국 금융기관의 대출에서 공업기업에 대한 단기대출과 중장기대출의 합계가 총대출에서 차지하는 비중은 71%이다. 그런데 공업기업의 대부분이 준국유기업인 도시집체기업을 포함하는 국유기업이고 중장기대출의 주요 대상이 대형 국유기업임을 고려하면 약 70%의 은행대출이 국유기업으로 유입되고 있다고 할 수 있다.

따라서 국유기업의 부실은 곧바로 국유상업은행의 부실을 야기시킨다고 할 수 있다. 정부-국유기업-국유은행 간의 밀착관계는 현재 중국 은행기관의 높은 부실채권 비율과 긴밀하게 연관되어 있다.

국가는 특정 산업부문(주로 전략산업부문을 영위하는 대형 국유기업) 육성차원에서 국유은행을 통해 거의 무제한적으로 신용을 제공하기 때문에 국유기업은 연성예산제약(soft budget constraint)에 직면하게 된다. 즉, 기업은 파산위험에 둔감해지고 마치 예산제약이 없는 것처럼 기대수익률(expected profit rate)을 전혀 고려하지 않는 투자행태를 나타냄에 따라 은행의 부실채권 비율은 좀처럼 축소되지 않고 있다.

2000년 말에 4개의 자산관리공사가 한화 200조원 이상의 부실채권을 인수하였으나 여전히 국유은행의 공식적인 부실채권 비율은 25% 수준을 보이고 있으며 국제적 기준으로 환산하면 35% 이상인 것으로 추정되고 있다.

3. 은행중심 금융제도의 역사적 배경

개발도상국가들의 금융제도가 경제개발 초기에 은행중심적 구조로 구축되는 요인으로 다음 2가지를 지적할 수 있다.

① 은행중심 금융제도는 국가발전전략을 수행하고 정치적 목적을 달성하는 데 있어 정부의 강력한 개입을 용이하게 함

② 경제발전 초기단계에서는 은행시장의 구축이 직접금융시장의 육성에 비해 단기적으로 더 적은 고정비용을 요구함

은행기관에 대한 전통적인 정부의 개입은 금리규제(interest rate regulation) 및 전략산업부문에 대한 차별적 신용배분으로 특징지어지는 금융억압정책(financial repression policy)이다. 경제발전전략(economic development strategy)의 수단으로 또는 정치적 목적으로 유지되는 금융억압정책은 대부분의 후발산업국가들에게서 발생하는 대체적인 현상으로 볼 수 있다. 여기서 후발산업국가들은 제2차 세계대전 이후의 개발도상국가들뿐만 아니라 영국에 비해 산업화(industrialization)가 늦었던 유럽대륙국가들과 일본을 포함한다.

후발산업국가들의 금융억압정책은 개발초기에 직면하는 장기신용의 필요성, 제도적 열악성, 경제개발에 대한 사회적 긴급성, 기술발전단계의 특징으로 인해 제도적 반응으로 나타난 현상으로 볼 수 있다.

그리고 은행중심 금융제도는 금융억압 또는 금융산업에 대한 정부의 개입을 가장 용이하게 하는 금융구조이다. 왜냐하면 증권시장은 시장의 특성상 자금수요자와 공급자를 직접 연결시키므로 전략산업 육성에 필요한 장기신용을 공급하는 과정에서 정부의 개입은 제한적일 수밖에 없다. 그러나 은행중심 금융제도에서는 한편으로 정부소유의 금융기관이 정부의 암묵적 예금보장을 바탕으로 저축을 동원하고 다른 한편으로 정책당국이 전략산업 육성을 위해 차별적인 신용배분을 실행할 수 있다.

물론 중국의 은행중심(특히, 국유은행중심) 금융제도는 전통적인 관점에서 다른 자본주의 개도국들과는 달리 개혁·개방 이전의 정치체제적 요인에 의해 더욱 강화되었다. 개혁·개방 이전만 하더라도 중국의 금융구조는 구소련 사회주의체제로부터 이어져온 단일은행제도(mono-bank system)였다.3)

계획경제체제(planned economic system) 하에서의 금융부문은 정부의 경제발전전략 추진을 위한 정책적 도구로 활용된다. 이와 더불어 화폐는 실물자원의 배분과정에서 회계적 기능만을 담당하는 부수적인 역할을 수행하게 된다. 경제발전전략을 바탕으로 목표 산출량이 결정된 후에 필요한 생산요소가 분배되는 중앙집권적 사회주의체제에서는 실물 및 금융자원의 흐름이 효과적으로 추적될 수 있는 단일은행제도가 필수적이라고 할 수 있다. 비록 과거 중국의 은행중심 금융제도가 부분적으로

3) 현재의 중앙은행인 중국인민은행이 당시에 사실상 단일은행의 기능을 수행하면서 거의 모든 금융거래를 장악했다고 할 수 있다.

정치체제적 요인에서 비롯되었다고 하더라도 사회주의체제 하에서 은행중심 금융제도 형성의 주요 배경은 다른 자본주의 개발도상국들과 비교하여 크게 상이하지 않다. 중국의 중앙집권적 은행중심 금융제도는 전략산업의 육성 또는 중공업 우선성장이라는 정부주도형 경제발전전략(government-driven economic development strategy)을 추진하는 과정에서 형성되었고 유지되었다.

다만 차이점이 있다면 그것은 정도의 차이라고 할 수 있다. 왜냐하면 사회주의체제 하에서의 국유은행중심 금융제도는 자본주의 개도국들이 경제개발 초기에 취하고 있는 금융억압형 은행중심제도의 극단적인 형태로 인식될 수 있기 때문이다. 더욱이 중국의 금융구조는 개혁·개방 이후부터 지금까지도 은행대출중심의 신용제도에서 탈피하지 못하고 있다. 이것은 물론 경제발전전략과 함께 정치적 요인으로 인해 금융억압정책이 여전히 필요하다는 데에서 기인한다.

1990년대 중반부터 본격화되기 시작한 금융개혁(financial reform)에도 불구하고 이러한 금융억압정책 기조가 크게 변함없이 유지되고 있는 것은 수익성(profitability)과 관계없이 전략산업부문을 일정수준으로 유지시키고 성장시킨다는 경제발전전략이 아직 유효하기 때문이다. 또한, 이전에 중공업 우선성장전략을 추진하는 과정에서 발전한 대·중형 국유기업의 상당수가 정책성 부담(예를 들면, 과잉고용 및 사회안전망 역할 담당) 때문에 적자경영 상태를 보이고 있다. 높은 자본집약도에 따른 자본비용 부담과 근본적으로 국가가 책임져야 할 정책성부담으로 인하여 중국의 국유기업들은 정부의 정책적 지원을 필요로 하고 있으며 직접적인 지원 수단 중의 하나가 바로 금리규제 및 차별적 신용배분을 가능하게 하는 금융억압이라고 할 수 있다.

금융억압정책은 정치적 목적에 의해서도 지속되고 있다. 실업문제로 인한 사회적 불안정(social instability)과 대형 국유기업의 민영화(privatization)에 대한 이념적 문제로 인해 국유기업의 근본적인 개혁이 지체되고 있으며 적자경영의 국유기업에 대한 금융지원은 지속되고 있다. 국유은행중심 금융제도는 당국의 정책 취지와 정치적 목적을 용이하게 달성시킬 수 있는 유일한 제도라고 평가할 수 있다.

아직 경제개발 초기단계에 있는 중국의 은행중심 금융제도를 설명할 수 있는 또 다른 요인으로 전술한 바와 같이 직접금융시장 구축에 소요되는 고정비용을 지적할 수 있다. 고정비용 개념은 개도국들의 자본시장 발전과정을 생각하면 용이하게 이

해될 수 있다. 증권시장의 발전이 경제성장에 기여한다고 해서 경제발전 초기에 대부분 농업경제의 특징을 갖고 있는 개도국들이 단기간에 아주 발전된 자본시장을 구축하는 것은 불가능하다. 전반적인 금융시장의 발전을 위해서는 효율적인 유통시장 및 투자은행과 같은 조직자본(organizational capital)의 형성, 정보자본(information capital) 및 인적자본(human capital)의 축적, 회계표준의 투명성(transparency of accounting standard) 및 법집행의 엄격성 등과 같은 시장하부구조(market infrastructure)가 필요하며 이러한 하부구조의 축적에 소요되는 제반 사회적 비용이 고정비용으로 간주될 수 있다.

현재 중국의 증권시장이 직면한 제도적 환경, 즉 시장하부구조는 매우 취약한 것으로 평가할 수 있다. 우선 중국 주식시장의 유통은 원활하지 못한 편이다. 내국인을 대상으로 발생된 A주식의 경우, 유통 가능한 주식은 1/3 수준에 지나지 않는다.[4] 발행주식의 60% 이상을 차지하는 국유주(國有股)와 법인주(法人股)의 유통은 거의 이루어지지 못하고 있다.[5]

이러한 주식의 비유동성은 투자자의 유동성 위험(liquidity risk)을 제고시켜 기업의 장기투자로의 자금이동을 저해한다. 물론 주식의 비유동성은 국유기업 소유구조의 개편이라는 중국 당국의 정치적 결단과 연관되어 있다.

중국의 법적 제도는 개혁·개방정책이 실시된 이후 약 15~20년이 지나서야 기본적인 틀이 마련되었다. 1995년에 중앙은행법, 상업은행법 및 보험법이 발효되었으며 1998년에 통과된 증권법은 1999년부터 시행되었다. 그러나 이러한 법체계마저도 정책당국의 지시적 대출의 합법화 및 주식거래의 제한 등 체제전환국가로서의 한계를 노출시키고 있고 금융관련 법안은 시장경제체제(market economic system)로 전환되는 과정의 과도기적 타협점으로 간주될 수 있다.

투자자보호(investor protection) 및 법집행 수준에서도 아직 초보단계에 머물러 있다. 투자자보호는 증권법과 파산법에 의해 마련되어 있으나 투자자보호 관련조항

4) 중국에서 발행된 주식은 크게 A주식과 B주식으로 구분된다. 원래 A주식은 중국인 또는 중국법인을 대상으로 발행된 주식이며, B주식은 외국인투자자를 대상으로 발행된 주식이다. 지금은 B주식에 대한 내국민의 거래가 허용되고 있어서 이러한 구분은 큰 의미를 지니고 있지 않다.

5) 국유주란 기업이 공개되기 전에 중앙정부 또는 지방정부가 발기인 형식으로 확보한 지분을 지칭하며, 법인주는 기업이 정부의 허가를 받아 확보한 타 기업에 대한 지분을 의미한다.

이 타국에 비해 부실하거나 분명하게 명시되지 않고 있다. 또한, 법이나 규정 이외에도 영(令), 통지, 공고, 의견 및 임시규정 등 보완적 형식의 법률문건이 다수 존재하여 법 해석상 이들 간에 상충되는 경우도 흔히 발생하고 있다. 법의 집행기관은 이론적으로 법원이지만 법집행의 질은 매우 낮은 편인데 이는 법원의 법집행이 중앙정부와 지방정부의 영향력 내에 있어 독립성이 상당히 미약하기 때문이다. 투자자보호 관련 법집행이 미흡하다는 것은 금융증권의 내재가치(intrinsic value)를 하락시켜 수요감소를 야기시키게 된다.

부실한 회계제도 역시 정보자본의 축적을 저해하여 증권시장의 건전한 발전의 장애요인 중의 하나이다. 강력한 회계감사에 의한 투명한 회계표준은 사회 전반적으로 신뢰할 수 있는 정보를 생산하는 데에 가장 중요한 요소이다. 기업의 가치가 제대로 시장에 반영되기 위해서는 투명한 회계제도에 의한 기업공개가 필수적인 요소가 된다.

그러나 현재 중국의 기업들 대부분은 최소한 2개 이상의 장부를 보유하고 있다. 이 중에서 조작된 장부를 바탕으로 형식적인 감사가 이루어지고 있어서 기업가치(corporate value)의 판단에 필수적인 공정하고 객관적인 기준이 마련되지 못하고 있다. 회계제도의 후진성은 회계감사의 독립성 부족과 회계장부 조작에 대한 미약한 제재조치에서 야기되고 있다. 기업가치 결정의 기준이 되는 객관적인 재무제표(objective financial statements)가 부재한 상황에서, 대부분 개인투자자로 구성된 중국 주식시장에서의 가격결정은 주로 기업의 추상적인 외형과 루머에 의한 투기적 매매(speculative trading)에 의존하며 이는 결국 금융자원 배분의 왜곡(distortion of financial resource allocation)을 초래하게 된다.

또한, 상장회사의 부실한 재무상태는 주식시장의 질을 하락시키는 요인이 되고 있다. 2000년말 기준으로 전체 상장기업 은행차입의 32%가 부실채권으로 추산되고 있다. 특히, 구조적 부실채권(이자보상비율이 100% 미만인 기업의 채권)은 23%에 이르고 있다.

적자경영 상태를 보이고 있는 기업의 상환능력은 단순히 금리혜택이나 출자전환과 같은 금융구조조정에 의해 개선될 수 없기 때문에 이 부류 기업들의 은행차입은 구조적 부실채권이라고 할 수 있다. 상장회사의 대부분이 국유기업인 점을 고려하여 상장회사 재무상태의 불량은 국유기업의 비효율적 경영(inefficient management)을 반증한다고 할 수 있다. 상장된 회사에 부실한 기업이 다수 존재한다는 것은 장기적으로 주식수요의 감소요인으로 작용하게 된다.

4. 금융구조의 전망

중국의 금융당국은 1990년대 중반부터 금융개혁을 본격화하기 시작하였으며 2001년 말에 중국의 WTO 가입과 함께 현재 국제적 합의(international consensus)에 따라 금융개방을 약속 일정에 맞게 추진하고 있다. 중국은 2006년 말까지 외국계 금융기관에 대한 진입장벽(entry barrier)을 완화하고 업무영역(특히, 인민폐 업무 취급)의 제한을 단계적으로 철폐하기로 되어 있다.

이로 인해 중국계 은행과 외국계 은행 간의 경쟁이 심화되고 궁극적으로 중국 은행기관의 위험관리능력은 한 단계 제고되는 계기가 될 것으로 전망된다. 또한, 외국인에 대한 A주식시장의 개방 확대는 중국 주식시장의 외형과 질을 제고시키는데 일조할 것으로 기대된다.

그러나 중국 금융시장의 이러한 향후 긍정적 측면에도 불구하고 단시간 내에 중국 은행기관의 건전성과 질적 발전이 확보되고 주식시장을 통한 자금조달이 증가하여 증권시장중심 금융제도로 전환될 수 있을 것으로는 판단되지 않는다.

이러한 판단의 근거로 다음 4가지 측면을 지적할 수 있다.

4.1 국유상업은행 영업활동의 제약성

우선 은행산업에서 지배적 위치를 차지하고 있는 국유상업은행의 영업활동은 아직도 국가발전전략상의 제약과 정치적 제약을 받고 있다. '중공업부문의 일정수준 유지'라는 국가발전전략상의 제약은 중공업부문을 담당하는 대형 국유기업에 대한 정책적 지원을 지속시키는 요인이다.

4.2 국유상업은행의 시장기반적 신용배분원칙 미준수

국유기업이 당면하고 있는 각종 정책성 부담과 사회불안정(예를 들면, 실업문제)

에 대한 정치적 요인으로 인해 국유상업은행의 시장기반적 신용배분 원칙은 여전히 준수되지 않고 있다. 결국 국유은행의 건전성 확보와 금융서비스의 질적 향상(qualitative improvement of financial service)은 국가발전전략상의 제약과 정치적 제약이 제거되거나 완화되어야 가능하게 된다.

4.3 주식시장 발전에 대한 정치적 제약

주식시장의 발전 역시 정치적 제약을 받고 있다. 시장하부구조의 구축에서 가장 중요한 요소는 원활한 유통시장, 투명한 회계표준 및 투자자보호에 대한 효율적인 법적 제도의 마련이다. 그러나 발행주식의 60% 이상을 차지하는 국유주와 법인주의 경우 사실상 유통이 차단되어 있어 유통 가능한 주식은 1/3에 불과하다. 물론 이것은 국유기업 소유구조의 개편 그리고 사회주의 시장경제의 구현이라는 정치적 이슈와 밀접하게 연관되어 있다.

이러한 유동성 부족은 주식시장의 순기능인 유동성 위험 제거와 인수·합병(M&A : Merger & Acquisition)의 시장형성에 최대 장애요인이다. 중국의 법적 제도는 아직 시장경제체제로 전환되는 과정의 과도기적 상황으로 인식할 수 있어서 다수의 한계점을 노출시키고 있다.

4.4 법적 기준의 신뢰성 부족과 회계제도의 후진성

투자자보호법이 제대로 마련되지 못했을 뿐만 아니라 사법기관의 법집행 역시 정부의 영향력 내에 있어 국내외 투자자들에게 신뢰할만한 법적 기준을 제공하지 못하고 있다. 또한, 회계제도의 후진성은 정보자본의 축적에 최대 장애요소로 작용하고 있다.

직접금융시장의 발전에 필수적인 시장하부구조의 구축은 결국 경제성장과 함께 고정비용부담이 완화되고 소득수준의 향상으로 인센티브 시스템(incentive system)이 개선되면서 시간의 경과에 따라 서서히 진행될 것으로 보인다.

제 2 절 금융기관의 해외상장 현황 · 전망 · 과제

1. 해외상장 현황 및 전망

중국 금융기관의 세계화와 개혁이 더욱 신속해지고 있다. 2001년말 세계무역기구(WTO)에 가입하게 되면서 금융서비스에 대한 대부분의 제한을 철폐해야 하는 중국으로서는 금융기관의 국제경쟁력(international competitiveness) 확보가 시급한 과제가 되고 있다. 중국 정부는 금융개혁사업의 일환으로 국유 상업은행의 주식회사 전환을 추진하고 있다. 중국은행(中國銀行)과 건설은행(中國建設銀行)의 주식회사 전환 추진은 이미 시작되었으며 정부는 각종 내부개혁 감독을 통해 주식회사 전환을 적극적으로 추진할 계획을 세우고 있다. 또한, 중국은 금융기관의 해외상장을 통해 낙후된 금융기관은 지배구조를 개선하고, 자금조달원의 확충으로 자기자본비율을 제고시킬 방안을 수립하고 있다. 중국 정부는 이러한 과정을 통해 2006년으로 예정된 금융시장 전면 개방에 대비하고 있다.

〈표 8-4〉 WTO 가입을 기점으로 한 금융서비스 개방 내용

업 종	주 요 내 용
은행업	· 외국계은행에 대한 지역 · 고객제한 규정 철폐, 내국민 대우 허용(가입 후 5년 내) · 외국계은행의 인민폐 영업 허용(2년 후 기업, 5년 후 개인 대상)
보험업	· 외국생명보험사는 합작보험사의 지분 50%, 손해보험사는 51% 취득 가능 · 단체보험, 건강보험, 연금보험 개방(2년 이내) · 영업지역 제한 철폐(3년 이내)
증권업	· 외국계증권회사의 합영회사 설립 가능(3년 이내) · 중국 국내 증권투자, 펀드관리업무 취급 허가(3년 이내)

1.1 보험산업

중국의 금융부문 중 보험산업은 이미 해외상장을 한 바 있다. 2003년 11월에 중국인민재산보험, 12월에 중국인수보험(中國人壽保險)이 해외상장을 실시했다. 보험

업은 중국금융산업 중에서 개혁이 신속히 진행되고 있는 분야로 2002년부터 국유 보험회사들의 주식회사 전환이 시작되었다. 이러한 구조개혁(structural reform)과 함께 중국 정부는 국유 보험회사의 해외상장을 도모하기 위해 다음 2가지 조치를 취한 바 있다.

① 중국인민재산보험의 부실부문인 농업보험부문을 분리시켜 부실규모를 축소시켰다.
② 중국인수보험의 이차손을 중국 재정부가 보증하고 기금을 설립하여 부실채권을 인수했는 데 이러한 정부의 지원 등을 통해 신속한 해외상장이 가능하게 되었다.

중국인민재산보험은 홍콩증권거래소[6]를 통해 34억 5,600만 주를 발행하여 8억 달러를 조달하면서 중국 금융기관 중 최초로 해외상장을 실시하였다. 한편, 중국 최대의 생명보험 회사인 중국인수보험은 중국 주식 붐을 배경으로 뉴욕증권거래소(MYSE : New York Stock Exchange)와 홍콩증권거래소에 동시 상장을 하여 총 35억 달러를 조달한 바 있는 데 이는 당해연도 세계 최대 IPO[7] 금액이었다. 또한, 중국 제2위의 생명보험회사인 평안보험(平安保險公司)은 홍콩증권거래소로부터 상장인가를 받고도 중국인수보험의 부정회계처리 사건[8]으로 상장시기를 지연시키다가 2004년 6월 14일 13억 9,000만 주를 발행하여 약 18억 달러를 조달한 바 있다.

---

6) 중국기업은 1993년부터 홍콩증권거래소에 상장을 시작했으며 동 거래소를 통해 총 247개 기업이 965억 달러의 자금을 조달하였다. 홍콩증권거래소에 상장된 중국기업의 주식을 'H주'라고 지칭한다.
7) IPO(Initial Public Offering, 주식공개상장)는 기업이 최초로 외부투자자에게 주식을 공개, 매도하는 것을 의미한다.
8) 중국인수보험은 2004년 1월 중국 감사원으로부터 부정융자 및 보험의 부정판매 사실을 지적받았다. 미국에서는 상기 사실을 공시하지 않았다는 이유로 투자자들이 주주집단소송을 제기한 바 있다.

〈표 8-5〉 주요 보험회사 현황

(단위 : 백만 달러, 명, %)

구 분	총자산	직원수	시장점유율	수입보험료	
				개인보험	단체보험
중국인수보험	39,605	65,000	57.1	7,937	1,862
평안보험	24,518	32,000	28.1	3,828	1,003

주: 총자산과 직원수는 2003년말, 시장점유율과 보험료는 2001년말 기준임

1.2 국영은행

중국은 그동안 은행업에 대한 대외개방에 소극적으로 대처하였는 데 이 결과 해외에 상장한 은행이 하나도 없었다. 최근 WTO 가입 이후 외국은행의 중국 진출에 대비해서 중국은행의 선진화가 필요하다는 인식에 따라 은행의 해외상장이 하나의 방편으로 부상하기 시작했다. 이에 따라 4대 국영은행 중에는 건설은행과 중국은행이, 민간은행 중에는 민생은행(中國民生銀行)과 교통은행(交通銀行)이 먼저 해외상장을 준비 중에 있다. 이와 관련하여 영국의 경제지 파이낸셜 타임스(Financial Times)는 2004년 7월 14일 이들 은행의 해외상장을 주선할 주간사가 조만간 결정될 것으로 보도한 바 있다.

해외상장의 규모면에서는 국영은행이 관심의 대상이 되고 있으나 상장순서로는 민간은행이 우선시되고 있다. 특히, 민생은행은 중국 최초의 해외상장 은행이 될 것으로 예상된다. 민생은행은 상하이 A증시에 상장되어 있는 주식제 상업은행으로서 은행권 내 순위는 10위이고 전국에 170여개의 영업망을 가지고 있다. 민생은행은 2004년 5월초 홍콩거래소에 상장 신청서를 제출한 바 있으며 약 10억 달러 규모의 IPO를 실시할 것으로 예상된다. 교통은행도 조속한 시일 내에 해외상장을 계획하고 있으며 이에 앞서 10억~20억 달러 규모의 후순위채를 발행할 계획이다. 이는 해외상장 이전에 신규자금을 조달하여 무수익여신 비율을 10% 이하로 저하시키기 위한 것으로 해석할 수 있다.

중국 정부는 4대 국영은행 중 재무안정성(financial stability)이 비교적 우수한 건설은행을 먼저 홍콩과 뉴욕에 동시 상장한다는 계획을 추진하고 있다. 그 이후 중

국은행, 공상은행(中國工商銀行), 농업은행(中國農業銀行)의 순으로 상장한다는 것이다. 건설은행은 재정이 비교적 건실한 상하이(上海), 장쑤(江蘇), 쑤저우(蘇州) 등 5개 지점의 자산을 대상으로 최대 100억 달러 규모의 주식을 발행할 계획으로 있다.

〈표 8-6〉 해외상장 예상 은행의 경영현황(2003년말 기준)

(단위 : 백만 달러)

구 분	총자산	총부채	예금잔액	대출잔액	당기순이익
중국민생은행	43,501	42,339	33,090	24,310	168
교통은행	114,511	109,614	102,783	66,903	10

이들 은행의 해외상장이 시장의 주목대상이 되고 있는 이유 중의 하나로 막대한 주간사 수수료를 지적할 수 있다. 건설은행과 중국은행의 상장금액이 각각 50억 달러 정도이고, 평균 수수료율이 1~3%인 것을 감안하면 건별 주간사 수수료가 5,000만 달러를 초과하게 된다. 현재 도이체방크(Deutsche Bank), 시티은행(Citibank), 골드만삭스(Goldman Sachs), 모건스탠리(Morgan Stanley) 등 세계 주요 투자은행들이 주간사 선정을 위해 치열한 경쟁을 전개하고 있다.

또한, 중국 정부는 국유은행의 자본기반 확충 및 자기자본비율 제고를 위해 후순위채 발행을 허가할 계획이다. 우선 건설은행은 총 400억 위안(50만 달러) 규모의 후순위채권을 분할하여 자기자본비율을 8% 이상으로 제고시킬 계획이다.

〈표 8-7〉 4대 국유상업은행 현황

(단위 : 백만 달러, %)

구 분	총자산	순이익	부실자산비율	BIS비율	자기자본비율
건설은행	371,470	518	11.9	6.9	3.5
중국은행	350,084	1,138	18.1	8.2	6.5
공상은행	570,385	743	21.3	5.5	3.8
농업은행	358,626	349	n.a.	n.a.	4.5

주: 부실자산비율은 2003년말 기준이며 나머지는 2002년말 기준임

2. 과제

중국은행들이 해외주식시장에 상장하기 위해서는 다음 2가지 측면을 고려해야 한다.

2.1 인원 및 지점 감축

2002년말 기준으로 건설은행의 경우 41만명이 20,000여개의 영업소에서 근무하고 있으며, 중국은행은 19만명이 12,000여개의 영업소에서 근무하고 있다. 이러한 상황은 높은 인건비 등 간접비용을 증가시켜 경영의 비효율성(management inefficiency)을 야기시키고 있다.

2.2 위험관리능력의 제고

2002년말 4대 국유상업은행의 부실채권 규모는 대출잔액의 약 25%를 차지하고 있으며 주요 금융기관의 평균 불량채권비율은 17.3%에 이르고 있다. 은행의 해외상장 시에는 부실채권을 10%로 낮추어야 한다는 시장의 요구에 부응하기 위해 부실채권의 축소와 추가 발생 억제가 시급한 편이다. 이를 위해 국제규범에 따라 대출자산의 5단계 분류, 부실자산 해외매각, 내부통제시스템(internal control system) 강화 등 위험관리능력의 강화(intensification of risk management capability)가 필요하다.

중국 금융시장은 개방과 함께 우리에게 매력적인 시장이 되고 있으나 우리 금융기관들이 중국에 본격적으로 진출하기 위해서는 중국의 독특한 은행 시스템과 각 부문별 특징에 대한 이해가 필수적이라고 할 수 있다. 특히, 중국은 은행에 따라 영업할 수 있는 지역과 대상 및 업무가 구분되어 있기 때문에 합작진출 시 진출목적에 맞는 파트너의 선정이 무엇보다 긴요한 사안이 되고 있다.

제 3 절 국내은행의 중국진출 전략과 과제

2000년 이후 중국 은행산업은 다음 2가지 커다란 변화에 직면해 있다.

① 은행산업의 개방확대

중국 정부는 2001년 11월 세계무역기구(WTO)에 가입한 이후 자국 은행산업의 개방을 확대하고 있다. 이전에 중국 정부가 자국의 경제성장에 있어 핵심적 역할을 담당하였던 은행산업을 보호해 왔다는 점을 고려할 때 은행산업의 개방은 혁신적인 조치로 평가할 수 있다.

② 긴축금융정책의 실시

중국 정부는 2003년 하반기부터 경기과열 억제를 목표로 긴축금융정책을 실시하고 있다. 중국 정부의 긴축금융조치에는 이전에 거의 볼 수 없었던 위안화 대출금리 및 예금금리의 인상도 포함되어 있어 이 역시 주목할 만한 변화라고 할 수 있다.

이러한 변화 속에서 국내은행들은 중국경제의 성장잠재력(growth potentials)을 바탕으로 중국진출을 적극적으로 모색하고 있다. 국내은행뿐만 아니라 다른 외국계 은행의 중국진출도 급속히 증가하고 있다. 2002~2003년 중 외국계 은행은 중국에서 사무소 30개, 지점 18개를 신규 설립한 바 있는데 중국 정부가 외자유치를 적극적으로 추진하고 있어서 외국계 은행의 중국진출은 더욱 활성화될 것으로 보인다. 이는 향후 중국 내에서 은행간 경쟁이 그 어느 때보다 심화될 것을 의미한다.

국내은행의 중국진출을 촉진시키는 요인으로 다음 3가지를 지적할 수 있다.

① 국내기업의 중국진출 급증

최근에 국내기업의 대중국 진출이 급증하고 있는 것이 국내은행의 중국진출을 촉진하는 요인으로 작용하고 있다. 2000~2003년 중 한국의 대(對)중국 직접투자 건수는 연평균 37.7%의 증가율을 기록하였으며 투자금액도 2001년에 일시적으로 감소하였으나 이후 연평균 30%를 초과하는 증가세를 지속하고 있다. 국내기업의 중국진출이 중소기업 위주로 이루어지고 있다는 사실은 주목할 만한 점인데 2003년 중 중소기업의 대(對)중국 투자금액은 전년에 비해 71.5%나 증가하여 국내기업의 대(對)중국 직접투자 전체금액의 약 59.4%를 차지한 바 있다.

이 같은 현상은 국내기업의 현지금융이 은행대출 위주로 이루어질 가능성이 커다는 것을 의미한다. 일반적으로 중소기업은 대기업보다 신용도가 낮아 자본시장을 통한 자금조달이 어려우며 우량 중소기업의 경우에도 기업인지도 부족, 중국 내 자본시장 미발달 등으로 자본시장을 통한 현지금융이 힘든 실정이다. 중소기업은 해외진출 경험 및 인력자원 부족으로 중국진출 검토단계부터 어려움에 직면하는 경우가 대부분이기 때문에 국내은행들은 현지투자정보 수집 및 제공, 현지은행과의 협조융자 제공 등을 통해 고객확보에 나설 수 있다. 국내기업을 포함하여 외국계기업이 현지에서 중국계 은행으로부터 자금을 조달하기가 용이하지 않은 점도 현지 국내은행에 대한 금융수요가 증대될 수 있음을 시사한다.

중국 정부의 은행부문을 통한 신용배분정책으로 인해 중국계 은행의 대출이 국유기업에 집중되어 있어 중국 민간기업은 자금조달의 60% 이상을 내부자금에 의존하고 있다. 이 같이 중국 민간기업의 은행차입이 용이하지 않은 상황을 고려할 때 국내기업이 중국계 은행으로부터 조달할 수 있는 자금규모는 제한적이라고 할 수 있다.

② 중국 정부의 은행산업에 대한 진입규제

중국 정부는 2001년 WTO 가입과 동시에 외국계 은행의 외화업무에 대한 지역제한을 완전 철폐하였다. 외국계 은행의 위안화업무 지역제한도 상당부분 자유화되어 2004년 12월 기준 16개 지역에서 외국계 은행의 위안화업무가 허용되고 있다.

〈표 8-8〉 중국 위안화 업무 은행시장의 개방 일정

개방시기	영업지역	고객범위
2001년	上海, 深圳, 天津, 大連	외국기업, 외국 개인
2002년	廣州, 珠海, 青島, 南京, 武漢	외국기업, 외국 개인
2003년	濟南, 福州, 成都, 福建	외국기업, 외국 개인, 중국 기업
2004년	昆明, 北京, 厦門	외국기업, 외국 개인, 중국 기업
2005년	寧波, 沈陽, 西安	외국기업, 외국 개인, 중국 기업
2006년	영업지역제한 완전철폐	고객제한 완전철폐

고객제한 역시 외화업무의 경우 WTO 가입과 동시에 완전 철폐되어 중국에 진출한 외국계 은행은 외화업무와 관련해서는 외국계 고객뿐만 아니라 중국계 고객을 대상으로 자유로운 영업활동이 가능하다. 2002년까지 외국계 은행의 위안화 업무는 외국기업 및 외국개인에 한해서만 허용되었으나 2003년부터 중국기업으로까지 허용범위가 확대되었다. 중국 개인에 대한 외국계 은행의 위안화 업무는 고객제한이 완전 철폐되는 2006년 12월부터 허용될 예정이다.

③ 중국 소매금융시장의 성장 가능성

은행산업을 경제발전을 위한 정책적 도구로 활용하려는 중국 정부의 신용배분정책으로 인해 중국 소매금융시장은 타국에 비해 위축되어 있는 설정이다. 그러나 지난 수년간 중국 은행산업에서 소비자대출이 전체대출에서 차지하는 비중은 지속적으로 증가하여 2003년 기준 2000년의 3.9%에서 6%포인트 증가한 9.9%를 기록하였다.

〈표 8-9〉 중국의 소비자대출잔액 추이(2000~2003년)

(단위 : 억 위안, %)

	2000	2001	2003
소비자대출잔액	4,235.02	6,990.25	15,732.59
소비자대출비중	3.9	6.2	9.9

이러한 소비자대출의 현저한 증가세는 기업금융의 수익성 악화 및 부실화로 인해 중국계 은행들이 고객 포트폴리오(portfolio) 재구성을 통해 위험을 분산하고 새로운 이윤창출기회를 모색하는 경영전략을 추구하면서 나타나고 있다. 지속적인 경제발전으로 인해 소득수준이 제고되면서 소비자대출 수요가 크게 증가한 것도 중국은행산업의 소비자대출 증가세에 일조하였다. 중국에서 개인재산은 70% 정도가 은행예금형태로 축적되어 있다. 2000년에 64,305억 위안이었던 개인예금 규모는 2003년에는 약 61% 증가한 103,617억 위안을 기록하였다.

특히, 1998년 중국 정부의 주택제도개혁 이후 개인에 대한 주택보급이 확대되면서 급증하기 시작한 주택대출은 중국 소매금융시장의 성장세를 이끌어 갈 것으로 기대된다. 이전에 중국 정부의 주택정책은 국유기업 소유의 복지소택 보급에 초점이 두어졌으나 주택제도개혁 이후 개인의 주택소유가 허용되면서 주택대출에 대한 수요가 급증하였다. 이에 따라 향후 중국의 주택시장은 매년 15~20% 정도의 성장세를 지속할 수 있을 것으로 보인다.

신용카드시장의 성장잠재력(growth potentials)도 중국 소매금융시장의 성장가능성을 제고시킬 수 있을 것으로 기대되고 있다. 중국의 1인당 국민소득이 2,000달러에 이를 것으로 예상되는 2006년에 중국의 신용카드 대출 잔액은 국내총생산(GDP)의 0.5% 수준까지 제고될 수 있을 것이라는 전망도 제기되고 있다. 상점들의 카드가맹 의무화, 외국계 은행의 신용카드시장 참여 장려 등 중국 정부가 신용카드시장 활성화를 정책적 차원에서 추진하고 있는 것도 신용카드시장의 성장가능성을 제고시키는 요인으로 작용할 것으로 보인다.

한편, 국내은행의 중국진출이 반드시 성공적이지만은 않다고 평가할 수 있다. 이는 중국진출을 시도하는 국내은행에게는 다수의 위험요인이 존재하기 때문이다. 이러한 위험요인으로 다음 5가지를 지적할 수 있다.

① 중국 정부의 차별적 규제

내국민을 우대하는 중국 정부의 차별적 규제는 중국에 진출하려는 국내은행에게 위험요소로 작용할 수 있다. WTO의 서비스무역일반협정(GATS)은 내국민 대우(national treatment)를 원칙으로 하고 있으나 회원국의 일반적인 의무가 아니라 양자협상(bilateral negotiations)의 대상으로 규정함으로써 상호주의(reciprocity) 또는 양자주의를 허용하고 있다. 이는 외국계 은행의 중국 은행산업 진입이 허용되더라도 외국계 은행이 내국민을 우대하는 차별적 규제에서 탈피하기 어려울 수 있음을 시사한다.

② 규제의 불확실성

중국에 진출하려는 외국계 은행은 규제의 불확실성(regulatory uncertainty)도 극복해야 한다. 규제의 불확실성은 외국계 은행의 중국 내 영업활동을 저해할 뿐만 아니라 외국계 은행으로 하여금 중국진출 그 자체를 위축시키는 요인으로 작용할 수 있다. 2004년에 중국 정부가 경기과열 방지 차원에서 역외차입 총량규제를 통해 외국계 은행의 해외차입을 제한한 것은 규제의 불확실성을 보여주는 단적인 사례로 지적할 수 있다.

중국 정부는 WTO 가입조건으로 외국계 은행에 대한 중국 은행시장 진입규제를 완화해 나감에 따라 건전성 규제를 외국계 은행의 시장진입속도를 통제하는 수단으로 활용하고 있다. 그러나 건전성 규제 자체가 투명성(transparency)이 결여되어 있고 과도하게 적용되고 있다는 지적을 받고 있다. 또한, 이전에 중국 정부는 외국인 투자를 유치하기 위해 중국에 진출하는 외국계기업 및 금융기관에게 우대조치를 제공하여 왔으나 WTO 가입이후 시장개방이 진전되면서 외국인 우대조치가 점차 사라지는 추세를 보이고 있다.

③ 위안화 자금조달능력의 상대적 열위

중국계 은행에 비해 위안화 자금조달능력이 크게 부족한 점도 중국에 진출하려는 국내은행에게 불리하게 작용할 수 있다. 중국 4대 국유상업은행의 평균 지점수(2002년말 기준)는 24,731개이며 주식제상업은행의 평균 지점수도 약 500개에 이르고 있다. 국내은행의 중국 내 총 지점수는 현지법인을 포함하여 15개에도 못 미치고 있으며 은행간 시장을 통한 위안화 자금조달도 매우 제한적으로 이루어지고 있는 실정이다.

이 같은 위안화 자금조달능력의 상대적 열위로 인해 현지 국내은행은 중국계 은행에 비해 높은 대출금리를 적용할 수밖에 없는 상황에 직면해 있다. 이는 결국 현지국내기업이 현지금융수단으로 중국계 은행을 선호하는 결과를 야기시키고 있다. 한 조사에 의하면 2002년말 기준 중국에 진출한 국내기업의 86.7%가 현지 국내은행보다는 중국계 은행을 주거래 은행으로 삼고 있는 것으로 나타났다.

〈표 8-10〉 중국의 은행별 총자산, 지점 및 근로자 규모

(단위 : 억 위안, 명, 개)

은행구분	은행	총자산	근로자	지점
정책성은행	國家開發銀行	10,417	3,780	37
	農業發展銀行	7,699	59,487	2,275
	進出口銀行	1,100	592	15
국유상업은행	工商銀行	47,768	410,000	25,960
	農業銀行	29,766	480,000	39,258
	中國銀行	35,939	170,000	12,090
	建設銀行	30,832	410,000	21,616
주식제상업은행	交通銀行	7,669	56,000	2,675
	中信實業銀行	3,352	9,228	372
	浦東發展銀行	2,793*	6,698	284
	廣東發展銀行	2,194*	12,000	567
	興行銀行	1,783	5,615	232
	招商銀行	3,717	15,000	332
	光大銀行	3,283	7,817	350
	民生銀行	2,463	4,254	146
	華夏銀行	1,781*	5,825	211
	深圳發展銀行	1,662*	5,834	198
	恒豊銀行	175*	2,357	80

주: *는 2000년말 기준이며 나머지는 2002년말 기준임

④ 외국계 기업을 대상으로 한 중국계 은행의 영업강화

중국계 은행이 현지 외국계기업을 대상으로 고객유치에 적극적으로 나서고 있어 향후 현지금융수단으로서 중국계 은행에 대한 선호도는 더욱 높아질 가능성이 있다. 중국에 진출한 외국계 은행은 주로 자국출신기업에 대한 외화대출 중심으로 영업활동을 하고 있는데, 최근 들어 중국계 은행의 외화대출시장 진출이 두드러지면서 현지 외국계 은행을 위협하고 있다. 위안화 대출시장에서도 외국계기업을 목표고객으로 하여 접근하는 중국계 은행이 증가하고 있는 추세이다.

〈표 8-11〉 중국계 은행의 외화대출 추이(2000~2002년)

(단위 : 억 달러)

2000	2001	2003
528.1	684.1	766.0

주: 工商銀行, 農業銀行, 中國銀行, 建設銀行, 交通銀行, 中信實業銀行, 廣東發展銀行, 深圳發展銀行만을 대상으로 하였음

⑤ 중국 정부의 긴축정책

2003년 하반기부터 중국 정부는 GDP성장률이 9% 이상을 지속하자 자국경제의 연착륙(soft landing)을 유도하기 위해 통화정책기조를 긴축기조로 전환하였다. 일부 경제학자들은 중국 정부의 긴축정책이 자칫 중국경제의 경착륙(hard landing)을 초래할 가능성이 있음을 지적하고 있다 이 경우 기업부실의 가속화 및 실업증가 등으로 인해 중국의 은행대출시장이 침체될 수 있으며 국내기업의 중국진출도 위축되어 국내은행의 중국진출 유인이 상당부분 사라질 가능성이 있다.

그러나 중국 정부의 긴축정책에도 불구하고 중국경제는 향후 8%대의 고도 경제성장을 지속할 수 있을 것으로 기대된다. 이러한 전망의 근거로 중국경제의 고도성장을 견인해 왔던 외국인직접투자(FDI)와 수출이 앞으로도 견실한 증가세를 지속할 가능성이 크다는 점을 지적할 수 있다. 또한, 중국 정부가 급격한 내수위축을 감수하면서까지 위안화 대출금리의 대폭 인상과 같은 강도 높은 긴축정책을 실행하지 않을 것이라는 예상이 지배적이다.

1. 진출전략

현재 중국 정부는 외국계 은행에 대해 다음과 같은 4가지 형태의 은행시장 진입을 허용하고 있다.

① 지점 또는 현지법인의 개설

이는 국내은행을 포함하여 외국계 은행이 중국진출 시 가장 많이 사용하는 방식이다.

② 중국계 은행과 합자하여 새로운 합자은행을 설립하거나 외국계 은행이 독자 은행을 설립 하는 방식

이는 인허가 심사 및 구비조건 등이 매우 엄격한 것으로 인식되어 있다.

③ 중국계 주식을 인수하여 진출하는 방식

④ 중국계 은행과 업무제휴를 통해 간접적으로 진출하는 방식

이상의 4가지 진출형태 중에서 중국계 은행의 지분인수를 통한 진출이 가장 바람직한 진출 전략이라 판단된다. 이의 근거로 다음 3가지를 지적할 수 있다.

① 외국계 은행에 대한 차별적 규제의 회피

다른 방식의 경우 외국계 은행으로서의 지위를 유지하여야 하나 지분인수를 통한 진출은 중국계 은행으로서의 지위를 확보할 수 있기 때문에 외국계 은행에 대한 차별적 규제를 회피할 수 있다. 최근 중국 정부는 개별 외국 금융기관의 중국 금융기관에 대한 지분참여비율을 기존의 15%에서 20%로 상향조정한 바 있으며 외국자본의 총 참여비율이 25% 이하일 경우 지분인수 대상은행이 중국계 은행으로서 자격을 가질 수 있도록 허용하고 있다.

② 투자대상은행이 보유한 지점망의 활용

국내은행이 중국계 은행의 지분인수를 통해 중국에 진출할 경우 투자대상은행이 보유한 지점망을 활용할 수 있다는 이점도 있다. 일반적으로 광범위한 지점망을 확보하기 위해서는 대규모 자본투입이 필요하기 때문에 일부 경제전문가들은 중국내에서 중국계 은행과의 경쟁은 자금력이 풍부한 소수의 대형 외국계 은행들만이 가능하다는 지적을 하고 있다. 그러나 중국계 은행의 지분인수를 통한 중국진출은 이러한 시장적 한계를 극복하는 데 기여하게 되며 현지금융수단으로서 중국계 은행에 대한 선호도가 증가하는 현상에 대해서도 효과적인 대처가 가능하다.

③ 중국 정부의 외국자본을 활용한 금융산업 구조조정 추진

지분인수를 통한 중국진출이 바람직한 전략인 이유는 중국 정부가 외국자본을 활용한 금융산업 구조조정에 전력을 기울이고 있기 때문이다. 그동안 중국 정부는 공적자금 투입에 의존하여 자국 은행산업의 재무건전성(financial soundness) 강화

를 추진하여 왔으나, 최근 들어 외국자본을 자국 은행산업의 재무건전성 강화를 위한 새로운 재원조달수단으로 활용하기 시작하였다. 중국 정부는 외국자본의 지분참여 장려정책의 일환으로 2004년부터 100% 정부 소유은행인 건설은행(建設銀行)과 중국은행(中國銀行)의 주식제 전환을 시도하고 있다. 또한, 중국 정부는 증시상장기업에 대한 국내외 투자자의 주식투자를 유도하기 위해 국내 증시상장제도의 개선을 추진하고 있다.

국내은행이 지분인수에 참여할 수 있는 중국계 은행으로는 국유상업은행, 주식제상업은행 및 도시상업은행이 있으나, 주식제상업은행이나 도시상업은행이 바람직한 것으로 판단된다. 국유상업은행의 경우 중국 은행산업에서 차지하는 비중이 절대적이라는 점에서 매력적인 투자대상이 될 수 있다. 중국 정부의 은행산업을 통한 신용배분정책의 핵심에 국유상업은행이 자리잡고 있다는 것이 약점으로 작용할 가능성이 있다. 주식제상업은행과 도시상업은행의 경우 국유상업은행에 비해 정부보유 주식비중이 상대적으로 훨씬 낮기 때문에 상업적인 독자경영체제가 어느 정도 가능할 것으로 판단된다.

한편, 지분참여를 통한 진출이 국내은행의 가장 바람직한 중국진출 전략임에도 불구하고 일부 경제전문가들은 동 전략이 현실적인 대안이 아니라는 지적을 하고 있다. 이러한 지적의 근거는 다음 3가지로 요약된다.

① 투명성과 신뢰성 결핍

중국계 은행에 대한 지분참여의 경우 투자대상은행이 제공하는 자료의 투명성(transparency)과 신뢰성(credibility)이 결여되어 있어 적정한 가격책정이 불가능하기 때문이다.

② 경영권 확보의 불투명성

다수의 지분을 차지하고 있는 중국 정부에 비해 개별 외국계 은행의 지분참여비율이 20%로 제한되어 있어 경영권 확보가 불투명한 점도 장애요인이 되고 있다.

③ 금융서비스 질의 상대적 열위

금융상품 개발, 금융기법 등에 있어 국내은행이 제공할 수 있는 금융서비스의 질이 선진 외국계 은행에 비해 열위에 있어 중국계 은행이 국내은행보다는 선진 외국계 은행의 지분참여를 더욱 선호하고 있다.

이러한 현실적 한계를 고려할 때 국내은행이 지분참여를 통한 중국진출을 장기적인 안목에서 추진하는 것을 고려하는 것도 어느 정도 타당성이 있는 것으로 판단된다. 단기적으로는 지점형태의 진출방식을 유지하되, 중국계 은행과의 협조채널 구축(establishment of cooperation channel) 및 중국계 고객으로의 고객층 확대 등을 통해 정보를 수집하고 축적된 정보를 자체적으로 분석할 수 있는 능력을 배양해야 한다. 또한, 금융전문인력에 대한 지속적인 투자를 통해 중국계 은행이 요구하는 금융기법, 금융상품을 제공할 수 있는 금융노하우(financial know-how)를 확보해 나가는 것도 매우 중요하다. 즉, 중국계 은행으로 하여금 매력적인 합작파트너로서 인정받을 수 있도록 경쟁력 제고를 위한 자체적인 노력을 기울일 필요가 있다.

국내은행의 중국진출이 성공하기 위해서는 은행의 자체적인 노력과 더불어 국내금융당국의 정책협조도 요구된다. 국내 금융당국은 상호주의에 입각하여 중국 금융당국과의 협력을 통해 국내은행에 대한 중국 내 차별적 규제를 제거해 나갈 필요가 있다. 또한, 국내은행의 해외진출 시 국내 금융법의 경직된 운용으로 인해 발생할 수 있는 문제를 해소하는 동시에 국내은행의 해외지분참여와 관련된 규정을 마련하는 등 법규미비로 인해 발생할 수 있는 장애요인을 제거해 나가야 한다.

중국에 진출한 국내은행 간 과당경쟁, 외국계 기업을 고객으로 유인하기 위한 중국계 은행과 외국계 은행간 경쟁 심화 등을 고려할 때 현지 국내기업을 위주로 한 국내은행의 영업전략에는 한계가 있다. 따라서 중국에 진출하려는 국내은행은 고소득층을 대상으로 한 개인용 금융서비스 제공, 자산운용에 대한 컨설팅 서비스 제공 등을 통해 중국 소매금융시장으로의 진출을 적극적으로 추진할 필요가 있다.

구미계 은행과 홍콩계 은행은 중국 개인을 상대로 영업을 확장하지 않을 경우 중국계 은행과의 경쟁에서 생존할 수 없다는 장기적인 안목에서 이미 소매금융시장 개척에 나서고 있는 상황이다.

특히, 소매금융시장에 있어서의 대(對)고객전략은 다음 2가지 측면에서 추진되어야 한다.

① 중국 내 지역간 소득불균형(income imbalance)의 적극적인 활용

최근 중국의 소매금융분야에서 급성장 추세를 보이고 있는 주택대출과 자동차대출은 물론이고 향후 성장가능성이 높은 신용카드(credit card)에 대한 수요가 개인의 소득수준과 밀접한 관련이 있기 때문이다. 중국의 지역간 소득불균형은 도시·농촌 간과 연해·내륙 간의 형태로 나타난다. 도시가구의 1인당 가처분소득(2001년말 기준)은 6,859.6위안으로 농촌가구의 1인당 가처분소득(disposable income)인 2,366.4위안의 약 3배에 이르고 있다. 중국 내 상위 3%의 가구(4,000~5,000만명)는 가구당 2,000만 위안(약 250만 달러) 이상의 재산을 보유하고 있으며, 총인구의 약 5%는 연간 10,000달러 수준의 소득을 나타내고 있다. 그런데 이들 고소득층은 주로 상해(上海), 북경(北京), 광동(廣東), 복건(福建), 강소(江蘇), 절강(浙江) 등 연해지역에 집중되어 있다.

Citigroup은 2003년 4월 개인고객에 대한 수수료 수취방침을 발표하면서 큰 물의를 야기시킨 바 있다. 이는 일정액 이상의 잔액을 가지고 있지 않은 고객에 대해 계좌보관 수수료를 받으려고 한 것인데, 은행에 의한 수수료 징수에 익숙해 있지 않은 중국인들로부터 큰 반발을 초래한 바 있다. 그러나 이러한 사례는 소매금융분야에 진출한 외국계 은행이 고액의 자산을 보유한 고객으로 영업대상을 축소시키는 전략을 지향하고 있음을 보여주는 것으로서 국내은행도 중국의 소매금융시장 진출시 고소득층을 대상으로 한 고객전략을 집중적으로 강화해 나갈 필요가 있음을 시사한다고 할 수 있다.

② 고소득층을 대상으로 한 고객전략의 수립

향후 점진적으로 현실화될 가능성이 있는 중국 금융산업의 겸업화에 대응한다는 차원에서도 긍정적으로 검토할 필요가 있다. 미국의 사례에서 볼 때 방카슈랑스시장(bancassurance market)에서 성공한 은행의 대부분은 고소득층에 대한 고객기반을 강화하고 이들 고객과의 금융활동 과정에서 형성된 관계를 최대한 활용한 은행들로 구성되어 있다. 이러한 관점에서 국내은행의 중국계 은행에 대한 지분참여도 연해지역 은행을 중심으로 확대해 나가는 것이 바람직하다고 할 수 있다.

2. 과제

현재 중국에서는 외국계 은행의 영업활동을 제약하는 다수의 규제 등으로 인해 외국계 은행의 영업기반이 취약한 실정이다. 그럼에도 불구하고 2001년 11월 중국의 WTO 가입 이후 중국 은행시장 진출을 준비하는 외국계 은행이 증가하고 있다. 이는 WTO 가입을 계기로 중국 정부가 시장진입규제를 완화하고 있는 가운데 급속한 경제발전에 따른 소득증가로 인해 소매금융시장을 비롯한 은행산업의 성장가능성이 증대되고 있기 때문으로 풀이할 수 있다.

외국인직접투자(FDI)가 매년 400~500억 달러씩 중국으로 유입되고 있는 점도 외국계 은행이 중국시장 진출을 시도하는 또 다른 유인이 되고 있다. 자본시장이 미발달되어 있는 상태에서 외국계 기업의 현지금융은 은행산업에 대한 의존도가 클 수밖에 없다. 그런데 외국계 기업에 대한 중국계 은행의 대출이 아직까지는 제한적으로 이루어지고 있어 외국계 은행을 통한 현지금융수요가 증가할 가능성이 큰 편이다.

그러나 외국계 은행이 중국에서 시장점유율을 확대하는 것은 용이하지 않다고 평가할 수 있다. WTO 가입 이후의 본격적인 은행시장 진입규제 완화에도 불구하고 중국 정부는 자국 은행산업을 보호하기 위해 내국민을 우대하는 차별적 규제를 여전히 실시하고 있다. 은행산업이 경제발전을 위한 중국 정부의 정책적 도구로 활용되고 있어서 외국계 은행에 대한 차별적 규제가 단기간 내에 사라질 가능성이 거의 없는 것으로 판단된다.

이러한 가운데 최근 서비스개선 등을 통해 우량 외국계기업에게 접근하는 중국계 은행이 증가하고 있어 중국에 진출한 외국계 은행을 긴장시키고 있다. 이 같은 중국계 은행의 대(對)고객전략은 위안화자금 조달 능력이나 지점망 등과 같은 시장적 요소에 있어 열위에 있는 외국계 은행의 고객잠식을 야기시킬 가능성이 있다.

이러한 위험요소를 고려할 때 국내은행은 중국진출 시 외국계 은행에 대한 중국 정부의 차별적 규제를 회피하고 시장적 열위를 극복할 수 있는 방안을 마련하는 것이 바람직하다. 중국 정부는 이전에 공적자금투입에 의존하여 은행산업 구조조정을 추진하여 왔으나 최근 들어 외국자본을 은행산업 구조조정을 위한 새로운 재원조달 수단으로 활용하고 있다. 이에 따라 국내은행의 중국계 은행에 대한 지분참여기회가 증가하고 있다. 특히, 이러한 기회는 중국 정부가 소유은행의 주식제 전환을 서두르고 있고 증시상장제도를 개선하려는 노력을 기울이고 있어 더욱 확대될 것으로 보인다.

지분참여를 통한 중국진출은 국내은행이 중국에서 내국민의 지위를 확보할 수 있어 외국계 은행에 대한 차별적 규제로부터 자유로울 수 있다. 또한, 지분참여를 통한 중국진출은 투자대상은행이 보유한 기존의 지점망을 활용할 수 있어 성장가능성이 큰 소매금융시장에 저비용으로 용이하게 접근할 수 있다.

그러나 중국의 소매금융분야에서 급성장 추세를 보이고 있는 주택대출, 자동차대출, 신용카드부문 등이 개인의 소득수준과 밀접한 관련이 있다는 점을 고려하여 고소득층이 집중되어 있는 연해지역 은행을 중심으로 지분참여를 확대해 나가는 것을 적극적으로 고려할 필요가 있다.

제 9 장

EU 확대에 따른 산업구조의 재편

EU는 2004년 5월에 중·동부 유럽 지역의 10개국을 새롭게 가입시켰다. EU가 중·동부 유럽으로 확대되면서 EU는 다수의 경제적 변화를 경험하고 있다. 신규회원국이 EU에 가입함으로써 역내시장이 확대되어 기존 회원국들의 수출 기회가 증대된다는 긍정적인 면이 존재하는 동시에 서유럽 생산기지의 동유럽 이전과 같은 새로운 문제들이 발생하고 있다.

EU의 확대 이후 이러한 문제들이 점차 가시화되고 있다. 중·동부 유럽 국가들로의 공장이전에 따른 산업공동화는 유럽 선진국 전체에서 발생하고 있는 문제이다. 특히, 신규가입국가들과 인접해 있는 독일, 중·동부 유럽지역의 기업들과 주력업종이 유사한 포르투갈, 스페인 등의 남부유럽국가들의 경우는 더욱 심각한 상황이다. 이들 국가는 다국적기업들(MNCs : Multinational Corporations)의 투자가 자국에서 신규가입국으로 이동하게 되면 자국의 외국인직접투자(FDI) 유입이 감소하고 또한 자국에 있던 생산기지마저 중·동부 유럽지역으로 이전되어 경제위기(economic crisis)에 직면할 수도 있음을 우려하고 있다. 스페인, 포르투갈 등은 기존 EU 회원국들보다 저렴한 인건비, 높은 투자인센티브제도(investment incentive system)의 운영 등을 통해 다수의 FDI를 유치해 왔고 이러한 외국인투자는 이들 국가의 경제발전에 상당히 긍정적인 기여를 해왔다고 평가할 수 있다. 그러나 FDI에 대한 의존도가 높았던 이들 남부유럽국가는 외국인투자가 자국에서 이탈하면서 새로운 도전에 직면하게 되었다.

EU 확대에 따른 중· 동부 유럽지역으로의 투자확대와 기존 서유럽국가들의 생산기지 이전현상과 유럽경제의 산업구조 변화를 분석한 대외경제정책연구원의 연구결과를 중심으로 살펴보고자 한다.[1)]

제 1 절 생산기지의 이전배경과 현황

1. 이전배경

남부 유럽의 스페인과 포르투갈은 적극적인 FDI 유치를 통해 경제성장을 이룩해 온 대표적인 국가로 인식되어 있다. 1986년 스페인과 포르투갈이 EU에 가입하면서 이들 국가에 대한 다국적기업들의 관심이 제고되었다. 이는 기존 서유럽 국가들에 비하여 낮은 임금수준과 광대한 내수시장, EU 시장으로의 접근 용이성 등이 주요 요인이 되었다고 할 수 있다. 이것은 현재 EU 가입과 관련하여 새로운 투자입지로 부상하고 있는 중 · 동부 유럽국가들의 투자매력 요건과 일맥상통하고 있다.

스페인과 포르투갈의 임금(2001년 기준)은 EU 15개 회원국 평균치의 50~60% 수준에 불과하다. 이들 국가는 EU 가입 후 임금이 EU 평균에 지속적으로 수렴해 왔음에도 불구하고 여전히 서유럽의 선진국들에 비하여 낮은 수준을 보이고 있다. 그러나 남부 유럽국가들의 이러한 비교우위(comparative advantage)는 중 · 동부 유럽국가들의 부상으로 점차 사라지고 있다. 〈표 9-1〉에서 알 수 있듯이 EU 신규 가입국들의 임금은 기존 남부 유럽국가들보다도 더욱 낮아서 EU-15 평균치의 약 12~45% 수준을 보이고 있다. 2007년 EU에 가입한 불가리아와 루마니아의 임금은 EU 신규가입국들보다도 더욱 낮다. 서유럽기업들의 중 · 동부 유럽지역에 대한 투

1) 남부 유럽국가 중 그리스는 본 논의에서 제외하는 데 이는 그리스는 스페인, 포르투갈과는 달리 FDI 유치실적이 매우 저조하기 때문이다. 그리스의 FDI 유입액(inflow)과 FDI 누적액(stock)은 회원국 중 최저수준을 보이고 있다. 그리스의 FDI 유입이 저조한 요인으로는 유럽대륙에서 멀리 떨어진 지리적 불리함, 협소한 내수시장과 과도한 시장규제, 열악한 인프라, 발칸지역의 지정학적 불확실성(geopolitical uncertainty)을 지적할 수 있다(대외경제정책연구원, 세계경제, 2005. 7. pp. 63~74 요약 · 재구성).

자확대는 이러한 인건비를 고려한 생산비용절감(reduction of production cost) 효과에 기인한다고 평가할 수 있다.

한편, 생산성(노동비용당 부가가치액을 생산성으로 정의함)을 비교해보면 남부유럽의 생산성은 스페인이 26.1, 포르투갈 10.0, 그리스 19.4로, EU-15 평균치 42.5보다 낮은 수준을 보이고 있다. 더욱이 포르투갈의 생산성은 중·동부 유럽 8개 EU 신규가입국의 평균치(11.7)보다 낮고, 슬로베니아(21.3)와 헝가리(11.1)보다도 낮은 수치이다. 임금까지 고려한 생산성으로 평가해 보면 중·동부 유럽 국가들이 남부 유럽국가들보다 높을 뿐만 아니라 기존 서유럽 선진국가들의 생산성을 훨씬 능가하고 있다. 즉, 임금뿐만 아니라 생산성을 고려할 경우에도 남부유럽국가는 중·동부 유럽 국가들보다 불리한 상황에 직면해 있다.

〈표 9-1〉 EU 기존회원국과 신규가입국의 임금과 생산성 수준 비교

	월평균 임금(유로)			생산성[1]	생산성/임금 (EU-15=100)
	1999년	2000년	2001년	2000년	2000년
EU-15평균	1,923	2,127	2,191	42.5	100
그리스	1,160	1,227	1,286	19.4	79
포르투갈	-	1,052	1,112	10.0	48
스페인	1,297	1,326	1,372	26.1	98
EU 신규가입국	381	410	460	11.7	117
체코	343	379	430	1.09	144
에스토니아	282	303	328	8.3	137
헝가리	314	348	408	11.1	160
라트비아	257	277	280	-	-
리투아니아	251	270	300	-	-
폴란드	442	471	626	9.3	99
슬로바키아	260	299	320	9.2	154
슬로베니아	895	935	988	21.3	114
EU 가입예정국	115	132	146	-	-
불가리아	111	120	127	-	-
루마니아	120	144	165	-	-

주: 1) 노동비용 1천 유로당 부가가치액으로 계산함

자료: UNCTAD, 2004.

또한, 스페인과 포르투갈은 중·동부 유럽 국가들의 법인세 부문에서도 경쟁력이 떨어지고 있다. 양국의 2004년 법인세는 각각 35%, 25%로 중·동부 유럽의 헝가리

(18%), 폴란드(19%), 체코(26%)보다도 일반적으로 높은 수준을 보이고 있다. 포르투갈의 경우 2004년 30%였던 법인세를 25%로 인하하였고, 향후 더 인하할 계획을 가지고 있는데 FDI를 유치하기 위한 법인세 인하경쟁은 해가 갈수록 치열해지고 있다. 저임금과 낮은 법인세 등 중·동부 유럽국가들은 기존 서유럽 국가들보다 생산비 절감 측면에서 유리한 여건을 가지고 있다.

〈표 9-2〉 EU 회원국별 예산 분담액 및 수혜액(2003년 기준)

(단위: 백만 유로)

	회원국	분담액	수혜액	분담액 대비 수혜액 비율
순 분담국	독일	19,203	10,372	0.54
	프랑스	15,154	13,040	0.86
	영국	9,971	6,009	0.60
	이탈리아	11,759	10,439	0.89
	네덜란드	4,920	1,919	0.39
	벨기에	3,486	1,688	0.48
	덴마크	1,778	1,449	0.82
	오스트리아	1,936	1,555	0.80
	핀란드	1,338	1,304	0.97
	스웨덴	2,501	1,415	0.57
	룩셈부르크	205	119	0.58
순 수혜국	스페인	7,429	15,814	2.13
	포르투갈	1,293	4,744	3.67
	그리스	1,534	4,801	3.13
	아일랜드	1,128	2,646	2.35
	EU-15 총액	83,652	85,252	-

주: 분담액 대비 수혜액 비율=수혜액÷분담액
자료: Court of Auditors, 2004.

스페인과 포르투갈은 그동안 EU로부터 다수의 기금을 받아왔다. 이들 국가는 이러한 자금을 활용하여 사업환경 개선을 위해 인프라를 구축하고 자국에 투자하는 외국인기업에 다양한 인센티브를 제공해왔다. 실제로 스페인, 포르투갈, 그리스 등은 EU 예산 분담액보다 수혜액이 더 많은 국가들이다. 그러나 남부 유럽국가들이 그동안 누려 왔던 EU 기금의 흑자 혜택은 중·동부 유럽국가들의 EU 가입과 함께 축소될 것으로 보인다. 따라서 이들 국가가 다국적기업 유치를 위해 제공해 왔던 다양한 인센티브도 감소하게 될 것으로 예측된다. 반면에 중·동부 유럽지역의 EU

신규가입국들은 EU로부터 각종 구조조정기금을 수령하게 되어, 다국적기업들은 스페인이나 포르투갈 정부가 제공하는 것보다 양호한 인센티브를 받기 위해 중·동부 유럽지역으로 이탈해갈 것으로 예상된다.

2. 이전현황

생산기지 이전현황을 다음 3국가(스페인, 포르투갈, 독일)를 중심으로 살펴보고자 한다.

2.1 스페인

스페인은 1970년대 후반부터 유럽 선진국 대비 낮은 임금, 우수한 생활여건, 독일·프랑스와의 지리적 인접성으로 유럽진출을 목표로 한 다국적기업들의 생산기지로 부상하였다. 섬유, 의류산업에서부터 자동차 조립공장까지 다양한 업체가 스페인에 진출했다. 스페인은 유럽의 섬유 및 제화의 생산기지로서 입지를 확고히 하였으며, 2003년 기준 유럽에서는 3위, 세계에서는 7위의 자동차 생산국(약 303만대)으로 성장했다. 스페인 자동차 생산기업은 모두 외국 국적의 다국적기업으로서, 자국기업에 의한 생산은 전혀 이루어지지 않고 있다. 즉, 자동차 생산 전량을 모두 FDI에 의존하고 있다.

그러나 1990년대 중반부터 기업들의 공장이전이 시작되어 노동의존도(labor dependence)가 높은 섬유, 제화업체의 중·동부 유럽, 모로코, 중국 이전을 시작으로 최근 들어서는 전자, 자동차 등 주요 산업 부문으로 확대되고 있다.

가장 먼저 해외로 진출하기 시작한 부문은 원단과 의류제조업으로 현재 약 400개의 스페인 업체가 해외로 공장을 이전해서 전체 스페인 직물, 의류의 30%가 해외공장에서 생산되고 있는 상황이다. 2002년 한해에만 직물업계의 120개사가 폐쇄되었으며, 국내 직물 생산은 전년 대비 6.3% 하락했다. 기존 회사들도 생존을 위해 국내에서는 부가가치(value added)와 수익성(profitability)이 높은 제품만 생산하고 나머지는 해외에서 제조하고 있다.[2)]

---

2) 신발 제조업체들은 주로 모로코와 루마니아, 터키로 공장을 이전하고 있으며 공장 이전뿐만

해외이전이 가장 활발한 부문 중 하나는 자동차부문으로 다국적기업들의 공장이전이 이미 시작되고 있다. 예를 들면, 폭스바겐(Volkswagen)은 스페인 마르또렐(까딸루냐주) 공장의 SEAT IBIZA 모델생산량의 10%를 슬로바키아로 이전시켰으며, PSA(PEUGEOT-CITROEN)도 슬로바키아로 공장을 새로 건설할 계획이다. 스페인 자동차산업의 해외이전은 섬유나 신발산업의 경우보다 파급효과가 더욱 크다. 자동차부문은 스페인 국내총생산(GDP)에서 6.3%를 차지하고 있고 전체 고용의 11%와 수출의 21%를 담당하고 있을 만큼 중요한 산업이다. 그러나 자국기업이 하나도 없고 다국적기업의 제조공장만으로 산업이 유지되고 있는 실정이어서 이들 기업이 생산기지를 비용이 저렴한 곳으로 이동하게 되면 자연히 부품 등 관련산업도 동반이전하게 되어 국가경제에 지대한 영향을 미치게 된다. 한편, 삼성전자도 2003년에 현지 바르셀로나 공장을 슬로바키아로 이전하였으며, 2004년에는 리바이스(Levi's)도 스페인 내 생산공장을 폐쇄한 바 있다. 상기한 바와 같이 EU 회원국 확대와 시기를 맞춰 생산업체의 탈(脫) 스페인화가 가속화되고 있다.

〈표 9-3〉 스페인의 생산기지 이전 및 축소 사례

기업	분야	내용
Volkswagen	자동차	스페인 자동차 생산량 감축
Mercedes-Benz	자동차	스페인 공장 근로자 감원 결정
Nissan	자동차	노사 임금 동결 합의
Suzuki-Santana	오토바이	스페인 생산공장 이전 또는 생산량 감축
Gillette	소모품	
Nestle	식품	
Benetton	섬유	스페인 섬유공장 매각
삼성전자	전자	바르셀로나 전자제품 공장 철수, 슬로바키아 이전
Levi's	섬유	히로나, 소리아 섬유생산공장 폐쇄, 동유럽 공장생산량 증산

2.2 포르투갈

포르투갈의 상황은 스페인보다 더욱 심각하다고 할 수 있다. EU 확대와 관련하여 경제계와 지역경제를 중심으로 포르투갈 경제의 위기감이 크게 고조되고 있다.

아니라 원자재 구매를 원활하게 하기 위하여 이들 국가에 지사를 설립하는 경우가 많아졌다.

포르투갈은 EU 회원국 중 가장 저렴한 인건비의 이점과 EU로부터 받은 기금을 보조금으로 지급하는 방법을 통해 그동안 FDI를 유치해 왔다. 그러나 현재 포르투갈도 다국적기업들의 중·동부 유럽지역으로의 생산기지 이전이라는 문제에 직면해 있다. 또한, 포르투갈의 전통적 수출산업인 섬유, 의류, 신발산업도 기업경영 여건이 악화되고 있다. 노동집약적인 이들 산업은 포르투갈보다 더욱 저렴한 인건비를 바탕으로 한 아시아 국가들과의 경쟁에서 점차 밀리고 있다. 이들 산업의 수출이 총수출에서 차지하는 비중은 1996년에 31%이었으나 2002년에는 23.1%까지 하락했으며, 의류생산 부문은 1997년 이후 매년 7%씩 생산감소현상을 보이고 있다. 이 같은 경쟁력 약화로 이 부문의 포르투갈 생산업체들은 도산하거나 아니면 생산기지를 해외로 이전하고 있는 실정이다.

포르투갈도 스페인의 경우와 마찬가지로 노동의존도가 높은 섬유, 제화업체에서 최근에는 전자, 자동차 등 국가 주요 산업부문으로 확대되고 있는 추세를 보이고 있다. 포르투갈 역시 자동차 산업은 모두 외국인이 소유하는 형태를 보이고 있다. 포르투갈 경제에서 자동차산업은 상당히 큰 비중을 차지하고 있는데 2002년 기준으로 포르투갈 GDP의 약 7%를 담당하고 있으며, 포르투갈 인구의 1.9%인 9만명이 자동차 산업에 종사하고 있다. 가장 큰 자동차 생산업체는 1991년 독일의 폭스바겐(Volkswagen)과 미국의 포드(Ford)가 각각 50%의 지분으로 공동 설립한 오토유로파(AutoEuropa)이다.

1999년 12월에 폭스바겐사가 포드사의 50% 지분을 모두 인수하였으나 포드사도 오토유로파 공장에서 갤럭시(Galaxy)를 생산하여 오토유로파 전체 생산의 약 23.5%를 담당하고 있다. 오토유로파는 2003년 포르투갈 전체 자동차 생산대수 약 23만대의 45.8%를 차지하는 등 포르투갈의 최대 자동차 생산단지이다. 그러나 2005년 2월 포드사는 오토유로파 공장의 자동차 생산을 2005년 말에 전면 중단하고 유럽 내 타 공장에서 갤럭시를 생산할 계획임을 발표한 바 있다. 또한, 연간 약 65,000대를 생산해 왔던 GM의 자회사인 오펠(Opel)사도 리스본에 위치한 아잠부야(Azambuja) 공장의 자동차 생산중단을 계획 중에 있다. 포르투갈에 있는 오펠사는 2005년 4월 포르투갈 근로자들의 임금인상 철회 및 노동시장의 유연성(flexibility of labor market) 제고가 이루어지지 않을 경우 오는 2008년까지 포르투갈 내 자동차 생산을 전면 중단할 것임을 밝힌 바 있다. 포르투갈의 자동차 생산은 점차 감소추세를 보이고 있으며 주요 업체들이 생산을 중단하고 유럽 내 타 지역에서의 생산을 고려하는 등 포르투갈의 자동차 산업은 위기 상황에 직면해 있다.

2.3 독일

전술한 생산기지 이전현상은 남부 유럽에서만 발생하고 있는 문제는 아니다. 중부 유럽국가들과 국경을 접하고 있는 독일에서도 이 문제는 심각한 상황이다. 독일 기업의 사업환경을 조사하고 있는 독일 상공회의소(DIHK)가 2004년 7,500개 기업을 대상으로 조사한 결과에 따르면 독일 제조업의 약 43%가 해외투자를 계획하고 있는 것으로 나타났다. 독일기업들뿐만 아니라 독일에 투자하고 있는 미국기업들도 독일 내의 생산기지를 동유럽으로 이전시키는 것을 고려하고 있다.[3] 이러한 독일 내 생산기지 해외이전문제는 현재 독일기업들의 노사간 협상에도 영향을 미치고 있다. 즉, 2004년 지멘스(Siemens), 다임러크라이슬러(Daimler-Chrysler), 폭스바겐(Volkswagen) 등 독일의 주요 기업들은 노사간 협상에서 공장을 해외로 이전하지 않겠다는 조건 하에 추가적인 보상없이 주당 노동 시간을 현행 35시간에서 40시간으로 연장하는 데 합의한 바 있다. 이는 EU 확대에 따른 투자의 이동현상이 독일 내 사업환경에도 영향을 미치고 있는 것으로 해석할 수 있다.

제 2 절 중 · 동부 유럽국가로의 투자 확대

EU는 1980년대 말부터 중 · 동부 유럽국가들과 외교관계를 수립하고 무역 및 협력협정(Trade and Cooperation Agreement)을 체결하여 수입쿼터를 철폐하고 일반특혜관세제도(GSP)를 확대했다. 1990년대에는 중 · 동부 유럽 10개국과 준회원국협정(Association Agreement)인 '유럽협정(Europe Agreement)'을 체결한 바 있다.[4] 유럽협정의 취지는 2002년까지 공산품 무역에 있어 양 지역 사이에 자유무역

3) GM의 자회사인 오펠사는 2005년 4월 Zafira 모델 생산의 일부를 독일 Bochum에서 폴란드 Gleiwitz로 이전할 것으로 알려지고 있다. 이는 독일 노동시장의 경직성(rigidity of labor market)과 높은 세금 및 고임금이 주요 요인으로 지적되고 있다.

지대(free trade area)를 실현한다는 내용이 핵심을 이루고 있다. 즉, 2004년 5월 중·동부 유럽 신규가입국들의 EU 가입 이전부터 이미 양자 간에는 이러한 협정들을 통해 경제관계를 개선시켜 왔으며 이러한 과정에서 양자간 교역이 증대되고 중·동부 유럽지역에 대한 투자도 확대되었다. 특히, 중·동부 유럽의 체제전환국들이 시행한 민영화(privatization) 결과 다수의 서유럽기업이 지분참여와 신규투자를 시행하여 서유럽의 많은 자본이 중·동부 유럽국가들에 투자되었다. EU 신규가입국에 대한 FDI는 점차 증가하여 1995년에서 2001년간 269%나 증가하였다. 특히, 제조업 부문에 대한 투자는 2001년 말까지 모든 잔존 투자액의 40%를 차지하는 등 가장 중요한 부분을 차지하고 있다.5)

중·동부 유럽 국가에 대한 투자는 지속적인 상승추세를 보였으나 2003년에는 급격히 감소하였다. 특히, 체코와 슬로바키아의 감소폭이 가장 컸다. 이는 대규모 민영화가 있었던 2002년에 양국에 대한 투자가 급격히 상승하였다가 2003년 민영화 완료로 다시 투자가 급격히 감소한 데 따른 것으로 분석된다. 그러나 2004년 들어 중·동부 유럽 국가에 대한 투자는 다시 증가하였다. 2004년 세계 총 FDI 규모는 2003년과 유사한 수준으로 선진국들의 경우에는 FDI 유입규모가 축소되고 오히려 자본유출(capital outflow)이 증가하였으나 중·동부 유럽지역에 대한 FDI는 2003년 일시적 하락현상을 보인 후 2004년 들어 다시 증가하였다. 2003년도 EU 25개국의 FDI 총유입액은 3,575억 유로였으나 2004년에는 1,898억 유로로 감소하였다. 이는 2004년에 기존 EU 15개 회원국의 FDI 유입액이 2003년에 비하여 크게 감소하였기 때문으로 해석할 수 있다.

오스트리아 비엔나의 국제경제연구소(Vienna Institute for International Economic Studies)의 최근 조사에 따르면 중·동부 유럽 지역의 투자환경 개선과 함께 대(對)중·동부 유럽 지역투자가 증가하여 2004년에는 이 지역에 대한 투자금액이 345억 유로를 기록하여 2003년 대비 58%나 증가하였다. 이는 중·동부 유럽

4) EU는 1990년대 이전 터키(1963년), 몰타(1970년), 키프러스(1972년)와 준회원국 협정을 체결하였다. 이후 헝가리·폴란드(1991년), 불가리아·체코·루마니아·슬로바키아(1993년), 에스토니아·라트비아·리투아니아(1995년), 슬로베니아(1996년)와 준회원국 협정을 체결한 바 있다.

5) 국가별로 볼 때 가장 많은 FDI를 유치한 국가는 폴란드, 체코, 그리고 헝가리이다.

지역의 공기업 민영화가 완료되는 한편 생산기지 구축을 중심으로 한 외국인투자가 지속적으로 증가하고 있기 때문으로 풀이된다.

〈표 9-4〉 중·부 유럽 국가들의 FDI 유입 현황

(단위: 백만 유로, %)

회원국		2000년	2001년	2002년	2003년	2004년
EU신규가입국	체 코	5,405 (32.3)	6,296 (33.6)	9,012 (43.2)	1,863 (8.7)	3,596 (15.4)
	헝 가 리	2,998 (24.5)	4,391 (32.3)	3,185 (19.8)	1,909 (11.7)	3,365 (18.6)
	폴 란 드	10,334 (24.3)	6,372 (14.9)	4,371 (11.4)	3,660 (10.7)	4,892 (13.8)
	슬로바키아	2,089 (36.7)	1,768 (26.3)	4,397 (61.9)	636 (8.6)	904 (11.1)
	슬로베니아	149 (2.9)	412 (7.7)	1,750 (32.0)	299 (5.1)	422 (6.6)
	에스토니아	425 (28.0)	603 (33.5)	307 (14.3)	797 (34.9)	742 (29.5)
	라 트 비 아	447 (22.0)	147 (6.0)	269 (11.0)	267 (11.0)	522 (18.0)
	리투아니아	412 (17.8)	499 (18.3)	772 (25.3)	160 (4.6)	623 (15.8)
EU가입예정국	불 가 리 아	1,103 (51.3)	903 (32.6)	980 (32.4)	1,851 (53.8)	2,114 (52.0)
	루 마 니 아	1,147 (15.1)	1,294 (14.0)	1,212 (11.7)	1,946 (17.3)	4,098 (31.2)

주: ( )안은 총고정자본 형성에서 FDI가 차지하는 비중
자료: WIIW, 2005.

특히, 2004년 5월 중·동부 유럽 국가들의 EU 가입은 이러한 현상을 더욱 가속화시키는 요인으로 작용했다. 현재 새로운 생산거점으로 부상하고 있는 중·동부 유럽 국가들은 전술한 바와 같이 저렴한 인건비와 낮은 법인세, 임금 대비 높은 생산성을 바탕으로 기존 서유럽 지역의 다국적기업들(MNCs)을 자국으로 유치하고 있다. 또한, 중·동부 유럽 국가들은 기존 선진 유럽국가들보다 임금이 매우 낮은 반면 고급인력은 풍부하다는 장점을 보유하고 있다. 중·동부 유럽지역의 25~64세 성인 중 고등학교 이상의 학력 소유자 비중이 EU 15개 회원국의 평균치 보다 높은 편이며 독일, 프랑스 및 영국 등과 유사한 수준을 보이고 있다. 오히려 스페인, 포르투갈 등 남부 유럽국가들은 중·동부 유럽 국가들에 훨씬 못 미치고 있는 실정이

다. 또한, FDI 유입 확대의 주요 요인으로 EU 가입으로 동일한 경제권 내 편입되었다는 점과 신흥시장(emerging market)으로서의 성장잠재력(growth potentials) 및 광대한 내수시장의 가능성을 지적할 수 있다. 중·동부 유럽 국가들의 지리적 이점(geographical advantage)도 투자유입을 더욱 가속화시키고 있다. 체코와 폴란드, 헝가리 등은 독일 및 오스트리아에 인접해 있어 서유럽과의 근접성이 유리하게 작용하고 있다. 또한, EU 신규가입국들이 그들 국가보다 동쪽에 위치해 있는 국가들과 서유럽을 연결하는 가교역할을 수행할 수 있다는 점도 우수한 지리적 이점으로 지적되고 있다.

제3절 유럽 산업구조의 변화

EU가 이전에 남부유럽과 아일랜드로 확대된 사례에서 알 수 있듯이 중·동부 유럽 국가들도 EU 가입으로 FDI 유입이 지속적으로 확대될 것으로 전망된다. 중·동부 유럽지역으로의 투자가 확대되면서 동시에 유럽은 산업구조의 재편이 불가피하게 초래될 것으로 보인다.

전술한 바와 같이 이미 1990년대 대다수의 서유럽 의류 및 섬유 등 노동집약적 산업(labor-intensive industry)의 기업들이 중·동부 유럽국가로 이전했으며 이어 2000년 초부터 자동차, 전자분야의 기업들이 대규모로 이들 지역에 제조기지(manufacturing base)를 구축하고 있다. 그러나 아직까지는 서유럽의 생산기지를 포기하고 이루어지는 경우보다는 중·동부 유럽에 대한 신규투자 확대 및 생산라인의 일부분을 이전하는 경우가 더욱 많은 상황이다. 또한, 이들 지역에 대한 투자는 서유럽과 수직적 분업체계의 형태를 이루고 있는 경우가 많다. 예를 들면, 자동차 산업의 경우 중·동부 유럽에 대한 투자형태는 수직적 분업구조를 완성하는 차원에서 이루어졌으며 산업의 핵심부문은 그대로 서유럽에 존재하는 경우가 많다. 이러한 투자가 교역의 증대를 가져와 산업내무역(intra-industry trade)을 더욱 증가시키는 긍정적 효과도 발생시켰다.

그러나 중·동부 유럽 국가들의 임금 및 생활수준이 EU 평균에 수렴하게 되면서 저임금 등의 비교우위는 점진적으로 사라지게 되고 2007년 1월에 루마니아와 불가리아가 가입하여 이러한 위치를 후발 신규가입국이 차지하게 될 것으로 보인다. EU가 이전에 남부유럽과 아일랜드로 확대된 예에서 알 수 있듯이 중·동부 유럽 국가들도 EU 가입 이후 임금과 생활수준이 EU 평균에 점차 수렴해갈 것으로 예상된다. 따라서 생산비용 절감을 위해 다국적기업들의 동진(東進)추세는 향후에도 지속될 것으로 보인다.

결국 기존의 서유럽은 부가가치가 높고 기술집약적인 산업(technology-intensive industry)과 서비스업분야를 중심으로 산업구조가 변화되는 동시에 중·동부 유럽 국가들은 저임금을 바탕으로 한 노동집약적 산업을 중심으로 유럽의 산업구조가 재편될 것으로 보인다. 그러나 서유럽국가들이 자국의 특성에 적합한 신산업과 고부가가치산업으로의 구조조정을 이루지 못할 경우에는 산업공동화의 가능성이 증대될 것으로 전망된다. 따라서 이러한 산업구조조정을 위해 각 국가가 국가의 역량을 어떻게 결집시키느냐의 여부에 따라서 현재의 위기극복과 산업구조의 고도화 여부가 좌우될 것으로 판단된다.

실제로 EU 집행위원회는 EU 확대와 함께 발생하고 있는 생산기지의 해외이전과 산업공동화 발생 가능성 증대를 역내시장의 효율성 제고와 산업구조조정 차원에서 접근하고 있다. 즉, 산업공동화(industrial hollowization)보다는 장기적으로 비교우위가 있는 산업으로 자원의 재배분(redistribution of resources)이 이루어지고 있다고 인식하고 있다. 이는 EU 역내시장 확대에 따른 자원의 효율적 배분이라는 측면과 동시에 회원국 내부 산업구조의 효율적 재편이라는 2가지 내용을 모두 포함한다고 할 수 있다. 결국 기존 서유럽국가들은 산업구조의 고도화를 위해 전역량을 결집시켜야 한다. 또한, 집행위원회는 이러한 현상을 해외투자전략 차원에서 접근하여 해외투자 확대는 오히려 무역거래의 증가를 발생시킬 수도 있음을 감안하여 생산기지의 해외이전을 부정적인 측면에서만 볼 수 없다는 시각을 나타내고 있다.

기존 서유럽국가들은 산업공동화 현상을 방지하기 위해 국내의 사업환경 개선을 위한 구조개혁(structural reform)을 위해 주력하고 있다. 예를 들면, 포르투갈의 경우 해외로 이전해가는 외국인투자기업의 자국 내 신규투자를 확대하기 위해 노동시장의 유연성 및 사업환경 개선을 위한 구조개혁을 진행 중에 있으며 수출시장의 다변화와 포르투갈 제품의 브랜드 이미지(brand image) 제고 등을 위해서도 노력하고 있다. 스페인의 경우에도 2005년에 FDI 유치 확대를 위해 중앙정부 주도의 투자유치기관인 ICEX(Spanish Institute for Foreign Trade)를 신설한 바 있다. 스페인은 이제까지 각 자치주별로 투자유치 전담기관을 설치하여 FDI를 유치해 왔으나 EU 확대에 따른 FDI 유입 감소에 대응하기 위해 중앙정부차원에서 보다 적극적으로 대처하고 있다. 또한, 인접한 중·동부 유럽국가로 생산기지가 이전되고 있는 독일의 경우에도 생산거점으로서의 지위를 상실하지 않기 위해 노동시장의 유연성(flexibility of labor market) 제고 등을 위해 역량을 결집시키고 있다.

제 10 장

남북한 산업협력

제 1 절 남북한 산업지도

전국경제인연합회는 2001년 5월 27일 산학연 공동으로 통일한국의 입지여건을 감안하여 효율적인 산업배치 방안을 연구한 '통일한국을 향한 남북한산업지도'란 보고서에서 남북경제협력이 본격화될 때 북한에서 가장 유망한 투자지역은 평양이며 동해안의 청진과 원산도 우수한 투자지역으로 밝힌 바 있다. 또한 출판, 인쇄, 기계, 전지, 전자산업이 북한에서 성공가능성이 높은 것으로 지적하였다.

전국경제인연합회가 발표한 남북한 산업지도는 국토의 균형발전을 위한 산업마스터 플랜이라고 할 수 있는데 한반도가 동북아 경제의 중심축으로 역할을 하기 위해서는 남북한간 보완형 산업발전전략이 중요하다는 인식 하에서 작성되었다고 할 수 있다. 전국경제인연합회는 북한에 시장경제메커니즘(market economic mechanism)을 인식시키고 투자재원을 마련하는 데 여러 가지 난관이 있겠지만 남북한간 신뢰가 구축될 경우 남북한의 바람직한 경제발전을 위한 산업지도의 실현가능성은 높다고 분석하였다.[1])

1) 한경 · 서경, 2001. 5. 28. 참조

1. 북한투자 유망업종

이번 산업지도는 남북산업의 연계발전, 환경부문, 북한고용유발과 수입대체효과, 북한자원활용과 식량난 완화, 인프라스트럭처(infrastructure) 구축, 지리적 위치 등을 참고하여 작성되었다. 업종별로는 인쇄 · 기계 · 전기전자 · 출판 등이 남북경협의 유망업종으로 지적되었고 석유정제, 담배, 플라스틱 · 조립금속 등은 적절하지 않은 것으로 조사되었다. 전기전자의 경우 중기적으로 가전제품 부품 · 사무용품 · 무선호출기, 장기적으로는 VTR · 휴대전화 · 2차전지 등이 유망하다. 비제조업에서는 물류 · 금융업을 비롯하여 관광 · 환경 · 영상 등 문화관련산업이 유망업종으로 분석되었다.

남북경제통합 후 중점육성산업은 반도체 · 컴퓨터 등 전자분야이며 북한에서는 가전 및 사무용제품 등 기술집약적 경공업 또는 일부 중공업 분야가 유망하나 안보적인 측면에서 군용(軍用)으로의 전용가능성이 있는 방산(防産)물자, 즉 신소재 · 전자장비 · 전기통신 · 레이저 · 정보보안센서 · 항공전자공학 분야 등의 진출에 있어서는 신중해야 한다고 보고하였다.

남북한 산업기술의 격차와 관련하여서는 북한의 산업기술이 업종에 따라 남한과는 최소 5년에서 30년까지 격차가 나타난다고 분석하였다. 특히, 자동차 · 전력 · 화학섬유 · 조선 · 방직 · 제지산업의 기술은 남한의 1960년대 후반 정도 수준으로 가장 취약한 부문이며 사회간접자본시설도 매우 열악한 것으로 지적되었다. 반면 컴퓨터는 남한의 1980년대 중반 수준, 비철금속은 1990년대 초반 정도로 비교적 기술격차가 작은 것으로 나타났다.

산업입지와 관련하여서는 북한에서 가장 양호한 입지는 평양으로 음식료품 · 섬유 · 봉제 · 가죽신발 · 유리 · 시멘트 · 철강금속 · 전기전자 · 자동차 · 운송장비 등의 육성투자가 바람직하며 동해안 공업지구 내 청진공업지대의 경우 금속산업 및 자동차 제조업이, 북한의 역점지구인 김책공업지대는 펄프 및 종이제조업이 우위에 있고 원산공업지대는 컴퓨터와 사무기기 · 전자 · 통신장비 등 첨단산업단지로 개발이 가능하다. 서해안 안주공업지대는 화학제품 · 자동차 · 트레일러가, 해주공업지대는 반도체를 포함한 전자·통신장비 제조업과 정밀기계 등 첨단산업이 유리하다.

〈표 10-1〉 단계별 대북한 진출 유망업종

구분	중기	장기	군용전용가능성이 높은 업종
전기전자	가전제품, 1차전지, 인쇄회로, 팩시밀리, 복사기, PC 및 주변기기, 무선호출기	VCR, 이동전화단말기, 2차전지, 변압기, 발전기, 전선	
자동차	시트, 백미러, 와이퍼, 피스톤, 알루미늄휠, 라디에이터, 에어컨	완성차, 트럭, 특장차, 램프, 안전유리, 브레이크시스템, 타이어	트럭, 특장차
조선	어선, FRP선, 수리·해체조선	각종 선박 건조, 선박 기자재	선박용 프로펠러 항법장치
금속	주물, 배관자재, 철선, 철못, 비철금속, 배관자재, H형강, 와이어로프 등	판재, 선재, 생산시설, 비철금속, 특수강	특수강
기계	농업용기계, 범용공작기계, 밸브, 시계, 건설용 기계, 프레스	연삭기, NC공작기계, 산업용로봇, 베어링, MRI 등	연삭기, NC공작기계, 프레스
화학	플라스틱가공, 합성세제, 의약품, 화장품, 도료, 농약	석유화학, 일관 생산설비, 화학비료, 촉매	
건자재	콘크리트파일, 레미콘, 아스콘, 위생도기, 타일, 점토벽돌, 합판, 내화물, 강화유리, 복층유리, 석고보드, 중밀도섬유판	시멘트, 판유리, 접합유리	
음식료품	육가공, 수산가공, 제빵, 장류, 두부류, 과즙음료, 먹는 샘물, 식용유지, 유가공, 제분, 제당, 서양제과, 라면, 커피 등	식품첨가물	
섬유	화섬직물, 면·모·마직물, 편물, 의류, 신발, 면·모사, 부직포, 염색가공	화학원사(탄소섬유, 극세섬유, 산업용고강력사, 폴리에스터 섬유, 아크릴 섬유, 나일론 섬유), 인공피혁 등	탄소섬유 산업용 고강력사
제지	박엽지(담배용지, 식품포장지용), 라이너지, 골심지, 골판지 상자	신문용지, 백판지, 백상지, 아트지, 크라프트지, 펄프	

2. 투자재원조달

투자재원조달에 있어서 단기적으로는 남한기업이 남한의 은행컨소시엄을 통해 북한에 자금을 융자하는 방식을 모색해야 하는 데 동서독의 경우 이러한 상업차관

방식을 통해 동서독의 경제협력을 추진한 바 있다. 중장기적으로는 일본 정부 및 기업들과 배상금 지불조건에 대해 협의해야 할 과제가 남아 있기는 하나 북일수교 시 일본이 북한에 대해 지급할 것으로 기대되는 현물출자를 포함하여 50억~100억 달러의 식민지 배상금 활용방안을 생각할 수 있다.

일본 정부는 현금지원은 최소화하고 일본기업의 진출을 전제(前提)로 남한기업의 일부 협조 하에 대북(對北)투자를 진행한다는 계획을 가지고 있는 것으로 알려지고 있다. 또한, 미국의 대북정책수립 및 향후 북미관계의 진전에 따라 국제금융기관의 차관을 적극 활용해야 할 것으로 보인다.

전국경제인연합회는 현재 북한경제상황을 고려할 때 50억 달러의 투자가 효율적으로 이루어진다면 북한의 국내총생산(GDP)이 9.7% 정도 성장할 수 있으나 이를 위해 농림수산업에 27.1%, 광업에 38.7%를 투자해야 한다고 보고 있다. 그러나 남한과의 산업협력이 보완적인 관계에서 이루어지지 못하면 남북한 모두 산업의 침체를 가져올 수 있다. 이를 위해 우선 북한의 기업, 특히 국영기업부터 자본주의 시장경제 마인드를 가질 수 있도록 유도해야 한다. 예를 들면, 중국의 대형 국영기업들이 미국의 월스트리트(Wall Street)에 진출하여 자본주의 시장경제를 학습하였듯이 북한기업들에게 시장마인드를 인식시키기 위해 남한기업들의 지도가 절대적으로 필요하다.

제 2 절 에너지협력

일국의 경제발전은 에너지의 원활한 공급과 밀접한 상관관계를 가지고 있다고 할 수 있다. 즉, 에너지는 일국의 산업활동에 필수적인 요소가 되며 따라서 에너지의 안정적 공급이 수반되지 않고서는 경제발전을 기대할 수가 없게 된다. 주지하는 바와 같이 최근 북한은 극심한 경제난을 경험하고 있는 데 이러한 극심한 경제난은 에너지의 원활한 공급이 이루어지지 못한 데 가장 크게 기인하고 있다고 할 수 있다. 북한은 에너지난으로 인해 공장의 가동률이 저하되고 있고 공장의 가동률 저하로 인해 상품생산이 제대로 이루어지지 않고 있으며 이러한 상품생산의 부진으로 대외수출이 감소되어 외화난과 원·부자재난을 겪고 있다. 이러한 외화난 및 원·부자재난은 다시 공장의 가동률을 더욱 저하시켜 북한경제에 빈곤의 악순환(vicious circle of poverty)을 가져오고 있다. 결국 북한의 경제난은 에너지난에서 비롯되기 때문에 2000년 6월 개최된 남북정상회담 이후 다수의 대내외적 난관에도 불구하고 진행되고 있는 남북경제협력사업이 북한에 실질적인 경제혜택을 주기 위해서는 에너지 부문의 협력이 우선적으로 이루어져야 한다.

북한 에너지난의 근본원인은 자력갱생의 폐쇄적인 경제정책과 구소련을 비롯한 사회주의권의 붕괴로 인한 원조성 원유 공급의 급감에 있다고 할 수 있다. 즉, 에너지 공급부문에서 북한은 자력갱생의 원칙 하에 에너지원에 있어서 북한 내 부존자원에 의존한 주탄종유(主炭從油), 에너지 공급방법에 있어서 수력발전위주의 수주화종(水主火從) 정책으로 인해 급변하는 에너지 공급시장의 환경변화에 제대로 대응하지 못하였다.

북한 SOC 중 가장 취약한 부문이 에너지 부문, 그 중에서도 특히 산업용 전력부문이 시급히 보강되어야 할 부문으로 지적되고 있다. 실제로 우리기업들이 대북진출을 고려하는 데 있어 북한의 전력난은 커다란 장애요인이 되고 있다. 북한의 발전설비 용량은 1998년 기준 739만KW로 남한의 15% 수준에 그치고 있고 그나마 가동률이 전체발전소의 26%(1998년말 기준)에 불과한 실정이며 설비의 노후성, 송배전 손실률 등을 감안할 때 실질전력 소비량은 남한의 6% 수준에 불과한 것으로 추정된다. 현재 남한측이 고려할 수 있는 대북 전력공급의 방안으로는 단기적으로 남한의 재고석탄(약 1천만톤에 달함)을 북한에 발전연료용으로 제공해 주는 방안, 남에서 북으로 송전을 해주는 방안, 북한의 기존 발전소 설비를 보수·교체해주는 방안 등이 있다. 장기적으로는 북한진출 남한기업들의 전용공단에 새로운 발전소를 건설하는 방법 등이 있으나 이 역시 막대한 투자재원이 소요될 것으로 기대된다. 대북 전력송전 문제는 해주공단 등 휴전선에 가까운 지역에 남한의 기존선로를 연장설치해 전기를 공급해 주는 방법 등이 있으나 북한의 송배전망이 낡고 전류의 흐름도 일정치 않아 전기품질이 떨어지고 전력손실이 크다. 따라서 송배전망의 신규건설 필요성이 대두되고 있다. 한편, 한전은 향후 북한이 전력난을 극복할 수 있는 협력방안을 요청할 것으로 기대하고 전력협력준비팀을 구성하여 여유전력 송전과 북한내 신규발전소 건설, 낡은 발전소 보수 등 대북 전력지원 대책을 논의하는 등 발빠르게 대응하고 있다. 에너지경제연구원은 경협차원에서 북한의 전력난을 해소하기 위해 화력발전소 건설을 지원할 경우 2015년까지 7조 1,953억원(유연탄기준)의 자금이 필요할 것으로 추산한 바 있다.

북한 에너지난의 원인을 2가지 측면(① 공급적 측면, ② 관리적 측면)으로 나누어서 살펴본 후 바람직한 남북한 에너지 협력방안을 모색해 보고자 한다.[2)]

1. 북한 에너지난의 원인

1.1 공급적 측면

북한 에너지난의 공급적 측면을 에너지원별로 살펴보면 크게 석탄과 원유로 분류할 수 있다.

(1) 석탄

석탄 생산의 부진은 다음 3가지 측면에서 파악할 수 있다.

① 구조적 요인으로서 기존탄광의 장기채굴에 따른 석탄재원의 고갈, 원시적 채탄방법, 투자재원 부족에 따른 채탄장비의 노후화와 기존탄광의 심부화에 대한 대비책으로서 신규 탄광 개발에 대한 투자의 부족 등을 들 수 있다.

② 사회주의 계획경제시스템 하에서 목표달성 위주의 석탄증산 일변도 정책으로 인해 석탄의 질이 저하되고 근로자의 근로의욕의 감퇴를 들 수 있다.

③ 1995~1996년의 자연재해(집중호우 등)로 인해 탄광의 복구가 지연되고 식량난에 따른 광부들의 생산성 저하를 지적할 수 있다.

(2) 원유

원유의 경우에는 냉전체제가 유지되던 1990년 이전까지는 북한의 우방인 구소련과 중국으로부터 국제가격보다 30~50% 저렴한 가격으로 제공받았으며 교역의 형

2) 전국경제인연합회, 전경련, 2001. 5. 참주

태도 구상무역으로 이루어졌다. 그러나 1980년대 말 이후 냉전체제가 종식되어 북한과 이들 국가 간의 관계는 정치적 혈맹관계에서 냉엄한 경제논리에 따른 시장경제 관계로 전환되면서 원유의 공급이 시장가격에 의한 경화결제방식으로 변한 것이 원유공급난을 초래한 주요 요인이 되었다고 할 수 있다.[3)]

1.2 관리적 측면

상기(上記)한 주요 에너지원(석유·석탄 등)의 공급부족, 가격상승과 더불어 송배전시설의 노후화에 따른 에너지 전달 중간단계에서의 비효율성에 따른 전력 손실과 저질탄 양산에 따른 낮은 열효율, 지하에 소재한 군수공장의 운영(지하공장은 지상공장에 비해 30% 정도의 추가전력이 소요됨) 등이 전력난을 더욱 심화시키고 있다.

따라서 북한의 에너지난은 에너지 사용의 비효율성, 투자재원의 부족에 의한 수력발전 및 송배전 시설의 낙후와 신규시설 투자의 부족에 따른 생산시설 확대의 한계성, 채탄설비의 낙후 및 기존탄광의 심부화에 따른 자원고갈, 화력석탄용 석탄의 공급부족 및 경제난에 따른 외화부족에 의한 원유도입의 감소 등으로 인해 초래되었다고 할 수 있다.

북한 당국은 극심한 에너지난 해결을 위해 석탄 증산과 풍력·태양열·소수력 등 에너지 획득원의 다양화, 중·소형발전소(100~1,000KW급)의 건설 및 노후화된 에너지설비의 개·보수 등을 통한 에너지 공급확대 방안을 나름대로 모색하고 있으나 경제난에 따른 외화의 고갈로 인해 현대화계획(새로운 발전소 건설과 생산설비의 도입 및 대체 등)은 불가능한 실정이다.

2. 남북한 에너지협력 방안

남북한 에너지협력 문제를 시기적 관점에서 살펴보고자 한다.

---

3) 1990년대 이후 북한의 원유도입 가격은 그 이전에 비해 크게 상승하였는 데 1993년의 경우에는 1990년에 비해 약 2~3배로 급등하였다. 또한, 1993년부터는 러시아와 이란으로부터의 원유수입이 중단되었다.

2.1 단기적 관점

북한이 현재 처하고 있는 경제난에 따른 에너지 부족현상을 감안할 때 남북한 간의 에너지 협력에 있어서 북한은 단기적으로 남한의 일방적인 지원에 의존할 수 밖에 없는 상황이다. 따라서 단기적인 관점에서 효과를 거두기 위한 남북한 에너지 협력은 남한이 비축하고 있는 석탄지원이라고 할 수 있다. 1990년말 기준 남한이 비축하고 있는 석탄은 총 1,073만톤(정부 보유분 : 780만톤, 산지 : 193만톤, 소비지 재고탄 : 100만톤)에 이르고 있다. 이러한 석탄공급으로 가능한 전력생산은 36억khw로 추정된다.4)

2.2 중장기적 관점

북한이 남한에 비해 상대적으로 풍부하게 보유하고 있는 부존자원인 석탄과 수력조차 최근에는 북한 내 수요를 충당할 수가 없게 되었다. 남한의 북한에 대한 일방적인 에너지지원에도 한계가 있는 만큼 남북한 간의 에너지 협력이 지속적인 효과를 발휘하기 위해서는 남북 양측이 생산적인 공동협력을 통해 상호이익(mutual benefit)이 증대되도록 노력해야 한다.

따라서 중장기적 관점에서는 남북 양측이 상대적으로 우위가 있는 요소를 결합하는 방향으로 추진되어야 한다. 남북에너지 상호협력 가능성을 발전설비 건설분야에서 찾아보면 우선 남한은 발전 및 송배전설비를 건설하기 위한 토지를 확보하는 것이 급선무일 수 있고, 북한은 연료의 확보 및 발전설비를 건설할 수 있는 자본 및 기술이 문제라고 할 수 있다. 따라서 남한은 발전소 건설과 운영, 연료조달 등과 관련된 자본과 기술을 투입하며, 북한은 전력공급설비를 건설할 수 있는 부지와 인력을 제공하여 남북이 공동으로 이용하는 발전소를 건설할 수 있다. 이렇게 될 때 남북 모두 상호이익이 증대되는 경협의 바람직한 모델이 될 수 있다.

결국 남북 양측이 상대적으로 우위가 있는 요소를 결합하는 방향으로 추진되어야 한다. 즉 남한의 자본, 기술과 북한의 인력이 결합하여 천연자원(석유와 천연가

4) 남한의 비축석탄(1,073만톤)은 북한의 발전용 석탄보다 품질이 우수하기 때문에 남한에서 제공되는 석탄으로 전력생산이 이루어질 경우 북한 내의 전력효율성은 크게 증가할 것으로 기대된다.

스 등)의 공동개발, 해외에너지 개발에의 공동참여, 북한경유의 가스관 건설 등의 방안을 생각해 볼 수 있다. 특히, 천연자원의 공동개발과 관련하여 현재 외국기업의 북한연안 일부 대륙붕에 대한 시험탐사작업이 이루어지고 있는 점을 감안할 때 유전탐사작업과 관련하여 남한기업도 해외기업과 공동협력기구를 구성하여 적극적으로 참여하는 방안이 모색될 수 있다.

북한이 당면하고 있는 에너지난을 해결하기 위해서는 에너지공급의 안정화, 에너지 수급체계의 효율화, 에너지원의 다양화를 지향해야 하며 남북 양측은 이러한 문제를 인식하여 장기적인 관점에서 서로에게 이익이 되는 방향으로 에너지협력사업을 추진하여야 한다.

〈표 10-2〉 북한의 에너지 공급추이

	단위	1990	1993	1995	1999
에너지공급[2]	만 TOE[1]	2,394.6	1,901.3	1,728.0	1,495.5
- 석 탄	(%)	(69.2)	(71.3)	(68.6)	(70.2)
- 석 유	(%)	(10.5)	(7.2)	(6.4)	(5.9)
- 수 력	(%)	(15.6)	(17.5)	(20.5)	(18.7)
- 기 타	(%)	(4.7)	(4.1)	(4.5)	(5.2)
1인당공급량	TOE	1.18	0.90	0.80	0.67
석 탄 생 산	100만 M/T	33.2	27.1	23.7	21.0
원 유 도 입	만 배럴	1,847	997	806	233

주 : 1) TOE는 Ton of Equivalent의 약자로 원유 1톤이 갖는 열량(107kcal)임
2) 에너지 공급은 1차 에너지 기준으로, ( )안은 각 에너지 공급원별 구성비임
자료 : 통계청, 남북한 경제·사회상 비교, 각년 각호

전술한 바와 같이 북한의 SOC 개발사업에는 막대한 자금이 소요된다. SOC 투자사업의 초기에는 정부의 재원이 많이 투입되겠지만 투자가 진행됨에 따라서 한계를 보일 것이며 결국 민간기업들의 투자가 상당한 몫을 차지해야 할 것으로 전망된다. 투자재원의 조달방법으로는 여러 가지가 모색될 수 있으나 프로젝트 파이낸싱(project financing) 등 다양한 금융조달 방안을 전향적으로 도입해야 하며 외국자본과의 합작·합영에 의한 대북진출도 강구될 수 있다. 특히 민간기업과 한전, 도로공사, 토지공사 등 공기업의 합작진출을 적극 추진하면 국제금융시장에서의 자금조달

에 유리할 것으로 보인다.

또한, 사업의 진출방식에 있어서 동시다발적으로 사업을 진행하는 것보다는 북한 경제에 파급이 큰 SOC 시설 중 철도, 발전, 항만, 산업단지 개발 등을 우선적으로 추진하고 도로, 공항, 건설사업, 정보통신부문 등을 점차 연계해 가는 전략이 더욱 효과가 클 것으로 기대된다. 한편, 2000년 9월 5일 한국은행이 발표한 「대북 SOC 투자의 산업연관효과」 보고서에 따르면 건설용 골재나 시멘트 등은 북한에서 공급받되 나머지를 국내에서 조달하여 북한 SOC에 1조를 투자하면 국내경제에 부가가치 6,126억원 등 1조 5,264억원의 생산유발효과가 나타나는 것으로 분석되었다. 또한, 고용이 2만 1,398명 늘어나고 수입도 1,850억원 증가하는 것으로 나타났다. 따라서 대북 SOC 투자는 전체적으로 남한경제에도 긍정적인 영향을 주는 것으로 파악할 수 있다.

제 3 절 IT협력

북한은 김정일 국방위원장의 중국 상하이 방문을 계기로 IT산업을 경제발전의 새로운 원동력으로 간주하여 우리기업들과의 협력에 상당히 우호적인 자세를 보이고 있다. 이를 계기로 국내 닷컴업체 등이 북한과 IT협력을 활발히 논의하고 있어 남북한 IT협력사업이 가시화(可視化)되고 있다.[5)]

1. 남북 IT협력의 배경

남북 IT협력이 추진되고 있는 배경에는 북한의 경우 서방국가의 대(對) 공산권 수출통제를 위한 '바세나르 협정' 등으로 인해 첨단기술을 도입하기 어려운 상황에서 남한기업들과의 협력을 통해 IT부문의 기술이전(technology transfer) 및 외화획득 효과를 모색하고 있다고 볼 수 있다. 남한도 북한의 저렴한 IT인력을 활용하여 음성·문자인식 분야나 다국어 번역프로그램 등의 공동개발을 추진하고 있어 이 부

5) 매경, 2001. 2. 12. 참조

문에 있어서 남북의 상호이해관계가 어느 정도 작용하고 있다고 볼 수 있다. 특히, 북한의 적극적인 태도가 남북간 IT산업 협력이 활발히 논의되고 있는 주된 배경이라고 할 수 있다.[6)]

한편, IT산업 육성과 관련한 이 같은 북한의 움직임에 대해 일부 전문가들은 북한이 외자유치를 통한 IT산업 집중육성으로 유럽 IT산업의 메카(mecca)가 된 아일랜드의 성장모델을 지향(指向)하고 있는 것으로 평가하고 있다. 아일랜드는 1970년대 경제위기를 극복하기 위해 IT산업 발전전략을 수립하여 세계 10대 주요 소프트웨어사의 국내집중투자를 유치한 바 있으며 이러한 전략의 성공적인 추진으로 1990년대 8~10%의 고도성장을 기록하였다.

2. 남북 IT협력 현황

하나비즈닷컴, 우암닷컴, 기가링크, 큐빅테크 등 7개 IT업체 대표들은 2001년 2월 7일 북한을 방문하여 북・중 경제특구 가능성이 큰 단둥~신의주지역에 북한과 정보기술단지를 조성하는 데 의견을 교환한 바 있다. 이들은 북측과 이산가족을 위한 영상 면회사업, 북한 IT인력도입, 한의학 정보교류, 남북 소프트웨어 공동개발 등에 대해 논의하였다.

주요 대북 'e-비즈' 추진현황을 사례별로 간략히 살펴보면 다음과 같다.[7)] 남북 IT협력이 가장 활발한 분야로 소프트웨어(software)분야를 지적할 수 있는 데 삼성전자는 북한 조선컴퓨터센터와 제휴하여 소프트웨어를 공동개발하기로 하였다. 특히, 이동전화용 게임 및 음성인식 소프트웨어 개발에 중점을 두고 있다.

북한 내 우수 IT인력은 10만여명에 달하고 있고 음성・문자인식 분야 등 일부 부문은 기술력도 우수한 것으로 알려지고 있어서 IT부문은 남북간 협력사업 중 가장 성장성이 클 것으로 기대되고 있다.

---

6) 김 위원장은 IT산업의 중요성을 인식하여 2000년 5월 중국 베이징 IT산업단지, 2001년 1월 상하이 IT단지 등 중국 정보산업시설을 방문한 바 있으며 조명록 차수도 2000년 미국 실리콘 밸리를 방문한 바 있다. 이를 반영하여 북한은 현재 각도에 '조선컴퓨터센터'와 같은 기구의 설립을 추진하고 있다.

7) 한경, 2000. 6. 17. 참조

3. 남북 IT협력의 과제

남북한 IT협력이 남북당국 및 기업이 기대하고 있는 효과를 거두기 위해서는 현실적 제약이 크다고 할 수 있다.[8] 우선 북한의 경제상황을 고려할 때 정보통신산업의 각종 인프라스트럭처가 매우 취약(脆弱)하여 남북기업이 협력하여 우수한 소프트웨어 및 정보통신 관련장비 등을 개발한다고 해도 이를 소화할 수 있는 북한의 내수시장이 형성되어 있지 않다. 특히, 기업 및 일반인의 인터넷 이용은 북한 내부의 정치적인 상황으로 인해 북한 당국이 앞으로도 상당기간 수용하기 어려울 것으로 예상된다. 이러한 상황을 감안한다면 북한 IT산업은 주문자상표 부착생산(OEM) 방식위주의 수출산업화 할 가능성이 크다고 할 수 있다.

또한, 경제발전의 전략적인 측면에서 살펴볼 때 IT산업의 육성을 적극 추진하고 있는 북한의 발전전략선택에 대한 의문이 제기될 수 있다. 주지하는 바와 같이 IT산업은 기술집약산업(technology-intensive industry)이나 북한은 현재 기술집약산업이 아닌 풍부한 저임의 양질노동력에 의존하는 노동집약산업(labor-intensive industry)에 비교우위를 가지고 있다. 따라서 이러한 비교우위를 무시한 부문에 제한된 자원을 집중 투입할 경우 결과적으로 경제구조의 왜곡(歪曲) 및 자원의 비효율적 사용으로 인한 경제난을 경험하게 될 것은 자명하다고 할 수 있다. 비교우위를 무시한 경제발전전략의 채택으로 심각한 경제구조의 왜곡현상을 보인 예는 구사회주의권 국가와 남미제국을 들 수 있다. 따라서 이러한 역사적, 현실적 제약 하에서 북한이 현재 추구하고 있는 정보통신산업에의 투자는 북한의 경제적 역량을 무시한 발전전략으로 볼 수밖에 없다는 지적이 강하게 제기되고 있다. 이러한 맥락하에서 한국 정부 및 민간기업들의 북한 IT산업에의 지원 및 투자는 다시금 진지하게 접근되어야 할 것으로 판단된다.

한편, 남북한 IT협력사업이 급추진되고 있는 가운데 2001년 5월 1일 미국이 북한을 테러지원국으로 지정함에 따라 남북 IT협력은 대외적인 문제에 의해 제동이 걸리게 되었다. 테러국으로 지정되면 전자·통신기술 등을 포함한 군수물자 기술은

8) 매경, 2001. 5. 26. 참조

물론 군용이나 민간용으로 이중사용이 가능한 물자에 대해서도 반입이 금지된다. 따라서 전자 · 통신기술의 교류가 주축이 될 수밖에 없는 남북간 IT협력은 당분간 소강국면을 보일 것으로 전망된다.[9)]

제 4 절 금융협력

역사적인 '남북정상회담'이 2000년 6월 15일 개최된 이후 남북경협은 정치적 요인에 의해 소강국면을 보인 적도 있지만 일부 부문에서는 가시적인 성과도 거두면서 나름대로 진행되어 왔다고 평가할 수 있다. 그러나 대북정책에 관한한 클린턴 행정부 때와는 달리 강경책을 표방하고 있는 부시 행정부 출범 이후 악화된 북미관계로 인해 남북경협은 활성화되지 못하고 어느 정도 위축되어 왔던 것이 사실이다.

최근 북한이 핵무기 보유 시인과 재처리 등으로 다시금 한반도의 긴장을 고조시키고 있다. 2003년 5월에 개최된 '한 · 미 정상회담'에서 두 정상은 국제협력에 기반하여 평화적인 수단으로 북한의 핵무기 개발 프로그램을 완전하고 검증가능하며 불가역적인 방법으로 제거하기 위해 공동노력할 것임을 합의한 바 있다. 노무현 정부는 이전 김대중 정부의 일관된 햇볕정책(Sunshine Policy)과는 달리 핵문제 해결에 있어서 전향적인 자세를 보이고 있다. 즉, 노 대통령은 향후 남북교류와 협력을 북한 핵문제의 전개상황에 비추어 추진할 것임을 언급한 바 있다. 따라서 북한이 핵문제에 대해 전향적인 자세를 취하지 않는 한 남북협력관계와 북한의 대외관계에 영향을 미칠 수밖에 없게 되었다. 향후 북핵문제를 해결하기 위해 한국과 국제사회는 김대중 정부와는 상이한 경제협력수단을 강구할 필요가 있다. 김대중 정부의 대북지원 방식이 긍정적 경제협력이었다면 앞으로는 경제적 압박에 대한 고려가 필요하다.

사실 그동안 대북경협방식은 국민적인 합의가 이루어지지 않았음에도 불구하고

9) 특히, 분쟁국가나 테러국가에 대한 다자간 전략물자 수출통제체제인 '바세나르 협정'의 경우 486급 이상 컴퓨터의 반출도 제한하고 있어 국내기업들이 추진 중인 남북 IT협력사업은 상당한 난관에 직면할 것으로 보인다(서경, 2001. 5. 2. 참조).

한반도의 긴장완화와 북한의 시장경제체제를 유도해서 궁극적으로 통일비용을 줄인다는 명분 하에 추진되어 왔다고 할 수 있다. 그러나 최근의 대내외적인 여건변화로 인해 대북경협은 입지가 상당히 좁아져 있으며 북한이 이 문제를 성실하고도 신뢰성있게 해결하지 않는다면 향후 남북교류 및 경제·금융협력은 심각한 차질을 입게 될 것이 분명하다. 최근 북한은 계획경제 틀 내에서 개혁을 추진하고 있는 것으로 알려지고 있다. 이는 경제운영에 있어서 시장경제적 요소를 도입하는 것으로 해석할 수 있으나 현재까지 가시적인 성과는 거두지 못하고 있는 것으로 나타나 남북경협은 새로운 전기를 맞이하게 될 것으로 기대되고 있다.

재일본조선인총연합회의 기관지인 조선신보(朝鮮新報)는 2002년 7월 26일자에서 북한이 7월 들어 물가와 임금을 대폭 인상하는 등 일련의 경제개혁을 단행하였다고 보도하였다. 조선신보는 이번 경제개혁이 시장경제원리 도입이라는 일부 평가에 대해 국가가격제정국에서 실무를 담당하고 있는 이번 개혁은 철저하게 사회주의원칙에 기초하여 단행된 조치라고 밝히고 있으나 영국의 경제주간지 이코노미스트는 북한의 이번 경제개혁조치에 대해 시장경제체제를 향한 작지만 의미있는 첫걸음을 내디딘 것으로 평가하고 있다.

남북경협에 있어서 새로운 전기가 마련되면서 남북경협이 효과적인 결실을 맺기 위해서는 남북금융협력이 어느 때보다 중요하게 부각되고 있다. 남북한간 금융부문의 협력사항은 1992년의 '남북부속합의서'에 명문화되어 있음에도 불구하고 아직까지 가시적인 진전은 없었다고 평가할 수 있다. 따라서 남북한간 경협이 실질적인 성과를 거두기 위해서는 남북한간 금융부문의 교류가 시급하며 북한금융제도와 남북한금융협력에 대한 여러 측면 및 진출방안에 대한 심도있는 논의가 학계·업계·정계 간에 이루어져야 한다.

1. 남북한 금융협력의 두 측면

분단이후 55년 만에 이루어진 역사적인 '남북정상회담' 이후 그동안 답보상태에 있었던 남북경협이 본격화되었다고 평가할 수 있다. 주지하는 바와 같이 남북경협의 활성화는 남한의 유휴설비 및 사양산업의 설비, 자본, 우수한 기술력을 북한의 풍부하고도 저렴한 노동력과 결합시켜 동남아와 중국 등 후발개도국들에 비해 국제 경쟁력이 저하되고 있는 남한의 노동집약적 산업의 경쟁력을 제고시키는 긍정적인 역할을 할 것으로 기대되고 있어 중장기적으로 남북한 모두에게 이익이 되는 윈윈 게임(win-win game)이 될 것이다.

결국 이러한 실물부문의 남북경협이 본 궤도에 진입하기 위해서는 북한의 열악한 투자여건, 과다한 물류비, 투자와 관련한 제도적 장치 및 대금결제체제의 미비 등에 대한 남한금융기관의 지원이 필수적이라고 할 수 있다. 즉, 남북경협에 참여하고 있는 남한기업의 고물류비용, 남북간 청산결제시스템 미비로 인한 추가적인 비용부담 및 기타 남북관계의 변화에 따른 리스크 증대 등과 관련하여 실물부문에 대한 자금지원과 남북당국이 수긍하는 제도적 장치의 마련뿐만 아니라 진출기업에 대한 재정적 지원도 절실히 요구되고 있다. 이와 관련하여 은행을 포함한 국내 금융기관들은 남북교역에 따르는 대금결제시스템의 구축과 대북진출기업에 대한 자금제공기능을 효과적으로 수행해야 한다.

한편, 남북한 금융협력을 모색함에 있어서 동서독의 금융통합사례는 중요한 시사점을 제공하게 된다. 1989년 11월 베를린 장벽이 무너지면서 독일통일은 가능하게 되었는 데 이 때까지만 해도 동서독 간의 금융부문에서의 협력은 거의 존재하지 않았다.[10] 그러나 동서독은 베를린 장벽 붕괴 직후 금융통합(financial integration)에 착수하여 1990년 3월에 동독은 독일신용은행을 설립하여 동독의 중앙은행인 독일국립은행의 대출업무를 이관하는 등 서독의 은행제도인 이원적 은행제도를 도입하였으며 1990년 7월 1일 동서독간 '통화 · 경제 · 사회통합조약'을 발효시키면서 금융개혁을 본격적으로 추진하게 되었다. 그러나 동서독의 금융협력은 점진적인 과정이 아닌 급진적으로 추진되어 금융시장에 몇 가지 부정적인 문제점들(동독기업에 대한 시장가치기준에서의 기업평가의 불가능 문제, 시장에서 유통되지 않는 무담보 유동화 증권 발생, 신용경색으로 인한 역금리구조의 발생)이 발생되어 금융시장의 불안정이 상당기간 지속되었다.

따라서 독일의 경험에 비추어 볼 때 남북한 금융협력은 급진적 과정이 아닌 점

10) 분단 당시 서독은 이원적 은행제도(two-tier banking system)를, 동독은 단일은행제도(mono-bank system)를 각각 채택하고 있었다(한국은행, 통일경험에 비추어 본 남북한 금융통합 방향, 2002. 5. 10. 참조).

진적 과정에 의해 추진되어야 되며 여러 요인들(남북간 경제력 격차 문제, 남북간 경제체제의 이질성 문제, 경제적 통합과 정치적 통합 간의 조화 및 우선순위 문제, 남북통화간 태환성 문제 등)을 고려하여 신중히 접근하여야 한다.

남북한 금융협력과 관련하여 최근 활발하게 논의되고 있는 국내외적 이슈를 2가지 측면(① 거시적 측면, ② 미시적 측면)으로 나누어서 살펴보고자 한다.[11)]

1.1 거시적 측면

(1) 북한개발지원을 위한 자금조달

북한의 경제개발을 지원하기 위해서는 남한의 역할이 중요할 수밖에 없는데 만성적인 경제난으로 생산시설 및 사회간접자본시설(SOC)이 매우 낙후되어 있고 비효율적인 경제구조를 지니고 있는 북한경제의 현실 하에서 남한의 경제력만으로는 무리일 수밖에 없다. 남한의 경제현실 역시 지난 1997년말 외환위기 이후 금융 및 기업구조조정에 투입된 막대한 공적자금으로 인해 공공부문의 부채를 상환하기 위한 국채이자지급 비용만도 연간 국내총생산(GDP)의 3~4%에 이르고 있어 재정운영에 부담을 주고 있는 실정이다.

이러한 남북한의 경제적 현실을 고려할 때 자금조달은 해외에 의존할 수밖에 없다. 해외자금조달은 국제민간 상업베이스에 의한 조달, 원조국 지원자금, 국제금융기구의 장기저리자금 등 국제공적자금을 통한 조달로 분류할 수 있다. 우선 북한의 국제민간상업베이스에 의한 해외자금조달 가능성을 살펴보면 북한은 1970년대 중반 이후 서방차관에 대한 채무불이행(default) 상태에 있기 때문에 북한의 현재 대외신용도 하에서 국제사회로부터 상업차관을 제공받는 것은 불가능한 일이며 한국이 참여할 시 국제금융기관으로부터 상업차관 도입, 외화채권 발행, 프로젝트 파이낸싱(project financing) 등의 방식이 고려될 수 있다.

① 상업차관

북한에 대한 투자자금조달을 위해 국내금융기관을 중심으로 컨소시엄을 구성하

11) 전국은행연합회, 금융, 2000. 10. pp. 18~31 참조
장형수 외, 국제협력체 설립을 통한 북한개발지원방안, 대외경제정책연구원, 2000. 12. pp. 21~51 참조

여 국제금융시장에서 상업차관을 차입하고 한국 정부가 지급보증을 서는 방안이 고려될 수 있으나 북한의 현 경제상황을 고려할 때 국내금융기관이 해외에서 자금조달을 하려고 하면 상당한 가산금리를 요구받게 될 것으로 예상된다. 한국 정부의 지급보증방안도 대북정책에 대한 국민적 합의(national consensus) 등 여러 가지 국내정세를 고려할 때 난관에 부딪히게 될 것으로 보인다.

② 프로젝트 파이낸싱

프로젝트 파이낸싱은 특정 프로젝트의 사업성과 자산, 사업주의 신용을 참고하여 자금을 지원하는 금융기법이므로 금융기관은 대여자금의 회수에 대한 위험부담이 크기 때문에 대여에 대해 고율의 이자율을 요구하게 되며 일반적으로 신디케이트(syndicate) 구성을 통해 위험을 분산하게 된다.

이 방법의 적용도 북한의 경제사정을 고려할 때 실현되기 힘들 것으로 보인다. 북한과 같이 세계경제체제에 편입되어 있지 않은 상황에서는 투자위험이 크고 투자의 수익성이 지극히 불투명하기 때문에 국제금융공사(IFC : International Finance Corporation) 등과 같이 공신력있는 국제금융기관의 참여가 필요하다. 북한은 현재 IFC의 비회원국으로서 비회원국에 대한 IFC의 프로젝트 파이낸싱 참여는 아직 전례가 없기 때문에 현실적으로 실현되기가 어렵다고 할 수 있다.

따라서 남북한의 현재 여건을 고려할 때 북한의 경제재건을 위한 외부자금조달은 북한에 대한 국제사회의 무상지원(grants) 또는 양허성(concessional) 자금지원 등 국제공적자금 조달이 중심이 되어야 된다. 국제민간자본의 제공에 있어서 실질적인 영향을 미치는 기관은 IMF, World Bank 등 국제금융기구이다. 결국 북한개발에 필요한 대규모 국제민간자본의 유치는 북한의 국제금융기구 가입이 선결되어야 가능하다고 할 수 있다.

(2) 북한의 국제금융기구 가입

북한에 대한 국제공적자금 지원을 위한 다자간 국제협력 방안 중 국제금융기구를 활용하는 방안이 중요하게 부각된다. 이는 이들 국제금융기구가 자금 및 기술지원 등의 직접적 효과 이외에도 국제민간부문의 북한지역에 대한 직접투자를 유도하는 간접적인 효과도 수반할 수 있을 것으로 기대되기 때문이다.[12)]

북한이 국제금융기구에 가입한다면 국제통화기금(IMF)으로 부터는 빈곤감소 및 성장지원제도(PRGF : Poverty Reduction and Growth Facility) 자금을, 세계은행(WB)으로부터는 국제개발협회(IDA : International Development Association) 자금을, 아시아개발은행(ADB)으로부터는 아시아개발기금(ADF : Asian Development Fund) 자금 등 양허성 자금지원을 받을 수 있을 것으로 예상되나 현재 북한이 이들 국제금융기구에 가입하는 데 가장 큰 문제가 되는 것은 미국이 북한을 테러지원국에서 배제시키지 않고 있다는 점이다. 미국 국내법은 테러지원국에 대한 국제금융기구의 자금지원에 대해 국제금융기구 의사결정회의에서 미국대표가 반드시 반대의사를 표명하도록 하고 있으며 부시 대통령이 이라크를 포함하여 북한을 '악의 축(axis of evil)'에 비유하고 있어 이러한 상황은 개선되고 있지 않은 실정이다.

(3) 북한신탁기금의 설립

북한의 국제금융기구 가입은 한반도를 둘러싼 국제정치 · 외교 관련 변수에 의해 크게 영향을 받게 된다. 특히, 클린턴 행정부 때와는 달리 부시 행정부 등장이후 미국의 대북정책 방향이 기본적으로는 강경한 입장을 견지하고 있어서 조속한 시일 내에 실현될 가능성은 희박하다고 할 수 있다. 따라서 북한의 국제금융기구 가입 이전이라도 북한이 국제금융기구 또는 국제사회로부터 지원을 받을 수 있는 방안들이 강구될 필요가 있다. 그 중의 하나로서 '북한신탁기금(Trust Fund for DPRK)' 설립이 검토될 수 있다.

북한신탁기금은 일반적인 신탁기금과는 달리 세계은행의 비회원국에도 세계은행의 자금지원이 가능하게 하는 기능을 하고 있으며 비회원국에 대한 자금지원은 4차례나 행해진 바 있다. 일반신탁기금은 지원국이 자금을 기탁하여 세계은행이 운영하게 되는 데 비해 특별신탁기금인 '북한신탁기금'은 세계은행 자체의 자금이 지원된다. 또한, 일반신탁기금이 대부분의 경우 기술지원 등에 집중되는 데 비해 특별신탁기금은 도로, 항만 등 인프라 기반 확충에도 자금이 지원되는 특징을 가지고 있다. 세계은행의 비회원국에 대한 자금지원 사례는 팔레스타인신탁기금(Trust Fund

---

12) 국제민간자본의 북한 내 유치와 관련하여 국제금융기구의 북한경제에 대한 인정(endorsement)이 필수적이기 때문에 이들 기구에 대한 선가입이 국제민간자본의 유치에 효과를 유발시킬 것은 자명한 사실이다.

for Gaza and West Bank), 동티모르신탁기금(Trust Fund for East Timor), 보스니아-헤르체고비나신탁기금(Trust Fund for Bosnia and Herzegovina), 코소보특별신탁기금(Special Trust Fund for Kosovo)이 있다.

그러나 '북한신탁기금' 역시 국제금융기구의 자금지원이 수반된다는 점에서 미국의 대북 테러리스트 지원국 지정에 의해 영향을 받게 될 수밖에 없다는 점에서 북한의 국제금융기구 가입문제와 더불어 그 한계성은 가지고 있다고 평가할 수 있다.

(4) 동북아개발은행의 설립

최근 들어 아시아·태평양 지역의 경제협력을 위한 동북아개발은행(NEADB : Northeast Asian Development Bank) 설립의 필요성과 그 설립방안이 활발히 논의되고 있다.[13] 동북아개발은행 설립과 관련한 원래의 취지는 중국 동북부 및 연해주 개발을 위한 것이었으나 최근에는 북한지원을 위한 국제공적자금조달의 중요한 방안으로서 검토되고 있다. 북한에 대한 자금지원과 관련하여 동북아개발은행의 설립 전망에 대해서는 낙관론적 시각과 비관론적 시각이 공존하고 있는 실정이다.

① 낙관론적 시각

우선 동북아개발은행의 설립 필요성에 대해 언급할 필요가 있다. 동북아지역은 세계에서 가장 역동적인 경제성장을 하고 있는 지역으로서 전세계의 주목을 받고 있다. 이러한 동북아지역 국가들의 경제개발을 촉진하기 위해서는 막대한 자금이 필요한 실정이다. 따라서 국제투자자금을 동북아로 유치하기 위한 제도적 장치의 필요성이 그 어느 때보다 증대되고 있으며 결국 동북아개발은행의 설립이 필요하게 된다.[14]

동북아개발은행 설립의 가장 핵심적인 역할을 할 국가로 미국과 일본을 들 수 있으나 이들은 출자부담 및 기타 정치적인 상황을 고려하여 현재 어느 국가도 주도적인 역할을 하고 있지 않은 실정이다. 우선 출자부담과 관련하여 실제로 동북아개발은행의 설립에 대규모의 자금이 소요되는 것은 아니다. 아시아개발은행(ADB)의

13) 아시아개발은행(ADB)이 세계은행(WB)과 더불어 아시아지역국가의 경제개발자금을 지원하고 있듯이 중국 동북부, 연해주, 몽고, 북한 등을 지원대상으로 하는 새로운 지역개발은행을 설립하자는 논의이다.

14) 한경, 2000. 10. 13. 참조

경우 청약자본은 수차례의 증자를 거쳐 약 478억 달러에 이르렀는 데 1999년 9월말까지 16개 회원국이 부담한 현금출자는 33억 달러에 불과하다.15) ADB는 1966년 설립된 이후 불과 33억 달러의 현금자본을 가지고 1999년 9월까지 1,000억 달러 이상의 자금을 조달하여 역내국가들의 경제성장 및 경제안정을 위해 지원하였다. 일례로 ADB의 경우를 참작하면 동북아개발은행의 청약자본금을 400억 달러로 정할 경우 미국과 일본의 부담액은 5년간 매년 10억 달러 정도로 추정되며 한국과 중국의 출자부담은 5년간 3~4억 달러에 불과할 것으로 예상되고 있다. 따라서 이들 국가의 경제여건을 고려할 때 출자부담이 동북아개발은행의 설립에 큰 문제가 되지는 않을 것으로 판단된다.

정치적 상황과 관련하여 일본의 경우 동북아지역에서 막대한 무역흑자를 시현하고 있기 때문에 과거에 이 지역 국가들에 대한 가해국(加害國)으로서 불행한 역사를 청산해야 하는 정치적 부채를 제거하기 위해서도 무역흑자의 일부분을 동북아지역에 지원해야 하는 충분한 명분이 있다. 또한, 향후 북일수교에 따른 전쟁배상금 문제와 더불어 유상원조의 경우에도 동북아개발은행을 통해 공여하는 것이 유리할 것으로 판단된다. 미국의 경우에도 이 지역에 대한 안보 등 정치적 이해관계가 지대하므로 은행설립에 참여함으로써 동북아지역에 제도적 거점을 확보하게 된다.

결국 동북아지역은행의 설립 및 북한에 대한 지원문제는 한국과 중국이 동북아개발은행설립의 가장 중추적 역할을 하게 될 미국과 일본을 어떻게 끌어들이느냐에 달려있다고 할 수 있다.

② 비관론적 시각

일부 전문가들은 동북아개발은행의 설립방안은 현재로서는 북한에 대한 자금지원 측면과 관련하여 큰 도움이 되지 못할 것으로 예상하고 있다. 현재 북한의 소득수준(2001년 기준 1인당 국민소득은 약 706달러로 추정됨)을 감안할 때 IBRD, ADB 등 세계 주요 개발은행이 제공하는 정규차관을 받을 수는 없으며 세계은행의 국제개발협회, 아시아개발은행의 ADF 자금지원 등 양허성 자금지원만 받을 수 있

15) 아시아개발은행 16개 회원국이 부담한 현금출자가 33억 달러에 불과한 데는 청약자본이 5년 분할 납입의 현금자본과 은행이 위급한 상황에 처할 때 은행의 요구에 의해 요청받을 시 납입약속을 하는 대기자본(callable capital)으로 구성되어 있는 상황 하에서 대기자본이 전체의 93%를 차지하고 있는 데 기인하고 있다.

는 국가에 속한다.[16)]

북한자금지원과 관련한 동북아개발은행의 제약조건은 다음 4가지로 정리할 수 있다.

가. 자본조달에 있어서 고비용이 초래될 가능성이 큼

동북아개발은행이 성공적이기 위해서는 최상위 신용등급(AAA)을 획득하여 국제금융시장에서 최상의 조건으로 자금을 조달할 수 있어야 한다. 동북아개발은행이 최상위 신용등급을 획득하기 위해서는 미국, 일본, EU 등이 은행의 설립에 적극적으로 참여하여 국제금융체제에 편입될 수 있도록 역할을 해 주어야 하는데 현재로는 이들 국가의 적극적인 지지를 얻기는 어려울 것으로 판단된다. 또한, 동북아개발은행의 경우 지역적 특성상 타 지역개발은행보다 참여국수가 제한적이기 때문에 실질적으로 국제금융시장에서 최상위 신용등급을 부여받기는 어려울 것으로 전망된다.

나. 국제금융체제의 개편논의 방향

1997년 동아시아외환위기(East Asian Foreign Exchange Crisis) 이후 국제금융체제(international financial architecture) 개편 논의 중의 하나는 국제개발은행의 역할 축소이다. 실제로 1990년대 중반이후 세계화가 급속도로 추진되면서 국제민간자본시장이 비약적으로 발전하고 있어 국제개발은행의 역할은 축소되어 가고 있다.

다. 동북아개발은행 자금제공의 주요 수혜국에서 배제될 가능성

동북아개발은행이 설립된다고 하더라도 최대수혜지역은 중국의 동북부지역, 러시아의 연해주 및 시베리아 지역이 될 가능성이 높다. 따라서 북한의 경우 상대적으로 불이익을 받게 될 가능성이 클 것으로 전망된다.

라. 동북아개발은행 내 양허성 자금지원창구의 설치 문제

동북아개발은행 설립 논의안에는 양허성 자금지원창구 설치문제가 포함되어 있

16) IDA 자금은 IBRD 차관(국제금융시장 금리수준으로 제공됨)과는 달리 대체적으로 1인당 국민소득이 매우 낮은 저소득국가에 제공되고 있는 데 북한의 1인당 국민소득이 현재 이러한 수준에 이르고 있다.

지 않다. 북한의 경우 양허성 자금지원이 절대적으로 필요한 실정이어서 현 상황하에서 동북아개발은행이 설립된다고 하더라도 실질적으로 북한에 대한 자금지원효과는 크지 않게 된다. 따라서 북한에 대한 경제개발자금 지원이 효과적으로 이루어지기 위해서는 세계은행의 IDA, 아시아개발은행의 ADF와 같은 양허성 자금지원창구가 동북아개발은행에도 설치되어야 한다.

(5) 북한의 외채

북한의 외채문제는 국제사회에서 경제개발자금을 조달하는 데 있어서 결정적 영향을 미칠 정도로 심각한 상황에 직면해 있다. 북한은 1970년대 이후 경제개발의 주요 재원으로 서방세계로부터 차관을 도입하여 왔으나 북한경제의 구조적인 비효율성과 1970년대 초기에 발생했던 석유파동(oil shock)으로 인해 1974년 이후 서방세계로부터 차입한 차관의 원리금 상환을 연체하기 시작하였다. 1989년 구소련이 붕괴된 이후에는 구소련으로부터 제공받던 원조가 중단되면서 이러한 상황은 더욱 더 악화되었으며 기존의 외화채무원리금을 거의 상환하지 못하고 있다. 따라서 현재 북한은 국제금융시장에서 담보나 보증이 없는 신규차입은 불가능한 실정에 있다.

따라서 북한경제가 대외자금을 제공받기 위해서는 외채문제의 해결이 무엇보다 시급하며 외채경감협의 채널을 위한 해결방안이 가장 현실성 있는 대안으로 부각되고 있다.

① 외채현황

한국은행이 발표한 자료에 의하면 북한의 외채는 2000년 기준 125억 달러에 달하는 것으로 추정되고 있으며 이 중 러시아와 중국에 대한 외채가 50%를 초과하고 있다.

북한의 상대적인 외채구성에 대해서 보다 정확한 추계가 가능했던 구소련 붕괴 직전인 1989년 말을 기준으로 할 때 북한의 총채무는 67.8억 달러였다. 이 중 구소련에 대한 채무는 31.3억 달러로 전체의 46.2%를 차지하고 있었으며 서방세계에 대한 채무는 27.4억 달러로 40.4%, 중국에는 9억 달러(13.3%)의 채무를 가지고 있었다. 국제금융센터의 자료에 따르면 1995년 기준으로 북한의 대외채무는 러시아에 43억 달러, 111개 서방세계의 은행권에 23.3억 달러, 중국에 22억 달러, 일본에 9억 달러, 기타 채무 20.8억 달러 등 모두 약 118억 달러에 달하였으며 이후 지속적으로 증가하여 2000년에는 125억 달러에 이르고 있다.[17)]

〈표 10-3〉 북한의 외채현황

(단위 : 십억 달러)

연도	1975	1980	1986	1989	1992	1993	1994	1995	1996	1998	1999	2000
합계	2.10	3.46	4.06	6.78	9.72	10.32	10.66	11.83	12.0	12.1	12.3	12.5

② 외채경감협의 채널의 활용

북한이 국제금융기구에 가입하여 IMF와 세계은행 개혁프로그램을 성실히 이행하였을 경우에는 이들 기관이 주도하는 중(重)채무국 외채문제해결전략(쾰른 이니셔티브 : KÖln Initiative)을 활용하여 외채를 탕감받을 수 있는 방법이 존재한다.[18)] 그러나 현재 북한이 국제금융기구에 가입되어 있지 않은 여건을 고려할 때 보다 현실성 있는 방안으로 북한의 요청이 전제된 상황에서 파리클럽(Paris Club) 및 런던클럽(London Club)을 통한 외채상환조건조정(debt rescheduling)과 외채경감(debt reductions)을 위한 다자간 협의를 '다자간지원메커니즘'의 틀안에서 논의하는 것이 필요하다. 즉, 공식적인 외채경감메커니즘을 이용하여 북한의 외채를 경감시키기 위한 노력을 기울여야 한다. 이를 위한 전제조건은 북한의 재건을 통해 남북간 화해분위기 조성에 대한 전향적인 태도, 이를테면 남북경협의 성실한 진행을 통해서 한반도의 평화정착에 실질적으로 기여하고 있다는 국제사회의 동의가 필수적이다.

이상 살펴본 남북한 금융협력의 거시적 측면을 종합적으로 분석할 때 북한에 대한 남한의 금융협력은 현실적으로 국제기구와의 협력에 의한 지원이 가장 실효성 있다고 평가할 수 있다. 그러나 북한의 국가신용도 문제, 최근의 한반도 긴장고조 등으로 인해 인도적인 지원조차도 제한받고 있는 상황이어서 극히 불투명한 실정이

17) 국제금융센터, 국제기구가 집계한 북한대외채무현황, 2000. 6. 2. 참조
한국은행, 한은정보, 2001. 6. 참조

18) 장형수·박형곤, 빈곤국 외채탕감 논의와 우리의 대응, 대외경제정책연구원, 1999. 참조

다. 남북한 금융협력, 나아가서는 경제협력에 있어서 최우선 고려요소는 한반도의 긴장완화를 위한 북한의 성실한 노력과 이러한 노력을 근거로 한 국가신용도 제고 및 시장경제체제로의 순조로운 이행이라고 할 수 있다.

1.2 미시적 측면

(1) 국내금융기관의 대북진출현황 및 방안

① 국내금융기관의 대북진출현황

가. 은행권

은행권의 대북진출은 지난 1994년 북미 핵협상 타결과 정부의 남북경협활성화 조치로 남한기업들의 대북진출이 활발히 추진되면서 각 은행마다 북한전담팀(Task Force Team)을 구성하여 대북진출을 모색해 왔으나 남북관계의 교착상태 지속, 1997년 외환위기 등으로 은행의 대북진출은 정체상황을 보여왔다. 그러나 분단 반세기만에 2000년 6월 15일 개최된 역사적인 '남북정상회담'의 성사로 남북경협은 새로운 전기를 맞이하게 되었다. '남북정상회담'을 계기로 국내은행들도 북한 내 합영·합작은행의 설립, 북한 내 금융전문가 양성, 북한의 국제금융기구 가입 등에 있어서 나름대로의 역할을 수행할 수 있으며 금융협력을 통해 궁극적으로 남북경제의 통합에도 기여할 수 있게 되었다. 이에 따라 각 은행들은 북한관련 정보의 수집, 지점 및 합작은행 설립추진, 코레스 업무제휴 등 다양한 부문에서 대북금융협력을 모색하고 있다.

〈표 10-4〉 국내은행들의 대북사업 추진현황

은 행	주 요 내 용
산 업	· 유엔공업개발기구(UNIDO)와의 업무제휴를 통해 대북공동사업 추진 - UNIDO와 협력하여 대북사회간접자본(SOC) 투자사업 타당성 평가 - 북한투자상담회를 개최하여 참가기업 선정 등 공동지원체제 구축 예정 · 북한 SOC 지원사업에 투자할 통일복권 발행 추진 · 국내기업의 대북투자 증대에 대비한 종합지원시스템 구축 예정
농 협	· 농민협동조합이라는 특성을 살려 북한 내 진출 추진 - 향후 농축산물 유통과 신용사업 등 금융사업 확대 계획 · 국제농업개발기금(IFAD) 등 국제기구, 정부와 공동자금을 출연하여 북한 농민에게 저리 대출하는 업무 추진

〈표 10-4〉 이어서

수출입	· 남북경제협력기금 및 경수로사업기금 수탁기관으로서 이를 활용한 대북사업 추진 - 대북 금융지원 및 구 소련 등 사회주의 국가와의 풍부한 거래경험을 바탕으로 대북진출추진 · 북한 진출기업에 대한 유상대출 활성화 · 남한의 청산결제은행 역할 및 북한 내 사무소 설치 추진
조 흥	· 북한 화려은행의 서울지점 개설 협력, 향후 합작은행 설립 검토 · 코레스 계약 추진 · 대북금융상품 개발 및 대북 교역관련 설명회 개최 · 북한관련 연구기관과의 제휴를 통해 북한 진출기업에 북한 경제관련 정보 및 경영컨설팅 제공
우 리	· 북한 고려상업은행과 제3국 외국은행을 경유하는 3각 업무제휴 추진 · 코레스 계약 추진 · 유니온 커뮤니티사와 제휴하여 이산가족찾기 관련 대북 송금 추진 · 남북한 통일음악회 공동주최 등 다각적인 대북 교류사업 지원을 통해 이미지 제고 및 북한 내 점포 설치 추진
외 환	· 한반도에너지개발기구(KEDO)의 경수로 사업과 관련하여 함경남포 신포에 국내은행 최초로 "금호출장소" 개설 - KEDO 직원 및 근로자 대상으로 송금·입출금, 결제업무 담당 · 코레스 계약 추진 · 남북경제협력관련 대금결제 방식 등에 대한 연구·조사 업무 강화

나. 보험권

남북금융협력과 관련하여 보험권에서는 경제협력 및 식량지원 등을 포함한 구상무역, 금강산관광, 여행, 각종 대규모 행사 등과 연관된 대북 보험시장이 형성되고 있다. 예를 들면, 금강산개발 및 관광과 관련하여 건설공사, 신변안전, 동산종합, 주민왕래 등에서 수십건의 보험계약이, 한반도에너지개발기구(KEDO)의 경수로건설공사와 관련하여 건설공사 보험, 배상책임보험, 동산종합보험, 자동차보험 등에서 약 1,000억원 규모의 보험이 체결되었다. 대북경협 및 금융협력이 본격적으로 추진되면 향후 10년간 200억 달러에 이를 것으로 전망되므로 이와 관련된 보험시장의 규모도 4,000~5,000억원 대에서 최대 수조원에 달할 것으로 기대되고 있다.

남북경협과 관련된 보험시장규모가 증대함에 따라 국내대형 보험사들은 대북보험사업에 대한 마케팅을 강화시키고 있는 데 대북경협에 있어서 금강산관광을 비롯하여 각종사업을 추진 중인 현대를 비롯하여 삼성, LG, SK 등 대기업 계열 보험사를 중심으로 전담창구신설 및 북한 내 사무소 설치 등 다양한 진출방안을 모색 중

에 있다.[19)]

〈표 10-5〉 국내 보험사들의 대북협력사업 추진현황

회 사 명	주 요 내 용
현대해상	· 대북관련 사업에 있어서 현대그룹의 주도적인 역할을 활용하여 보험업 진출 - 향후 북한 내에 조성될 공단(서해안, 신의주 등) 근처에 지점을 설치하여 이와 관련된 물건 및 근로자 대상 개인보험 인수 추진 · 현대생명의 경우 남북이산가족 상봉 관련 상품 개발
삼성화재	· 북한진출에 앞서 중국 보험시장에 우선 진출하여 북한 진출 교두보로 활용 · 그룹의 대북경협과 연계하여 북한시장 진출을 위한 전담팀 구성 - 삼성전자 및 가전 등의 생산설비 관련 보험상품 개발에 주력
LG화재	· 그룹의 대북경협과 연계하여 북한 진출 예정 - 미국 보험그룹(JC Penny사)과 합작으로 북한에 보험대리점 진출 추진 · 경수로 건설의 보험주간사회사로 선정되어 대북관련 보험시장 선점 및 이를 북한 진출에 적극적으로 활용함 · 남북이산가족 상봉 및 대북사업관련 북한지역에 근무하는 남한근로자들의 각종 위험관련 보험상품 개발
동양화재	· 민족자본으로 세워진 보험회사라는 점을 내세워 북한 진출 추진
외 국 계	· 북한 보험시장 진출을 위해 국내 보험사와 합작 모색 · 북한진출에 있어 현재 알리안츠 등 몇몇 외국계보험사들이 활발하게 추진 중임

다. 남북경협과 관련한 금융기관의 역할

'남북정상회담'의 성사로 남북당국간 대화채널이 구축되었으며 이러한 대화국면의 조성으로 한반도 긴장완화, 경제·사회·문화 부문의 교류 활성화, 특히 이산가족의 상호방문 등 가시적인 결실을 거두고 있다. 따라서 이러한 남북당국자간 안정적이고도 지속적인 대화에 이은 정부 및 민간부문의 경협이 활성화되기 위해서는 무엇보다도 실물부문에 대한 자금지원을 하는 금융부문의 역할이 중차대하다고 할 수 있다.

이러한 측면에서 국내금융기관의 역할을 2가지 관점, 즉 대금결제체제의 구축과 자금지원이라는 관점에서 파악하고자 한다.

19) 현대해상, 삼성화재, LG화재 등 국내 대형보험사들은 대북보험거래가 본격화되기 전에 북한과의 시장정보교환, 인력교환 등 금융협력관계의 구축에 힘쓰고 있으며 남측 보험계약자에 대한 현지보험 서비스의 제공과 보험사고 조사, 북한보험기관과의 순조로운 업무협조를 위한 상주사무소의 개설을 추진하고 있다.

ⓐ 대금결제체제의 구축

대금결제체제의 구축과 관련하여 남북경협 투자자금 송금 등 자금결제 방식이 구축되어야 하며 이를 위해 청산결제방식 또는 환결제방식, 청산결제에 의한 대월 제도의 도입 등이 검토될 수 있다. 또한, 대금결제의 효과를 극대화시키기 위해 남북한 은행간 직·간접의 환거래 계약을 체결할 필요가 있다.

ⓑ 자금지원

남북경협의 자금지원과 관련하여 국내외 금융기관을 이용한 다양한 방법이 모색될 수 있으나 보다 현실성있는 방법으로 '남북협력기금'에 의한 지원확대가 우선적으로 고려될 수 있으며 대북경협에 직접 참여하는 기업에 대한 특별자금 지원책도 필요하다. 또한, 국제금융기관과 연계하여 프로젝트 파이낸싱 등을 통한 자금지원책도 강구될 수 있다.

(2) 국내금융기관의 대북진출방안

국내금융기관의 대북진출은 향후 남북경협이 단순물자교역에서 생산부문 중심으로 경제협력 단계가 발전되고 이산가족상봉 등 인적교류가 확대되게 되면 더욱 더 활발해 질 것으로 예상된다. 통일 전 동서독과 현재의 대만·중국 사례에서 알 수 있듯이 남북당국의 상호신뢰 증진과 경제협력에 실질적인 기여를 할 것으로 기대되나 국내금융기관의 대북진출은 한반도 정세변화와 같은 여러 가지 제약조건과 대북경협에 참여하는 국내기업의 진출형태 등에 크게 영향을 받는 만큼 신중하게 접근해야 한다. 국내금융기관의 대북진출방안을 2가지 측면, 즉 진출환경과 경제협력 유형으로 나누어서 살펴보고자 한다.

① 대북진출환경

가. 사전준비단계

사전준비단계란 북한의 개방정책은 지속되고 있으나 제도적 기반이 미비하여 금융지원의 필요성이 부각되는 단계라고 할 수 있다. 이러한 단계에서는 대북접촉창구의 확보 및 국내기업의 대북반출입 지원과 국내은행의 효과적인 북한진출을 위해 북한 금융기관과의 환거래 계약을 추진해야 하며 북한의 국제금융기구 가입에 나름대로의 역할을 수행해야 한다.[20)]

나. 제한적 진출단계

제한적 진출단계란 북한의 개방정책이 경제의 여러 부문에서 진행되고 남북경협이 활성화되면서 금융지원이 본격화되는 단계라고 할 수 있다. 이러한 단계에서는 남북금융협력의 실효성을 제고시키기 위한 국내금융기관의 북한 내 출장소 및 지점이 설치되고 남북한 유망기업에 대한 자금지원이 확대되며 북한 내 남한기업의 자산운용에 참여하게 된다.

다. 본격적 진출단계

본격적 진출단계란 북한시장의 완전개방 및 이로 인한 남북의 다방면에 걸친 전면적인 교류가 이루어져서 경제통합(economic integration)의 분위기가 확산되는 단계라고 할 수 있다. 이 단계에서 국내금융기관의 진출형태는 단독 또는 합작 등 현지법인을 설립하여 북한 내의 금융관련 인적·물적 인프라를 구축하는 것이라고 할 수 있다.

② 경제협력유형

가. 단순교역

남북경협의 주된 형태가 단순물자교역에 머무를 때에는 국내은행의 진출방안은 북한에 기(旣) 진출 또는 진출예정인 기업의 주거래은행화 및 북한진출 외국금융기관 및 대기업과의 업무제휴 등을 통해 해당기업에 필요한 정보를 비롯하여 여러 가지 편의를 제공하는 데 주안점을 두어야 한다.

나. 소규모 합작 또는 단독투자 형태

남한기업의 진출이 이러한 형태를 보일 때는 북한 진출기업의 현지금융업무를 취급하게 될 소규모 출장소 내지는 지점을 개설하여야 할 필요성이 증대된다. 북한진출 금융기관의 경영효율화를 위해 최소 인원으로 특화된 업무를 전담하는 방안이 강구되어야 하며 합작투자에 의한 대북진출을 통해 현지 적응력을 제고시켜야 한다.

20) 남북간 자금거래는 남북한이 해외은행(중국, 홍콩, 싱가포르 등)에 계좌를 개설하여 대금을 결제하는 원시적인 수준에 머무르고 있어 자금거래의 신속성 및 효율성을 제고시키기 위해 환거래 계약의 체결이 시급한 실정이다.

다. 대규모 합작 및 대형단독투자 형태

이 경우에는 전액출자에 의한 자회사 형태의 현지법인 또는 합작은행의 설립이 바람직하다. 프로젝트 파이낸싱 등 중장기업무에 대한 자금지원 또는 남북경협에 참여하고 있는 북한기업에 대한 직접투자도 고려될 만하며 장기적으로는 북한주민을 대상으로 한 리테일 뱅킹(retail banking)으로까지 업무를 확대할 수 있다.

2. 남북한 금융협력의 과제

남북경협을 성공적으로 추진하기 위해 무엇보다 남북금융협력이 중요하게 부각되고 있으나 결제방식 등 경제적 요인과 더불어 북한 내 상황변화로 인한 한반도 정세의 변화 등 비경제적 요인에 의해 지대한 영향을 받게 된다. 향후 남북간 금융협력을 진행하는 데 있어서 당면하게 될 과제를 제도적 측면을 중심으로 살펴보고자 한다.

2.1 북한의 국가신용도 문제

현재 북한은행의 자체신용만으로 발행된 신용장은 국제적으로 통용되지 못하고 있다. 즉, 대부분의 외국은행은 북한은행이 발행한 신용장에 대해 타국은행의 확인을 요구하고 있어서 남북금융협력이 실효를 거두기 위해서는 북한의 국가신용도 개선이 무엇보다 시급한 과제로 부각되고 있다. 북한에 대한 국제평가기관들의 신용평가에 따르면 북한은 평가대상 국가 중 최하위 수준을 기록하고 있어서 북한의 신용상태를 근거로 한 자료가 북한 내 장기투자재원의 조달자료로 활용될 가능성은 극히 희박하다고 할 수 있다.

북한의 신용도 개선은 경제 및 경제외적 요인들, 예를 들면 한반도의 긴장완화 및 평화정착에 관한 북한의 성실한 노력에 대한 남한 및 국제사회의 인정, 중국을 모델로 한 시장경제체제로의 순조로운 이행 등에 의해 크게 좌우되기 때문에 무엇보다도 북한 당국이 이에 대한 사실을 정확히 인지하고 적극적으로 이를 시행하여야 하며 이러한 노력이 가시적인 효과에 뒷받침될 때 국내외 금융기관 및 투자자들의 신뢰를 얻을 수 있다.

〈표 10-6〉 북한의 국가신용도 평가 현황

평가기관	평가일	평가순위
ICRG (International Country Risk Guide)	2000. 11.	132(140)
	2001. 10.	136(140)
Euromoney	2001. 3.	185(185)
	2001. 9.	183(185)
I I (Institutional Investor)	2001. 3.	140(145)
	2001. 9.	144(145)

주 : ( )안은 평가대상국가의 수를 나타냄

2.2 결제방식

현재 남북경협에 있어서 남북간 결제는 직접결제가 아닌 다른 형태로 이루어지고 있다. 남북간 거래는 국가간 거래가 아닌 민족 내부간 거래임을 표시하기 위하여 '남북교류협력에 관한 법률' 제2조에 의거하여 남북간 물품이동에 대해 수출・수입이라는 용어 대신 반출・반입이라는 용어를 사용하고 있다. 2002년말 기준 남북간 결제방식은 북한으로부터의 반입의 경우 T/T방식(45.4%), 무상방식(26.9%), L/C방식(13.0%) 등이며 반출의 경우에는 무상방식(52.5%), 위탁가공무역에 의한 임가공료 지급방식(16.4%) 등으로 이루어지고 있다.

이전에 북한은 2가지 결제방식(청산결제, 경화결제)을 사용하여 왔으나 구사회주의권의 붕괴 이후 청산결제 형태는 사용되지 않고 있다. 북한은 1987년 8월 영국, 오스트리아, 뉴질랜드, 일본 등 140개 서방은행 대표단에 의해 채무상환불이행(default) 국가로 공식 발표된 이후 국제신용도가 회복되지 않고 있으며 무역거래는 신용장 방식이 아닌 현금방식에 의해 주로 이루어지고 있는 실정이다.

남북 간에 이용되고 있는 신용장 및 송금 결제의 경로는 주로 중국, 홍콩, 마카오 소재 은행이 활용되고 있어서 거래의 신속성 및 정확성이 결여되어 있다. 따라서 2000년 12월 16일 남북당국 간에 서명된 '남북사이의 청산결제에 대한 합의서'를 조속히 발효시켜 매 교역 시마다 대금결제를 하지 않아도 되는 체제를 구축하여 결제방식의 편리성 및 교역업체의 손실위험문제를 해소해야 한다.

북한은 2001년에 국제무역결제망인 SWIFT(Society for Worldwide Interbank Financial Telecommunication)의 정회원으로 가입한 바 있다. SWIFT에 가입한 북한은행으로는 조선무역은행, 황금의 삼각주 은행, 조선대성은행, 금강은행, 창광신용은행, 조선통일발전은행, 조선합영은행 등이 있다. 향후 남북 당국간 합의가 있을 시에는 남북은행간 환거래 계약체결이 가능하여 남북간 환결제가 이루어질 수 있게 된다.

〈표 10-7〉 결제형태별 반입실적

(단위 : 천 달러, %)

결 제 형 태	2001년			2002년		
	금액	구성비	증감률	금액	구성비	증감률
단순송금방식(T/T 등)	98,303	55.8	32.0	123,281	45.4	25.4
COD, CAD	244	0.1	-68.8	12	0.0	-95.0
D/A	135	0.1	-76.2	62	0.0	-51.7
D/P	151	0.1	-91.1	452	0.2	199.1
임가공료지급방식의 위탁가공무역	12,653	7.2	5.4	32,372	11.9	155.8
일람출급 L/C	15,331	8.7	75.2	29,469	10.9	92.2
기한부 L/C	4,387	2.5	42.4	5,638	2.1	28.5
기타무상	41,027	23.3	-15.5	72,966	26.9	77.8
기타유상	3,939	2.2	62.2	7,321	2.7	85.8
총 계	176,170	100.0	15.6	271,575	100.0	54.2

자료 : 한국무역협회, KOTIS

〈표 10-8〉 결제형태별 반출 실적

(단위 : 천 달러, %)

결 제 형 태	2001년			2002년		
	금액	구성비	증감률	금액	구성비	증감률
단순송금방식(T/T 등)	7,486	3.3	6.5	13,158	3.6	75.8
COD, CAD	4,169	1.8	-71.3	2,533	0.7	-39.2
D/A	170	-	-81.5	21	0.0	-87.9
D/P	210	0.1	451.8	144	0.0	-31.4
임가공료지급방식의 위탁가공무역	39,944	17.6	7.9	60,890	16.4	52.4
일람출급 L/C	2,620	1.2	-15.8	1,395	0.4	-46.8
기한부 L/C	57	-	-66.7	85	0.0	48.9
분할영수방식	1,532	0.7	-62.5	-	-	-100.0
계좌이체(상호계산방식)	0	-	-100.0	-	-	-
기타무상	164,316	72.5	-17.1	194,239	52.5	18.2
기타유상	6,283	2.8	-15.6	97,691	26.4	1,454.8
총 계	226,787	100.0	-16.9	370,155	100.0	63.2

자료 : 한국무역협회, KOTIS

2.3 남북협력기금 지원제도 개선

정부는 2001년 12월 20일 '제88차 남북교류 협력추진협의회'의 의결을 통해 대출비율의 상향조정, 대출기간 확대, 신용대출 실시, 대출이자율의 인하 등을 주요 내용으로 '남북경제교류협력에 대한 남북협력기금지원지침'을 개정한 바 있다. 이번 지원지침 개정은 시중금리의 하향추세, 교류협력촉진지원자금으로서의 성격 등을 참작하여 이루어졌다고 볼 수 있으나 최근 발생된 북핵사태 등에 따른 한반도정세의 변화 등 남북경협의 진전이 경제적 요인뿐만 아니라 경제외적 요인에 대해 크게 좌우되고 있어 그 어느 때보다 불확실성이 커지고 있다. 즉, 남북경협에 실질적으로 참여하고 있는 민간기업 및 이를 자금지원 측면에서 뒷받침해야 하는 금융기관의 입장에서는 투자의 리스크가 그 어떤 프로젝트보다 크며 투자의 회수기간도 극히 불투명하다고 할 수 있다.[21] 따라서 남북협력기금지원제도의 개선은 이러한 경협참

21) 한국개발연구원(KDI)이 대북교역업체 155개와 남북경협전문가 48명을 대상으로 2002년 5

여기업 및 금융기관의 사업추진에 실질적인 도움을 줄 수 있는 혁신적인 내용으로 대폭 개선되어야 한다.

이와 관련하여 정부는 2002년 12월 31일 '제108차 남북교류협력 추진협의회'의 의결을 통해 남북협력기금법시행세칙, 기금운용관리규정, 기금지원방침을 개정하고 2003년 2월 6일부터 시행키로 하였다. 남북협력기금 대출제도는 그동안 1999년 10월 기금지원방침 제정과 함께 시작되어 2000년 11월 및 2001년 12월 두 차례에 걸쳐 개정되었다. 이번 관련법규 전반에 대한 개정을 통하여 대출절차의 간소화, 대출신청창구 다변화, 교역실적에 따른 포괄금융방식 도입, 신용대출 확대, 대출금리인하, 대규모기업집단에 대한 대출제한 완화 등 지원절차와 조건이 대폭 개선됨으로써 향후 대북사업을 추진하는 민간기업의 자금확보가 한결 수월해질 것으로 예상된다.[22] 최근 개정된 남북협력기금 지원제도의 주요 내용을 요약하면 〈표 10-9〉와 같이 나타낼 수 있다.

〈표 10-9〉 남북협력기금 지원제도의 개선내용

개선 부문	이전 내용	개선 내용	비고
대출절차	· 신청→ 수출입은행심사 → 관계부처협의→협의회의결→통일부승인	· 신청→수출입은행심사 →통일부승인	대출절차의 간소화
대출상담 및 접수창구	· 그동안 대출상담은 수출입은행에서 이루어지고 대출신청서는 통일부에서 접수하여 지방소재 대북 사업 추진기업의 경우 정보입수와 신청서 제출에 애로를 겪었음	· 기금수탁관리자인 수출입은행 창구에서 대출신청서 접수 처리가 가능해짐	대출상담 및 접수창구 다변화로 인해 대출편의가 크게 제고됨

월 13~17일 실시한 '상반기 남북경협 설문조사' 결과 대북교역업체의 44.9%만이 이윤을 내고 있는 것으로 나타나서 남북경협에 참여하는 남한기업의 경영리스크가 그 만큼 크다는 것을 나타내고 있다.

22) 수출입은행, 수은정보, 2003. 3. 참조

〈표 10-9〉 이어서

교역실적 인정	· 매 계약사업별로 대출신청을 하여 대출신청의 번거로움과 제출서류 부담이 가중되었음	· 반출입자금 대출의 경우 교역실적을 기준으로 대출한도를 산정하여 6개월 소요자금을 포괄금융 방식으로 제공함[23)]	실적한도대출 방식을 도입하여 남북경제협력기금의 자금사용이 보다 용이해질 것으로 기대됨
중소기업에 대한 신용대출	· 중소기업에 대한 신용대출이 일반적인 상업금융과 동일하게 설정되었음	· 신용대출 취급기준이 대폭 완화되었으며 신용평가절차도 체크리스트 방식에 의한 심사방식으로 바뀌어 한결 간편해졌음[24)]	신용대출 요건 완화
대출금리 결정 방법	· 대출금리는 3년물 국고채 유통금리를 기준금리로 하여 대출기간, 담보 등에 따른 차이를 두지 않고 단일금리가 적용되었음	· 기준금리가 대출기간에 따라 차등화되고 담보력에 따라 가감되는 방식이 적용되었음[25)]	기업금리부담의 경감 효과
대기업집단에 대한 경제협력사업 자금 대출	· 경제협력 사업자금대출에 있어서 대기업집단은 대출제외 대상으로 분류됨	· 대기업집단이 일정분야의 경제협력사업을 추진하는 경우 이에 대한 지원근거 마련[26)]	대기업에 대한 지원 강화

23) 교역실적 인정비율은 다음과 같다.

교역시행기간(최근 5년 이내에서)	교역실적 인정비율
3년 이상 교역시행	교역실적의 70%(중소기업 80%)
3년 미만 교역시행	교역실적의 50%(중소기업 60%)

24) 중소기업에 대한 신용대출 특례요건으로는 업력 3년 이상, 남북교역실적 3년 이상(연평균 교역규모 5만 달러 이상), 부채비율 동종업계 2배 이내, 기금수탁관리자가 평가한 재무등급이 6등급 이상일 것 등이 있다.

25) 변경된 대출금리의 결정체계는 다음과 같다.

· 결정체계 : 기준금리(기간물 국고채 유통수익률) ± 신용위험가산율
· 기준금리
  - 대출기간 1년 이하 : 6월물 국고채 유통수익률
  - 대출기간 1년 초과 : 1년물 국고채 유통수익률
  - 대출기간 3년 초과 : 3년물 국고채 유통수익률
· 신용위험가산율 : 담보물 및 신용도에 따라 -1%~0.5% 가산
· 중소기업 우대금리 : 최종 대출이율에서 0.5%포인트 차감 적용

26) 대기업집단은 다음 2가지 경우에 해당될 경우 경제협력사업자금 대출 지원이 가능해졌다.

2.4 남북경협과 관련한 제도적 보장장치의 마련

남북경협관련 제도적 보장장치 문제는 2000년 12월 '제4차 장관급회담'에서 투자보장, 이중과세방지, 상사분쟁해결, 청산결제제도의 시행 등 남북경협관련 4개 분야에 대한 합의가 이루어진 바 있으나 이를 구체적으로 제도화시키고 실행시키기 위한 실무적 접촉이 답보상태에 있어 제도적 장치의 마련은 여전히 미비되어 있는 상황이다. 이러한 제도적 장치의 미비는 남북경협의 가장 주요한 장애요인 중의 하나가 되고 있다.

2.5 남북한의 금융협력을 담당할 통합기구의 창설

동서독 간의 금융협력과정은 금융시장의 통합단계를 거치지 않고 곧바로 금융제도의 통합이 이루어진 급진적 통합이었다고 할 수 있으며 이로 인해 앞에서 지적한 몇 가지 부작용이 발생한 바 있다. 따라서 남북한 간의 금융통합은 점진적인 통합이 바람직하며 이를 위해 적정환율시스템의 구축 등 세부사항들을 담당할 '통화금융정책기구'의 창설이 필요하다.

왜냐하면 한반도의 통일은 급진적으로 이루어지기보다는 경제·금융협력, 경제적 통합 및 정치적 통합이라는 점진적이고도 장기적인 과정을 거치게 될 가능성이 크므로 상당기간 남북한이 공존하게 될 것으로 예상된다. 따라서 유럽연합(EU)의 경우처럼 남북한 전체의 금융 및 통화정책을 효과적으로 추진하기 위해서 이를 담당하게 될 새로운 정책협의기구의 창설이 시급히 요구된다고 할 수 있다.

남북정상회담이 개최될 때만 해도 남북경협에 대한 관심이 크게 고조되었으나 조지 W. 부시 미국 대통령의 '악의 축'(axis of evil) 발언과 남북대화 중단, 북핵사태 등 최근 들어 한반도에 긴장분위기가 고조되면서 대북사업도 크게 위축되고

---

① 사회간접자본 개발분야(항만, 공단조성 등)에 진출하는 경우임
② 두 개 이상의 중소기업과 동반진출하는 경우에 남북교류협력추진협의회에서 지원의 필요성을 인정받는 경우임

이번 개선조치로 향후 북한 내 산업기반확충에 대비하여 사업수행 능력을 갖추고 있는 대기업집단의 참여기반 확대와 무상위주의 사회간접자본 개발방식보다는 민간자본의 참여유도를 통한 재정부담 완화효과가 예상된다.

있다.

최근에 북한은 임금 및 물가를 대폭 인상하고 생필품 배급제를 개편하는 등 시장경제 도입을 위한 개혁을 추진하고 있어 전세계의 이목을 집중시키고 있다.[27] 이러한 상황 하에서 남북한 간의 화해무드가 조성될 경우 남북경협은 다시 활성화될 수 있을 것으로 전망되며 남북한 금융협력도 중요한 의미를 가지게 된다. 현재 남북한의 경제상황을 고려할 때 북한의 경제개발을 위한 자금은 국제사회로부터 자금을 지원받아 필요재원을 조성해야 한다. 주지하는 바와 같이 북한은 1970년대 중반 이후 서방차관에 대한 채무불이행으로 인해 국제금융시장으로부터 격리되어 있으며 Moody's, S&P, Fitch 등 주요 국제신용평가기관들의 신용평가대상 국가에 포함되어 있지 않은 상태이다. 따라서 이러한 현실을 감안할 때 북한에 대한 자금지원은 국제금융기구를 통할 수밖에 없다. 북한은 1997년 아시아개발은행(ADB)을 위시하여 주요 국제금융기구에 가입을 신청하고 있으나 미국의 반대로 성사되지 못하였다.

한편, 북한의 핵개발과 관련하여 체제유지비용이 관심을 끌고 있는 데 체제유지비용에 대한 개념이 명확하게 정의되어 있지 않기 때문에 북한 당국이 체제를 유지하기 위해 지출하는 비용을 계산하기는 현실적으로 어렵다고 판단된다. 그러나 북한의 총예산에서 군사비가 차지하는 비중을 살펴봄으로써 체제유지비용에 대해 어느 정도는 파악할 수 있다고 판단된다. 1999년 이후 해마다 예산의 14.5% 안팎을 방위비로 지출해온 북한은 최근 핵개발 프로그램 파문 속에 '선군정치'를 강조하면서 2002년 군사비 비중(14억 9,000만 달러)을 14.9%로 약간 증가하여 발표한 바 있다. 정부의 정보자료에 따르면 실제 군사비는 북한측의 발표와는 달리 전체예산(2002년 : 102억 8,000만 달러, 2003년 : 115억 달러)에서 차지하는 규모는 2002년 50억 달러(48.6%)에 이어 2003년에도 50억 달러(43.5%)로 파악되어 경제회생을 위해서 군사비 지출의 감축이 절실히 요구되고 있다.

결국 남북금융협력을 위해 필수적인 북한의 국제금융기구 가입은 국제금융기구의 양대 출자국인 미국과 일본이 공동으로 요구하고 있는 미사일 개발문제와 북핵사태의 해결 등 한반도 긴장완화를 위한 실질적이고도 성의있는 북한의 태도에 달

27) 영국의 경제주간지 이코노미스트(The Economist) 보도에 의하면 북한은 2002년 7월부터 임금 및 물가 인상조치에 들어가 주요 생필품의 가격을 암시장에서 거래되는 가격과 비슷한 수준으로 현실화시키고 있는 것으로 나타났다.

려 있다고 할 수 있는 데 북한이 이러한 요구에 순순히 응할지는 불투명한 상황이다. 다만 남한의 입장에서는 북한의 국제금융기구 가입을 꾸준히 추진하되 북한의 국제금융기구 가입 이전이라도 자금을 지원받을 수 있는 대내외적인 방안을 강구할 필요가 있다. 우선 대외적으로는 북한개발을 위한 특별기금 등을 활용할 필요가 있으며 대내적으로는 남북협력기금의 확충을 고려할 수 있다.

제 4 편

신산업 분석

제 11 장

정보기술산업

세계경제는 디지털기술(digital technology)과 인터넷(internet)의 결합으로 디지털혁명(digital revolution)을 맞이하고 있다. 특히, 미국의 경우는 1990년대에 정보기술(IT : Information Technology)산업의 선도로 고성장 · 저물가 · 저실업이라는 새로운 경제적 현상, 즉 신경제(New Economy)를 경험한 바 있다. 또한, 세계무역기구(WTO), 경제협력개발기구(OECD) 등 국제기구를 중심으로 글로벌 무역체제(global trade system)가 확립되면서 세계 각국간 경쟁이 치열해지고 있다.

IT산업은 일반적으로 정보기술과 관련된 산업전반을 포괄적으로 지칭한다고 볼 수 있으며 정보통신기기, 정보통신서비스, 소프트웨어 등 3개 부문으로 분류될 수 있다. IT산업은 대규모 기반설비가 소요되는 통신서비스 기반시설뿐만 아니라 아이디어와 사업모델, 컨텐츠(contents) 등이 중시되는 인터넷 서비스(internet service), 단순조립기술로부터 디지털 핵심기술까지 다양한 기술요소가 소요되는 정보통신기기 등 다양한 세부업종으로 세분될 수 있으며 그 성격이 다양하면서도 서로 밀접한 관계를 가지고 있고 대체로 지식 · 기술집약적이라는 공통점을 지니고 있다.

세계 각국들은 21세기를 맞이하여 이러한 정보기술산업을 주도하기 위해 치열한 경쟁을 전개하고 있다. 즉, 그동안 미국이 주도하고 있던 IT분야에 세계 각국들이 속속 참여하고 있는 실정이다. 제조업에 있어서 세계 최고의 경쟁력을 지니고 있는 일본, 세계최대의 잠재적 시장(potential market)을 가지고 있는 중국, 틈새기술의 강자 이스라엘, 소프트웨어 왕국 인도, 그리고 한국 등이 미국의 아성에 도전하고 있는 대표적 국가들이라고 할 수 있다. 21세기에 IT산업에서 나름대로 경쟁력을 확보하지 않으면 2류 국가 내지는 3류 국가로 전락할지도 모르는 현실에서 이들 국가는 나름대로 국가의 역량을 최대한 집중시키고 있는 실정이다.

이스라엘은 인구 600만명의 소국임에도 불구하고 보안·음성인식 등 틈새 IT기술로 세계 IT산업에 있어서 나름대로 경쟁력을 확보해 나가고 있다. 이미 미 나스닥(NASDAQ)에 외국기업으로서는 2번째로 많은 120개 업체를 상장시키고 있어서 경제규모에 비해 IT분야의 기업경쟁력이 탁월하다고 평가할 수 있다.

또 다른 IT 강대국 인도의 경우에도 인도의 MIT로 평가받고 있는 IIT(인도공과대학)와 IIS(인도과학원) 등에서 매년 70,000여명의 방대한 고급인력을 배출하고 있으며 이들 고급 IT인력을 활용하여 세계 소프트웨어 시장의 점유율을 40% 이상으로 증대시킨다는 야심찬 전략을 추진하고 있다. 중국 역시 방대한 인구를 바탕으로 IT강국을 표방하고 있다. 주룽지 총리는 2000년 3월 개최된 '전국인민대표대회'에서 정부공작보고를 발표하였는 데 그 핵심은 정부정책의 최우선 순위를 IT산업의 육성에 두겠다는 것으로 해석할 수 있다.

일본 또한 전통제조업기술의 세계 최고 경쟁력을 바탕으로 IT산업에 있어서도 세계일류 국가로 발돋움한다는 계획이며 미국은 세계최강의 IT 경쟁력을 21세기에도 유지한다는 전략 하에 지구촌의 주요 IT Valley들을 모두 연결하는 'IT Hub(중심축)' 역할을 주도적으로 수행한다는 구상을 가지고 있다.

상기(上記)한 바와 같이 IT는 이미 세계경제의 핵심성장부문으로 자리잡아가고 있다고 볼 수 있다. 세계 IT연맹(WITSA)의 자료에 따르면 1999년 2조 1,000만 달러를 초과한 세계 IT시장의 규모는 향후 연평균 9% 이상의 성장을 지속할 것으로 전망하고 있다.

세계 IT시장에서는 정보통신서비스, 정보통신기기, 소프트웨어 등이 모두 성장세를 지속하고 있다. 정보통신기기부문은 비교적 완만한 4%대의 성장세를 유지하고 있는 반면에 소프트웨어와 정보통신서비스는 10%대의 고성장세를 기록하고 있다. 정보통신서비스가 높은 성장세를 보이고 있는 것은 이동통신서비스와 인터넷 서비스(internet service)의 확대에 힘입은 바 크다. 소프트웨어산업 역시 인터넷 환경의 급성장으로 연관제품 및 연관시스템 구축에 따른 수요가 크게 증가하고 있다. 특히,

최근의 두드러진 현상은 IT산업의 성장을 이동통신과 인터넷이 선도하고 있다는 것이다.

미국의 시장조사업체인 웹피트 리서치는 1999년 4억 8,000만명이었던 세계이동통신가입자수는 2005년에는 18억명으로 증가할 것이라는 보고서를 발표한 바 있다. 이는 1999~2005년 중의 세계이동통신시장 연평균 성장률이 24.6%에 이를 것이라는 전망에 기초하고 있다고 할 수 있다. 특히, 아시아·태평양지역의 이동통신시장이 급속도로 성장하고 있다. 이동통신 요금이 유선전화보다 평균 3배나 비싸다는 점을 고려하면 이러한 성장추세는 가히 폭발적이라 할 수 있다. 이동통신시장을 이처럼 폭발적으로 성장시킬 요인으로는 선불 서비스와 무선전화 서비스 등이 지적되고 있다. 이들 서비스는 실제 이용료가 더 많이 소요됨에도 불구하고 소비자들이 사용의 편의성 때문에 더욱 선호하게 될 것으로 기대되고 있다.

1990년 이래 지속적으로 성장하고 있는 미국경제에 전자상거래가 크게 기여하였음은 주지의 사실이다. 빌 클린턴 전(前) 미 대통령은 이미 1999년말 인터넷을 이용한 전자상거래가 세계경제성장과 기술발전을 촉진하는 견인차 역할을 할 것이라고 강조하고 이를 발전시키기 위한 5단계 조치를 시행해 나가겠다고 밝힌 바 있다. 즉, 상무부와 미 무역대표부(USTR), 연방통신위원회(FCC) 등이 주축이 되어 전자상거래 활성화를 위한 민간투자를 촉진하고 중소기업의 인터넷 접속을 지원하겠다는 것이다.

전자상거래(EC : Electronic Commerce)는 단순히 현실의 상점을 대체하는 쇼핑사이트만을 뜻하는 것이 아니라 소비시장의 확대를 의미하는 이전과는 상이한 새로운 시장(new market)의 탄생을 의미한다. 무엇보다도 전자상거래의 경제에 대한 기여도는 전자상거래가 각국에 새로운 고용창출이라는 부가가치(value added)를 생산하고 있다는 점을 지적할 수 있다. 1999년의 경우 미국 내에서만 120만명이 전자상거래 등의 인터넷 관련 부문에서 새로운 직장을 구한 것으로 조사되었으며 기업매출액 창출효과만도 3,010억 달러에 이르고 있다. 미국 델 컴퓨터의 경우 인터넷을 이용한 컴퓨터 판매가 1999년에는 전년도에 비해 2배 이상 증가했으며 이 회사 전체 매출의 25%가 온라인으로 이루어지고 있는 실정이다. 한편, 포레스터 리서치의 조지 콜로니 사장은 전자상거래의 중요성에 대해서 향후 전자상거래가 세계경제의 상당한 비중을 차지하게 될 것은 부동의 사실이며 각국 정부는 하루속히 전자상거래 활성화를 위한 정책적 지원과 법률적 제도 마련을 서둘러야 할 것으로 지적한 바 있다.

한편, 아시아 각국은 아시아 IT인력에 대한 미국과 유럽의 IT 인력 유치에 적극적으로 대응하고 있다.[1] 아시아 각국은 향후 21세기의 산업을 주도적으로 이끌어갈 IT부문의 우수인력이 자국(自國)을 이탈하여 이들 선진국에 진출할 경우 21세기의 정보화 사회에서도 후진국으로 남아 있게 된다는 위기감을 인식하고 있어서 자국인력의 유출을 방지하는 것은 물론 인접국가의 전문 IT인력을 영입하기 위해 전력을 기울이고 있다. 싱가포르는 IT인력의 유출에 대처하기 위해 최근 IT 인력확보를 전담할 정보개발청(IDA)을 설치하였다. IDA는 IT 전문인력에 대한 처우개선 방안을 마련하는 한편 매년 약 1만명에 이르는 IT 인력의 부족을 외국에서 상당부분 유치한다는 계획을 수립하였다. IDA는 매년 인도의 IT인력 1천명을 공급받는 내용의 장기계약을 인도의 인력청(NITT)과 체결한 바 있다. 싱가포르의 일부 IT관련 기업들은 IT분야의 고급인력 확보 및 고용비용으로 예산의 60~70%를 지출하고 있는 실정이다.

아시아뿐만 아니라 세계 최대의 IT 전문인력 배출국인 인도는 IT 선진국을 지향하고 있는데 2008년까지 220만명의 전문인력이 더 필요할 것으로 분석하고 있다. 이에 따라 인도는 현재 매년 20만명씩 배출되는 IT 인력을 2005년까지 50만명 선으로 증가시킬 야심한 계획을 추진 중에 있다. 중국은 전국 100여개 대학에서 고급 IT인력을 집중 육성하는 내용의 '프로젝트 21' 계획을 시행 중이며 말레이시아도 외국에 진출해 있는 자국 IT 인력(현재 싱가포르 전체 IT 인력 가운데 50% 정도를 말레이시아인이 차지하고 있음)의 귀국을 유도하는 정책과 병행하여 외국인력에 대한 적극적인 유치정책을 시행 중에 있다.

홍콩 역시 IT 인력 육성 5개년 계획을 세우고 있으며 태국은 세계은행(WB)의 권유에 따라 동유럽의 IT 인력을 유치하기 위해 이들에 대한 무비자 취업을 추진 중일 정도로 IT 산업에 대한 관심이 갈수록 증대되고 있다.

---

1) 미국과 유럽이 아시아의 고급 정보기술(IT) 인력유치에 힘을 쏟고 있는 가운데 아시아 각국들은 핵심 IT 인력의 유출 방지를 위해 제도적 장치의 마련을 서두르는 등 대책 마련에 부심하고 있다.

미국정보기술협회(ITAA)에 따르면 2005년까지 전세계의 IT 인력부족은 미국과 유럽에서만 450여만명에 이르게 되며 아시아 등 기타지역까지 포함시킬 경우 600여 만명을 초과할 것으로 예상한 바 있다.

〈표 11-1〉 아시아 IT 인력의 부족현황

(단위 : 만명)

국 가 명	IT 인력의 부족분
인 도	220(2008년)
태 국	80(2015년)
홍 콩	1.7(2005년)
말레이시아	1.5(2000년)
한 국	5(2002)

자료: ( )안은 해당연도까지 누적치를 표시함

중국, 한국, ASEAN, 일본의 IT 산업현황에 대해 살펴보고 한국에의 시사점을 도출하고자 한다.[2)]

제1절 중 국

인구 13억의 거대한 내수시장을 가진 중국은 1978년 개혁·개방정책 실시 이후 연평균 9% 이상의 고도성장을 기록하고 있다. 2003년에는 SARS의 영향에도 불구하고 9.1%라는 높은 경제성장을 이룩하였다. 중국경제의 급속한 발전과 더불어 IT 산업 역시 비약적으로 발전하여 2002년 중국은 세계 제1위의 이동통신 가입자, 2위의 인터넷 이용인구 보유국 및 IT 하드웨어 생산국으로 부상하였다.[3)]

또한, 고도 경제성장 유지 전망, WTO 가입에 따른 지속적인 시장개방, 2008년 베이징(北京) 올림픽, 2010년 상하이(上海) 세계박람회 등으로 IT 산업 관련 제품

2) 산업은행, 산은조사월보, 2004. 4. pp. 59~70, 수출입은행, 수은해외경제, 2003. 8. pp. 92~98, 2004. 3. pp. 18~34 요약·재구성

3) IT 산업의 범위는 상당히 광범위하여 기관별로, 국가별로 다양한 정의가 존재하고 있으나 PC관련 하드웨어, 패키지 소프트웨어, 통신, 인터넷을 중심으로 IT 산업을 살펴보고자 한다.

의 수요가 향후 급증할 것으로 예상된다. 중국 정부도 제16차 공산당 전당대회에서 '정보화로 공업화를 이끌고, 공업화로 정보화를 촉진한다'라고 언급하는 등 IT 산업을 미래의 핵심산업으로 육성하려는 전략을 표명하고 있어 한국기업에게 중국 IT 시장은 중차대한 시장으로 부상하고 있다.

1. 중국의 IT 산업 정책

1.1 IT 산업 정책 변화

중국의 IT 산업 정책은 이전에는 과학기술부 주관 하에 과학기술 육성정책의 일부로 취급되다가 인터넷의 등장과 IT 산업의 발전이 두드러지게 나타나기 시작한 1990년대 후반부터 IT 산업을 총괄한 독립적인 정책이 수립되게 되었다.

(1) 초기 단계(~1998년)

중국 IT 산업 정책에 있어서 초기 단계는 과학기술육성정책의 일부로 평가할 수 있다. 중국에서 IT 산업과 관련한 정책이 제시된 시기는 1980년대로 볼 수 있다. 그 당시는 IT 산업의 개념 자체가 모호하였기 때문에 과학기술정책의 일부분으로 취급되었고 IT 산업전반에 대한 포괄적인 정책은 미비하였다. 이 당시 IT 산업 관련 정책은 주로 과학기술부에 의해 수립 · 시행되었으며 863계획, 훠쥐계획(火抠計劃), 진쯔궁청(金子工程) 등이 이 시기에 시행된 대표적인 IT 산업 관련 프로젝트로 분류된다.

① 836계획

836계획은 바이오, 항공 · 우주, 정보 · 레이저, 자동화, 에너지 관련 기술의 군사적 · 상업적 목적의 개발을 위해 1986년부터 시행된 프로젝트이다. 중국 정부는 상기 분야에 총 15억 위안(약 1.8억 달러)을 투자하여 18개 연구센터를 설립하는 등 관련산업의 발전에 크게 기여하였다.

② 훠쥐계획

훠쥐계획은 신기술의 R&D를 촉진하고 연구인력을 배양하기 위한 목적의 일환으로 1988년부터 시작되었다. 중국 정부는 신소재, 전자, 정보, 생물, 환경 등의 첨단 분야를 중점 연구하는 하이테크 산업단지를 구축하여 연구 및 상품화를 촉진하는 데 목표를 두었으며 전국에 100여개가 넘는 하이테크 산업(high-tech industry) 개발단지를 건설하여 하이테크 기업들을 육성하고 있다.

③ 진쯔궁청

1993년 중국 정부는 국가차원의 정보 인프라 구축사업인 진쯔궁청을 시작하였다. 진쯔궁청은 중앙정부와 국유기업을 네트워크로 연결하는 진챠오(金橋) 프로젝트, 각 금융기관 간의 시스템 호환성의 문제를 해결하고 신용카드 사용의 확대를 도모하는 진카 프로젝트, 통관 등의 무역 관련 절차를 네트워크로 연결하는 진관(金關) 프로젝트, 세금징수 기관을 네트워크로 연결하는 진수이(金稅) 프로젝트 등으로 이루어져 있다. 진카프로젝트의 추진으로 베이징에 네트워크 허브가 구축되어 전국 12개 이상의 성 · 시와 전국 10,000여개의 ATM을 네트워크로 연결하였다. 중국 정부는 진쯔궁청을 10차 5개년 계획(2001~2005년 : 10 · 5 계획)에도 계속 추진하고 있다.

(2) 본격 육성기(1998~)

중국 IT 산업정책에 있어서 본격 육성기는 IT산업을 총괄하는 정보산업부의 설립으로 집약될 수 있다. 1990년대 후반 세계적으로 인터넷 등의 비약적 발전으로 인해 '신경제(New Economy)'가 등장하면서 중국 정부는 국가전략산업으로서 IT 산업의 중요성을 인정하여 기존의 과학기술부 등 각 부서에서 관장하던 IT산업 관련 업무를 분리 · 통합시켜야 할 필요성을 인식하게 되었다. 이에 따라 1998년에 현재의 정보산업부(信息產業部)를 창설하여 중국 IT 산업의 정책 수립과 집행을 관장하게 하였다.

정보산업부의 출범과 더불어 중국은 IT 산업과 관련한 종합 정책을 수립하게 되었다. 가장 대표적인 것이 '10 · 5 계획'이라고 할 수 있다. 10 · 5 계획에서는 첨단산업 육성과 전통산업의 정보화라는 목표 하에 하드웨어, 통신, 인터넷, 소프트웨어 등을 총괄하여 IT 산업에 대해 처음으로 종합적인 정책을 제시했다.

중국 정부는 10 · 5 계획 기간 중 IT 산업의 성장률을 경제성장률의 3배 이상으로 유지하여 2005년 GDP의 7%까지 육성하며, 이 중 통신산업의 비중이 GDP의 4.7%에 이르도록 할 계획이다. 10·5 계획상에서 첨단기술산업의 발전목표는 경쟁력 제고를 통해 기술을 고도화시키고 신산업을 집중적으로 육성하여 새로운 경제성장의 원동력이 되도록 하며 일부 분야에서는 기술혁신 등의 비약적 발전을 도모한다는 방침이다. 이에 따라 중국 정부는 10·5 계획 기간 중 디지털 위성통신, HDTV, 첨단 집적회로 등 12개 첨단기술분야를 선정하여 집중적으로 육성하고 있다. 10·5 계획이 시행된 지 3년이 지난 현재 IT 산업의 GDP 비중이 5.7%에 이르는 것으로 추정되는 등 10·5 계획이 계획대로 진행되고 있는 것으로 평가된다. 10·5 계획상에서 명시된 IT 산업의 각 부문별 목표를 살펴보고자 한다.

1.2 IT 산업 정책 방향 : 소프트웨어 등 고부가가치 IT 제품 육성

IT 산업의 정책방향은 소프트웨어 등 고부가가치 IT 제품의 육성에 있다고 집약할 수 있다. 현재 중국 정부는 하드웨어 생산분야가 양적·질적으로 경쟁력을 갖추었다고 판단하고 있기 때문에 비교적 경쟁력이 뒤처진 소프트웨어 및 반도체 등 고부가가치 IT 분야를 육성하기 위한 정책을 실시하고 있으며, 향후 정책도 이들 분야를 중점적으로 육성하는 데 역량을 결집시킬 것으로 보인다.

이를 위해 첨단기술산업 분야에 대한 외국인투자를 적극 유치하기 위해 중국 정부는 2003년에 '첨단기술 제품에 대한 외국인 투자 장려 산업목록'을 제정한 바 있다. 이 목록은 전자정보, 소프트웨어, 항공우주, 생명공학 및 의료기기, 신소재, 환경보호, 핵 응용 기술 등 11개 분야로 나누어 구체적인 품목을 제시하였다. 이 목록은 2002년 4월부터 시행 중인 '외국인투자 산업 지도목록의 장려' 사업분야에 해당되므로 중국 생산이 불가능한 해당 품목에 대한 수입이 필요하면 총 투자금액 범위 내에서는 관세 및 증치세(부가가치세)가 면제되는 등 인센티브가 부여된다.

〈표 11-2〉 10·5 계획상에서 IT산업의 목표

구분	분야	목표
IT 산업 인프라	광케이블	2.5백만 km
	유선전화	3.0억 가입자
	이동통신	3.6억 가입자
	인터넷 연결 P/C인터넷 이용자수	4천만대/2억명
	인터넷 서비스 공급자 및 인터넷 컨텐츠 공급자	5,000개
하드웨어 생산	집적회로	200억개
	전자제품	5천억개
	휴대폰	1억개
	광섬유	2천만km
	네트워크 장비 판매	45억 달러
	소프트웨어 판매	305억 달러
통신 서비스	전화보급률	40%
	유선전화 이용자수	세계 이용자수의 20%
	이동전화 이용자수	세계 이용자수의 25%
기타	·IT 산업의 규모를 2000년의 2배로 확대 ·2010년까지 IT 산업을 최대 기간산업으로 육성 ·수출을 551억 달러(2000년) → 4,000억 달러(2005년)로 확대 ·기간 중 IT 분야 투자 : 2,000억 달러 ·중국산 IT 제품의 중국 시장점유율 60% 등	

또한, 중국 정부는 소프트웨어 산업 육성에 지대한 관심을 나타내고 있다. 중국 정부는 2000년 6월 '소프트웨어 산업과 집적회로 산업 발전을 위한 장려정책'을 발표하여 소프트웨어 산업에 대한 정책적 육성의지를 표명한 이래 베이징, 상하이 등에 소프트웨어 개발 단지를 구축하고 증치세 환급 등 소프트웨어 산업 관련 인센티브를 제공하는 것과 같은 우대정책을 실시하고 있다. 또한, 2002년 12월 발표된 '소프트웨어 산업 진흥을 위한 행동 강령'에 의하면 2005년까지 소프트웨어 및 컴퓨터 관련 서비스 시장규모를 2,500억 위안(301.9억 달러) 이상으로 확대시키고 중국산 소프트웨어의 시장점유율을 60% 이상으로 제고시키며, 소프트웨어 수출규모도 50억 달러 이상을 달성하도록 할 예정이다. 이러한 목표를 달성하기 위해 매출 규모가 50억 위안(6억 달러)을 초과하는 대기업을 적극적으로 육성하고 소프트웨어 개

발 인력 80만명을 양성할 계획을 수립하는 등 소프트웨어 산업 발전을 위해 정부 차원에서 적극적으로 나서고 있다. 이외에도 소프트웨어 관련 중국 정부 관료들은 자국 소프트웨어 산업의 발전을 위해 모든 정부기관의 소프트웨어 업그레이드 시 중국에서 생산된 제품만 구매하는 정책을 제시하고 있다.

〈표 11-3〉 중국 IT 산업 규모 및 하드웨어 비중

(단위 : 백만 달러)

		2002	2003	2007	연평균성장률 (2002~2007)
중국	IT산업 규모	22,109.6	24,359.3	47,207.5	18.0
	하드웨어 (비중, %)	16,177.9 (73.5)	17,084.9 (70.1)	28,923.7 (61.3)	14.1
	소프트웨어	2,096.0	2,607.5	6,608.9	26.2
	IT 서비스	3,745.7	4,666.9	11,674.8	25.8
한 국		11,990.1	12,423.6	18,524.7	9.1
아시아 · 태평양		159,292.0	163,014.9	222,445.0	7.0
전세계		851,665.9	871,143.8	1,122,457.0	5.7

2. 중국의 IT 산업 동향

2.1 IT 산업의 현황 · 전망 · 특징

(1) 현황과 전망

중국은 현재 세계에서 가장 급속도로 성장하는 IT 시장 중의 하나로 부상하고 있고 아시아 · 태평양 시장에서는 호주를 추월하여 일본에 이은 제2의 시장으로 성장하였다. IDC(International Data Corporation)는 중국의 IT 제품 및 서비스 관련 시장이 2002년 220억 달러에 이르며, 연평균 16.3%의 성장률을 기록하여 2006년까지 402억 달러의 규모로 성장할 것으로 전망하고 있다. 중국 정부 역시 학교, 정부기관, 기업체 등에 대한 정보화의 강조로 컴퓨터 등 IT 제품에 대한 수요를 창출하고 있어 지속적인 성장이 가능할 것으로 전망된다.

(2) 특징

이 같이 고성장이 예상되는 중국 IT 산업의 특징은 다음 5가지 측면에서 살펴볼 수 있다.

① 하드웨어가 차지하는 비중이 큼

IDC에 따르면 2002년 기준 중국 하드웨어 시장은 162억 달러 규모로 중국 전체 IT 시장의 73.%를 차지하고 있다. 아시아 · 태평양 지역 전체 IT 시장에서 하드웨어가 차지하는 비중이 51%인 점을 고려해 볼 때 중국의 하드웨어 비중이 상당히 높다고 할 수 있다. 이는 중국이 정보화의 초기 단계이며 소프트웨어 시장은 불법복제율이 90% 이상을 초과하고 IT 서비스 분야의 경우 아직 도입기라는 데서 그 원인을 찾아볼 수 있다.

② IT 산업이 동부지역으로 편중되어 있음

타 분야와 마찬가지로 IT 산업 역시 인프라 등 모든 부분에서 동부와 서부의 서비스 격차가 크다. 현재 창장(長江) 삼각주, 주장(珠江) 삼각주, 환보하이(環渤海)의 3개 IT 산업 관련 클러스터가 모두 동부지역에 형성되어 있으며 이들 지역 위주로 발전이 이루어지고 있다. IT 산업과 관련한 지역격차를 살펴보면 인터넷 보급률의 경우 서부지역에서 가장 보급률이 높은 닝샤(寧夏)가 동부지역에서 가장 낮은 수준인 산둥(山東)에도 미치지 못하는 등 지역별 격차가 크게 나타나고 있다.[4] 중국 정부도 지역간 불균형을 우려하고 있고 이의 해소를 위해 향후 통신망 구축 등에 많은 예산을 투입할 계획을 세우고 있다.

4) 2002년 닝샤의 인터넷 보급률은 3.1%를 기록하고 있다.

〈표 11-4〉 동부 · 중부 · 서부의 IT 산업 및 환경 비교(2002년)

		동부	중부	서부
하드웨어	100가구당 PC 보급률(%)	2.67	13.9	13.0
	PC 생산량(만대) 비중(%)	1,432.5 95.7	48.0 3.2	16.6 1.1
소프트웨어	소프트웨어 기업 매출액 비중(%)	84.0	5.9	10.1
통신	유선통신 보급률(%)*	31.8	17.4	14.7
	이동통신 보급률(%)*	34.0	14.9	14.9
	평균 통신비지출(위안)	451.7	305.7	356.8
인터넷	인터넷 이용자수(천명)* 비중(%)	45,516 57.3	17,462 22.0	16,522 20.7
	인터넷 보급률(%)*	9.4	4.1	4.5

주: *는 2003년 현황임

③ IT 산업 발전에서 중국 정부의 역할이 큼

중국 정부는 학교, 정부기관, 기업체 등에 대한 정보화 및 네트워크 구축 등으로 IT 산업의 수요를 창출할 것으로 전망된다. 소프트웨어 부문에서도 미국 주도의 윈도우 시스템을 거부하고 리눅스 체제를 적극 지원하고 있다. 통신산업에서도 TD-SCDMA 방식을 자체 개발하는 등 중국의 거대한 내수시장을 앞세워 독자적인 표준의 정립을 시도하고 있다.5)

④ 하드웨어 부문에서 중국기업의 경쟁력이 급속히 향상되고 있음

IT 산업 전반적으로 볼 때 고급제품은 아직까지는 외국기업이 경쟁우위를 가지고 있으나 중국기업은 이미 중저가 시장 및 일부 고가시장에서 상당한 경쟁력을 확보하고 있다. 예를 들면, 데스크탑 PC 분야에서는 중국기업들이 외국기업을 압도하고 있으며 비교적 첨단분야라고 할 수 있는 노트북 PC의 경우에 있어서도 중국업체의 시장점유율이 40%에 육박하고 있다. 반면, 소프트웨어 분야에서는 기술력의 부족 등으로 주로 외국 하청에 의한 수출을 하는 등 경쟁력이 상대적으로 취약하다고 할 수 있다.

5) TD-SCDMA(time-division synchronous CDMA) 방식은 기존의 GSM 시스템을 발전시킨 것으로 GSM에 비해 3~5배 많은 무선 주파수를 사용하며 기존의 네트워크와 기지국과의 호환성이 높아 비용절감 효과가 큰 것으로 인식되고 있다.

⑤ 외자기업에 의해 발전이 주도되고 있음

〈표 11-5〉에서 보는 바와 같이 산업 관련 총공업 생산액과 수출에서 외자기업이 차지하는 비중이 높은 편이다. 특히, 2001년 IT 관련 총공업 생산액에서 외자기업이 차지하는 비중은 58.0%에 이르고 있다. 이들 외자기업이 전체 IT 산업관련 수출에서 차지하는 비중이 90% 이상으로 외국기업들이 중국을 저임노동력을 활용한 생산기지로서 활용하고 있음을 나타내고 있다. 최근 중국기업들의 부상으로 인해 그 비중이 감소하기는 했지만 여전히 외자기업들은 중국 IT 산업에서 중심적인 위치를 차지하고 있다.

〈표 11-5〉 IT 산업에서의 외자기업 비중

(단위 : 억 위안, %)

		1998	1999	2000	2001
총공업 생산액	IT 전체	4,967	5,912	7,658	9,100
	외자 기업 비중	3,169 63.8	4,109 69.5	5,510 72.0	6,739 58.0
수출	IT 전체	1,769	2,135	3,062	3,880
	외자 기업 비중	1,574 89.0	1,934 90.6	2,759 90.1	3,533 91.0

자료: 중국통계출판사, 중국고기술산업통계연람, 2002.

2.2 각 부문별 발전 상황

(1) 하드웨어

중국은 미국에 이어 세계 2위의 하드웨어 생산국가로서 일본, 대만을 능가한 '하드웨어 생산대국'으로 부상하였다. 하드웨어의 세 부문(PC시장, 서버시장, 프린터·모니터 등 PC주변기기)에 대해 살펴보고자 한다.[6)]

① PC 시장

최근 세계적인 IT 산업의 불황에도 불구하고 2002년 중국의 데스크탑 PC는

6) 하드웨어는 컴퓨터, 통신 및 기타 정보기술이 이용되는 장치들을 의미하며, 컴퓨터 자체뿐만 아니라 프린터, 커넥터, 스캐너, 서버 등의 주변장치가 포함되는 광의의 개념으로 이해할 수 있다. 일반적으로 하드웨어의 대표 분야로는 PC, 서버, PC 주변기기(프린터 및 모니터)를 지적할 수 있다.

907.7만대, 노트북 PC는 80.5만대가 판매되어 전년 대비 각각 15.5%, 39.8%의 성장률을 기록하였다. PC 시장은 2002년 데스크탑 및 노트북 PC를 합해 1,000만대 규모에서 매년 20% 정도 성장하여 2006년에는 1,980만대 수준에 이를 것으로 전망되고 있다. 따라서, 현재 5% 수준에 불과한 PC 보급률이 2006년에는 8~10% 수준으로 제고될 것으로 예상된다.

중국 PC 시장의 특징은 다음 2가지 측면에서 살펴볼 수 있다.

가. 중국 기업들이 PC 시장을 주도하고 있음

Compaq, Dell 등 외국 기업이 주도하던 PC 시장은 데스크탑 PC의 경우 렌샹(聯想)과 팡정(方正)이 40%에 육박하는 시장점유율을 기록하여 외국기업을 압도하고 있다. 노트북 PC의 경우에도 중국업체의 시장점유율이 40%를 초과하고 있고 렌샹이 시장점유율 1위를 기록하는 등 외국기업과 대등하게 경쟁하고 있다.

나. PC 중에서도 노트북 PC의 성장률이 두드러짐

중국 전체 PC 시장에서 노트북 PC가 차지하는 비중은 2002년 기준 약 7.5%로서 미국의 30%, 일본의 50%와 비교하여 매우 낮은 수준이나 중국 노트북 PC 시장은 데스크탑 PC의 마진 축소, 노트북 PC 시장을 장악하려는 각국 기업들의 저가모델 출시, 부품가격 하락으로 인한 가격 인하, 치열한 마케팅 경쟁, 소비자 수요증가 등으로 인해 지속적으로 데스크탑 PC의 성장률을 상회할 것으로 전망된다.

② 서버시장

중국 서버시장은 대학, 기업, 정부 등의 정보화 수요 증대에 힘입어 연 20% 이상의 지속적인 고성장을 기록하여 2001년 기준 22만대 규모의 시장을 형성하고 있다. 시장조사 기관인 CCID(중국전자신식산업발전연구원)에 따르면 중국 서버시장은 지속적인 정보화 수요에 따라 2002~2006년 기간 중 26%의 연평균 성장을 기록할 것으로 전망되고 있다. 중국 서버시장은 IBM, HP와 같은 세계적인 다국적기업들(MNCs)이 시장의 50% 이상을 점유하고 있는 등 고가 시장에서 우위를 보이고 있는 반면에 중국기업들은 중저가 시장을 주도하고 있다. 중국의 랑차오(浪潮信息產業集團)와 수광(曙光信息產業集團) 등의 기업들이 설계기술이나 생산능력이 있음에도 불구하고 그동안 중저가 서버에 치중해온 실정이며 최근에야 고가 시장 공략을 시도하고 있다. 하드웨어 강자인 렌샹, 팡정 등도 이윤이 비교적 큰 서버시장에 진입할 예정이어서 향후 경쟁은 더욱 치열해질 것으로 보인다.

③ 프린터 · 모니터 등 PC 주변기기

중국에서 PC 주변기기는 일반적으로 하드웨어 시장의 1/5 정도를 점하고 있으며 프린터, 모니터, 스캐너, CD-ROM 드라이브 등이 주변기기 시장의 대다수를 차지하고 있다.

가. 프린터

프린터의 경우 2002년 500만대 규모의 시장규모를 형성하고 있으나 최근 데스크탑 PC의 성장률 하락으로 프린터 시장의 성장률도 둔화되었다. 중국 내 프린터 생산기업은 60여개 정도로 Epson, HP, Canon 등의 외자기업과 렌상, 창청(長城)등의 중국기업이 경쟁하고 있다. 이 중 Epson, HP, Canon의 2003년 상반기 시장점유율이 각각 28.3%, 21.5%, 18.2%로 이들 3사가 전체시장의 68%를 차지하고 있어 외자기업이 중국 프린터 시장을 주도하고 있다고 할 수 있다. 품목별로는 2002년 기준 잉크젯 프린터(inkjet printer)가 60.7%의 시장점유율을 차지하고 있으며 도트프린터(dot printer)도 16.6%의 점유율로 아직까지는 일정부분을 점하고 있다. 최근에는 다기능 복합기 및 레이저 프린터(laser printer)의 점유율이 급격히 상승하고 있다.

나. 모니터

모니터의 경우 2002년 시장규모는 1,030만대로서 지속적인 성장세를 보이고 있다. 품목별로는 2000년 80%에 육박하던 일반 모니터의 비중이 급격히 감소한 반면에 평면 모니터의 점유율이 급속도로 증가하여 2002년 기준 70% 이상의 점유율을 보이고 있으며 LCD 모니터 역시 지속적인 성장세를 기록하고 있다. 특히, 중국 모니터 시장은 삼성, LG 등 한국계 기업이 2001년 기준 전체 시장의 40%를 점유하여 중국시장을 주도하고 있다. 중국 모니터 시장은 향후 평면과 LCD 모니터 위주로 발전하여 2003~2007년까지 연평균 성장률이 17.3%에 이를 정도로 지속적인 성장세를 보일 것으로 전망된다.

한편, 프린터나 모니터와 같은 PC 주변기기의 경우 2002년 판매량 자체는 큰 폭으로 증가하였으나 경쟁심화 등의 원인으로 가격수준이 전반적으로 하락하여 판매량이 증가하는 것만큼 매출액은 늘지 못하고 있다.

(2) 소프트웨어

중국의 소프트웨어 시장은 중국의 급속한 경제발전, ERP(Enterprise Resource Planning) 등의 새로운 경영기법 도입으로 1991년 5억 위안(약 0.6억 달러)에 불과하던 규모가 2002년에는 357억 위안(43.2억 달러)으로 77.6배 성장했으며 CCID는 소프트웨어 시장 규모가 2005년에 644억 위안(77.8억 달러)에 이를 것으로 전망한 바 있다.[7)]

중국 소프트웨어 산업의 특징은 다음 2가지 측면으로 살펴볼 수 있다.

① 응용 소프트웨어 위주의 시장구조를 형성하고 있음

2002년 응용 소프트웨어가 차지하는 비중은 64.5%로 시스템 소프트웨어의 28.9%, 개발용 소프트웨어의 6.6%에 비해 큰 비중을 차지하고 있으며 응용 소프트웨어의 비중이 점점 제고되는 추세를 보이고 있다. 이는 ERP, CRM(Customer Relationship Management), 전자상거래 분야에서의 응용 소프트웨어의 수요 증가와 바이러스 백신 및 보안관련 소프트웨어의 수요 확대에 따른 결과라 할 수 있다.

② 외자기업과 중국기업간 우위분야의 상이성

외자기업의 경우 시스템 소프트웨어 시장에서 2002년 95.3%의 시장점유율을 기록하는 등 절대적 우위를 보이고 있다. 이는 시스템 소프트웨어(system software)가 상대적으로 높은 기술수준을 요구하는 데 따른 것으로 볼 수 있다. 반면에 중국기업의 경우 응용 소프트웨어(application software) 부문에서 강점을 보이고 있으며 보안 및 백신 소프트웨어, ERP 등의 분야에서 외국기업에 비해 상대적인 우위를 보이고 있다. 이는 중국기업들이 중국 소비자들의 취향에 맞는 중국어 사용이 용이한 프로그램 개발 등에서 우위를 보이고 있는데 기인한 것으로 평가할 수 있다.[8)]

---

7) 소프트웨어는 패키지 소프트웨어 시장을 의미한다. 소프트웨어 시장은 패키지 소프트웨어, 컴퓨터 관련 서비스, 디지털 컨텐츠(digital contents) 시장으로 구분할 수 있다. 패키지 소프트웨어는 일반적으로 말하는 소프트웨어를 의미하며 시스템 소프트웨어, 응용 소프트웨어, 개발 소프트웨어를 포함한다. 컴퓨터 관련 서비스는 시스템 통합(SI : System Integration), 프로그램 개발서비스, 시스템 관리 및 유지보수를 지칭하는 것으로서 SI가 가장 대표적인 분야라고 할 수 있다. 디지털 컨텐츠는 디지털 영상물, 오락게임, 디지털 출판물 등을 지칭하는 개념이다.

한편, 중국의 소프트웨어 산업은 90% 이상에 이르는 불법복제 소프트웨어의 만연, 하청생산 위주의 수출구조, 낮은 기술수준 등의 문제점을 가지고 있다. 그러나 이러한 문제점에도 불구하고 중국 소프트웨어 시장은 중국의 급속한 경제발전과 정보화 진전으로 인해 급성장할 것으로 예상된다.

중국 소프트웨어 시장의 전망을 살펴보면 다음과 같다.

① 중국 소프트웨어 시장에서 중국 정부의 구매수요가 더욱 확대될 것으로 전망됨

일반적으로 소프트웨어의 정부 구매가 33% 정도를 차지하는 데 비해 중국의 경우 14.1%에 불과하다. 그러나 전자정부 구축을 위한 진쯔궁청, 학교를 네트워크로 연결하여 원격교육을 가능하게 하는 샤오샤오통(校校通) 계획 등으로 향후 중국 정부가 상당한 수요를 창출할 것으로 예상된다.

② 리눅스 관련 소프트웨어의 발전 가능성이 큼

중국에서 현재 사용되는 시스템 소프트웨어는 윈도우, 리눅스, 유닉스 등이 있으며 중국 정부는 이 중 유럽에서 개발된 리눅스를 적극적으로 지지하고 있다. 이는 미국 기업이 주도하는 윈도우 체제를 사용함으로써 야기될 수 있는 중국의 중요한 정보가 유출될 수도 있다는 위기감에서 비롯되며 소프트웨어 산업의 주도권을 획득하려는 시도로도 해석할 수 있다. 이러한 중국 정부의 정책에 따라 리눅스 관련 소프트웨어의 발전 가능성이 크다고 할 수 있다.

③ 응용 소프트웨어의 비중이 더욱 확대될 전망임

중국경제의 정보화가 진행됨에 따라 시스템 소프트웨어에 기반한 응용소프트웨어가 더욱 중시되고 바이러스 및 보안 소프트웨어의 수요가 지속적으로 증가할 것으로 보인다. 특히, 현대화된 경영기법이 도입됨에 따라 ERP, CRM, SCM(Supply Chain Management), 전자상거래(e-Commerce) 등을 위한 응용 소프트웨어의 수요가 증가할 것으로 예상된다.

(3) 통신

중국의 급속한 경제발전으로 인한 통신수요의 증가로 인해 중국의 통신산업은

8) 예를 들면, ERP분야의 대표적 중국기업인 융유(用友)는 2002년 20.3%의 점유율을 기록하여 ERP 시장 1위를 기록하고 있다.

급성장을 보이고 있다. 1995~2003년간 유선통신 및 이동통신 이용자수의 연평균 증가율은 각각 31.2%, 71.3%를 기록하였다. 2003년 12월 기준 이용자수도 각각 2.63억명, 2.67억명에 이르러 2003년 하반기 이동통신 이용자수가 유선통신 이용자수를 초과하였다.

통신시장의 이러한 급성장은 ① 중국 정부가 경제발전에 있어서 통신부문의 중요성을 인식하고 적극적인 투자를 실시하였고, ② 경제가 발전함에 따라 통신부문의 수요가 폭발적으로 증가했으며, ③ 기술적 발전 및 통신서비스 업체간 경쟁체제의 도입으로 인해 저렴한 가격으로 통신서비스 제공이 가능해진 데 있다고 할 수 있다.

급성장하는 중국 통신산업의 특징은 다음 3가지 측면에서 살펴볼 수 있다.

① 중궈뎬신(中國電信)의 독점체제에서 경쟁체제로 전환되고 있음

중국 통신산업은 중궈뎬신의 독점체제가 지속되어 오다가 중국 정부가 1994년 중궈롄통(中國聯通)에 이동통신 및 일부 유선통신 사업권을 부여함으로써 경쟁체제로 돌입하였다. 통신산업 구조조정의 결과 현재 유선통신에는 중궈뎬신, 중궈왕통(中國網通), 중궈롄통, 중궈톄통(中國鐵通), 이동통신에는 GSM방식에 중궈이동(中國移動), CDMA와 GSM방식을 모두 서비스하는 중궈롄통, 위성통신에는 중궈웨이싱통신(中國衛星通信)등 6개 회사가 중국시장에서 경쟁하고 있다.

〈표 11-6〉 중국의 통신사업자 현황

통신사업자		中國電信 (China Telecom)	中國网通 (China Netcom)	中國鐵通 (Railway Telecom)	中國聯通 (China Unicom)	中國移動 (China Mobile)	中國衛星通信 (China Satellite Telecom)
설립연도		2000 (中國電信에서 분사)	1999	2000	1994	2000 (中國電信에서 분사)	2000 (中國電信에서 분사)
사업영역	유선통신	·시내전화 ·장거리전화 ·국제전화 ·IP전화 ·무선가입자회선(WLL)	·시내전화 ·IP전화 ·무선가입자회선(WLL)	·시내전화 ·장거리전화 ·IP전화	·장거리 전화 ·국제전화 ·IP전화	·IP전화	
	이동통신	-	-	호출기	CSM, CDMA,호출기	GSM 방식	-
	기타	음성, 데이터, 멀티미디어, 정보서비스, 인터넷서비스공급자(ISP) 등	VPN, 인터넷서비스 공급자(ISP) 등	데이터전송서비스, 인터넷서비스 공급자(ISP) 등	음성메일, 데이터, 단문메시지서비스, 인터넷서비스공급자(ISP) 등	데이터, 멀티미디어 서비스, 인터넷서비스 공급자(ISP) 등	통신, 방송, 데이터 등 위성관련 서비스
기타			2002년 지통덴신을 합병				
3세대 관련 향후전망		TD-SCDMA	TD-SCDMA		WCDMA	CDMA 2000	

② 최근 통신산업에 대한 고정설비투자가 감소하여 통신설비 제조업체들의 수익성이 악화되었음

고정설비투자는 지속적으로 증가추세를 보이다가 2002년에는 전년 대비 20.5%의 감소를 기록하였다. 이는 통신서비스 업체들의 통신설비 구매 감소에 기인한 것인데 투자 축소 원인으로는 ⓐ 통신서비스 업체들이 최근 수익성(profitability)을 중시하여 투자에 신중하고, ⓑ 서비스 업체들이 부채비율 축소 및 원가 절감에 노력하며, ⓒ 통신업계 구조조정이 영향이 있고, ⓓ 2세대 GSM 방식이 성숙단계에 진입하는 과정에서 투자 필요성이 감소되는 반면 새로운 방식인 3세대 시장이 아직

본격적으로 개발되지 않아 설비투자가 활성화되지 못하고 있는 점 등을 지적할 수 있다.[9)]

③ 국제전화를 포함한 장거리 전화에서 IP 전화가 차지하는 비중이 증대되고 있음

이전에 유선전화를 사용하여 장거리 전화를 이용하는 비중이 2001년에만 해도 55%를 기록했으나 IP전화의 도입으로 그 비중이 크게 줄어 2003년에는 30.1%까지 감소한 반면에 IP전화는 17.7%에서 41.4%까지 증가하였다. 저렴한 비용과 통화품질의 제고로 인해 향후 IP전화의 점유율이 지속적으로 상승할 것으로 보인다.

〈표 11-7〉 장거리 전화에서 각 통신수단이 차지하는 비중

(단위 : %)

	2001	2002	2003. 1~6
이동전화	27.3	27.4	28.5
IP전화	17.7	38.0	41.4
유선전화	55.0	34.6	30.1

한편, 이동통신기기 등의 과잉설비 투자 문제, 이익 성장률이 이용자수 증가율을 하회하는 것 등이 문제점으로 지적될 수 있다. 중국 통신산업은 향후 광활한 국토로 인해 유선전화보다는 이동통신 위주의 발달양상을 보일 것으로 예상되며 3세대 라이센스를 각 통신회사에 WCDMA, CDMA2000, TD-SCDMA 방식으로 허가할 예정이어서 경쟁이 더욱 치열해질 것으로 보인다.[10)]

(4) 인터넷

중국의 인터넷 사용 인구는 2003년 12월 기준 7,950만명으로 1997년에 비해 약

9) GSM(Global System for Mobile Communication)은 유럽 및 기타 지역에서 광범위하게 사용되는 디지털 이동전화 시스템을 의미한다. GSM은 시분할 다중접속(TDMA)의 변종으로서 이것은 TDMA, CDMA와 함께 가장 광범위하게 사용되는 3개의 디지털 무선전화기술 중 하나로 평가된다.

10) IP 전화는 VoIP(Voice over IP)기술을 사용하여 인터넷 또는 IP네트워크를 통하여 음성 데이터를 전송하는 방식을 의미한다. IP전화의 장점은 저렴한 비용으로 국내, 장거리, 국제전화를 사용할 수 있으며 국제전화의 경우 유선전화에 비해 80~90% 정도 저렴하다. 다만, 통화품질이 유선전화 등에 비해 떨어지나 기술의 발달에 따라 통화품질이 개선되어 현재는 유선의 90% 정도의 통화품질을 유지하고 있다. 현재 중국에서는 중궈뎬신, 중궈롄통, 중궈왕통의 회사가 IP전화 서비스를 제공하고 있다.

128배가 증가하여 미국에 이어 세계 2위의 인터넷 인구 보유국으로 부상하였다. 2003년말 중국의 인터넷 보급률은 5% 내외로 한국, 싱가포르 등의 50%보다는 훨씬 낮은 수준을 보이고 있으나 성장 추세로 볼 때 2006년경에는 미국을 추월하여 세계 제1의 인터넷 이용자를 가진 국가로 부상할 것으로 예상된다.

이러한 중국의 인터넷 이용 인구 증가는 국제회선 기간망(network backbone) 용량의 확대, 웹사이트의 대폭적인 증가, 인터넷 연결 컴퓨터의 증가, 전용선 보급의 확대 등 인터넷 인프라스트럭처(internet infrastructure)의 개선에 힘입은 바가 크며 인프라스트럭처의 개선으로 인한 인터넷의 급속한 보급에 따라 온라인 게임, 전자상거래 등 인터넷 관련 시장 역시 급속도로 성장하고 있다.

온라인 게임 시장은 2001년 3.1억 위안(0.4억 달러)에서 2002년 9.1억 위안(1.1억 달러)으로 전년 대비 193.5% 증가했으며, 2006년에는 시장규모가 83.4억 위안(10.1억 달러)에 이를 것으로 보인다. 또한, 전자상거래 시장 규모도 급속히 팽창하여 B2B의 경우 2000년 90억 달러에서 2006년 220억 달러에 이를 것으로 전망된다. 이러한 서비스를 제공하는 왕이(網易) 등 포털 사이트도 나스닥(NASDAQ)에 상장되는 등 지속적인 성장을 보이고 있다.

3. 외국기업의 중국 IT 산업 진출 현황 및 배경

3.1 외국기업 진출현황

중국을 단순 생산기지로서 이용하던 외국기업은 최근 들어 중국 IT 산업이 급성장하면서 중국 시장에 활발히 진출하고 있다. 이러한 추세에 따라 단순 가공조립에서 소프트웨어 개발과 같은 R&D 분야로 투자를 확대하고 있으며 외자기업의 적극적인 투자는 중국 IT 산업 발전에 크게 기여하고 있다. 2002년 누계로 IT 산업의 외국인 투자기업 수는 총 14,470개이며, 총투자금액은 539.1억 달러로 중국 전체 외국인투자 누계 4,479.7억 달러의 12.0%를 차지하고 있다.

(1) 연도별 현황

연도별 현황을 살펴보면 해당연도 전체 외국인투자에서 IT 산업에 대한 투자액이 차지하는 비중이 1998년 5.8%에서 WTO 가입을 전후하여 급속히 증가하여 2002년에는 20.2%를 기록하였다.

(2) 부문별 현황

IT 산업에 대한 외국인투자의 부문별 투자현황을 살펴보면 전자 및 통신설비 제조부문이 가장 큰 비중을 차지하고 있으며 그 다음으로 집적회로, PC, 소프트웨어 순으로 투자가 많이 이루어졌다. 한편, 타 분야와 비교할 때 소프트웨어 분야의 투자액이 매우 적은 편이다. 이는 중국 소프트웨어 분야의 수준이 높지 않으며 진출한 외국기업들이 아직까지는 중국을 IT 하드웨어 생산기지로서 이용하는 경향이 강한 데 기인한 것으로 보인다.

〈표 11-8〉 IT 산업 외국인투자 현황

(단위 : 건, 억 달러)

		1998	1999	2000	2001	2002	누계
전자 및 통신설비 제조업	건수	1,044	922	1,529	1,993	2,976	9,409
	실제투자액	24.3	31.5	45.9	70.9	81.4	478.7
PC 제조관련	건수	79	123	136	236	324	898
	실제투자액	0.8	1.5	4.1	6.9	7.7	21.0
이동전화 제조업	건수	12	9	27	45	41	134
	실제투자액	0.3	0.3	0.2	5.2	1.5	7.6
집적회로관련	건수	18	16	29	94	136	293
	실제투자액	0.4	0.8	0.9	3.4	8.2	13.7
소프트웨어관련	건수	159	259	1,065	1,078	1,175	3,736
	실제투자액	0.5	0.7	3.6	5.7	7.6	18.1
합계	건수	1,312	1,329	2,786	3,446	4,652	14,470
	실제투자액	26.4	34.7	54.8	92.1	106.4	539.1
중국전체투자	건수	454.6	403.2	407.2	468.5	527.4	4,479.7
	IT 비중	5.8	11.6	13.5	19.7	20.2	12.0

3.2 한국기업 진출 현황

한국기업의 경우 IT 산업 관련 투자에 대한 분류가 명확하지 않아 중국 IT 산업으로의 정확한 진출현황을 살펴보기는 용이하지 않으나 한국수출입은행의 통계로 유추해 보면 2003년 11월 기준 총 투자건수 누계에서 IT 산업(전자통신장비분야)이 차지하는 비중은 11.3%이며, 총 투자금액 누계에서 차지하는 비중은 21.5%에 이르고 있다.[11] 연도별로 약간의 편차는 있지만 IT 산업으로의 투자액은 지속적으로 전체 투자액의 20%를 상회하고 있고 1998년의 경우 무려 43.2%에 이르는 등 IT 관련 투자가 비교적 많이 이루어지고 있는 것으로 판단된다. 이는 단순히 전자통신분야로 분류되어 있는 현황을 살펴본 결과로서 소프트웨어 등을 포함시키면 실제 IT 산업으로의 투자는 더욱 많을 것으로 판단된다.

3.3 배경

이 같이 IT 산업에 외국인투자가 적극적으로 이루어지고 있는 배경은 다음 4가지 측면에서 평가할 수 있다.

① 저렴한 양질의 노동력
② 첨단기술산업 분야에 대한 정부의 인센티브
③ WTO 가입으로 인한 법과 제도의 투명성(transparency) 제고
④ 풍부한 자본 제공

최근에는 중국에 연구 · 개발(R&D) 센터를 설립하는 외국기업들이 증가하면서 중국의 IT 산업 수준 제고 및 관련 인력 배양에 긍정적 역할을 하고 있다. 중국 정부가 발표한 자료에 따르면 중국에는 모토롤라(Motorola) 등 세계 유수 기업들의 R&D 센터가 100여개 설립되어 있으며 중국의 급속한 경제발전에 따라 R&D 센터 수가 더욱 증가하고 그 기능도 더욱 강화될 것으로 보인다.

11) 한국수출입은행의 자료를 보면 해외투자 업종분류는 제조업에서는 음식료업, 섬유의복, 신발가죽, 석유화학, 조립금속, 전자통신장비, 기타로 분류된다. 비제조업에서는 농림어업, 건설업, 운수창고업, 도소매업, 기타 등으로 분류된다. 상기 분류에 따르면 IT 산업으로 유추될 수 있는 것은 전자통신 장비이기 때문에 소프트웨어 등을 포함시키면 실제 IT 산업으로의 투자는 더욱 많을 것으로 보인다.

〈표 11-9〉 한국기업의 대중국 IT 산업 투자

(단위 : 천 달러)

		1997	1998	1999	2000	2001	2002	2003. 11	누계
전자통신 장비분야	건수	283	23	30	91	133	225	215	1,000
	금액	561,170	293,142	108,464	122,484	156,722	205,115	226,034	1,673,131
중국전체 투자	건수	1,213	263	457	766	1,028	1,331	1,377	8,829
	금액	1,189,892	677,950	348,691	612,958	576,845	891,601	1,089,817	7,768,783

자료: 수출입은행(www.koreaexim.go.kr)

4. 한국기업의 진출 방향

상기한 바와 같이 향후 중국 IT 산업은 고성장세를 지속할 것으로 판단되기 때문에 IT 산업에서 상대적으로 강점을 가지고 있는 한국기업들에 있어서 중국은 커다란 매력적 시장임에 틀림없다. 그러나 중국기업들의 IT 하드웨어분야에서의 경쟁력이 제고되고 있으며 전세계 기업들의 적극적 투자로 경쟁이 치열한 것도 사실이다. 또한, 최근에는 세계적 기업들이 중국을 단순 생산기지로서 활용하기보다는 R&D 기능에 관심을 표명하고 있는 것이 현실이기 때문에 이러한 점을 고려할 때 한국기업의 대중국 진출방향은 다음 4가지 측면에서 살펴볼 수 있다.

4.1 하드웨어 산업에서는 노트북 PC, MP3 등 상대적으로 기술경쟁력이 있는 분야 위주로 진출하는 것이 필요함

이미 중국기업들은 비용우위(cost advantage)를 바탕으로 기술경쟁력까지 제고시키고 있어 중저가 시장에서는 경쟁력을 유지하기가 쉽지 않을 것으로 판단된다. 더욱이 중국 정부의 정책방향 역시 고부가가치 IT 제품에 대한 우대정책은 확대하되 중국이 경쟁력을 갖추고 있는 분야에서의 우대정책은 축소하고 있기 때문에 과거와 같이 중국을 단순 생산기지로서 이용할 유인은 점차 감소할 것으로 예상된다.

4.2 소프트웨어 산업에서는 현지에서의 소프트웨어 연구 · 개발이 필요함

전술한 바와 같이 중국 정부는 소프트웨어 산업을 육성하기 위한 노력의 일환으로서 자국산 소프트웨어 우대정책을 표명하고 있기 때문에 향후 소프트웨어 분야에서는 중국 내에서 개발할 필요성이 커지고 있다. 또한, 중국 정부가 미국의 윈도우 체제에 대항하여 리눅스를 적극적으로 지원하고 있기 때문에 리눅스 관련 소프트웨어 개발 분야도 전망이 밝다고 할 수 있다. 이미 일부 대기업은 베이징에 소프트웨어 R&D 센터를 설립하여 소프트웨어를 개발하고 있다.

4.3 통신사업에서는 벨소리, 게임과 같은 이동통신 관련 부가서비스에 관심을 가져야 함

중국의 통신산업은 국가기간산업으로서 중요시되고 있고 최근 독점(monopoly)에서 경쟁체제(competition system)로 전환하여 경쟁이 치열해지고 있기 때문에 통신 분야에서 서비스 공급자로서의 진출에는 다수의 어려움이 수반되고 있다. 따라서 통신산업에서는 컨텐츠 공급자(contents provider)로서 진출하되 경쟁력을 갖고 있는 벨소리, 컬러링 등 이동통신 관련 부가서비스 시장에 진출하는 것이 보다 현실적인 접근방법이 될 수 있다.

4.4 인터넷 분야에서는 ICP(Internet Contents Provider)로서 진출하는 것이 바람직함

현재 중국 인터넷 산업이 양적으로는 급속히 성장하고 있으나 이를 뒷받침할만한 컨텐츠는 매우 빈약한 것으로 인식되고 있기 때문에 상대적으로 컨텐츠 부문의 비교우위가 있는 한국기업들은 개발한 컨텐츠를 제공하고 로열티(royalty)를 받는 것도 한 방법이 될 수 있다. 또한, 최근의 한류(韓流) 열풍을 이용하는 것도 바람직한 방법으로 판단된다. 다만, 중국 정부가 인터넷에 대해 통제의 입장을 견지하고 있고 자의적인 기준(arbitrary criteria)을 적용하여 사이트를 폐쇄하거나 서비스를 금지시키고 있기 때문에 한국 인터넷 기업들은 컨텐츠 제공시 중국 정부의 인터넷 관련 정책 등을 면밀히 검토하는 것이 필요하다.[12]

12) 일례로 중국의 대표적 포털 사이트인 차이나닷컴(www.china.com)은 정치적으로 민감한 사항을 홈페이지에 게재했다는 이유로 사이트가 폐쇄되기도 하였다.

제2절 한 국

1. 반도체산업

1.1 개관

(1) 한국 메모리반도체 기업들의 시장 점유율 확대

세계 반도체산업은 2005년에 PC시장의 성장률 둔화와 고유가 등으로 인한 세계 경제의 불안정성(global economic instability) 확대에도 불구하고 통신용 반도체 및 소비자 가전 부문의 반도체 수요 확대를 중심으로 견조한 성장세를 시현하였다. 이 같은 세계 반도체시장의 성장으로 한국의 주요 반도체 생산기업들의 시장점유율 및 매출액도 상승세를 유지하였다. 삼성전자와 하이닉스는 D램시장에서 각각 30.1%와 16.6%의 시장점유율을 기록하였으며 낸드플래시메모리 시장에서는 각각 50.5%, 12.9%의 시장점유율로 1위와 3위를 기록하였다.

한편, 2006년 1분기 삼성전자와 하이닉스의 D램 및 낸드플래시메모리 매출액은 각각 33억 달러와 15억 달러를 기록하였으며 2분기에도 유사한 수준이 될 것으로 보인다. 마이크론과 인피니온도 2006년 1분기 각각 12억 달러와 11억 달러의 메모리반도체 매출액을 기록하였다. 2005년 1분기 8억 달러에서 2006년 1분기 11억 달러로 매출액이 증가한 인피니온을 제외한 대부분의 기업들은 2006년 1분기 매출액이 2005년 1분기에 비해 소폭 감소한 것으로 나타났다.

〈표 11-10〉 반도체업체별 매출액 및 시장점유율 현황(2005년)

(단위 : 백만 달러)

	DRAM		Nand Flash Memory	
1	삼성전자	7,460(30.1%)	삼성전자	5,730(50.5%)
2	하이닉스	4,117(16.6%)	도시바(일본)	2,453(21.2%)
3	마이크론(미국)	3,813(15.4%)	하이닉스	1,241(12.9%)
4	인피니온(독일)	3,226(13.0%)	르네사스(일본)	775(8.2%)
5	엘피다(일본)	1,776(7.2%)	마이크론(미국)	260(3.7%)
6	난야(대만)	1,509(6.1%)	ST마이크로(독일 · 이탈리아)	198(2.0%)
7	파워칩(대만)	1,205(4.9%)	인피니온(독일)	175(1.6%)

주 : ( )안은 시장점유율

자료 : iSuppli, 2006. 2.

(2) 낸드플래시메모리 가격급락으로 수익성 악화

낸드플래시메모리는 2005년에 수요가 급증하면서 일본의 도시바(TOSHIBA)와 더불어 낸드플래시메모리 양산에 들어간 한국 낸드플래시메모리 생산기업들의 영업이익률 호조가 지속되었다. 2005년 삼성전자와 하이닉스의 반도체부문 영업이익률은 각각 37.1%와 24.8% 수준으로 마이크론(2.1%), 인피니온(5.7%), 엘피다(1.6%) 등에 비해 월등하게 높은 영업이익률 수준을 기록하였다.

낸드플래시메모리 가격은 2006년 들어 수요부진으로 급락세를 보였고 낸드플래시메모리 부문에 크게 의존하던 한국 메모리기업들의 수익성(profitability) 악화에 대한 우려가 제기되었다. 이 같은 우려에도 불구하고 2006년 1분기 삼성전자와 하이닉스는 각각 32.0%와 24.9%의 영업이익률을 기록하였다. 마이크론, 인피니온, 엘피다 등 D램 위주의 사업구조를 지니고 있는 메모리반도체 기업들의 경우 2006년 1분기 D램 가격이 공급 감소로 안정세를 보이면서 영업이익률도 각각 15.3%, 3.2%, 6.0%로 호전되었다.

(3) 메모리반도체 기업의 수익성 우위 요인 분석

한국 메모리반도체 기업들은 외국의 경쟁 메모리반도체 기업들에 비해 월등하게 높은 수익성을 유지하고 있으며 이는 다음 5가지 요인으로 분석된다.

① 메모리반도체 생산방식의 우월성

메모리반도체의 경우 반도체를 적층방식에 의해 제조하는 스택(Stack) 방식과 에칭에 의한 트렌치(Trench) 방식으로 구분된다. 한국의 메모리반도체 생산기업들은 나노공정에서 높은 수율로 효율성(efficiency)이 높은 스택방식을 채택함으로써 제조원가 측면에서 유리하다.

② 낸드플래시메모리 생산으로의 신속한 전환

메모리반도체의 수요가 D램에서 플래시메모리로 전환되면서 한국의 메모리반도체 기업들은 기존 D램 생산에서 낸드플래시메모리 생산으로 전환하는 동시에 신속하게 수율 안정화에 도달하였다.

③ 나노공정에의 신속한 진입

한국의 메모리반도체 기업들은 메모리반도체 생산기업 중 가장 신속하게 나노공정에 진입함으로써 반도체 생산비용을 크게 절감하였다.

④ 효율적인 300㎜웨이퍼 양산설비투자

세계 주요 D램 업체별로 300㎜웨이퍼 팹 비중을 살펴보면 삼성전자가 가장 우위를 차지하고 있으며 이러한 기술우위(technological advantage)를 기반으로 삼성전자는 가격하락에 탄력적으로 대응할 수 있는 유연성이 경쟁사보다 우수하다. 하이닉스는 시기면에서 300㎜웨이퍼 팹 건설에서 뒤졌으나 기존 200㎜웨이퍼 팹을 최소의 비용으로 최단기간에 300㎜웨이퍼 팹으로 개조하고 수율정상화에 도달함으로써 외국 경쟁기업에 비해 높은 수익성을 유지하였다.

⑤ 고가 프리미엄 제품개발에서의 우월적 지위

한국은 우수한 메모리반도체 생산 및 개발 인력을 기반으로 고가 프리미엄제품 개발 측면에서 우월적인 지위에 있는 등의 장점을 보유하고 있으며 이는 높은 수익성을 확보하는 데 크게 기여하고 있다.

1.2 반도체 수출 동향 및 전망

(1) 반도체 수출 동향

반도체는 2005년에 총 162억 달러를 수출하였으며 이 중 D램 수출은 83억 5,000만 달러로 2004년 97억 8,000만 달러에 비해 14.7% 감소하였다. 그러나 플래시메모리는 2005년 43억 8,000만 달러를 수출하여 2004년의 33억 3,000만 달러에 비해 31.5%나 증가하였으며 기타 반도체도 2004년 105억 달러에서 32.9% 증가한 140억 달러를 수출하였다. 2006년 1~5월 중 반도체 수출은 137억 6,000만 달러로 2005년 1~5월 125억 4,000만 달러에 비해 9.7% 증가하였다. 이 중 메모리반도체는 급격한 가격하락으로 인해 2005년 1~5월의 66억 4,000만 달러 보다 8.6% 감소한 60억 7,000만 달러를 기록하였다. Logics제품의 경우는 2005년 1~5월 23억 4,000만 달러에서 22.3% 늘어난 28억 7,000만 달러로 크게 증가하였다.

2006년 1~5월 중 반도체 무역수지는 24억 5,000만 달러의 흑자를 기록하였다. 반도체 수출은 137억 6,000만 달러, 수입은 113억 1,000만 달러로 2005년 1~5월 중의 반도체 무역수지 흑자규모인 21억 6,000만 달러에 비해 2억 9,000만 달러 증가하였다. 반도체 수출은 반도체 가격하락 및 원화의 평가절상 등의 대외여건 악화에도 불구하고 통신용 및 가전제품용 반도체 수요를 기반으로 견조한 수출 증가세가 유지되고 있다.

〈표 11-11〉 반도체 수출입 현황

(단위 : 백만 달러)

	2004		2005(1~5월)		2006(1~5월)		증감률(%)	
	수 출	수 입	수 출	수 입	수 출	수 입	수 출	수 입
반도체	27,013	25,068	12,536	10,368	13,755	11,308	9.7	9.1
디지털 IC	21,974	14,202	9,463	5,651	10,423	5,606	10.1	△0.8
Logics	5,260	10,394	2,341	4,048	2,865	4,073	22.3	0.6
메모리	16,139	1,367	6,642	632	6,072	561	△8.6	△11.2
기타 반도체	5,040	10,866	3,073	4,716	3,332	5,702	8.4	20.9

자료 : 정보통신부, 2006. 6.

2006년 1~4월 중 국가별 수출동향을 살펴보면 미국, EU에 대한 반도체 수출은 전년에 이어 지속적으로 감소하였으나 홍콩, 싱가포르, 대만 등에 대한 수출은 호조를 보여 대조적인 양상을 나타내었다. 특히, 중국에 대한 반도체 수출 호조로 중국에 대한 수출비중은 2005년 23.0%에 이어 2006년에도 21.9%로 가장 높은 비중을 유지하였다. 또한, 중국을 중심으로 하는 대만, 홍콩, 싱가포르 등 4개국의 수출비중이 2005년 59.7%에서 66.3%로 증가하였다. 더욱이 일본경제가 회복세를 보이면서 일본에 대한 반도체 수출금액도 전년 대비 12.5% 증가한 1억 6,000만 달러를 기록하였다.

그러나 미국, EU 지역은 전자산업 전반의 침체로 전년 대비 반도체 수출증가율이 각각 -31.0%, -14.5%를 기록하여 한국 반도체 수출의 중심이 중화권으로 이동되고 있는 양상을 나타내었다. 이 같은 중화권에 대한 수출호조로 D램 및 플래시메모리 반도체 가격의 급락 등에도 불구하고 2006년 1~4월 누계 반도체 수출은 109억 3,600만 달러를 기록하여 전년 대비 14.0% 증가하였다.

〈표 11-12〉 지역별 반도체 수출실적

(단위 : 백만 달러, %)

	2005. 1~4월		2006. 1~4월		증 가 율 (B/A)
	금 액 (A)	비 중	금 액 (B)	비 중	
미 국	1,408	14.7	971	8.9	-31.0
대 만	1,450	15.1	1,643	15.0	13.3
일 본	938	9.8	1,055	9.6	12.5
홍 콩	1,190	12.4	1,936	17.7	62.7
중 국	2,205	23.0	2,397	21.9	8.7
싱 가 포 르	878	9.2	1,284	11.7	46.2
E U	849	8.9	726	6.6	-14.5
기 타	672	7.0	924	8.4	37.5
합 계	9,590	100.0	10,936	100.0	14.0

자료 : 한국무역협회(www.kita.net)

(2) 반도체 수출 전망

반도체 수요는 그동안 PC시장 수요에 의해 결정되었다고 볼 수 있다. 그러나 PC시장은 성장정체기에 진입한 반면 휴대폰 등의 통신용 기기 시장이 크게 확대되면서 반도체 수요를 결정하는 주요 제품이 PC에서 휴대폰, MP3, 디지털카메라(digital camera) 및 디지털TV 등 소비자용 가전제품으로 이동하였다. 한국이 주로 생산하는 반도체는 D램 이외에도 플래시메모리, 각종 시스템반도체 등으로 새로 형성되는 반도체시장 수요에 적합한 로직제품들이 많아 수출 증가에도 긍정적인 것으로 평가된다.

2006년 하반기 가격 하락 및 계절적인 성수기 도래로 휴대폰, MP3, 디지털카메라, 디지털TV 등 디지털제품의 소비는 더욱 증가할 것으로 예상됨에 따라 한국이 주력으로 수출하는 반도체에 대한 수요 또한 늘어날 것으로 예상된다. 다만 이 같은 물량 증가 예상에도 불구하고 원화가 평가절상(appreciation)되고 있어 일정부분은 수출증가 효과가 상쇄될 것으로 판단된다.

1.3 반도체 설비투자

(1) 설비투자 동향

반도체 산업의 2005년 설비투자는 전년 대비 2.9% 감소한 18조 4,893억원을 기록하였다. 투자규모가 감소한 것은 반도체 업계가 2003~2004년 중 이미 대규모의 신·증설을 수행하여 2005년도 투자에서는 보완투자 비중이 제고되면서 투자금액이 감소하였기 때문으로 풀이된다. 주요 투자부문별로는 반도체 부문의 경우 단일 기업으로 비중이 가장 높은 삼성전자의 투자규모가 전년 대비 소폭 감소한 것으로 나타났다. 2005년 설비투자는 총투자의 84.3%의 비중을 차지하는 설비능력 증가를 위한 투자가 전년 대비 1.9% 감소한 15조 5,929억원을 기록하였으며 합리화 및 연구·개발(R&D) 투자는 각각 11.7%와 2.5%의 비중을 차지하였다.

주요 기업별 투자내역을 살펴보면 삼성전자는 300㎜웨이퍼 낸드플래시 전용라인인 14라인 양산능력 확대, D램과 낸드플래시메모리 혼용 생산라인인 15라인, 시스템LSI전용라인(S라인) 건설 등에 집중적으로 투자하였다. 하이닉스는 청주 낸드플래시 라인의 생산능력 확대 및 신규 이천 300㎜웨이퍼 생산라인 건설 등에 투자를 집중하였으며 동부아남반도체 등도 설비의 업그레이드와 설비능력 확충을 위한 투자를 하였다. KEC도 신규사업부문인 MOS 팹 건설을 위한 설비투자를 단행하였다.

(2) 설비투자 전망

2006년 설비투자는 전년 대비 감소할 것으로 보인다. 반도체 제조업에서 최근 일반화되고 있는 300㎜웨이퍼 가공라인 1기에 대한 투자금액은 무려 2조 5,000억원~4조원에 이르고 있다. 이는 200㎜웨이퍼 가공라인에 비해 투자금액이 1.5~2배

가량 증가하는 것을 의미한다. 반도체 관련기업들은 2003~2005년 중 대규모 투자계획을 수립하고 집행함에 따라 300㎜웨이퍼 팹과 같은 신규 대규모 증설 계획이 수립되기 전에는 기존시설 보완 및 합리화투자에 주력할 것으로 보인다.

〈표 11-13〉 반도체/디스플레이 산업의 동기별 설비투자 동향 및 전망

(단위 : 억원, %)

	설비투자			구성비			증감률	
	2004	2005	2006	2004	2005	2006	2005/2004	2006/2005
합 계	190,493	184,893	175,711	100.0	100.0	100.0	△2.9	△5.0
설비능력 증가	159,020	155,929	141,996	83.5	84.3	80.8	△1.9	△8.9
신제품생산	64,705	77,057	65,993	34.0	41.7	37.6	19.1	△14.4
설비확장	94,315	78,872	76,003	49.5	42.7	43.3	△16.4	△3.6
국내수요대비	20,434	18,918	16,861	10.7	10.2	9.6	△7.4	△10.9
해외수요대비	138,586	137,011	125,135	72.8	74.1	71.2	△1.1	△8.7
합리화	26,291	21,573	25,225	13.8	11.7	14.4	△17.9	16.9
유지보수	24,491	20,895	24,800	12.9	11.3	14.1	△14.7	18.7
자동화	1,598	609	402	0.8	0.3	0.2	△61.9	△34.0
에너지절약	202	69	23	0.1	0.0	0.0	△65.8	△66.7
공해방지	250	39	45	0.1	0.0	0.0	△84.4	15.4
연구개발	3,463	4,521	5,639	1.8	2.5	3.2	30.6	24.7
기 타	1,469	2,831	2,806	0.8	1.5	1.6	92.7	△0.9

주 : 반도체, 디스플레이, 기타 전자부품업종이 포함된 수치임

자료 : 산업은행, 설비투자계획조사, 2006. 5.

설비투자 내역(2006년 기준)을 동기별로 살펴보면 설비능력 증가를 위한 투자가 80.8%로 대부분을 차지하고 있으나 2005년의 84.3% 보다는 하락할 것으로 보인다. 그러나 합리화투자는 2003~2005년 중 신규로 건설된 생산라인의 유지보수 필요성 증대로 전체에서 차지하는 비중이 2005년의 11.7%보다 높은 14.4%를 차지할 전망이며 금액기준으로는 전년 대비 16.9% 증가한 2조 5,000억원에 이를 것으로 예상된다. 특히, 연구 · 개발 투자는 차세대 제품 및 미세공정기술 개발의 필요성으로 높은 증가세를 지속하면서 2005년 대비 24.7% 증가할 것으로 보인다. 주요 업체별 투자동향을 살펴보면 삼성전자는 반도체부문에서 S라인과 14라인의 투자를 마무리하고 15라인의 건설을 지속할 것으로 전망된다. 하이닉스도 메모리반도체 생산라인 확충

을 위주로 투자를 지속할 것으로 보인다.

1.4 반도체산업 전망

(1) 반도체 가격 동향

2005년 하반기부터 진행되고 있는 반도체 가격의 하락은 2006년 상반기 중에도 지속되었다. 256M D램 반도체의 현물가격은 2005년 2월말 개당 3달러선을 하향 돌파한 후 5월 평균가격은 2.34달러까지 하락하였다. DDR 512M D램의 가격은 2004년 12월 9.27달러에서 2005년 5월 4.58달러까지 하락하였다. 반면 512M 낸드플래시 메모리는 2004년 12월 4.80달러에서 2005년 3월 4.6달러로 소폭 하락하였으나 연중 가격 강세가 지속되어 12월에는 개당 5.2달러 수준까지 상승하였다. 이는 대형 수요처인 애플의 MP3 플레이어용 낸드플래시메모리에 대한 대형구매가 있었기 때문으로 풀이된다.

메모리 반도체 가격은 2006년 들어 2005년과 상반되는 양상이 나타났다. 우선 D램 생산라인이 낸드플래시메모리 생산라인으로 전환되면서 D램의 생산은 감소하고 낸드플래시메모리의 생산은 크게 증가하였다. 그러나 2005년 애플의 대량 낸드플래시메모리 구매와 같은 대규모 신규수요는 발생하지 않았다.

상기한 수요부진은 2006년 초부터 낸드플래시메모리의 가격하락을 가속화시켰다. 특히, 고용량 낸드플래시메모리 제품의 출시가 증가하면서 2G와 4G제품의 가격하락 폭이 확대되었다. 2005년 12월 낸드플래시메모리 2G, 4G제품의 가격은 각각 개당 15.0달러, 26.5달러에서 2006년 4월에는 각각 5.3달러와 9.9달러로 폭락하였다. 그러나 D램의 경우 생산 감소 및 수요 회복으로 2006년에는 낸드플래시메모리와는 달리 가격이 회복세를 보였다. 256M DDR 제품과 512M DDRⅡ 제품은 2005년 12월 각각 개당 2.05달러, 3.78달러에서 2006년 4월에는 2.09달러, 4.82달러 수준으로 회복되었다.

〈표 11-14〉 메모리 반도체 가격 추이

(단위 : 달러/개)

	2005년						2006년			
	7월	8월	9월	10월	11월	12월	1월	2월	3월	4월
DRAM 현물										
256Mb DDR	2.64	2.60	2.55	2.52	2.23	2.05	2.29	2.20	2.05	2.09
512Mb DDR	5.12	5.62	5.28	5.01	4.60	3.94	4.24	4.09	3.86	3.99
512Mb DDR Ⅱ	5.15	5.24	5.20	4.90	4.38	3.78	4.59	5.21	4.98	4.82
DRAM 계약										
256Mb DDR	2.58	2.69	2.67	2.46	2.22	1.98	2.01	2.07	2.08	2.06
512Mb DDR Ⅱ	5.78	5.76	5.36	4.79	4.24	3.83	4.02	4.92	5.41	5.33
낸드플래시										
8G	43.0	45.3	47.7	53.9	53.8	45.1	40.0	35.7	27.0	24.4
4G	22.5	23.7	23.5	26.2	29.0	26.5	22.6	17.8	11.1	9.9
2G	12.2	12.9	12.0	12.4	15.0	15.0	14.8	10.5	6.7	5.3
1G	7.6	7.1	6.9	7.1	8.1	7.7	7.6	6.2	4.6	4.3
512Mb	5.8	5.5	5.4	5.4	5.5	5.2	5.1	4.9	4.5	3.7

주 : 월 평균가격 기준
자료 : DRAMeXchange

(2) 반도체 시장 전망

세계 반도체 경기 호조는 2006년 하반기에도 지속될 것으로 보인다. 이는 고유가, 금리인상 등과 같은 세계경제의 침체요인에도 불구하고 휴대폰과 같은 통신기기, 가전제품에 대한 수요 확대가 반도체에 대한 수요를 강력하게 지속시킬 것으로 전망되기 때문이다. 최근 반도체의 수요는 기존 PC중심에서 휴대폰과 같은 통신기기 및 디지털가전 등으로 급속히 확산되면서 반도체 수요를 확대시키고 있다.

지역적으로는 중국과 동아시아·태평양 지역의 반도체 시장이 활발한 IT부문 투자 등에 힘입어 2009년에는 세계 반도체 시장의 49%를 차지하면서 미국, 일본, 유럽을 합친 규모와 비슷한 비중으로 확대될 것으로 기대된다.

세계반도체산업협회(SIA : Semiconductor Industry Association)는 2005년 세계 반도체시장 규모를 2,275억 달러로 발표하였으며 2006년에는 9.8% 증가한 2,496억 달러로 전망한 바 있다. 또한, 2009년 세계 반도체시장 규모를 3,230억 달러로 예상하고 있다. 제품별로는 마이크로프로세서 시장은 2006년 364억 달러에서 2009년 460억 달러로 확대될 것으로 보인다. MOS 로직 시장은 2006년 621억 달러에서 2009년 825억 달러로 확대되면서 연평균 9.3%의 시장확대가 기대되고 있다. 국내 반도체 기업의 주력제품인 메모리 시장의 경우 DRAM은 2006년 279억 달러에서 2009년 328억 달러로 연평균 6.4% 증가할 것으로 전망하였으며 플래시메모리 시장은 2006년 223억 달러에서 2009년 311억 달러로 확대되면서 13.7% 성장할 것으로 보고 있다. 한편, DSP(Digital Signal Processor) 시장은 2006년 90억 달러에서 2009년 141억 달러로 연평균 16.7%의 가장 높은 성장률을 시현할 것으로 보인다.

1.5 시스템반도체 산업 동향 및 전망

(1) 시스템반도체 업계 동향

2006년 1분기 시스템반도체업계는 2005년 4분기에 비해서는 대부분 매출액이 크게 감소하였으나 2005년 1분기에 비해서는 매출액이 크게 증가하였다. 시스템반도체는 일반적으로 연말에 수요가 집중되는 경향을 보이고 있어 연초의 실적이 상대적으로 부진한 점을 고려할 때 2006년 1분기 업체들의 평균매출액 증가율은 29% 정도로 비교적 양호한 실적을 유지한 것으로 평가할 수 있다. 또한, 분기매출액이 100억원을 초과하는 기업들이 2005년 1분기의 4개사에서 2006년 1분기에는 8개사로 증가한 것으로 나타났다.

(2) 시스템반도체 산업 전망

DMB용 칩을 설계하는 팹리스들은 2006년 하반기에도 유럽의 DVB-H, 일본의 ISDB-T 등 디지털 이동방송 수신용 칩에 대한 개발을 통해 적극적으로 사업영역을 확대할 것으로 보인다. 더욱이 미국 ADI(Analog Devices Inc.)에 1억 6,000만 달러에 매각된 인티그런트테크놀러지즈의 사례는 규모의 경제(economies of scale)를 달성하고 사업포트폴리오(business portfolio)의 다양화를 추구하는 기업들의 인수·합병(M&A)을 촉진시킬 것으로 판단된다.

〈표 11-15〉 팹리스 매출 현황(2006년 1분기)

(단위 : 백만원, %)

	2006. 1분기	2005. 4분기	2005. 1분기	증감 (전분기)	증감 (전년동기)
코 아 로 직	51,009	54,852	32,376	△7.0	57.6
엠 텍 비 전	27,332	50,321	44,061	△45.7	△38.0
이엠엘에스아이	25,652	28,862	15,666	△11.1	63.7
피 델 릭 스	15,977	15,313	5,099	4.3	213.3
토 마 토 L S I	13,194	20,603	4,800	△36.0	174.9
텔 레 칩 스	12,439	18,692	11,594	△33.5	7.3
다 윈 텍	12,164	16,184	5,162	△24.8	135.6
티 엘 아 이	10,124	9,461	5,215	7.0	94.1
시엔에스테크놀러지	8,062	9,026	2,735	△10.7	194.8
엑 셀 반 도 체	4,387	3,300	1,079	32.9	306.6

자료 : IT SoC협회, 2006. 6.

한편, 시스템반도체 분야의 팹리스들은 설계원천기술 및 전문인력 부족 등의 약점에도 불구하고 메모리반도체 분야 세계 최고의 경쟁력과 세계 최고 수준의 휴대폰, 디스플레이, 자동차 생산 및 개발기술을 기반으로 급성장을 지속할 것으로 기대되고 있다.

〈표 11-16〉 팹리스와 주요 생산제품

	해 당 회 사
Multimedia Processor	엠텍비전, 코아로직, 텔레칩스, MCS로직, 플러스칩, 렛스비전, 매직아이, 디게이트
DMB용(위성, 지상파)	아이엔시테크놀러지, 시엔에스테크놀러지, 매커스, 인티그런트테크놀러지, 텔에이스, 에프씨아이, 센트로닉스, 넥실리온
FPD용 반도체	토마토LSI, 리디스테크놀러지, 상화마이크로텍, 다윈텍, 티엘아이, 매크로영상기술, 이디텍, 신코엠, 픽셀칩스
무선통신용 반도체	에이로직스, 레이디오펄스, 오렌지로직, 오픈솔루션
메모리 반도체	이엠엘에스아이, 아라리온, 엑셀반도체, 오투아이씨
CMOS Image Sensor	픽셀플러스, 실리콘화일
Audio용 반도체	펄서스테크놀러지, 엠텍반도체, 화음소, 이엠디티
보안용 반도체	펜타마이크로, 넥스트칩솔루션
기타	다믈멀티미디어(아날로그IC), 코아리버(MCU), 윤텔(MP3용 플랫폼), 쓰리에이로직스(RFID IC)

자료 : IT SoC협회

〈표 11-17〉 시스템 IC 산업 경쟁력 분석(SWOT분석)

강 점	· 메모리 분야 세계 최고의 경쟁력 · 세계 최고의 정보통신 인프라 · 핵심전략산업으로서 정부의 확고한 지원 의지 · 세계 최고수준의 휴대폰, 디스플레이, 자동차 생산기술
약 점	· 설계원천기술 및 설계전문 인력의 부족 · 반도체 설계를 위한 IP 확보 및 유통체계 미흡 · 회사 규모의 영세성 · 핵심기술에 대한 높은 해외의존도 · 국제기술 표준 및 지적재산권에 대한 대응력 미약 · 진입시장에 대한 분석 및 마케팅 역량 부족
기 회	· 반도체 산업의 업종 전문화 심화(설계, 메모리, 파운드리, 패키징) · 카메라폰 등 차세대 정보기기의 시장 점유 증가 · 디지털 기기의 컨버전스화 · 신기술 및 제품에 대한 신속한 적응력
위 협	· 연구·개발 비용의 증가로 대형 선진업체간 전략적 제휴(strategic alliance) 확대 · 중국 등 후발국들의 급속한 성장 · 제품수명주기(product life cycle)의 단축 · 설계전문 외국기업 제품의 국내 초기시장 선점

2. 통신기기산업

2.1 통신기기산업의 동향

국내 통신기기산업의 생산은 2005년에 내수회복 부진과 주력품목인 휴대폰의 수출 증가세 위축으로 전년 대비 0.4% 감소하였다. 2005년도 통신기기 수출은 278억 3,800만 달러를 기록하여 전년 대비 7.4% 증가에 그쳤으며 이 중 휴대폰(cellular phone)의 수출이 특히 부진하였다. 최대 수출시장인 미국으로의 수출이 전년 대비 28.7% 감소한 것을 비롯하여 홍콩 및 멕시코 등에 대한 수출도 전년 대비 대폭 감소하였다. 그러나 WCDMA폰 등 3세대폰 중심의 교체수요로 독일에 대한 수출이 전년 대비 56.8% 증가하는 등 유럽시장에 대한 수출은 큰 폭으로 증가하였다.

통신기기 내수는 휴대전화 보급률 포화 등 시장 자체적인 성장 둔화 요인 및 단말기 보조금 지급 금지, 국내 경기침체(recession) 등 외부 요인들로 인하여 전반적으로 시장이 위축되었다. 이에 따라 2005년 통신기기 내수는 전년 대비 5.0%의 소폭증가에 그쳤다.

〈표 11-18〉 통신기기산업 수급동향

(단위 : 생산·내수는 억원, 수출입은 백만 달러, %)

		2004(A)	2005(B)		2006	증 가 율	
				상반기(C)	상반기(D)	B/A	D/C
공 급	생 산	466,400	464,652	214,512	218,000	△0.4	1.6
	수 입	3,865	4,430	1,950	2,423	14.6	24.3
수 요	내 수	213,992	224,719	99,107	100,000	5.0	0.9
	수 출	25,916	27,838	13,317	13,518	7.4	1.5

주 : 2006년은 산업은행 추정
자료 : 한국정보통신산업협회, 정보통신산업월보, 각호

국내 통신기기업계는 2006년 상반기에 전반적으로 전년동기 대비 부진한 양상을 나타낼 것으로 보인다. 이는 수출 둔화가 지속되는 가운데 내수회복 역시 부진할 것으로 예상되기 때문이다. 2006년 상반기 수출 증가율은 1.5%로 2005년의 7.4%에 비하여 크게 둔화될 것으로 보인다. 2006년 상반기 내수는 전년동기 대비 0.9% 증가에 그친 100,000억원을 기록할 것으로 보인다. 이는 유무선 단말기의 보급률 포화상태가 지속되고 있는 가운데 기대되었던 DMB, WCDMA, 인터넷전화 등 신규서비스가 소비심리 위축과 기지국, 중계기 등의 통신인프라 투자 부진으로 휴대폰 및 통신장비의 본격적인 내수 창출로 이어지지 못하였기 때문이다. 한편, 2006년 상반기 생산은 수출과 내수 둔화의 영향으로 전년동기 대비 1.6% 증가한 218,000억원을 기록하여 2005년에 이어 침체를 지속할 것으로 보인다. 반면에 수입은 전년동기 대비 24.3% 증가한 24억 2,300만 달러를 기록할 것으로 예상된다.

2.2 통신기기산업의 전망

(1) 내수 및 수출

내수는 2006년에 DMB폰, WCDMA폰 등 고가폰에 대한 교체수요와 3세대 통신시스템에 대한 장비수요로 증가할 것으로 보인다. 증가폭은 2.4% 수준으로 제한적일 것으로 예상된다. 또한, 2006년 통신기기 수출 역시 유럽선진국에서 고가폰에 대한 수요 확대에도 불구하고 원화 강세에 따른 가격경쟁력(price competitiveness) 악화로 전년 대비 2.9% 감소한 270억 3,500만 달러에 그칠 것으로 보인다. 이 같이 2006년 통신기기업계는 내수 및 수출 모두 부진한 상황을 지속할 것으로 예상된다.

주요 업체별 동향을 살펴보면 삼성전자가 세계 고가품 시장을 주도하는 등 브랜드 이미지는 높은 편이나 경쟁격화로 영업이익률이 저하되고 있는 실정이다. 특히, 노키아(NOKIA), 모토롤라(MOTOROLA) 등이 신흥시장(emerging market) 공략을 위해 저가폰의 비중을 증대시키고 있으나 삼성전자, LG전자 등 국내 업체의 경우 저가폰 시장에서의 점유율은 미미한 실정이다.

국내 통신기기산업의 생산은 2006년에 국내외 수요 부진에 따라 전년 대비 1.2% 증가에 그친 470,000억원을 기록할 것으로 전망되며 수입은 9.4% 증가한 48억 4,700만 달러를 기록할 것으로 보인다.

한편, 미국에 이어 2번째로 큰 시장으로 국내 통신산업의 성장동력이었던 중국시장에서의 경쟁이 심화되고 세계시장의 성장여력이 점차 감소하면서 세계 주요 기업들이 시장점유율 제고를 위해 비주력시장으로 진출하는 등 시장확보 경쟁이 한층 심화될 것으로 보인다. 또한, 중국기업들이 급속한 기술력 제고와 가격경쟁력을 기반으로 점차 세계시장에서 경쟁자로 부상하고 있다.

〈표 11-19〉 통신기기산업 수급동향 및 전망

(단위 : 생산·내수는 억원, 수출입은 백만 달러, %)

	2004	2005	2006	증 가 율	
				2005/2004	2006/2005
생 산	466,400	464,652	470,000	△0.4	1.2
수 입	3,865	4,430	4,847	14.6	9.4
내 수	213,992	224,719	230,000	5.0	2.4
수 출	25,916	27,838	27,035	7.4	△2.9

주 : 2006년은 산업은행 추정

자료 : 한국정보통신산업협회, 정보통신산업월보, 각호

국내 통신기기 업계의 성장은 2006년에 소수 선도기업에 의해 주도되어 수익성(profitability) 측면에서도 대기업군과 중소·중견기업의 빈익빈 부익부 현상이 심화될 것으로 보인다. 삼성전자, LG전자 등 국내 휴대폰 선도기업이 우수한 제품개발 능력을 기반으로 유럽, 미국 등 선진국시장은 물론 인도, 러시아 등 신흥시장에서도 시장점유율을 제고시킬 것으로 보인다. 반면에 국내 중소 휴대폰업체들의 경우 높은 개발비용 부담 등 원가율 상승으로 수익성 저하가 우려되며 기존의 최대 해외시장인 중국시장에서도 자국업체들의 시장점유율 상승, 저가 가격경쟁 등이 심화되면서 일부 업체를 제외하고는 수출시장에서도 어려움에 직면하게 될 것으로 판단된다.

(2) 설비투자

국내 통신기기산업의 설비투자금액은 2006년에 전년 대비 44.0% 증가한 1조 872억원을 기록할 것으로 전망되며 휴대폰 빅3 업체가 동 설비투자금액의 약 80.6%인 8,761억원을 차지하는 것으로 조사되었다.

한편, 중소 휴대폰 제조업체의 설비투자는 지속적으로 부진할 것으로 보인다. 이는 중견·중소 휴대폰 제조업체의 경우 주력 수출시장인 중국시장의 경쟁이 심화되는 추세에 있으며 미국 및 유럽지역으로의 수출은 마케팅이 진행되는 단계로서 적극적인 설비투자가 어렵기 때문으로 풀이된다.

한편 DMB, WSDMA, HSDPA 등의 기술을 채택한 고성능 휴대폰의 개발이 수요증가에 힘입어 활성화되고 있다. 이에 따라 세계시장에서의 입지가 강화되고 있는 삼성전자와 LG전자 등 선도기업은 수준 높은 제품개발 능력과 지속적인 국내외 시장점유율 증가를 기반으로 설비투자가 크게 증가한 것으로 보인다. 반면에 기술력이나 제품개발능력이 선도기업에 비하여 뒤처지는 중소기업의 경우에는 설비투자 규모가 제한적일 수밖에 없을 것으로 보인다.

동기별 설비투자 전망을 살펴보면 2006년에는 설비능력 증가를 위한 투자가 전년 대비 30.0% 증가할 것으로 보인다. 이를 분야별로 보면 신제품 생산과 설비확장 투자가 각각 7.0%, 64.0% 증가할 것으로 전망된다. 또한, 국내외 수요별 투자내역을 살펴보면 국내수요 투자는 전년 대비 3.0% 감소하고 해외수요 투자는 전년 대비 61.0% 증가할 것으로 예상된다. 이는 2005년부터 수요가 증가하고 있는 WCDMA폰과 DMB폰 및 2006년부터 서비스가 개시될 HSDPA폰 관련 설비확충과 최근의 수출환경 악화에도 불구하고 수출수요에 대비한 설비투자가 대폭 증가할 것으로 예상되기 때문이다.

한편, 연구 · 개발(R&D) 투자도 2005년의 32.5% 증가에 이어 2006년에도 52.7%의 증가세를 보일 것으로 전망된다. 이는 카메라폰 및 DMB폰의 업그레이드(upgrade), 2006년 출시될 WCDMA폰 및 HSDPA폰 등의 신제품개발에 기인할 것으로 보인다.

이 같이 통신기기산업의 2006년 설비투자는 신제품개발을 위한 연구 · 개발 투자 및 기존시설에 대한 유지보수와 자동화(automation) 투자가 활발히 전개될 것으로 전망된다. 설비능력을 증가시키는 투자는 신제품 생산보다는 기존 설비의 확장에 치중할 것으로 보인다.

〈표 11-20〉 통신기기산업의 동기별 설비투자 동향 및 전망

(단위 : 억원, %)

	설 비 투 자			구 성 비			증 가 율	
	2004	2005	2006	2004	2005	2006	2005/2004	2006/2005
합 계	6,273	7,552	10,872	100.0	100.0	100.0	20.4	44.0
설비능력 증가	3,990	4,577	5,951	63.6	60.6	54.7	14.7	30.0
신제품 생산	767	2,729	2,921	12.2	36.1	26.9	255.8	7.0
설 비 확 장	3,223	1,848	3,030	51.4	24.5	27.9	△42.7	64.0
국내수요대비	882	2,214	2,147	14.1	29.3	19.8	151.0	△3.0
해외수요대비	3,108	2,363	3,804	49.5	31.3	35.0	△24.0	61.0
합 리 화	711	971	2,557	11.3	12.9	23.5	36.6	163.3
유 지 보 수	672	921	2,379	10.7	12.2	21.9	37.1	158.3
자 동 화	39	50	178	0.6	0.7	1.6	28.2	256.0
에너지절약	0	0	0	0.0	0.0	0.0	0.0	0.0
공 해 방 지	0	0	0	0.0	0.0	0.0	0.0	0.0
연 구 개 발	840	1,113	1,700	13.4	14.7	15.6	32.5	52.7
기 타	732	891	664	11.7	11.8	6.1	21.3	△25.2

자료 : 산업은행, 설비투자계획조사, 2006. 5.

2.3 세계 휴대폰시장 현황

세계 휴대폰시장의 2005년 권역별 현황을 살펴보면 보급률이 높은 한국을 비롯한 미국, 유럽 등 선진국지역은 컬러 · 카메라폰, MP3폰, DMB폰, 스마트폰 등 고기

능폰 중심으로 교체수요가 증가하였으며 인도, 동유럽, 남미 등 신규시장은 가입자 증가에 따른 신규수요가 지속적으로 증가하였다. 그 결과 2005년 세계 휴대폰 판매량은 2004년의 6억 4,000만대에서 크게 늘어난 7억 9,000만대를 기록하였다.

이 같은 휴대폰의 수요호조 속에 세계적인 글로벌 기업인 노키아와 모토롤라의 시장점유율은 각각 33.3%, 18.4%로 전년 대비 상승한 반면에 세계시장 업계 3, 5위권인 삼성과 LG전자의 점유율은 각각 13.0%, 6.9%로 전년 대비 소폭 감소하였다. 이는 노키아와 모토롤라가 동남아 등 신흥시장을 타깃으로 저가폰 판매정책을 확대한 반면에 삼성과 LG전자는 유럽, 미국 등 선진시장 및 중국시장 등에서 고가정책을 시행한 것에 기인한 것으로 판단된다.

〈표 11-21〉 휴대폰의 세계 시장점유율 추이

(단위 : 천대, %)

	2003			2004			2005		
	업체명	판매량	점유율	업체명	판매량	점유율	업체명	판매량	점유율
1	노키아	179,339	33.6	노키아	190,684	29.7	노키아	265,000	33.3
2	모토롤라	75,439	14.1	모토롤라	95,047	14.8	모토롤라	146,000	18.4
3	삼성전자	53,004	9.9	삼성전자	85,696	13.3	삼성전자	103,000	13.0
4	지멘스	45,345	8.5	지멘스	43,664	6.8	-	-	-
5	LG전자	27,496	5.2	LG전자	47,573	7.4	LG전자	55,000	6.9
6	소니에릭슨	24,958	4.7	소니에릭슨	40,034	6.2	소니에릭슨	50,000	6.3
7	기타	127,775	24.0	기타	140,405	21.8	기타	144,690	18.2
합계		533,356	100.0		643,101	100.0		795,000	100.0

자료 : Gartner(2005. 12) 및 IDC, 산업은행 추정

세계 휴대폰시장은 2002년 이후 노키아, 모토롤라, 삼성전자의 3강 구도가 유지되고 있다. 노키아는 시장진입 초기부터 최근까지 수년간 저가정책을 기반으로 부동의 시장점유율 1위를 기록하고 있다. 반면에 삼성전자는 고급 제품을 주력으로 하여 고가정책을 시행하면서 세계 시장에서 고급 브랜드의 이미지를 확대해 가고 있다.

한편, 세계 통신기기시장은 업체간 글로벌 경쟁(global competition)이 가속화되고 공급과잉(oversupply)에 따른 경기둔화가 우려되고 있다. 글로벌 경쟁의 심화와

개발비용의 증가는 휴대폰 제조업의 채산성의 악화를 야기시키고 있다. 이 같은 상황 하에서 세계 4위의 휴대폰 제조업체인 지멘스가 휴대폰 부문을 매각하는 등 업계 전체적으로 전략적 제휴(strategic alliance) 및 인수·합병(M&A : Merger and Acquisition) 등이 가속화되고 있다.

2.4 과제

통신기기는 통신서비스를 구현하는 데 필요한 일체의 장비, 회선, 단말기 등을 지칭한다. 통신서비스는 다자간 복수의 전자정보 교환을 위하여 통신관련 주파수, 전송데이터, 기술방식 등의 국제적 표준(international standard)을 필요로 한다.

통신업계의 국제표준 기술개발자는 특허기술(원천기술)을 기반으로 기술 사용료에 해당하는 로열티(royalty) 수입과 통신기기 핵심 칩 판매수입도 얻을 수 있다. 통신기기 중 가장 비중이 큰 휴대폰의 경우 CDMA방식은 미국의 퀄컴사가 독보적인 기술특허를 보유하고 있다. GSM 방식은 기술특허가 400여개나 되는데, 이를 노키아(150개), 모토롤라(61개), 에릭슨(56개), 알카텔(20개) 등 세계 유수의 통신기기 업체가 나누어 보유하고 있다. 국내기업은 삼성전자가 유일하게 6개를 보유하고 있다. 통신기기산업의 과제를 다음 4가지 측면에서 살펴본다.

(1) HSDPA의 상용화

통신기기 중 가장 큰 비중을 차지하는 휴대폰은 국내 선도기업의 활약에 힘입어 세계시장 점유율을 지속적으로 증가시켜 오는 등 현재까지 한국 통신기기 산업을 선도하여 왔다. 그러나 경쟁력의 핵심인 기술력은 그간의 양적인 성장(quantitative growth)에 비하여 보면 여전히 미흡하다고 할 수 있다. 따라서 본격적인 3세대 휴대폰인 WCDMA 시장을 맞이하여 2세대 휴대폰에서의 기술력 부족을 교훈삼아 WCDMA 방식 하의 고속전송기술인 HSDPA를 상용화하여 특허기술로 발전시켜야 한다.

(2) 신규 인프라 및 신규 서비스의 상용화

세계적 수준의 통신 인프라 축적을 기반으로 신규 인프라(BcN) 및 신규 서비스(휴대인터넷, DMB)를 출현시킨 국내 통신기기업계는 이를 상용화하여 세계표준으로 확정되도록 하는 것이 필요하다. 즉, 이들의 표준화(standardization)를 통하여 통신기기 관련 원천기술(source technology)을 확보하는 기회로 삼아야 한다. 특히, 이를 위하여 통신장비와 단말기의 핵심 칩 등을 세계 상용화에 맞춰 개발하는 것이 중요한 과제가 될 것으로 보인다. 또한, 국내 통신장비업계는 표준에 따른 국산 통신장비의 개발에 주력하여 경쟁력 확보의 기회로 삼아야 한다.

통신기기는 데이터 신호의 전자적 처리를 기반으로 하는 기기이며 이를 가능하게 하는 핵심 전자회로를 내장하고 있는 것이 반도체 칩이다. 따라서 통신기기의 성능은 관련 반도체 칩의 하드웨어 및 소프트웨어적 설계 능력과 밀접한 관련을 맺고 있다. 전자회로 설계기술의 향상은 통신기기 핵심 칩의 향상으로 이어져 통신속도의 향상과 통신기기의 다기능화, 다양화를 가능하게 하고 있다.

(3) 통신장비 및 단말기의 적기 출시

2006년 하반기부터는 통신과 방송, 유선과 무선, 음성과 데이터의 융합이 가속화되어 광대역통합망(BcN)의 보급이 증가할 것으로 보인다. 이에 따라 기존의 통신장비 및 단말기는 신규 인프라에 맞게 업그레이드되어 신제품을 출시하게 될 것으로 보인다. 따라서 변화하는 통신서비스 환경에 맞추어 적기에 통신장비 및 단말기를 출시할 수 있는 능력을 구비하는 것이 필요하다.

(4) 통신기기의 활용도 제고

통신기기산업의 지속적인 발전을 위해서는 공급측면에서의 기술개발 이외에도 지속적인 수요를 창출할 수 있도록 기기의 활용도를 제고시켜야 한다. 이를 위해 신규 인프라를 활용할 다양한 컨텐츠 개발과 응용소프트웨어 산업 육성 및 킬러어프리케이션의 개발이 필요하다. 따라서 정부 주도의 연구・개발(R&D) 센터 설립 및 산・학・연 합동이 효과적으로 이루어져야 한다.

제 3 절 ASEAN

ASEAN(동남아국가연합) 지역은 풍부한 자연자원(natural resources)과 양질의 인적자원(human resources)을 통해 최근 수년간 약 5%에 이르는 높은 경제성장률을 보이고 있는 큰 성장잠재력(growth potentials)을 가지고 있는 지역으로 평가할 수 있다.[13] 그러나 이러한 역동적인 발전 가운데 역내 경제격차(regional economic gap)라는 문제가 성장의 장애요인이 되고 있어 심각한 문제로 대두되고 있다. 즉, ASEAN 회원국인 10개국 중 역내 후발개도국인 인도차이나 반도의 캄보디아, 라오스, 미얀마, 베트남 국가와 나머지 국가들 간의 개발격차는 심각한 수준에 이르고 있다. 따라서 역내 개발격차의 확대는 향후 ASEAN, 나아가 동아시아 경제통합(East Asian Economic Integration) 과정에 지대한 영향을 미칠 것으로 분석되고 있다.

이 같은 상황을 인식하여 ASEAN에서는 이러한 역내 개발격차 문제 해소에 다각적인 노력을 하고 있으며 그 일환으로 ASEAN 통합 이니셔티브라는 IAI(Initiative for ASEAN)를 추진하고 있다. 그리고 이러한 IAI 추진 과정에서 역내 IT 협력 및 정보격차(digital divide) 해소가 핵심 의제가 되고 있다.

1. ASEAN에서의 IT협력 논의

ASEAN 통합 이니셔티브, 즉 IAI는 2000년 11월 싱가포르에서 개최된 제4차 ASEAN 비공식 정상회의에서 고촉동 당시 싱가포르 총리에 의해 제안되었다. 2001년 7월 개최된 ASEAN 장관회의에서 하노이 선언을 통해 채택되었으며 연이어 2002년 11월 개최된 ASEAN 정상회의에서 최종승인을 득하였다. 이러한 IAI는 ASEAN 회원국 내 국가간 발전격차를 축소시키기 위한 공동노력을 통해 ASEAN 전체의 경쟁력을 제고시키기 위해 추진되고 있다.

IAI Work Plan을 살펴보면 4개분야(① 인프라, ② 인적자원개발, ③ IT, ④ 지역경제통합)에서 총 129개의 프로젝트가 진행되고 있다. 이 중 IT분야는 이미 완료된 10개의 프로젝트를 포함하여 20개의 프로젝트가 추진되고 있으며 역내 정보격차 해

13) ASEAN(Association of Southeast Asian Nations)은 브루나이, 캄보디아, 인도네시아, 라오스, 말레이시아, 미얀마, 필리핀, 싱가포르, 태국, 베트남의 동남아 10개국의 지역협력체이다(정보통신정책연구원, ASEAN에서의 IT협력 체제 및 논의동향, 2006. 7. 요약·재구성).

소를 위한 프로젝트들이 주를 이루고 있다.

〈표 11-22〉 IAI Work Plan 추진현황(2006년 5월 기준)

분야	세부분야	프로젝트 진행 상황						합계
		완료	추진 중	자금 확보·기획 진행 중	부분기금 확보·기획실행 중	사업 구상 중	사업 미구상	
Ⅰ. 인프라	교통	6	3	2			1	12
	에너지	8						8
Ⅱ. 인적자원 개발	공공부문 능력개발	20	10	1		3	1	35
	노동 및 고용	6	3		1		2	12
	고급교육	1						1
Ⅲ. 정보통신		10	1	4	3		2	20
Ⅳ. 지역경제 통합	재화 및 서비스무역	4	5	3				12
	관세	3		1			5	9
	표준화	5	4	2				11
	투자		1					1
Ⅴ. 기타 프로젝트		7				1		8
총 합계		70	27	13	4	4	11	129

자료 : ASEAN Secretariat, www.aseansec.org

〈표 11-23〉 IAI Work Plan 중 IT부문 프로젝트(2006년 5월 기준)

		프로젝트 명	지원국
	1	Project by Malaysia : Smart School Project for CLMV (Phase 1 : 2002~2003)	말레이시아
	2	Project by Malaysia : Certificate in ICT Level Ⅰ (Basic) : Computing and Evolution of Networking for CLMV countries (1 Mar~15 Apr 2005, 20 participants)	말레이시아
	3	Project by Malaysia : Certificate in ICT Level Ⅱ (Intermediate) : Advanced Computing & Mobile and Satellite Communications System for CLMV countries(1 Mar~15 Apr 2005, 20 participants)	말레이시아

〈표 11-23〉 이어서

완료 프로젝트	4	Project by Malaysia : Certificate in ICT Level Ⅲ (Advance) : Managing Your Network and Mastering Technology to Create Digital Environment for CLMV countries (1 Mar ~ 15 Apr 2005, 20 participants)	말레이시아
	5	Project by Vietnam and JICA - Digital Telecommunication Network Operation & Maintenance Technology (27 Feb~19 Mar 2005)	베트남&일본(JICA)
	6	Project by Malaysia ETF/EAS/03/005/IAI-Managing Your Network and Mastering Technology to Create Digital Environment for CLMV countries(advanced level) (2~17 Aug 2004, 20 participants)	말레이시아
	7	Project by Malaysia ETF/EAS/03/004/IAI-Advance Computing & Mobile and Satellite Communications System for CLMV countries(intermediate level) (2~17 Aug 2004, 20 participants)	말레이시아
	8	Project by Malaysia ETF/EAS/03/003/IAI-Computing and Evolution of Networking for CLMV countries(basic level) (2~17 Aug 2004, 20 participants)	말레이시아
	9	Project by Thailand-ETF/EAS/04/004/IAI Joint IAI Project on e-ASEAN : ASEAN e-Commerce Programme(17~21 Nov 2003)	태국
	10	Project by Brunei-Managing IT for non-IT managers (27 July ~ 4 August 2004, 16 participants)	브루나이
진행중	11	Project by Malaysia-2 year scholarship for postgraduate research studies in ICT at Multimedia University of Malaysia (2 scholarships per CLMV)	말레이시아
자금확보 기획 진행중	12	Project by Malaysia-Certificate in ICT Level Ⅰ (Basic) : Computing and Evolution of Networking for CLMV countries(2~29 May 2006, 20 participants)	말레이시아
	13	Project by Malaysia-Certificate in ICT Level Ⅱ (Intermediate) : Advanced Computing & Mobile and Satellite Communications System for CLMV countries (2~29 May 2006, 20 participants)	말레이시아
	14	Project by Malaysia-Certificate in ICT Level Ⅲ (Advance) : Managing Your Network and Mastering Technology to Create Digital Environment for CLMV countries (2~29 May 2006, 20 participants)	말레이시아
	15	Project by Thailand-ETF/02/006-ICT Training in Developing Countires	태국& ASEAN foundation (Japan-ASEAN Solidarity Fund)

〈표 11-23〉 이어서

부분 기금 확보 실행 중	16	ETF/02/002-National ICT Master Plans(지원대상국: 미얀마)	한국(KOICA)
	17	ETF/02/003-ICT Legislation(지원대상국: 베트남)	한국(KOICA)
	18	ETF/02/005-e-Government(지원대상국 : 라오스)	한국(KOICA)
사업 미구상	19	ETF/02/001-Telecommunications Framework (Funding is required only for Cambodia & Myanmar)	
	20	ETF/02/004-National Agency Plan for ICT HRD (Funding is required only for Cambodia, Laos and Myanmar)	

자료 : ASEAN Secretariat, www.aseansec.org

IAI의 추진과정에서 IT 협력분야를 우선적으로 살펴보면 2000년 11월 싱가포르에서 ASEAN 정상들이 채택한 'e-ASEAN 프레임워크 협정(e-ASEAN Framework Agreement)'을 지적할 수 있다. 'e-ASEAN 프레임워크 협정'은 다음 5가지 분야에 있어 IT협력을 추진하고 있다.

① ASEAN 정보인프라(AII : ASEAN Information Infrastructure) 구축 촉진
② 전자상거래(e-Commerce) 촉진
③ IT상품 및 서비스의 무역과 투자자유화 촉진 및 무역 · 투자활성화
④ 능력배양 및 정보사회 구축을 통한 역내 정보격차 해소
⑤ 전자정부 구축 촉진

이렇게 합의된 'e-ASEAN 프레임워크'를 근거로 '비엔티엔 행동 프로그램 2004~2010(Vientaine Action Programme 2004~2010)'에서 상호 연계되고 안정적이며 역동적인 ASEAN 커뮤니티 구축을 합의하였으며 2010년을 목표로 ASEAN 통합을 추진하는 'e-ASEAN 로드맵'으로 발전하였다. 또한, 상기한 협력논의는 ASEAN지역의 온라인 서비스와 어플리케이션 이용 활성화를 가속화하고 역내 국민, 비즈니스, 산업, 정부간 전자상거래 이용 증진을 목표로 하는 'e-ASEAN 실현을 위한 온라인 어플리케이션 및 서비스 활성화에 관한 하노이 아젠다(Hanoi Agenda on Promoting Online Services and Application)'를 채택함으로써 구체화되

었다.

2005년에 개최된 ASEAN 정보통신장관회의에서 채택된 하노이 아젠다(Hanoi Agenda)에서는 온라인 서비스와 어플리케이션을 위한 규제환경 구축 및 역량배양, 상호 접속성 및 상호 운영성, 디지털 컨텐츠(digital contents)와 온라인 서비스, 네트워크 보안 및 IT 능력배양 분야에서의 협력을 다짐했는 데 행동계획 목록은 크게 다음 5가지로 정리될 수 있다.

(1) 온라인 서비스와 어플리케이션을 위한 역량강화 정책 및 규제 환경

① 온라인 서비스, 특히 전자계약 및 논점해결 대안을 위한 융합된 법적 인프라 개발 및 증진

② 활동 아젠다 도입 및 통합 방침 도입

③ ASEAN IT 정책 및 규제 데이터베이스(database) 구축

④ ASEAN 회원국 실제 환경에 적합한 온라인 어플리케이션과 서비스의 규제 모델·기본 방침 개발

⑤ 차세대 네트워크의 이동 및 개발에 있어 실질적 규제 채택

⑥ 법 집행관 및 기타 이해관계자들간 IT 법적 규제 프레임워크 인식 및 이해 증진

⑦ ASEAN 회원국 내 공정하고 투명한 IT 경쟁정책(competition policy) 및 규제 증진

(2) 상호 연계성 및 상호 운영성

① 농촌 지역 및 고립 지역에 대한 브로드밴드 접근과 연결 설비구축을 위한 활동계획 수립

② ASEAN 정보인프라(AII) 구축을 위한 국가정보인프라(NII) 데이터베이스 강화

③ 무선 주파수 Identification(RFID) 기술 및 어플리케이션 채택 설비

④ 정보 공유와 실행 개발을 목적으로 하는 'Community Access Centers' 또는 'Tele-Centers' 등의 ASEAN 네트워크 구축

⑤ 무선 브로드밴드(broadband) 접근 장려를 위한 광범위한 운영의 기본 방침 도입

(3) 디지털 컨텐츠 및 온라인 서비스

① 지역 및 지방정부를 위한 전자정부 기본 방침 마련

② 대중에게 온라인 서비스 제공을 위한 경험 교환 및 공유를 위해 지역 및 지방 정부 격려

③ ASEAN 지역 내 국경을 초월한 전자 교류 장려

④ 디지털 지역 컨텐츠 개발과 컨텐츠 자원 공유, 특히 지방 및 농촌지역 사회 관련한 컨텐츠 개발과 자원 공유

⑤ 우선적인 ASEAN 기본방침 개발을 통한 긍정적인 인터넷 사용 증진

(4) 네트워크 보안

① ASEAN 역내, 국가 컴퓨터 긴급대책 팀(CERTs)의 능력 검사를 위해 지역 중재훈련 실행 등의 활동을 통한 사이버 보안(cyber security) 협력 강화

② 스팸 남용 및 위협 방지에 대응할 수 있는 네트워크 보안 협력을 위한 ASEAN 프레임워크 실행의 발전 및 도입

③ ASEAN 지역 내 전자결제 인식을 위한 프레임워크 개발 및 장려

④ ASEAN 지역 내 공공 주요 인프라(Public Key Infrastructure) 실행 확인

(5) 능력 배양

① 정부 주요 정보 관료들(CIOs : Chief Information Officers)의 ASEAN 네트워크 구축

② 청년 자원봉사 팀 발족을 통한 청년, 특히 농촌지역 거주 청년 대상의 IT 기초 지식 제공

③ 사회소외계층 대상으로의 ICT 훈련 프로그램 확대

④ 청소년들에 대한 IT 접근 및 활용기회 확대

⑤ e-Learning 장려를 통한 ASEAN 내 대학들간 네트워크 증진

⑥ ASEAN 전자정부 포럼 개설

2. ASEAN IT협력체제의 발전

ASEAN에서의 IT 협력 논의가 ASEAN 정상회의에서 주요 의제로 진행되면서 IT 협력은 ASEAN TELSOM(정보통신 고위관료회의) 및 TELMIN(정보통신 장관회의)을 통해 보다 구체화되고 활발하게 진행되고 있다. ASEAN TELMIN 및 ASEAN TELSOM을 통한 협력은 ASEAN 정보인프라 구축, e-ASEAN Initiative 강화 협력, IT 분야의 역내 무역 및 투자활성화, IT기술 조율 및 조화, ASEAN 고유의 IT 컨텐츠 개발, 민간부문 참여 촉진, 정보 및 경험교환, IT 기술 관련 국제·지역 문제에 관한 공동 접근 및 협력강화, 역내 정보격차(digital divide) 해소 등 IT 전분야에 걸쳐 광범위하게 이루어지고 있다. 최근에는 이러한 협력분야를 4개 작업반(① ASEAN IT 인프라 작업반, ② 정보사회(e-Society) 및 IT 기술역량 강화 작업반, ③ Universal Access와 정보격차 해소 작업반, ④ 전자상거래(e-Commerce) 및 정보통신기술분야 무역투자진흥 작업반)으로 통합하여 활발한 활동이 이루어지고 있다.

또한, 상기한 ASEAN에서의 IT 협력논의는 ASEAN + 3(한·중·일)를 비롯한 ASEAN + 대화상대국들(Dialogue Partners)과의 논의로 확대됨으로써 IT협력에 있어 대화상대국의 관심과 참여를 유도하고 있다. ASEAN TELSOM은 협력범위를 확대하여 주변국과의 공동협력방안을 마련하기 위해 2003년 9월에 싱가포르에서 개최된 '제4차 ASEAN TELSOM 회의' 전에 한국, 중국, 일본을 초청하여 '제1차 ASEAN TELSOM + 3 회의'를 개최한 바 있다.

제1차 ASEAN TELSOM + 3 회의는 IT 분야에서 ASEAN과 한·중·일 간의 협력을 강화하고 e-ASEAN 체제 협정 및 다수의 ASEAN Initiative를 지지하는 상호 호혜 협력사업을 시행하고자 하는 목적에서 추진되었으며 ASEAN TELSOM + 3 협력체계 및 협력 분야, 조직 및 회의 운영에 관한 권한사항(TOR : Terms of Reference)을 채택하였다. 제1차 ASEAN TELSOM + 3에서 채택된 권한사항에서는 동아시아 지역을 기반으로 하여 IT 분야 상호 정보교환, IT 분야 정책관련 대화 활성화 및 프로젝트 협력 도모, ASEAN + 3 IT 협력활동에 민간부문 참여

확대 등을 추진하기 위해 ASEAN 정보인프라 개발, 역내 정보격차 해소 역량강화 및 인적자원 개발, 조화로운 IT 정책조율, IT분야 무역 및 투자촉진 등을 ASEAN + 3의 주요 협력논의 분야로 선정하였다.

제1차 ASEAN TELSOM + 3 회의의 논의사항을 기반으로 2004년 8월 태국 방콕에서 '제1차 ASEAN TELSOM + 3 회의'가 개최되었다. 이 회의에서는 ASEAN TELSOM + 3를 통해 마련된 'ASEAN + 3 IT 협력을 위한 권한사항(TOR)'을 최종적으로 채택하여 동아시아 지역에서의 IT협력 기틀을 보다 공고히 하였다. 또한, 이 회의에서 ASEAN 국가들은 ASEAN Working Group의 12개 협력사업을 소개하면서 ASEAN + 3 협력체계에서 공동협력 방안 모색의 중요성을 강조하였다.[14)]

베트남 하노이에서는 2005년에 '2차 ASEAN TELMIN + 3', '제3차 ASEAN TELSOM + 3 회의'와 함께 '제1차 ASEAN + 한국 회의'가 개최된 바 있다. 이는 ASEAN TELSOM + 3 논의를 보다 심화·발전시키기 위한 것으로 한국뿐만 아니라 ASEAN TELSOM + 일본, ASEAN TELSOM + 중국 등의 다양한 채널을 통한 협의로 발전하였다. 제1차 ASEAN TELSOM + 한국 회의는 ASEAN과 한국 간의 보다 긴밀한 협력의 장을 마련할 수 있었다. ASEAN 대표들은 'ASEAN ICT Focus 2005~2010' 전략 달성을 위한 한·ASEAN간 협력 추진계획에 대해 지대한 관심을 표명하였다.

베트남 하노이에서 2005년에 개최된 '제1차 ASEAN TELSOM + 한국'을 비롯하여 '제3차 ASEAN TELSOM + 3', '제2차 ASEAN TELMIN + 3' 회의를 통해 한국을 비롯한 동아시아 국가들은 ASEAN에서 논의되고 있는 일련의 IT 협력의제

14) ASEAN Working Group의 12개 협력사업은 다음과 같다. ① ASEAN Seminar on e-Learning, ② Satellite Based Tele-Education System for ASEAN Countries, ③ Technology Assessment for Universal Service Obligation Practices in ASEAN Member States, ④ Workshop on Rural Wireless Broadband Access for ASEAN Countries, ⑤ Rural Knowledge Management System(RKMS), ⑥ ASEAN Teacher Capacity Development Focusing on ICT-Pedagogy Integration: University Facilitating Models, ⑦ ASEAN Network for Software Multilingualization, ⑧ ASEAN Net for Persons with Disability, ⑨ Digital Accessible Information System(DAISY) via Telephone for ASEAN, ⑩ CERT Capacity Building, ⑪ Accelerating the Adoption of Radio Frequency Identification(RFID) in the ASEAN Region, ⑫ Broadband Deployment and Applications

들을 공유하고 이에 대해 적극적인 지지와 협력을 표명하고 있다. 특히, ASEAN은 하노이 아젠다(Hanoi Agenda) 채택에 있어 한·중·일의 적극적인 지지를 도출함으로써 e-ASEAN 발전계획에서 한·중·일의 협력 참여를 유도하였다.

〈표 11-24〉 ASEAN ICT Focus 2005~2010

협력 분야 및 목표	전략 방향
① ASEAN 정보인프라 AII(ASEAN Information Infrastructure) 구축 촉진	회원국의 국가정보인프라(NII) 표준과 설계 강화와 상호운영성 및 상호연계성 확립
	NII간 초고속 직접 연결과 ASEAN 정보인프라(AII) 백본과의 상호 연계
	국가/지역 인터넷 교환센터(IX)와 인터넷 게이트웨이 설치
	ASEAN 정보인프라(AII) 안전성과 보안 증진
② 전자상거래 및 ICT 무역 촉진, ASEAN 역내 전자상거래 및 ICT 무역 촉진	ASEAN 비즈니스 전자상거래 규제 및 법제적 틀 도입
	디지털 서명 인프라에 대한 상호 인식 구축 장려
	전자지불 게이트웨이를 이용하여 안전한 지역전자거래 및 전자지불 구축 촉진
	정보통신 분야 상품, 서비스 및 투자 촉진
③ e-Society 및 ICT 능력 배양, ASEAN 내 전자사회 구축과 역내 정보격차 해소를 위한 능력배양	ASEAN 정보사회 구축 : 지식정보경제 내 상호의견교환 및 비즈니스가 가능하고 국민들의 ICT 지식, 지술, 전문성 등의 향상을 통한 생산성 제고·강화 및 정보격차 해소
	공공, 민간, 비정부기구 및 개인간 긍정적인 인터넷 사용 장려
	ASEAN 회원국 내 학교, 지역사회 및 산업현장에서의 ICT 문맹 퇴치 및 인적자원 능력 배양 프로그램 개발 및 인식 강화
	고급 ICT 인적자원 개발
④ 보편적 접근 및 정보격차 해소 & 전자정부 ICT 인프라 및 서비스를 통한 보편적 서비스 및 전자정부 실현	광범위한 온라인 정부 서비스를 제공함으로써 ICT 어플리케이션 이용을 통한 공공과 민간 및 국내외 기관 간의 연계성과 상호 활동 지원(2010)
	ASEAN 지역 내 물자 및 서비스 조달에 대한 전자수단 증대와 물자·정보·인력의 보다 자유로운 교류 증대를 통한 정부간 협력 강화
	보편적인 ICT 네트워크 구축과 경쟁력 강화로 인한 경제적인 ICT 서비스 이용요금 도입 등을 통한 ICT 서비스 접근 용이성 도입 및 이용 강화
	비즈니스 기회 확대와 고용창출을 위한 ASEAN 역내 및 현지 컨텐츠/ICT 기반 어플리케이션 개발

3. 한국의 대ASEAN IT 협력 현황

전술한 ASEAN에서의 IT 협력논의에서 알 수 있듯이 한국은 ASEAN IT 협력 논의에 적극적으로 참여하고 있다. 한국은 ASEAN을 통한 협력 논의뿐만 아니라 실제로 대ASEAN 협력사업을 추진함으로써 ASEAN과의 IT협력 관계를 강화시키고 있다. 우선 ASEAN에서 추진 중인 ASEAN 이니셔티브(IAI) 지원사업에서 한국은 현재 5개 프로젝트에 대해 500만 달러를 지원하고 있다. 그리고 이 중에서 IT 관련 프로젝트가 3개나 차지하고 있다.

상기한 IAI 관련 지원사업 이외에도 한국은 이미 2000년에 개최된 'ASEAN + 3 정상회의'를 통해 '정보격차 해소 특별기금(Digital Bridge Fund)' 설치 운영을 제안한 바 있다. 또한, 이의 연장선상에서 제5차 ASEAN + 3 정상회의(2001, 브루나이)를 통해 '동아시아 정보격차 해소 특별협력사업'을 제안하여 ASEAN + 3 경제장관회의(2002, 브루나이)에서 ASEAN + 3의 공식 협력프로젝트로 승인받아 추진하고 있다. '동아시아 정보격차 해소 특별협력사업'으로 추진 중인 한국의 대ASEAN 정보격차 해소 지원 사업은 2002년부터 2006년까지 매년 500만 달러 규모로 IT 기술정책자문, 정보접근센터 구축, ASEAN의 전문가초청연수, 정보격차 해소를 위한 심포지엄 개최 등으로 추진되고 있다. 그리고 이러한 동아시아 특별협력 이니셔티브의 연장선상에서 ASEAN + 3 정상회의(2005, 말레이시아)를 통해 한국은 '역내 공동번영을 위한 IT 협력사업 확대'를 표명하였다. 이는 ASEAN의 미래 경쟁력 강화를 위한 IT 역량강화 지원으로 'ASEAN ICT 2005~2010 프로젝트'에 적극적으로 참여하여 ASEAN 내 정보접근센터 구축, IT 정책자문, IT 포럼구상 등의 내용으로 진행될 것으로 보인다.

한국의 동아시아 지역 내 개발격차 해소를 위한 대ASEAN 지원에서 IT, 통신, 인터넷 등을 활용한 지원이 현저히 증가하고 있다. 이는 역내 정보격차 해소가 주요 이슈로 논의되고 있기 때문이기도 하나 한편으로는 한국의 동남아시장을 선점하기 위한 전략적인 측면에서 이해할 수 있다. 정보격차 해소지원에 있어 한국의 IT 정책경험이 자연스럽게 소개되고 한국의 IT상품 및 기업들의 기술적 우수성

(technological superiority)이 간접적으로 홍보됨으로써 한국기업의 ASEAN 시장 진출에도 기여하게 된다. 그러나 이러한 기대효과는 단기적으로 나타나는 것이 아니라 지속적이고 체계적인 협력(continuous and systematic cooperation)을 통해 실현될 수 있다.

〈표 11-25〉 한국의 ASEAN 이니셔티브(IAI) 지원사업(총 5개)

	사업명	지원대상국	지원액
1	철도연결타당성조사(인프라/개발조사) TRN/02/005-Feasibility Study for the Missing Links and Spir Lines of the Singapore-Kunming Rail Link Project in CLMV	캄보디아, 라오스, 미얀마, 베트남 (4국 공동)	500만 달러
2	ICT 입법화(ICT/프로젝트) ETF/02/004-ICT Legislation	베트남	
3	전자정부지원(ICT/프로젝트) EFT/02/003-e-Government	라오스	
4	ICT 마스터플랜수립지원(ICT/프로젝트) EFT/02/002-National ICT Development Master Plans	미얀마	
5	상품·서비스 무역 능력배양(지역경제통합/프로젝트) TRA/02/001-Capacity Building in the Trade in Goods and Trade in Services for CLMV Countries	캄보디아	

자료: 대외경제정책연구원, 2005.

제4절 일 본

일본은 1990년대 이후 경제·사회적으로 큰 과제에 직면해 있다. 경제적으로는 장기화되고 있는 경기침체(recession)의 영향으로 주요 선진국 중에서 가장 낮은 경제성장률을 기록하고 있다. 스위스 국제경영개발연구원(IMD : International Institute for Management Development)이 발표하는 국가경쟁력 순위도 1989년부터 5년 연속 1위였으나 2003년에는 11위까지 하락하였다. 사회면에서도 출산율 감소와 함께 고령화가 급속히 진전되어 세계 제1의 고령국가가 되었다.

이 같은 현실은 일본인들의 미래에 대한 불안감을 증폭시켜 소비와 투자가 위축되고 있다. 그 결과 경제상황이 더욱 어려워지는 악순환(vicious circle)을 야기시키고 있다. 일본은 이 같은 문제를 해결하기 위해서는 기존 경제 · 사회구조의 철저한 개혁이 필요하다고 인식하고 있다. 이러한 구조개혁(structural reform)을 위해서는 정보통신 산업의 육성이 필수적임을 인식하고 국가적인 차원에서 정보통신 환경의 개선에 역량을 결집시키고 있다.

1. 정보통신 환경

일본은 최근까지 정보통신 환경이 경쟁국들에 비해 다소 뒤처져 있는 것으로 인식되어 왔다. 이 같은 상황을 고려하여 2001년 작성된 'e-Japan 전략'에서 '2005년까지 세계 최고의 IT국가를 건설한다'는 목표를 설정하여 정부와 민간이 함께 노력하고 있다.[15] 그 결과 최근에는 '광대역(broadband) 통신환경의 정비', '저렴한 통신요금', '광통신 서비스의 제공', '휴대폰을 통한 인터넷 접속' 등의 분야에서 세계 정보통신 산업의 선도자로 부상하고 있다.[16]

광대역 통신망의 보급상황을 비교해 보면 계약건수에서는 일본이 781만건으로 미국 1,870만건, 한국 986만건에 이어 3위이며 급증하는 추세를 보이고 있다. 세대별 보급률에서는 일본은 10위이며 한국이 67.6%로 1위, 홍콩이 2위, 대만이 4위로 아시아 지역 국가들이 광대역 통신망의 보급에서 상위를 차지하고 있다.

각국의 주요 사업자에 의한 휴대전화 계약당 인터넷 서비스 계약의 비율을 살펴보면 일본이 79.2%로 가장 높고, 다음으로 한국과 중국이 상위를 차지하고 있어 일본을 중심으로 한 아시아 지역이 휴대전화(cellular phone)를 통한 인터넷 접속 시

15) e-Japan 전략은 내각 총리를 본부장으로 하는 IT 전략본부가 2001년 1월 작성한 국가전략으로 5년 내에 일본을 세계 최고의 IT 국가로 만드는 것을 목표로 하고 있다. 동 본부는 2001년 3월에 동 전략을 구체화하는 'e-Japan 중점계획'을 작성하였으며 2002년 6월에는 동 계획을 전면 수정한 'e-Japan 중점계획-2002'를 발표한 바 있다(수출입은행, 수은해외경제, 2003. 8. pp. 92~98 요약 · 재구성).

16) 광대역은 기존의 협대역(narrowband)과 반대되는 개념으로 FTTH(Fiber To The Home), DSL(Digital Subscriber Line) 등의 고속 · 초고속통신을 가능하게 하는 통신망을 의미한다. 2001년 4월 경제협력개발기구(OECD)가 발표한 자료에 따르면 광대역 인터넷 통신 설치비율은 한국이 세계 최고인 것으로 나타났다.

장을 선도하고 있음을 알 수 있다.

2. 정보통신 산업의 시장규모

일본 정보통신 산업의 시장규모는 1995년 75조엔 수준에서 지속적으로 성장하여 2001년의 시장규모는 전년 대비 7.0% 증가한 123조엔, 전체 산업에서 차지하는 비중은 전년 대비 0.8%포인트 증가한 12.6%를 기록하는 등 일본경제가 침체를 보이고 있는 상황 하에서도 정보통신 산업 부문은 지속적인 성장세를 보였다. 다른 산업의 시장규모와 비교해 보면 정보통신 산업은 1997년 건설업을 추월하여 일본 최대 규모의 산업으로 부상하였으며 최근에도 가장 높은 성장률(정보통신 산업의 1995~2001년 평균 성장률은 7.6%임)을 유지하여 건설업(79조엔), 소매업(65조엔) 등을 추월하여 시장규모 1위의 산업으로 부상하고 있다.

〈표 11-26〉 주요국 휴대전화 인터넷 접속률(상위 11개국, 2002년 9월말)

(단위 : %)

일본	한국	중국	아르헨티나	핀란드	캐나다	독일	싱가포르	프랑스	미국	영국
79.2	74.9	33.9	33.0	29.1	20.0	13.8	12.0	11.7	8.9	6.8

자료 : 3G Mobile

2001년 정보통신 산업의 부문별 시장규모는 정보통신 관련 제조업이 31.6조엔으로 가장 크며 그 뒤를 통신업(31.6조엔), 정보통신 관련 서비스업(24.1조엔) 등이 잇고 있다. 한편, 최근에 가장 급속한 성장을 보이고 있는 분야는 통신업과 정보서비스업 부문으로 나타났다.

〈표 11-27〉 정보통신 산업의 시장규모 및 전체 산업에서 차지하는 비중

(단위 : 십억엔, %)

	1995	1996	1997	1998	1999	2000	2001
시장규모	79,224	88,722	97,502	103,849	106,630	115,013	123,096
비중	8.6	9.3	10.0	10.9	11.2	11.8	12.6

자료 : 총무성, 정보통신백서, 2003.

3. 정보통신 산업 및 정보화 투자가 일본경제에 미치는 영향

거품경제(bubble economy)의 붕괴 이후 일본의 경제성장은 크게 둔화되어 1995~2001년의 평균 경제성장률은 1.21%로 나타났다. 그러나 정보통신 산업의 부가가치(value added)는 지속적으로 확대되고 있다. 총무성이 각 산업의 경제성장에 대한 기여도를 조사한 결과 정보통신 산업은 1998년 이후 지속적으로 일본경제의 성장에 기여하고 있는 것으로 나타났다. 2001년의 경우 정보통신 산업의 기여도는 0.83%로 전체 경제성장률 0.30%를 상회하였다.

〈표 11-28〉 일본의 산업별 경제성장률 기여도

(단위 : %)

	1996	1997	1998	1999	2000	2001
경제성장률	3.43	1.83	-1.13	0.10	2.80	0.30
정보통신산업	1.14	0.99	0.88	0.36	0.92	0.83
기타산업	2.29	0.85	-2.01	-0.27	1.88	-0.53

자료 : 총무성, IT의 경제분석에 관한 조사

정보화 관련 투자는 기업의 전반적인 설비투자 축소 경향에도 불구하고 1996년 이후 지속적으로 증가하여 2001년에는 25.0조엔을 기록하였다. 정보화 투자는 PC, 휴대전화 등 정보통신기기의 생산을 증가시키는 동시에 이를 이용한 정보통신 서비스의 수요를 확대시키는 등 정보통신 산업의 활성화에 크게 기여하였다. 또한, 정보화 투자의 증가는 정보통신 산업에 있어서 생산 및 서비스 제공에 필요한 부품의 생산을 증가시켜 정보통신 산업 이외의 산업에도 지대한 경제적 효과를 미치는 것으로 나타났다.

총무성이 작성한 '2001년 정보통신 산업 연관표'에 따르면 2001년 정보화 관련 투자가 각 산업에 미친 생산유발액은 40.7조엔, 고용창출은 159만명으로 나타나 정보화 투자가 각 산업의 생산 및 고용 증대에 크게 기여하고 있다고 평가할 수 있다.

〈표 11-29〉 정보화 투자의 투자대상별 경제파급효과

(단위 : 백만엔, 명)

투자 대상	투자액	생산유발액	GDP유발액	고용창출
소프트웨어(PC용)	7,803,445	13,050,977	7,132,004	680,133
전자계산기/부가장치	10,461,758	16,085,274	7,086,204	542,663
유선전기통신기기	1,832,761	3,065,271	1,340,024	124,229
무선전기통신기기	4,926,418	8,491,229	4,225,879	247,146
합 계	25,024,381	40,692,751	19,784,112	1,594,172

자료 : 총무성, 2001년 정보통신 산업연관표

4. 정보통신 벤처기업 현황

경제성장 및 고용창출(job creation)의 원동력으로 독자적인 기술 및 비즈니스 모델에 기초한 벤처기업(venture corporation)에 대한 기대가 제고되고 있다. 특히, 정보통신 분야는 혁신적인 기술(innovative technology)이나 비즈니스 모델이 급속히 발전하고 있는 동시에 시장이 확대되고 있어 벤처기업의 창업이 유망한 분야라고 할 수 있다.

총무성이 조사한 일본의 사업자 수 추이를 살펴보면 1996년부터 2001년에 걸쳐 대부분의 업종에서 사업자 수가 감소 또는 답보 상태를 보이고 있으나 전기통신, 방송, 정보 서비스업(소프트웨어, 정보처리 · 제공 서비스업)의 사업자 수는 62.7%나 증가하고 있다. 특히, 전기통신업의 사업자 수는 거의 3배나 증가하였다. 또한, 정보통신 분야의 창업 중 대학에서의 벤처기업 창업은 2001년에 32개사, 2002년 8월말 기준 24개사로 동 시기에 대학에서 창업한 총 벤처기업 수의 약 30%를 차지하고 있다.

한편, 정보통신 벤처기업의 자금조달은 신흥기업을 대상으로 하는 증권시장이나 벤처캐피털(venture capital)이 중요한 역할을 담당하고 있다. 특히, 창업 초기의 정보통신 벤처기업에 대해서는 벤처캐피털의 리스크머니(risk money)의 공급이 절대적으로 필요한 것으로 나타났다. 그러나 일본의 벤처캐피털 투자는 아직 한국이나 미국에 비해 부진한 실정이며 최근 벤처캐피털의 투자사업 중에서 IT 부문이 차지

하는 비중은 오히려 감소한 것으로 나타났다.

5. IT 관련 수출입 및 투자

최근 들어 세계 전체의 IT 관련 무역액 및 투자액은 감소 추세를 보이고 있다. IT 관련 무역액은 반도체 등 전자부품, 컴퓨터 및 주변기기 등의 무역액 감소의 영향으로 2001년에 전년 대비 12.5% 감소한 1조 571억 달러를 기록하였다.

일본의 IT 관련 무역액(컴퓨터 및 주변기기, 사무용 기기, 통신기기, 반도체 등 전자부품, 기타 전자부품, 영상기기, 음향기기 및 측정기·검사기기의 무역액의 합계)도 IT 거품 붕괴의 영향으로 수출과 수입이 최근 2년 연속 감소하였다. 수출은 전년 대비 2.1% 감소한 1,048억 달러, 수입은 전년 대비 6.7% 감소한 596억 달러를 기록하였다. 한편, 2001년 일본의 통신업에 대한 투자액은 66.2억 달러로 예년과 비슷한 수준을 유지한 것으로 나타났다.

〈표 11-30〉 일본의 IT 관련 무역액 추이

(단위 : 억 달러)

	1999	2000	2001	2002
수 출	1,179	1,414	1,071	1,048
수 입	540	734	639	596

자료 : 일본무역진흥회(JETRO), 무역·투자백서

6. IT 국가전략의 추진

상기한 바와 같이 일본 정부는 2001년 1월의 e-Japan 전략에서 '2005년까지 세계 최고의 IT 국가 건설'이라는 목표를 수립하였다. 구체적으로는 '고속 3,000만, 초고속 1,000만 세대가 언제나 인터넷에 접속 가능한 환경 수립'을 계획하였다. 그 결과 인터넷 가입 가능 세대수 면에서 목표를 달성하였다. 또한, 고속 인터넷 요금이 세계에서 가장 저렴한 수준을 유지하고 있는 등 전략의 실현을 위해 가시적인 성과도 거두고 있다. 그러나 실제 고속·초고속 인터넷 가입자 수는 가입 가능 세대수에 비해 매우 적은 수에 불과하며 그 이용률도 낮은 수준을 보이고 있다.

이에 따라 총무성은 인프라의 정비와 활용의 확대 등 균형잡힌 '일본형 신(新) IT사회 구축'을 제안한 바 있다. 구체적으로는 향후 IT 전략의 방향으로 다음 4가지 정책을 중점추진하기로 하는 종합적인 IT 활용 전략을 제안하였다.

① 이용의 촉진
② 이용을 뒷받침하는 인프라의 정비
③ 사생활 보호 등 국민의 불안을 불식시킬 수 있는 환경의 정비
④ 공통기반의 정비

또한, 2002년 6월에는 'e-Japan 중점계획'을 전면적으로 재검토하여 외국 사례와의 비교 등을 통해 일본의 현 위치와 성과를 평가하고 문제점을 보완한 'e-Japan 중점계획-2002'를 수립하였다. 한편, IT 전략본부에서는 2002년 11월에 'IT 전략의 향후 추진방법에 관한 전문 조사회'를 설치하고 2006년 이후에 대비한 장기적 계획 'e-Japan 전략 Ⅱ'의 수립에도 이미 착수하였다. 미국 등 경쟁국들에 비해 다소 뒤늦은 감은 있으나 일본은 특유의 치밀함을 내세워 '세계 최고의 IT 국가 건설'이라는 비전을 실현하기 위해 국가의 역량을 결집시키고 있다.

제 12 장

생명기술산업

인간유전체(게놈, genome) 프로젝트가 완성된 지도 수년이 지났다. 미국 정부의 발표 이후 세계 각국은 유전자지도를 이용한 신약의 개발을 위해 치열한 경쟁에 돌입하였다. 막대한 부(wealth)를 창출할 것으로 기대되는 기능유전체의 발굴, 단백질의 기능과 특성에 관한 연구, 그리고 개인 간의 염기의 차이를 규명하는 비교유전체 연구 등에 막대한 투자와 인력을 투입하고 있다.

포스트게놈시대의 책임연구 주제는 유전자의 기능을 밝혀내는 기능유전자학인데 30억쌍에 이르는 인간의 염기서열이 규명되어 인터넷을 통해 전세계적으로 공개되었지만 특정 유전자의 인체 내의 기능을 밝혀내어야 질병치료에 이용할 수 있다. 기능이 밝혀진 유전자에 대한 특허권은 적게는 수천만 달러에서 많게는 수억 달러에 이를 것으로 기대되기 때문에 유전자의 기능규명은 곧 막대한 수입으로 연결된다. 특히, 당뇨병치료에 중요한 인슐린 유전자는 10억 달러에 이를 것으로 전망되고 있다.

21세기는 IT(정보기술, Information Technology)와 BT(생명기술, Bio Technology)의 시대로 인식되고 있다. 사실 유전공학시대의 도래는 선진국에서는 20여년 전부터 예견되어 왔으며 미국 등에서는 5년 전부터 유전자 변형 옥수수, 콩 등이 대량 재배되어 외국으로 수출되고 있다. 최근 인체유전자 염기서열이 완전 해독됨으로써 생명공학산업은 의약·보건분야에서 활기를 띠고 있다.

생물의약·화학·환경, 바이오 식품분야 등을 망라한 바이오산업 세계시장은 2000년 540억 달러에서 2003년에는 740억 달러, 2008년 1,250억 달러, 2010년에는

1,540억 달러로 급속히 성장할 전망이다.

포스트게놈시대를 주도하기 위한 주요 선진국의 연구동향과 국내의 상황에 대해 간략히 살펴보고자 한다.

제1절 미 국

미국은 게놈연구에 있어서 정부와 민간기업이 역할 분담을 확실히 하고 있다. 정부는 수익성보다는 공적인 연구에 치중하고 있으며 민간기업들은 수익성이 높은 부문에 연구역량을 집중시키고 있다. 미국의 대표적인 바이오 벤처기업인 셀레라는 미국의 파이저, 일본의 다케다 등 세계 유수의 제약회사에 게놈정보 사용권에 대한 대가로 수천만 달러의 수익을 확보하고 있는 실정이다. 또한, 동양인의 유전자 규명을 위해 중국 상하이에 합작회사를 설립하였으며 최근에는 일본 도쿄대 의대 내에 단백질 해석연구센터를 설립하는 등 전세계 시장을 상대로 공격적인 연구 및 투자 활동을 활발히 전개시키고 있다.

게놈연구·투자·사업에 있어서 미국이 타 국가에 비해 단연 두각을 나타내는 이유는 정부 및 민간의 활발한 연구활동 뿐만 아니라 유전자 특허와 관련한 정부의 정책적 배려도 크게 작용하고 있다고 볼 수 있다. 미 특허청에는 이미 1,000여건의 유전자 관련특허가 등록되어 있으며 세계에서 유일하게 상업적 용도가 검증되지 않은 유전자에까지도 특허가 인정되고 있는 실정이다.

제2절 일 본

일본은 게놈연구에 있어서 유전자의 최종산물이라고 할 수 있는 단백질의 규명에 주력하고 있다. 현재 단백질은 1%도 밝혀지고 있지 않는 실정이며 신진대사를 주관하는 효소 등 인체 내 대부분의 핵심물질이 단백질로 구성되어 있으므로 단백질의 구조에 관한 규명은 신약개발 등 질병치료에 있어서 필수적인 과제로 인식하고 있다.

리켄연구소는 최근 요코하마에 '게놈과학종합연구센터'를 설립하기로 결정하였다. 이 센터엔 단백질 구조해석에 필수적인 최첨단 핵자기공명장치 20대가 설치되는 등 세계최대규모의 단백질 연구소로 키울 계획이다. 이미 일본과학기술청은 100억엔의 예산을 확보하였다. 일본 정부는 2000년 4월 28일 21세기 국가발전을 위한 주요 전략분야의 민·관합동 연구개발사업인 '밀레니엄 프로젝트(Millennium Project)'를 2000년 5월부터 공식 착수한다고 발표한 바 있다. 밀레니엄 프로젝트를 위해 일본 정부는 2000년에만 1,175억엔(약 1조 2,200억원)의 예산을 투입하여 교육·게놈·전자정부·연료전지·환경대책 등 12개 분야에서 민·관합동의 연구를 지원하였다. 이 중 인간의 유전자 정보를 해독하여 질병치료에 응용하는 게놈사업에 전체예산의 절반이 넘는 640억엔이 배정되었으며 이를 통해 치매 등 각종 질병을 일으키는 유전자를 규명해 신약개발에 착수할 방침을 세우고 있다.

한편, 일본은 특히 동양인의 유전자 분석에 관심을 가지고 있는데 생명공학회사인 다카라주조는 최근 미국 셀레라의 4배가 되는 염기분석능력을 갖춘 드래건 게노믹스를 설립하여 몽골인종 등 동양인 유전자 분석에 나선다고 발표한 바 있다. 또한, 일본은 쥐의 유전자 해독분야에 주력하고 있으며 현재 이 분야의 연구에서는 세계에서 가장 앞서 있다고 평가되고 있다. 리켄연구소만 하더라도 8만여개의 쥐 유전자를 확보한 상태이다.

〈표 12-1〉 미·일의 생명과학분야 비교

비 교 항 목	일 본	미 국
인간게놈의 배열결정	10%	60%
바이오 벤처기업수	약 60개	약 1,300개
생물정보 분야의 대학강좌수	거의 없음	47개
생물학 박사학위 취득자(1996년 기준)	192명	5,723명
일본 내 바이오 관련 특허취득건수(1999년 기준)	36건	42건

자료 : 일본 과학기술청

제 3 절 이스라엘

이스라엘의 생명기술분야는 기초과학의 심장부 와이즈만 연구소를 중심으로 활발히 전개되고 있다. 와이즈만 연구소는 실용과학의 대표주자 테크니온 공대와 함께 이스라엘 연구개발(R&D)의 양대 축을 이루고 있으며 테크니온 공대가 시장에서 요구하는 응용기술 개발에 치중한다면 와이즈만 연구소는 기초과학을 중심으로 연구를 진행하고 있다. 와이즈만의 기초과학 연구에는 테크니온 공대에서 개발된 첨단 정보기술이 큰 역할을 하고 있다. 이의 결실로 나타난 분야가 첨단의료장비부문인데 정보통신과 생명공학분야가 결합되어 다양한 디지털 의료장비를 생산해 내고 있다.

미래의 IT 응용분야로 와이즈만 연구소의 첨단의료장비 부문이 부각되면서 이 분야의 경쟁력 있는 기업들이 속속 생겨나고 있다. 이 분야의 대표적인 기업들인 엘비트 메디컬 이미징(EMI), ESC 메디컬 시스템, CMT 메디컬 테크놀로지스 등은 뛰어난 기술력을 인정받아 해외유수기업들의 인수합병(M&A)의 대상이 되고 있다. 제너럴 일렉트릭(GE)은 EMI의 원자 이미징 사업부를 1억 달러에, 엘비드 울트라사운드를 2억 7,500만 달러에 매입한 바 있다. 또한, 존슨 앤드 존슨(Johnson & Johnson)은 3차원 매핑기술을 보유하고 있는 바이오센스를 인수했으며 통합의료 모니터링 장비를 생산하는 콘테크에도 투자하고 있다. 이스라엘 벤처캐피털(venture capital)의 생명기술분야에 대한 투자도 주로 의료장비에 집중되어 있다. 2000년 2분기 생명기술분야에 투자된 3,500만 달러 중 71%가 의료장비에 집중되어 있으며 의약품 분야가 20%, 의료정보시스템부문이 10%을 차지하고 있다.

IT 기술과 생명기술이 결합된 의료장비분야는 순수과학 분야인 생명기술연구도 가속화시키고 있다. 이는 첨단장비로 이 분야에 대한 정밀한 분석이 가능해진 데 기인하고 있다. 최근 와이즈만의 과학자들에 의해 개발된 다발성 경화증과 알츠하이머 치료에 관련된 신약은 정보통신기술과 생명기술이 결합된 대표적인 성과로 지적되고 있다.

이스라엘의 생명공학연구는 대학·연구소 등을 중심으로 활발하게 진행되고 있으며 정보통신 분야와 더불어 향후 이스라엘의 국가경쟁력을 제고시킬 대표적인 차세대 산업으로 부상하고 있다. 즉, 이스라엘의 학계·산업계·정부측에서는 post-IT 산업으로서 Bio-Technology를 주목하고 있다고 할 수 있다. 이들은 지난 10년간 이스라엘이 정보통신 부문에서 이룩해 온 성과가 향후 생명공학 부문에서도 강력한 경쟁력을 갖추는 데 있어서 큰 기반이 될 것이라는 데 인식을 같이 하고 있다.

〈표 12-2〉 이스라엘의 주요 바이오기업들(정보기술 응용기업)

기 업 명	전 문 분 야
EMI	진단용 영상처리
ESC Medical System	레이저 치료
CMT Medical Technologies	X-Ray용 디지털 이미지 프로세싱
슈퍼디멘전	인체내부 검진
오리디온 메디컬	호흡 테스트 분석
콘테크	통합의료 모니터링
알파-오메가	가상현실 이용한 두뇌시설

또한, 이스라엘은 생명공학분야의 연구인력 및 투자에 있어서도 양호한 조건을 갖추고 있다고 할 수 있다. 현재 이스라엘 전체 과학자의 35%가 생명공학 분야에 종사하고 있으며 총연구기금의 40~50%가 이 분야에 집중되고 있는 실정이다. 이스라엘은 생명공학분야의 연구에 있어서 괄목할 만한 성과를 거두고 있다. 현재 이스라엘 인구는 전세계의 0.001%에 불과하나 이 분야의 연구논문 발표건수는 전세계의 1%를 차지하고 있어서 이러한 활발한 연구 성과는 향후 이스라엘이 생명공학의 강자로 도약하는 데 있어서 가장 큰 기여를 하리라 기대된다. 민간기업들이 주도하는 생명공학산업도 지난 10여년간 꾸준한 성장세를 지속하고 있다. 이스라엘 생명공학위원회의 조사에 따르면 10년전 5,000만 달러에 불과하던 바이오산업의 매출은 1998년에는 3억 8,600만 달러, 1999년에는 6억 달러로 급성장하였으며 2000년대 중반에는 무려 30억 달러에 이를 것으로 기대된다.

이스라엘 바이오산업이 지속적으로 성장하기 위해서 극복해야 할 가장 중요한 난관 중의 하나는 지속적인 자금조달로 지적되고 있다. 왜냐하면 이 분야는 투자성격상 투자금액의 회수기간이 길며 투자의 리스크도 타 산업분야에 비해 상대적으로 크기 때문이다.

제4절 한 국

인체게놈 발표 이후 국내 바이오 연구도 활기를 띠고 있다. 유전자관련 벤처기업이 급증하고 있으며 정부의 지원책도 강화되고 있어서 정보통신과 더불어 21세기의 주축산업으로 부상하고 있는 국내 바이오산업의 미래를 밝게 해주고 있다.

1. 국내현황

정보통신산업에 이어 생명공학산업이라는 '제4의 물결'에 편승하기 위해 국내 바이오·제약관련기업들이 연구개발(R&D) 투자를 대폭 확대하고 제휴 네트워크를 강화하고 있다. 국내 바이오 시장은 2000년 1조 2,500억원에서 2005년 3조 6,000억원, 2010년에는 9조 720억원으로 급증할 것으로 예상된다.

이 같은 폭발적 성장성과 고부가가치를 지니고 있는 생명공학산업에 진입하기 위해 LG·SK 등 국내 대기업들은 수천억원을 투자할 계획을 세우고 있으며 대웅제약을 비롯한 제약업계도 세계시장을 목표로 신약을 개발 중이다. 1999년 80여개에 불과했던 바이오 벤처기업은 2000년 말에는 400여개로 증가하였고 최근에는 450여개로 늘어났다. 이 중 인바이오넷, 바이오테크놀로지 2개 업체가 코스닥에 등록하였고 5~6개 업체가 등록을 준비 중에 있다. 창업투자사들도 2000년에 이어 2001년에도 1,500억원 정도를 바이오 벤처에 투자하기로 하였다.

〈표 12-3〉 주요 국가의 바이오산업 현황

(단위 : 개, 원)

국 가 명	바 이 오 산 업 부 문		
	정 부 투 자	시 장 규 모	기 업 수
미 국	20조 (1999년)	15조 (1998년)	1,283 (1998년)
일 본	3조 (1999년)	10조 (1998년)	500[1)] (1998년)
한 국	3,238억 (2001년)	9,000억 (2000년)	400[1)] (2000년)

주 : 1)은 대략적인 수치임

정부도 선진국의 60% 수준에 불과한 국내 생명공학기술을 향상시키기 위해 바이오산업에 대한 연구개발 지원예산을 2001년에는 2000년보다 31.5% 증가한 3,238억원을 투자하기로 하였다.

한국의 바이오산업 육성을 위한 2001년 투자금액(3,238억원)은 미국(연간 200억 달러), 일본(연간 54억 달러)에 비해 크게 뒤떨어져 있으나 투자증가율은 해가 갈수록 급증하고 있어 바이오산업 육성의 청신호로 받아들여지고 있다. 또한, 바이오 시장의 연평균성장률에 있어서도 2000년 초를 기준으로 할 때 한국(30%)은 미국(22%), 일본(20%), 유럽(20%)을 크게 앞서고 있다.

국내 바이오기업들은 그동안 열악한 연구개발 환경에도 불구하고 최근 잇달아 신약 또는 새로운 치료법을 성공적으로 개발하고 있다. 대웅제약은 2001년 5월말 당뇨성 족부궤양의 치료제인 바이오 신약 'EGF'의 시판허가를 세계 최초로 획득하였으며 코오롱은 최근 미국 내 바이오 벤처 자회사인 티슈진사가 퇴행성관절염 등을 완치할 수 있는 획기적인 유전자치료법을 개발하여 미국 특허를 취득한 바 있다.[1)] 이 같이 국내기업들이 바이오산업의 핵심인 바이오 의약분야에서 부분적으로나마 성과를 올리고 있는 것은 바이오산업의 발전을 위해 고무적인 일이라 할 수 있다.

1) 대웅제약이 당뇨성 족부궤양 치료제로 시판허가 받은 'EGF'는 1g당 20만 달러(시약기준)에 판매될 정도로 부가가치가 높다고 할 수 있다.

〈표 12-4〉 국내 바이오 신약 연구개발 현황

구분	개발단계	품목 수	기업 수
신약	개발완료	1	1
	임상	20	14
	전임상	44	22
	탐색	12	8
생물공학/ 신기술 의약품	신제형 개발	57	32
	생물공학 제품	47	21
	원료의약품 자체개발	52	28
	기타	11	8
계		244	134

주 : 2000년말 기준임

한편, 미국의 대표적인 세계적 바이오기업인 암젠(Amgen)사의 신약개발 성공은 이 분야의 우리기업들에게도 시사하는 바가 크다. 암젠사는 저혈구 생성을 도와주는 '이포젠(Epogen)'과 백혈구 생성에 기여하는 '뉴포젠(Neupogen)' 등 이 기업이 개발한 단백질의약품으로 연간 36억 달러(4조 3,200억원)의 매출을 올리는 세계적인 경쟁력을 갖춘 바이오 기업으로 성장하였다. 이러한 성공적인 바이오 신약의 개발로 지난 1981년 7명에 불과했던 종업원 수가 2000년에는 6,400여명으로 크게 증가하였다. 암젠은 1년 연구개발비로 8억 2,000만 달러를 투자하고 있는데 이러한 연구개발부문에 대한 대규모 투자가 오늘날 세계적인 바이오 기업 암젠이 존재하게 된 가장 중요한 요인이라고 평가할 수 있다.

바이오산업의 경우 제품이 개발되기까지 연구개발에 투입되는 자금과 시간이 정보기술(IT) 산업보다 훨씬 규모가 크고 오랜 시간이 소요되지만 일단 경쟁력있는 제품이 개발되면 그 부가가치(value added)는 정보통신산업 부문의 수십 배 내지 수백 배에 달하고 있다.

2. 문제점

일부 바이오기업들이 의약부문에서 신약개발에 성공했지만 아직도 우리 국내 바이오기업들의 기술수준 및 연구개발과 관련한 투자는 미약하다고 할 수 있다. 국내 바이오 벤처기업 수는 2001년 기준 450여개나 되지만 국제경쟁력이 있는 원천기술을 보유하고 있는 업체수는 극소수이다. 생명공학 분야가 컴퓨터 기술과 결합하여 대규모 저장용량·신속한 정보검색·과학적 분석능력이 요구되는 정보과학산업으로 급속히 변화되고 있지만 국내업체들은 이러한 추세에 뒤떨어지고 있으며 유전자 연구에 있어서도 선진국의 경우에는 개발단계를 넘어서서 산업화 단계에 이르고 있지만 우리의 경우 기초과학 수준에 머무르고 있다.

연구개발과 관련한 투자에 있어서도 2001년 우리정부의 바이오산업 투자규모는 3,238억원으로 2000년에 비해 무려 30% 이상 급증하였으나 아직도 미국의 1999년 투자금액 20조원의 1.6%, 일본의 1999년 투자금액 3조원에 비해서도 10.8%에 불과한 실정이다.

한편, 국내 바이오기업들의 경영상태도 매우 심각한 상황인 데 현재 바이오기업 중 수익을 올리고 있는 우량기업은 전체의 10%, 인건비와 관리비 정도를 해결하는 수준인 현상유지기업이 30~50%, 경영적자를 보고 있는 기업은 무려 40~60%에 이르고 있는 것으로 조사되고 있다.

3. 과제

21세기 선진경제로의 진입에 있어서 중요하게 부각되고 있는 바이오산업이 당면하고 있는 과제를 살펴보면 다음과 같이 정리될 수 있다.

3.1 투자효과의 극대화

바이오산업의 연구개발과 관련한 정부정책은 신약개발, 단백질 연구 등 투자금액에 비해 투자효과가 큰, 즉 연구가 성공했을 경우 대규모 보상(reward)이 수반되는 분야에 초점을 맞추어야 한다. 예를 들면, 바이오 산업의 선진국인 미국·영국 등에서는 전문과학자들이 주도하는 위원회에서 추진하는 연구분야에 정부예산을 우선적으로 배분하여 투자효과를 극대화시키고 있다.

3.2 연구주체간 효과적 역할 분담체제의 구축

연구·개발(R&D)에 있어서 연구주체간 역할분담이 효과적으로 이루어져야 한다. 예를 들면, 국내기업들은 기술적 파급효과가 큰 공통기반핵심기술(platform technology) 개발에 집중하고 대학 및 정부출연 연구소들은 기술인력과 기술공급원으로서의 역할에 주력하여야 한다. 또한, 기업간 협력관계도 중요한 데 벤처기업과 대기업 간의 기술개발 파트너십의 구축이 모색될 수 있다.

3.3 금융여건의 개선

바이오산업을 육성하기 위해서는 바이오기업들이 자금을 수월하게 공급받을 수 있는 금융여건이 형성되어야 한다. 이를 위해 이 분야 벤처기업의 코스닥 등록요건을 완화시키는 것이 필요하다. 바이오 벤처기업은 연평균성장률이 20%를 초과할 정도로 고성장·고부가·고수익산업이므로 투자의 효율성이 다른 어떤 산업보다도 높다고 할 수 있다. 따라서 국가전략상 이 부문 기업들의 자금조달을 용이하게 해야 할 필요성이 대두되고 있다.

3.4 우수인력의 확보 및 다양한 지원 대책의 강구

바이오산업의 원천기술 제고를 위해 의학을 전공한 우수인력이 기초의과학을 연구할 수 있도록 각종 제도적 장치를 마련함과 아울러 바이오기술 연구에 대한 세금감면, 연구자금의 장기저리 지원 등 다양하고도 실질적인 지원대책이 강구되어야 한다.

결국 생명공학산업의 발전을 위해서는 미래지향적인 국가전략의 수립과 함께 연구개발인력의 효과적 양성체계를 확립하고 연구개발을 지원하기 위한 법적·제도적 장치의 마련이 무엇보다 시급하다고 할 수 있다.

제 13 장

환경기술산업

환경기술(ET : Environment Technology) 및 에너지기술산업분야는 환경보전분야와 밀접한 관계를 맺고 있다고 할 수 있다. 20세기에 이루어진 인류의 과학문명 발전이 분명 인류의 삶의 질을 한 차원 높이는 데 기여하였지만 한편으로는 급속한 경제발전의 결과로 초래된 환경파괴의 후유증이 점차 인류의 삶 자체를 위협하는 심각한 문제로 대두되고 있다.

환경파괴가 초래시키고 있는 문제 중 지구온난화에 따른 기후변화와 오존층 파괴가 가장 시급히 해결해야 할 과제로 부상하고 있다. 영국 기상청 및 이스트 앵글리아대학의 연구에 따르면 생물자원의 보고(寶庫)이자 지구의 허파인 삼림은 1980년 이후 불과 10년 사이에 전체의 8%가 사라졌으며 그 이후에도 1초에 1.5~2에이커씩, 매년 남한 면적의 숲이 지구상에서 사라지고 있다고 분석하고 있다.

이러한 추세가 계속될 경우 북미와 아프리카의 건조지대는 30%가 사막으로 변하게 되고 식량을 생산할 토지와 거주공간이 점점 줄어드는 위기에 직면하게 된다. 이러한 환경파괴로 인한 생존조건의 악화는 곧 생물의 멸종으로 이어지게 되는 데 1970년대 3만종, 1980년대에 5만종의 생명체가 지구에서 사라졌으며 지금도 매일 50~100종이 사라지고 있다. 이러한 추세가 계속된다면 향후 50년 내에 지구에 생존하는 생물 종(種)의 25%가 사라질 것이라는 예측도 나오고 있다.

지구온난화에 따른 숲의 감소, 대기오염(air pollution)으로 인한 기후변화와 산성비, 자원고갈과 사막화 등 자연파괴를 이대로 방치할 경우 인류멸종을 초래할지도

모른다는 경고가 제기되고 있는 상황 하에서 이미 매년 전세계적으로 1,000만명의 환경난민이 발생하고 있다. 한편, 최근 들어 환경파괴(environmental destruction)의 심각성을 인식하여 이에 대한 경각심이 전세계적으로 고조되고 있다. 지난 1995년 반핵 환경운동단체인 퍼그워시회의가 노벨 평화상을 수상한 것도 환경문제가 인류 최대의 현안이라는 지구촌의 공감대를 반영한 것이라 할 수 있으며 환경문제와 교역을 연결하려는 '그린라운드(Green Round)'와 같은 범세계적 차원의 대책도 활발히 전개되고 있다.

1992년 브라질의 리우데자네이루에서 채택된 기후변화협약은 전세계 차원에서는 온실가스 감축을 위해 지구환경을 보존하기 위한 협약이나 국가적 차원에서는 경제성장과 온실가스 배출을 조화하기 위한 경제협약이다. 따라서 기후변화협약은 각국의 환경기술 산업에 직접적인 영향을 미칠 것이 자명하기 때문에 지구촌의 경제질서에 지대한 영향을 미칠 것으로 전망되고 있다. 즉, 지구온난화를 방지하기 위한 이 국제협약은 각국이 이산화탄소(CO_2) 등 온실가스 배출량을 자율 감축토록 규정하고 있어 산업계 전반, 특히 환경관련산업에 막대한 영향을 미칠 것으로 예상된다.

지구촌 온난화가 환경에 미치는 영향이 날로 커지고 있는 만큼 온난화의 원인이 되는 석유·석탄 등 화석원료 사용을 획기적으로 감소시키는 것이 협약의 핵심이다. 한국은 아직 온실가스배출량 감축을 강제하는 교토의정서의 의무대상국가는 아니지만 자발적으로 이에 준하는 감축활동을 하기로 공언한 상태이다. 이에 따라 에너지소비증가율이 매년 10%에 달하고 있으며 철강·시멘트·석유화학 등 화석원료 의존도가 높고 에너지 다소비형 산업구조를 가지고 있는 한국으로서도 경제전반에 걸쳐 큰 영향을 입을 것으로 예상되고 있다. 향후 협약이행이 모든 국가에 의무화될 경우 이산화탄소 배출량이 많은 기존 산업분야는 그만큼 큰 타격을 입게 된다.

교토의정서(Kyoto Protocol)는 선진국으로 하여금 온실가스 감축목표를 결정하도록 하여 목표이행을 의무화한 협약을 말하며 1997년 일본 교토에서 개최된 '3차 당사국 총회'에서 채택되었다. 교토의정서는 추상적인 선언형태의 기후변화협약을 실질적으로 뒷받침하는 협약이라 할 수 있다. 공동이행제도(Joint Implementation)·청정개발체제(Clean Development Mechanism) 등 구체적인 온실가스 감축방안을 포함하고 있어 각국이 기후변화협약보다 오히려 중요시하는 협약이다.

경제협력개발기구(OECD) 내 선진회원국 등은 이미 4년 전에 2008~2012년의 연평균 온실가스 배출량을 1990년 배출량보다 평균 5.2%씩 감축한다는 목표를 설정해 놓았다. 실제로 유럽연합(EU)은 자동차 연비규제를 강화하여 온실가스 감축을 비관세 무역장벽(non-tariff trade barrier)으로 활용할 움직임을 보이고 있다. 이미 자동차업계와 EU는 수출 자동차의 이산화탄소 배출량을 현재 200g/km 수준에서 2009년까지 140g/km로 감축할 것으로 합의한 상태이다. 세계반도체협회도 자발적인 협약을 통해 과불화탄소(PFCs) 소비량을 2010년까지 1995년 소비량기준으로 10% 이상 감축키로 합의해 놓고 있다.

환경산업과 관련된 제반 이슈를 상세히 살펴보고자 한다.[1)]

제 1 절 환경산업의 개념

산업의 발달에 따라 경제규모가 커지고 보다 많은 재화를 생산·소비하게 되면서 각종 환경오염과 생태계 파괴문제가 발생되고 있다. 이러한 환경파괴의 규모는 개도국들의 경제발전이 1990년 이후 급속도로 이루어지면서 더욱 확대·심화되어 오늘날 환경문제는 전세계가 시급하게 대처하지 않으면 안될 인류의 생존을 좌우하는 중차대한 과제가 되고 있다. 다시 말하면 지구온난화, 오존층파괴 등의 지구환경문제가 이제는 인류의 생존을 위협하는 단계에 이르렀다고 할 수 있다. 이에 따라 전지구의 자연환경을 보호하기 위한 국제협약(몬트리올 의정서·바젤협약·기후변화방지협약·동식물의 다양성 보호협약)이 체결되면서 환경규제(environmental regulation)는 더욱 강화되고 있다.

21세기에 접어들면서 지식기반사회(knowledge-based society)로의 이행이 급속화되고 삶의 질(quality of life)을 중요시하는 생활패턴이 확산되면서 환경산업과 같은 삶의 질을 향상시키는 산업이 새로운 유망성장산업으로 등장하고 있다.

전세계 인류가 직면하고 있는 지구생태계와 경제성장 간의 조화문제를 다루기 위해 환경과 개발에 관한 세계위원회(WCED)를 구성하여 환경적으로 건전하고 지

1) 한경, 2000. 10. 30. 요약 및 재구성

속가능한 개발(ESSD : Environmentally Sound and Sustainable Development)이라는 신개념이 등장하였다. 따라서 21세기에는 세계적으로 환경규제가 더욱 강화될 것이며 ESSD가 경제성장 및 복지국가 확립에 있어서 무엇보다 중요하게 부각될 것으로 전망된다.

1. 환경부의 정의

환경부는 '환경기술개발 및 지원에 관한 법률'에 의해 환경산업을 '환경의 보전 및 관리를 위하여 환경시설 및 환경측정기기 등을 설계 · 제작 · 설치하거나 환경기술에 관한 서비스를 제공하는 산업'으로 정의하고 있다. 환경부는 대통령에게 보고한 '2001년 업무보고'에서 고부가가치 산업인 환경산업을 21세기 전략산업으로 중점 육성해 나갈 계획임을 밝히고 있다.[2)]

2. 경제협력개발기구(OECD)의 정의

OECD는 환경산업을 보다 포괄적으로 정의하고 있다. 환경산업을 대기, 수질, 토양, 소음, 생태계 등에 대한 환경피해의 측정 · 예방 · 최소화 · 복구 등 환경보전활동이 필요한 재화와 용역을 제공하는 산업으로 설명하고 있다. 또한, 환경산업의 범위에 오염관리 및 오염관리 목적의 시설 건설 또는 설치, 청정기술 제품의 설치 및 활용, 환경위험을 경감시키고 오염 및 자원소비를 최소화하는 기술 및 제품을 포함시키고 있다. 즉, OECD의 정의는 환경산업이 오염물질을 처리하는 역할만 한다는 기존인식에서 탈피하고 오염을 사전에 예방하고 재활용까지 할 수 있는 산업으로 확대하고 있다.

일반적으로 환경산업은 제한적인 의미에서 인간의 경제활동 및 사회활동에서 발생되는 오염물질을 제거하는 부수적인 산업으로 인식될 수 있으나 환경산업은 그 자체만으로도 충분히 성장성이 있는 산업으로 파악되고 있다.

미국의 스탠포드연구소(SRI)는 21세기 유망산업으로 환경설비산업, 정보기술 등

2) 전국경제인연합회, 전경련, 2001. 3. 참조

을 선정한 바 있으며 일본의 미쓰비시종합연구소(MRI)도 21세기 초 일본의 유망성장산업으로 환경, 정보통신, 비즈니스서비스, 휴면서비스를 선정하였다. 특히, 환경분야에서는 대표적인 성장부문으로 폐기물 처리 서비스, 폐기물처리 기계수리업을 지적하였다.

〈표 13-1〉 환경산업 분류

구 분	세 부 분 야	비 고
서비스	· 분석서비스 · 수처리서비스 · 고형폐기물 관리 · 유해폐기물 관리 · 복원/산업서비스 · 컨설팅/엔지니어링	· 환경표본(토양, 물, 공기, 생물 등) 채취 및 분석 · 폐수처리시설의 관리 및 운영 · 고형폐기물의 수집, 처리 및 폐기 · 유해폐기물의 관리 · 오염지역, 건물 등의 정화 및 운전시설의 환경 정화 · 엔지니어링, 컨설팅, 디자인, 평가, 허가, 프로젝트 관리, O&M, 모니터링
설 비	· 수처리설비 · 장비제작 · 대기오염제어설비 · 폐기물관리시설 · 공정 및 방지기술	· 수처리설비의 제작, 공급, 유지보수 등 · 환경표본의 분석을 위한 장비제작 · 대기오염제어 설비 및 기술생산 · 고체 · 액체 · 유해폐기물의 처리, 저장, 운송시설 및 이와 관련된 정보시스템 · 사후처리보다는 공정과정에서의 오염예방 및 처리를 위한 설비 및 기술
자 원	· 수자원 · 자원재생 · 환경에너지자원	· 최종사용자에게 수자원 공급 · 산업활동의 부산물 또는 소비에서 발생한 폐기물로부터 회수되거나 변환된 물질의 판매 · 재생가능한 에너지 및 에너지의 효율을 높이는 시스템의 공급

자료 : EBI, Environmental Business International, 1996.
전국경제인연합회, 전경련, 2001. 3.

제 2 절　환경산업의 현황, 전망 및 과제

1. 국내외 현황

1.1 국내 현황

최근 국내에서도 환경산업의 중요성을 인식하여 환경산업에 대한 관심이 제고되고 있다. 환경부가 발표한 자료에 의하면 2001년초 기준 국내 환경산업과 관련된 업체는 약 12,000개 이며 환경벤처기업은 2000년말 기준으로 280여개에 달하고 있다. 한국환경벤처협회(KEVA) 회원사는 2000년 5월 설립당시에는 73개사에 불과하였으나 1년이 지난 2001년 5월말 기준 152개 업체로 2배 이상 증가하였다. 특히, 전통적으로 오염을 처리하는 엔지니어링 업체에서 환경경영 컨설팅, 환경회계, 생태관광, 환경정보시스템 등으로 영역이 확대되고 있다

국내의 대표적인 환경산업체인 환경방지시설업으로 범위를 축소하면 1999년 기준 899개이며 이 밖에 폐기물 처리업, 분뇨 · 오수 · 축산폐수 처리시설 설계 · 시공업, 환경영향평가 대행업, 폐수처리업 등이 있다.

오염매체별로 살펴보면 수질분야가 거의 50% 이상을 차지하고 있으나 대기 · 폐기물 분야가 급속히 성장하고 있으며 장기적으로는 토양정화 관련산업, 환경서비스 부문의 시장이 크게 성장할 것으로 기대된다. 2015년 이후에는 사후처리시설 위주의 수질 · 대기 · 폐기물 부문의 시장은 성장이 둔화되는 반면에 오염의 사전예방산업, 청정시설산업이 환경산업의 성장을 주도해 나갈 것으로 예상된다.

1.2 국외 현황

1970년대 이후 지구환경보전에 대한 인식이 선진국을 중심으로 점차 확산되면서 각종 환경선언이 이루어지고 환경관련 국제협약이 체결되면서 환경문제의 중요성이 부각되었다. 이러한 인식제고로 인해 환경산업은 지구환경보전을 위한 필수산업으

로 간주되기 시작하였다. 현재 전세계 환경관련산업 시장의 80% 이상을 OECD 국가들이 차지하고 있다. 그 중에서도 미국·일본·영국을 비롯한 선진국들을 중심으로 환경기술개발이 본격적으로 이루어지고 있으며 상당수의 기술들이 개발되어 실용화 및 보급단계에 있다.

실용화·보급화 단계에 있는 주요 환경관련기술을 살펴보면 폐수 및 폐기물 처리분야의 물리·화학·생물학적 고도처리, 소각·매립 등과 오존처리, 활성탄처리, 막이용 등의 고도정수처리, 연소기술 등의 에너지 절약형 오염방지 기술, 탈황, 탈질 등 오염물질 고도처리기술, 폐자원 활용기술, 오염물질 이동 및 인체영향 연구, 생명공학의 응용기술, 원격탐사 등의 모니터링 기술 등이 있다.

(1) 주요 선진국 현황

미국은 환경보호를 위해 환경기술 혁신에 박차를 가하고 있으며 환경기술시장 확대를 목표로 환경기술산업의 육성과 수출을 중점사업으로 선정하였다. 구체적인 정부지원부문으로는 에너지, 청정생산공정, 폐기물 처리기술 등이 있으며 환경관련 기술개발 프로젝트(환경복원기술 개발, 소규모기업에 필요한 청정기술 개발, 기타 환경문제 해결기술)를 중점적으로 추진하고 있다. 일본은 환경규제와 환경산업의 발전을 함께 추구하면서 배기가스 탈황 및 자동차 엔진기술, 'Aqua Renaissance Project'와 같은 물의 재생이용시스템, 신에너지 기술·지구환경보호기술을 개발하기 위해 이미 1993년 시작된 'New Sunshine Program'을 2020년까지 지속적으로 추진할 계획이다. 일본은 'New Sunshine Program'을 통해 에너지와 환경분야의 연구개발을 집약하여 환경친화형 기술의 개발을 추구하고 있다. 유럽은 미국과 일본의 환경기술개발에 대응하기 위해 오염물질 최소화 기술개발 프로그램인 'EUREKA Project'를 추진하고 있으며 유럽국가의 환경개발기술수준을 제고시키기 위해 유럽국가 간의 연구개발(R&D)을 적극적으로 추진하고 있다.

(2) 주요 분야별 현황

선진국의 환경산업 기술개발 주요 분야는 크게 3가지 부분(대기분야, 수질분야, 폐기물처리분야)으로 구성되어 있다.

① 대기분야

대기분야의 경우 미국 · 일본 등 환경선진국에서는 황산화물 처리기술이 상업화되어 있으며 고정배출원에 있어서는 질소산화물 연소기술 및 매연탈질 기술개발에 성공하여 현재 실용화하고 있다. 또한, 각종 차량에서 배출되는 매연 등의 이동발생원인을 감소시키기 위해 촉매장치, 배기재순환장치 등이 개발되어 실용화되고 있으며 현재 개발 중에 있는 기술로는 전기여과식의 분진제거 기술, 촉매방식의 유해가스 제거기술 등이 있다.

② 수질분야

수질분야의 실용화기술로는 고농도 유기성 폐수 및 중금속 폐수의 처리기술이 있으며 오염상수원의 고도정수기술, 오수 · 하수처리장의 부영양화 방지를 위한 질소 · 인의 제거기술, 생물공학적 기법을 이용한 폐 · 하수 처리기술이 실용화 단계에 있다.

③ 폐기물 처리 분야

폐기물 처리의 기술개발은 무해화 · 안전화 · 감량화를 기본목표로 하고 있으며 실용화된 기술로는 유기성 쓰레기의 비료화, 석탄재의 효율적 이용, 고형폐기물의 재생활용 및 재생연료화 기술 등이 있고 현재 개발이 진행되고 있는 기술로는 유해물질 발생을 억제시키기 위한 연소시설 등이 있다.[3)]

2. 환경산업 전망

2.1 국내

환경산업은 특성상 다른 산업과 긴밀한 연관을 맺고 있는 복합적 성격을 가지고 있다고 할 수 있다. 또한, 공공재(public goods)적인 성격으로 인해 환경산업의 발전 및 정책개발과 집행에 있어서 정부의 역할이 중시되고 있으며 전세계적인 환경보호노력으로 경제성장과 더불어 발전가능성이 매우 크다고 평가할 수 있다.

3) 일반생활 및 산업활동에서 발생된 폐기물을 회수하여 재활용하는 폐기물 자원화기술이 개발되어 자원이용의 극대화(maximization)와 환경보존을 위한 핵심기술로 활용되고 있다.

이러한 발전가능성에 힘입어 국내환경산업의 시장규모도 지속적으로 증가할 것으로 예상된다. 1990년 8,000억원, 1998년 7조 3,000억원으로 급성장한 국내 환경산업은 2000년대 중반까지 연평균 12.5%의 성장이 기대되고 있다. 환경부는 '2001년 업무보고'에서 '환경산업 육성계획'을 발표한 바 있다. 보고서에 따르면 2001년에는 환경산업육성을 위해 5,000억원을 투자하고 2002~2003년에는 1조 4,600억원을 투입하는 것으로 되어있다.

우리 환경산업의 세계시장 점유율은 2000년을 기준으로 할 때 0.1%에도 미달하고 있으며 환경관련 제품 및 기술의 수출지역도 동아시아 지역(인도네시아 · 중국 · 말레이시아 · 태국 등)이 전체 수출액의 70%를 차지하고 있어 수출시장의 다변화가 절실한 실정이다. 현재 아시아지역(일본 제외)의 환경시장 규모는 세계시장의 4%에 불과한 실정이나 이 지역의 급속한 경제발전으로 인해 향후 연 17%대의 고속성장을 보일 것으로 기대되어 중남미 · 동유럽과 더불어 세계환경산업시장을 이끌어 나갈 것으로 전망된다.

한편, 국내 환경산업이 직면하고 있는 문제점은 크게 다음 4가지 측면에서 파악해 볼 수 있다.

(1) 환경관련업체의 규모영세성

국내에서 환경시설 및 측정기기 등을 설계 · 제작 · 설치하거나 환경기술에 관한 서비스를 제공하는 환경업체는 현재 약 12,000개에 이르고 있으나 이들 대부분 업체의 규모는 영세한 편이다. 특히, 오염방지시설업의 경우 자본금 10억원 미만 업체가 전체업체(775개)의 63%에 말해 건설업체(평균 49억원), 정보통신업체(평균 14억원)에 비해 크게 낮다고 할 수 있다. 자본금의 영세성뿐만 아니라 환경업체의 연평균 매출액도 5억원 수준에 머물고 있어 세계시장 점유율 0.1%에도 미치지 못하고 있다.

(2) 연구개발 투자의 부진 및 업종별 전문화의 비효율적 추진

국내 환경업체의 영세성으로 인해 기술개발을 위한 연구개발(R&D) 투자가 충분히 이루어지지 않고 있으며 업종별 전문화도 효율적으로 추진되지 않고 있다. 실제로 대형 환경업체의 경우 타 업종(건설업 · 중공업 · 엔지니어링업)을 겸하고 있어

환경분야의 전문인력이 크게 부족하다고 할 수 있다. 따라서 우리 업계는 환경분야와 관련한 국제무역규제에 효율적으로 대응하지 못하고 있는 실정이다.

(3) 환경기술수준의 낙후

국내 환경기술 수준은 대부분 환경선진국의 30~60% 수준이며 일부 환경기술력은 괄목할 만한 성장을 보이고 있으나 생태계 복원, 환경보건, 해양환경, 청정기술 등은 아직 초보수준에 머무르고 있다. 한국의 환경기술은 대기·수질·폐기물의 경우 고효율 집진기술을 비롯한 일부 분야에서는 선진국에 비해 전혀 손색이 없는 수준을 보이고 있으며 배연탈황·탈질기술 등은 급속한 성장세를 보이고 있다. 또한, 정보통신기술이 접목된 무선원격감시 제어기술과 폐기물 재활용기술 등이 상용화 단계에 이르고 있다.

이에 따라 환경부는 2001년에 '차세대 핵심 환경기술 개발(Eco-Technopia 21)'에 착수하여 2010년까지 총 1조원의 기술개발비를 투자하여 환경선진국의 60~70% 수준까지 기술력을 제고시킬 계획으로 있다.

환경기술 수준을 제고시키기 위해 국가주도로 진행되고 있는 주요 환경기술 개발사업으로는 환경분야 21세기 프론티어 연구개발사업으로 폐기물 재활용기술 및 온실가스 배출저감 기술과 과기부의 국가지정 연구실 사업, 산자부의 청정생산기술 보급 종합계획, 농림부의 친환경농업기술 개발, 건교부의 환경친화적 건설기술 개발 등이 있다.

(4) 경제성장능력의 부족

환경파괴를 하지 않고 경제성장을 할 수 있는 능력의 제고가 시급하다. 세계경제포럼(WEF)은 2001년 1월 27일 세계 122개국을 대상으로 환경파괴를 하지 않고 경제성장을 할 수 있는 능력을 평가하는 환경지속지수(ESI) 결과를 발표하였다. WEF 발표에 따르면 한국의 ESI는 전세계 122개국 중 95위를 차지하여 하위권을 나타내었다. 한국의 ESI는 아시아 국가 가운데 일본(22위)은 물론이거니와 말레이시아(52위), 싱가포르(65위), 태국(74위) 등 동남아시아 국가들에 대해서도 크게 뒤떨어지는 것으로 나타나서 환경친화형 경제성장전략의 수립이 그 어느 때보다 필요한 시점이다.

〈표 13-2〉 국내 환경산업 시장 전망

(단위 : 원)

	1990	1998	1999	2003	2005	2010
시장규모	8,000억	7조 3,000억	8조 9,970억	15조	18조 7,970억	31조 7,550억

2.2 국외

국제환경규제의 강화와 세계 각국의 환경보전노력으로 전세계적으로 환경산업에 대한 수요가 급격히 증가하고 있다. OECD는 전세계 환경시장의 규모는 1990년 3,400억 달러, 2000년 5,400억 달러에 불과하였으나 2008년에는 1조 달러에 달해 향후 10~15년간 세계환경 시장은 급성장할 것으로 전망하고 있다.

한편, 국제에너지연구소(IEA)는 1995~2010년까지 동아시아·중남미·동유럽 등 신흥개발도상국들의 급속한 경제발전으로 인해 세계에너지 수요가 40% 이상 증가할 것으로 예상하고 있다. 이러한 에너지 소비의 증가로 인해 환경오염이 가속화될 가능성이 커지기 때문에 전세계적인 환경규제의 강화와 더불어 에너지절약적인 환경산업을 발전시키는 주요 요인이 될 것으로 보인다.

〈표 13-3〉 세계 환경산업 시장 전망

(단위 : 달러)

	1990	1999	2000	2005	2008
시장 규모	3,400억	4,950억	5,400억	6,940억	1조

3. 과제

환경사업이 21세기의 가장 유망한 산업 중 하나라는 것을 인식하여 미국·일본 등 선진국들은 심각해지고 있는 환경오염문제 해결과 환경산업에 의한 경제발전을 이루기 위해 환경기술 개발 및 환경산업 육성에 전력을 기울이고 있다. 우리의 경우도 최근 들어 각종 폐수에 의한 상수원오염, 대기오염 증가에 의한 오존주의보의 빈번한 발생, 남해안의 적조현상, 환경호르몬 문제, 토양오염 등 환경문제가 날이 갈수록 심각해지고 있다.

또한, 세계적으로도 지구환경오염 물질에 대한 규제가 더욱 강화되어 무역과 환경이 연계된 환경라운드가 조만간 가시화될 전망이다. 따라서 국내 환경시장의 활성화와 환경과 연계한 무역규제에 효과적으로 대응하기 위해 환경기술과 시장정보에 관한 국제적 흐름의 신속한 파악과 기술수준을 제고시키기 위한 효과적인 전략 수립이 시급하다.

제 3 절 기후변화협약

1. 기후변화협약의 탄생배경 및 경과

기후변화협약의 탄생은 지구온난화 현상으로 육지의 사막화가 지속되고 해수면의 상승, 생태계의 변화 등이 나타나면서 환경파괴(environmental destruction)에 대한 국제사회의 인식이 제고되면서 비롯되었다. 기후변화협약의 시초는 유럽지역의 대표적인 비정부기구(NGO)이자 지식인 모임인 '로마클럽'이 1972년 인류의 환경파괴를 경고한 '성장의 한계'(The Limits of Growth) 보고서라고 할 수 있다. 이후 UN이 주축이 되어 환경문제에 대한 국제사회의 공동대처방안을 논의하기 시작하였으며 1992년 브라질의 '리우데자네이루 환경회의'에서 154개국이 기후변화협약에 서명하였고 2년 후인 1994년에 정식 발효되었다.

기후변화협약은 처음에는 각종 온실가스 감축을 의무화한 강제규약이 아니라 국가별로 자율적인 노력사항만을 규정한 느슨한 형태의 협약으로 출범하였으나 협약 가입국 간의 당사국총회(COP : Conference of the Parties)가 매년 개최되면서 선진국을 중심으로 온실가스 감축을 의무화해야 한다는 주장이 거세지고 있다.

UN 산하의 IPCC(기후변화정부간협의체)가 1995년 지구온난화에 대한 2차 종합보고서를 발표한 뒤 온실가스 감축 의무화의 분위기는 더욱 고조되고 있다. 이 보고서는 인간의 경제·사회활동으로 인해 온실가스의 대기 중 농도가 현저하게 증가하고 있으며 이로 인해 향후 기후의 변화 양상은 더욱 예측하기 힘들 것으로 예상하고 있다. 특히, 온실가스 감축을 위한 범지구적 노력이 이루어지지 않으면 지구의 평균기온은 2100년까지 섭씨 0.8~3.5도 상승하고 해수면도 50cm 상승할 것으로 전망하였다

〈표 13-4〉 기후변화협약의 주요 내용

구 분	주 요 내 용
원 칙	· 선진국의 역사적 책임에 따른 선도적 기능, 개도국의 특별한 사정 존중, 모든 국가의 예방적 조치 필요성, 지속 가능한 성장 보장 등을 원칙으로 규정
의 무	· 모든 당사국 - 온실가스 배출 통계보고, 온실가스 감축을 위한 정책과 조치 시행, 온실가스 흡수원 보호 · 확대, 연구 · 관측, 공공인식 제고, 국가보고서 제출
연구 · 관측	· 개도국 연구 · 관측 능력 배양 지원
당사국 총회	· 당사국 총회 주요 기능, 개최방식 규정 - 최고의사결정기구, 특별한 결정이 없으면 매년 개최
국가 보고서	· 개도국 - 온실가스 배출 현황, 정책과 조치 현황보고 - 협약 · 발효 후 3년 이내 또는 재정지원이 충분히 이루어진 후 1차 보고서 제출

일본 교토(京都)에서 1997년에 개최된 '3차 당사국총회'에서는 교토의정서가 채택되었는 데 교토의정서가 채택되면서 기후변화협약은 준강제적인 국제협약으로서 새로운 전기를 맞이하였다고 할 수 있다. 교토의정서가 채택되면서 미국 · 일본 · EU 등 주요 선진국을 주축으로 38개국은 국가별로 2008~2012년의 온실가스 감축 목표를 설정하였다. 2008년부터 2012년까지 5년 동안의 평균온실가스 배출량을 1990년 대비 5.2% 감축시킨다는 것이 의정서의 핵심이라 할 수 있다. 특히, EU는 8%를 감축하기로 하였으며 미국은 7%, 일본 · 캐나다는 6%를 줄이기로 하였다. 의정서의 정식발효를 위해서는 55개국이 비준서를 제출해야 하는 데 현재의 상황을 감안할 때 의정서가 정식 발효되기까지는 상당한 시일이 소요될 것으로 예상된다.

한편, 2000년 11월 네덜란드 헤이그에서 '제6차 기후변화협약 가입국회의'가 세계 180개국 대표들이 참석한 가운데 개최되었는 데 2주 간의 협상에도 불구하고 끝내 합의도출에 실패한 채 11월 25일 막을 내렸다. 각국 대표들은 의장인 얀 프론크 네덜란드 환경장관의 중재안을 놓고 막판 절충을 벌였으나 결국 합의에 이르지 못하

였다. 전세계적으로 지구촌의 온실효과를 유발하는 탄산가스의 배출을 2012년까지 1990년보다 5.2% 감축하기로 한 교토의정서의 이행방안을 논의하기 위한 이번 회의는 미국과 EU 국가간 견해차가 커 처음부터 난항이 예상되었다.

미국과 EU가 심한 의견차이를 보인 부분은 삼림보유국에 가스배출권을 확대하는 것과 배출권을 거래할 수 있도록 허용하는 문제였다. 1990년 이후 온실가스 배출량이 23.3%나 증가한 미국은 배출가스를 흡수할 수 있는 농지·삼림을 가진 국가에 이에 상응하는 배출권 확대를 인정해야 한다고 주장한 반면 가스배출 증가가 거의 없는 EU 국가들은 이 제안이 실현될 경우 특정국가는 배출가스 감축을 위해 노력하지 않아도 된다고 인정하는 것이나 마찬가지라며 반대하였다. 즉, EU 측은 경제붕괴의 여파로 러시아 등 동유럽 국가들의 온실가스 배출량이 기준연도인 1990년도의 절반수준이기 때문에 배출권 판매를 허용할 경우 미국 등이 이를 구매하는 대신 가스배출을 감축시키려는 노력을 소홀히 하게 될 것을 우려하였으며 이렇게 될 경우 실질적으로 탄산가스의 배출을 감축시키려는 'UN 기후회의'의 전망이 불투명해 질 가능성이 크다고 판단하고 있다.

1998년 제4차 당사국총회에서 개도국보상, 재정지원 및 기술이전, 교토메커니즘 등 협약의 6개 주요 쟁점사항에 대해 제6차 총회에서 일괄 타결하기로 한 바 있어서 이번 제6차 당사국총회는 기후변화협상의 큰 분수령이 될 것으로 기대되었다. 세계 주요 국가의 정상 및 환경장관들도 'Rio + 10'이 되는 2002년에 교토의정서를 발효시키기 위해서는 이번 제6차 당사국총회의 성공이 필수적이라고 촉구하였으나 각국 대표단은 지구온난화를 방지해야 한다는 대의보다 각국의 국익 챙기기에 급급하여 결국 온실가스 배출량에 대한 미국과 EU의 이견으로 합의도출에는 실패하였다.

이번 6차 당사국총회가 결과적으로는 합의도출에 실패하였지만 합의도출을 위한 주요 선진국들의 접촉은 빈번하게 이루어지고 있다. 선진국간 합의가 이루어질 경우 한국을 비롯한 선진개도국이 다음 공략대상이 될 것으로 기대된다. 이번 제6차 당사국총회에서 우리 정부는 개도국의 온실가스감축노력이 활성화되려면 다른 개도국에 진출해 펼치는 감축노력도 감안해야 한다고 주장하여 중남미와 일본 등의 지지를 받았으며 스위스·멕시코와 함께 환경협력그룹을 형성하여 그룹 공동입장에서 우리의 관심사를 표명할 수 있게 되어 나름대로 성과를 거두었다고 할 수 있다.

2. 주요 쟁점

기후변화협약의 이행과 관련하여 선진국과 개도국 간에는 서로 이해관계의 차이로 인해 입장이 대립하고 있다. 이는 세계 각국이 21세기의 경제 및 무역질서에 지대한 영향을 미치게 될 기후변화협약을 자국의 이익에 도움이 되는 상황으로 전개시키기 위한 입장을 고수(固守)하고 있기 때문에 초래되었다고 할 수 있다. 현재 양측의 주요 쟁점은 크게 2가지로 요약될 수 있다.

2.1 온실가스 감축을 둘러싼 개발도상국의 의무분담 문제

미국·일본을 비롯한 선진국들은 교토의정서 채택에 따라 이미 온실가스 감축목표를 설정한 만큼 한국·중국·인도 등 개발도상국들도 일정한 범위 내에서 감축의무를 분담해야 한다고 주장하고 있다. 지난 1997년 미 상원은 개발도상국의 의무분담이 없이는 교토의정서를 비준하지 않겠다는 결의를 한 바 있다. 선진국들의 이 같은 주장은 온실가스감축의무에 개발도상국들을 포함시킴으로써 선진국들의 경제적 손실(economic loss)을 최소화하고 선진국들만 의무를 부담할 경우 개도국이 얻게 되는 경제적 이익(economic benefit)을 방지하기 위한 전략에 기초하고 있다.

한편, 한국·중국·인도를 비롯한 대부분의 개도국들은 선진국의 주장에 강하게 반발하고 있다. 이의 근거로 선진국들이 이미 산업화(industrialization)를 거치면서 온실가스를 배출한 역사적 책임이 있고 교토의정서에서 약속한 온실가스 감축목표가 매우 낮다는 점을 지적하고 있다.

2.2 교토의정서의 구체적인 이행방법론에 대한 인식문제

선진국들은 선진국이 다른 선진국 또는 개도국에 투자하여 온실가스의 감축을 이루면 이를 자국의 감축실적으로 인정받을 수 있도록 하는 방안을 추진 중이며 이와 관련하여 온실가스 감축실적으로 인정받을 수 있는 투자사업대상을 확대하여 온실가스 감축 비용을 보다 낮추려는 입장이다. 한편, 온실가스의 감축실적 인정에 대해 개도국들은 자국의 경제발전에 기여하는 실질적인 투자사업에 한정되어야 한다는 입장을 고수하고 있다.

온실가스 흡수량 산정과 관련하여 선진국과 개도국간, 심지어는 선진국 간에도 이견을 보이고 있다. 온실가스를 흡수하는 삼림이 타국에 비해 상대적으로 풍부한 미국과 캐나다의 경우는 온실가스 감축량을 산정할 때 이 같은 흡수적 요인이 충분히 고려되어야 한다고 주장하고 있는데 비해 여타 선진국 및 개발도상국은 삼림과 같은 온실가스 흡수적 요인을 고려할 경우 온실가스 흡수량 등을 산정하는 방법론에서의 불확실성(uncertainty)을 제기하면서 반대하고 있다.

〈표 13-5〉 기후변화협약의 주요 쟁점에 대한 선진국·개도국의 입장비교

	개도국의 온실가스 감축목표설정	개도국에 대한 재정지원 및 기술이전
선진국	찬성	소극적임
개도국	반대	적극적임

3. 주요 국가의 대응동향

1992년 브라질에서 개최된 '유엔환경개발회의'에서 세계 154개국은 기후변화에 대처하기 위해 온실가스 배출감축을 핵심으로 하는 기후변화협약을 채택하였으며 1997년 기후변화협약 제3차 당사국총회에서는 주요 선진국을 주축으로 38개국의 온실가스 감축을 주요 내용으로 하는 교토의정서가 채택되었다. 이에 따라 미국·일본·EU를 비롯한 주요 선진국들은 각 분야별로 정부 내에 담당조직을 형성하여 구체적 계획을 세우고 막대한 예산을 투입하여 온실가스를 감축시키기 위해 노력을 경주하고 있다.

한편, 온실가스의 핵심이라 할 수 있는 이산화탄소의 배출과 관련하여 주요 선진국 및 한국의 현황을 살펴보면 미국의 경우 지난 1991~1995년 평균경제성장률과 이산화탄소 배출 증가율은 각각 2.3%와 1.3%인 것으로 나타났으며 영국은 동 기간 동안 각각 2.3%와 -0.7%로 이산화탄소 배출이 오히려 감소하였다.

독일의 경우(각각 1.9%와 -2.1%로 나타남)에도 영국과 마찬가지로 동 기간 동안 이산화탄소 증가율이 감소하였다. 일본도 각각 1.3%와 1.6%로 이산화탄소 배출 증

가율이 크지 않다고 할 수 있다. 국제에너지기구(IEA)의 자료에 따르면 대다수 선진국의 이산화탄소 배출 증가율은 2%를 초과하지 않는 것으로 나타나고 있다. 선진국의 이산화탄소 배출 증가율이 이처럼 낮은 것은 이들 국가가 대체적으로 에너지 저소비형 산업구조를 구축하고 있는 것에 크게 기인하고 있다고 할 수 있다.

한편, 동 기간 동안 한국의 이산화탄소 배출 증가율은 9.2%로 일본의 5배가 넘는 수준을 나타내고 있다. 특히, 1980년대 중반 이후 이산화탄소 배출 증가율이 크게 높아지고 있다. 이 시기는 한국이 석유화학·철강·시멘트 등 에너지 다소비형 산업의 설비를 크게 확장시킨 시점이어서 이러한 에너지 다소비형 산업의 설비확장이 이산화탄소 배출 증가에 기여하였다고 할 수 있다.

3.1 미국

미국은 교토의정서가 채택되면서 2008년부터 2012년까지 5년동안 평균온실가스 배출량을 1990년 대비 7% 감축시키기로 하였다.[4] 미국은 이러한 목표를 시행할 경우 미 경제가 입을 경제적 손실이 매년 530억 달러에 이를 것으로 추산하고 있다. 미국은 아직 교토의정서를 비준하지 않고 있으나 백악관에 관련기구를 구성하는 등 기후변화협약에 신속하게 대응하고 있다.[5] 공공부문의 경우 고효율 조명기기의 사용을 권장하는 등 대형건물의 에너지효율을 제고시키는 데 주력하고 있으며 전력·시멘트·알루미늄 등 에너지다소비 업체와는 온실가스감축을 위한 자발적 협약을 추진하고 있다.

또한, 에너지저소비 제품 및 기술개발과 관련하여 폭넓은 조세감면 혜택 부여 및 막대한 예산을 투입하고 있다. 일례로 에너지 효율 향상을 위해 고연비차량을 구입할 경우 4,000달러까지 세금을 감면해 주고 있는데 이 부문의 경우 총 36억 달러의 세금감면을 예상하고 있다. 저연비차량이나 태양전지 등을 개발하는 데 27억 달러의 연구예산을 책정하였으며 2010년까지 신재생에너지원의 비율을 판매전력량의 5.5%까지 확대하기로 하였다.

4) 미국 대통령 경제자문위원회에 따르면 미국이 이러한 감축의무를 달성하기 위해서는 동 기간의 예산배출량에서 30% 이상을 삭감해야 하는 것으로 나타났다.

5) 이러한 이유 이외에도 미 상원이 교토의정서를 비준하지 않고 있는 또 다른 이유는 중국 등 개발도상국이 아직 온실가스 감축에 동참하지 않고 있는 점이라 할 수 있다.

한편, 미국은 기후변화협약에 대응하기 위해 기후변화 대책기구를 구성하고 강제적인 방법보다는 신축적이고 시장자율적인 정책을 기본으로 하는 종합대응정책과 기후변화 실천계획을 수립하고 있는데 미국의 이러한 정책 및 실천계획은 다음 3가지로 요약될 수 있다.

① 산업·수송·가정·상업건물·산림·농업 등 경제 전분야에 걸쳐 50여 가지의 실천방안을 포괄적으로 추진한다는 원칙이다.
② 에너지 효율향상 기술 등 기후친화적인 기술과 신재생에너지 개발 등에 대한 폭넓은 지원을 한다는 원칙이다.
③ 규제보다는 정부와 민간의 우호적 협력관계에 기반한 에너지다소비 업체와의 자발적 협약을 중심으로 한다는 점이다.

3.2 일본

일본은 교토의정서상 2008~2012년의 온실가스 감축목표를 6%로 설정하였다. 이를 위해 '지구온난화방지법'을 제정하였으며 관련예산도 1997년의 2,600억엔에서 1998년에는 15% 증가한 3,000억엔으로 책정하였다. 일본은 신기술 개발과 실용화를 통해 온난화가스 배출을 2% 감축한다는 목표를 세우고 있으며 나머지 4%는 에너지절약이나 원자력발전, 해외 배출권 거래 등을 통해 줄일 계획이다. 에너지사용과 관련하여서는 공장과 주택, 자동차 등의 효율을 제고시키는 방법으로 온난화가스 배출을 줄이기로 하였으며 에너지공급면에서는 원자력 발전소를 증설하고 태양열이나 풍력, 폐기물 발전 등을 도입하기로 하였다.

또한, 온난화가스 배출권 거래나 개도국에 대한 기술이전 등에도 관심을 표명하고 있어서 다각도로 온실가스 배출 감축을 위해 노력하고 있다고 할 수 있다. 이와 관련하여 일본 정부는 국민의 생활양식 변화를 통한 이산화탄소 배출감축 대책도 활발히 추진하고 있으며 국제협력을 통한 온실가스 배출감축도 적극적으로 추진하고 있다. 공동이행 시범프로젝트 사업을 위해 1998년 러시아·중국을 비롯한 37개국에 타당성 조사사업을 실시한 바 있다.

3.3 유럽연합

유럽연합은 온실가스 배출감축에 있어서 주요 선진국 중 가장 높은 8%의 감축 의무를 가지고 있지만 이보다 훨씬 높은 15% 감축을 목표로 하고 있어서 환경보호에 지대한 관심을 가지고 있다고 할 수 있다.

〈표 13-6〉 온실가스배출 감축과 관련한 주요 국가의 대응전략

	미 국	E U	일 본
담 당 조 직	· 에너지부가 전담 · 백악관에 기후변화 TFT 구성	· EU위원회	· 총리가 업무 총괄 · 통산성이 전담
주 요 내 용	· 세금감면 및 R&D - 2003년까지 63억 달러 투자 - 고연비차량 구입시 4,000달러까지 세금감면 등 각종 혜택 - 풍력 · 태양전지 등 신재생에너지 개발 · 자발적 협약 - 에너지 다소비업종 대상 자발협약 - 에너지효율주택 공급 협약체결 (효율 50% 향상) · 전력산업구조개편 - 신재생에너지 이용전력확대 · 공공부문 에너지 절약 및 효율제고 · 국내 배출권거래제 (2008년)	· 에너지 부문 - 2010년까지 신재생에너지비율 2배 - 열병합발전 2010년까지 2배 등 · 교통부문 - 자동차 제조업자와 저연비차 개발합의 - CO_2 발생량 2008~2012년 중 절반으로 감축 · 산업부문 - 환경협약체결 추진 - 에너지 표준에 대한 협상	· 에너지 소비효율 개선 · 에너지 절약기준 강화 - 자동화연비 2010년까지 15~20% 향상 - 3,500개 공장 집중점검 - 주택 냉 · 난방 20% 삭감 · CO_2 배출 억제 - 산업 및 사회구조 재편 - 원자력 · 신에너지 도입 확대 · 산림 등 CO_2 흡수원 대책 · 혁신적인 기술개발

환경측면에서 근본주의적 입장을 견지하고 있는 EU는 교토의정서가 규정한 선진국 온실가스감축량보다 훨씬 많은 삭감이 필요하다는 IPCC(기후변화에 관한 정부간 협의체)의 입장을 잠정적으로 지지하고 있다. 이에 따라 EU는 기후변화협약상의 여러 협상그룹 중에서 가장 강력한 입장을 고수하고 있다. 이의 실행을 위해 유럽연합 집행위원회는 에너지 · 운송 · 농업부문에 대한 우선과제를 선정하였다. 에

너지부문에서는 2010년까지 신재생 에너지의 사용을 현재의 6%에서 2배 증가한 12%로 늘리고 열병합 발전도 현재의 9%에서 2배 증가한 18%로 사용비율을 높인다는 계획을 세우고 있다.

교통부문과 관련하여서는 자동차 제조업체와 현재보다 이산화탄소 배출량이 800~900만톤 감소하도록 연료효율이 우수한 차를 개발하기로 합의하였으며 철도의 운송분담률을 제고시키기 위한 방안에 대해서도 논의하고 있다. 농업부문은 메탄가스 감축과 관련하여 가축사육에 대한 종합대책을 강구하고 있다. EU는 이미 세계 자동차업계와 이산화탄소 배출이 많은 자동차를 규제하기로 자발적인 협약을 맺고 있다. 농업부문은 기본적으로 유럽공동농업정책(CAP)의 틀 내에서 조림(造林) 및 에너지식물 개발을 포함하는 환경친화정책을 지속적으로 추진하고 있다.

최근에는 EU 역내의 내부 배출권 거래시장의 구축에 주력하고 있다. 각종 시뮬레이션(simulation) 연구결과는 배출권 거래시장을 운영하는 것이 EU 회원국 간의 다방면에 걸친 제도적 장애를 극복하는 데 효과가 있는 것으로 나타나고 있으며 비용측면에서도 온실가스 감축정책을 효과적으로 운영할 수 있게 해줄 것으로 분석되었다.

4. 한국에의 영향

기후변화협약과 관련하여 세계 각국의 개발정책이 얼마나 자연환경과 잘 조화되면서 이루어지고 있는가가 중요시되고 있다. 1996년 세계자원연구소(WPI)는 '세계자원보고서'를 통해 대륙별 주요 국가들의 환경친화도를 발표한 바 있다. 환경친화도란 훼손과 파괴를 수반하는 각종 개발정책의 결과가 있는 그대로의 자연환경에 얼마나 적합하게 적응·유지되고 있는지의 정도를 지칭한다. 생산과 소비과정에서 배출되는 여러 오염물질이 최소화되고 신속히 제거될수록 환경친화도가 높다고 할 수 있다. 이 용어는 개발보다 환경보존의 중요성이 강조되면서 점차 많이 사용되고 있다.

이번 조사는 현재의 환경오염현황보다 각 나라가 얼마나 환경친화적이고 지속가능한 개발을 위해 노력하고 있는가에 주안점이 주어졌다. 한국은 20개국 가운데 17위를 차지해 환경파괴가 매우 심한 것으로 나타났다.

〈표 13-7〉 주요 국가별 환경친화도

순위	국 가	인구증가율 (%) 1990~1995 연평균	비료사용량 (kg/ha) 1989~1991 연평균	1인당 CO_2방출량 (t) 1991	종합점수
1	태 국	1.27	39	1.8	13.3
2	스 위 스	0.71	413	6.2	12.7
3	러 시 아	0.20	52	-	11.8
4	브 라 질	1.59	54	1.4	11.6
5	스 웨 덴	0.48	113	6.2	11.4
6	이 탈 리 아	0.09	160	7.0	11.0
7	중 국	1.42	284	2.2	10.6
8	프 랑 스	0.37	301	6.6	10.6
9	인 도	1.91	73	0.8	10.4
10	멕 시 코	2.06	69	3.9	10.4
11	남 아 공	2.37	59	7.2	10.4
12	아르헨티나	1.17	6	3.6	10.3
13	영 국	0.24	350	10.0	10.2
14	뉴 질 랜 드	0.92	899	7.0	10.0
15	일 본	0.38	402	8.8	9.7
16	독 일	0.44	520	12.1	9.1
17	한 국	0.82	440	6.1	8.4
18	싱 가 포 르	1.03	-	15.1	7.9
19	미 국	1.03	99	19.5	7.8
20	호 주	1.41	26	15.1	7.8

주 : 환경수준을 나타내는 9개 평가 항목 중 3개만 나타낸 것임
자료 : 세계자원연구소

선진 개발도상국(advanced developing country)으로서 그리고 1998년 기준으로 세계에서 11번째로 많은 온실가스를 배출하고 있는 한국으로서는 선진국을 중심으로 국제사회가 활발히 전개하고 있는 온실가스 감축운동을 더 이상 방관할 수 없는 입장에 있다고 할 수 있다. 선진국들은 1997년 채택된 교토의정서에 따라 2008~2012년 사이에 지구온난화의 원인이 되고 있는 온실가스 발생량을 1990년보다 평균

5.2% 감축하기로 합의하였으며 아르헨티나 등 일부 개도국도 온실가스 배출 감축 노력에 동참하겠다는 의사를 밝힌 바 있다.

현재 미국을 제외한 대부분의 선진국이 2002년까지 비준을 서두르고 있고 멕시코·몽골·파나마 등 일부 개도국도 비준한 상태이기 때문에 한국이 예전처럼 지구 온난화의 역사적 책임이 선진국에 있다는 논리만으로는 감축의무에서 제외될 수가 없는 상황이 되어가고 있다.

한국은 1996년 선진국 모임인 경제협력개발기구(OECD)에 가입하면서도 개도국 지위를 유지함으로써 온실가스 감축의무 대상국에서 제외되었다. 교토의정서를 채택할 때에도 의무대상에서 빠졌으나 1997년 기준으로 한국은 석유·석탄 등 화석원료를 태우는 과정에서 이산화탄소를 세계에서 9번째로 많은 연간 4억 2,200만톤을 방출했고 외환위기의 영향 하에 있었던 1998년에도 세계 11번째인 3억 7,000만톤을 배출하였다.

1인당 온실가스배출량은 1998년 기준으로 연간 7.97톤을 배출하여 세계 33위를 차지하고 있다. 이 같은 온실가스 배출과 관련하여 한국은 지구의 환경보존과 관련하여 책임있는 국제사회의 일원으로서 지켜야 할 의무를 더 이상 미룰 수 없는 상황에 처해 있다고 할 수 있다.

〈표 13-8〉 한국의 에너지 수요 및 온실가스 배출 추이

구분	1990	1995	2000	2010	2020
1차 에너지수요 (백만 TOE)	93.2 (100)	150.4 (161)	180.1 (193)	247.0 (265)	307.8 (330)
1인당 에너지소비 (TOE/인)	2.2 (100)	3.3 (150)	3.9 (177)	5.0 (227)	6.1 (277)
온실가스 배출량 (백만 TC)	83.9 (100)	125.1 (149)	144.7 (172)	199.6 (211)	249.3 (297)
1인당 온실가스 배출량 (TC/인)	1.9 (100)	2.8 (147)	3.1 (163)	4.0 (211)	4.9 (358)

주 : ( )안은 1990년 수치를 100으로 할 때의 지수임
(TOE : 석유환산 t, TC : 탄소 t)
자료 : 한국에너지기술연구소

4.1 국내기업의 연구 및 기술개발 현황

기후변화협약에 대응하기위해 세계 각국은 다양한 온실가스 배출 절감기술에 대해 연구하고 있다. 조만간 기후변화협약이 준강제적인 환경규약으로 다가올 것에 대비하여 에너지다소비 산업과 관련있는 국내 대기업들의 대응이 절실해지고 있다. 즉, 우리기업들은 보다 환경친화적이고 에너지 효율적인 생산공정 구축과 제품생산을 통해 온실가스 배출을 감축시켜야만 하는 절박한 상황에 직면해 있다고 할 수 있다.

세계반도체협회(WSC)가 자율협약을 채택하여 과불화탄소(PFCs)의 사용을 축소하기로 하면서 이 분야의 기업체들이 전반적인 공정개선을 추진해야 하는 상황 하에서 삼성전자·LG전자·현대전자 등 국내 반도체 업계에 환경친화적인 생산공정의 구축은 무엇보다 시급한 과제로 등장하게 되었다. 일례로 삼성전자의 경우 과불화탄소의 감축을 위해 환경안전그룹 등 환경관련 전담부서를 설치하여 반도체 양산공정전반에 과불화탄소 감축시스템을 도입하고 있다. 특히, 신규생산라인의 경우에는 과불화탄소의 배출량을 95% 이상 줄일 수 있는 대체공정을 채택하고 있다.

〈표 13-9〉 에너지기술개발분류

분 야	기 술	주 요 내 용
에너지절약 및 효율개선	산업에너지기술 건물에너지기술 수송에너지기술 전기에너지기술	· 절약형 산업공정 · 고효율 연소기 · 절전형 냉난방 · 환경친화적 건축설비 · 저연비 자동차 · 조명기기 고효율화
대체에너지기술	자연에너지 이용기술 신에너지 이용기술 폐기물에너지 이용기술	· 태양열, 태양광발전 · 풍력, 소수력 · 연료전지 발전 · 바이오매스 에너지
청정에너지기술	청정 석탄 이용기술 청정 석유 이용기술	· 폐기물 자원화 · 석탄가스화 복합발전 · 기압유동층 복합발전
이산화탄소 처리기술	분리/회수 기술 폐기 기술 고정화/재활용 기술	

자료 : 에너지기술연구소

기후변화협약 등 환경규제에 대응하기 위해 환경관련 국내기업들이 추진하고 있는 에너지 기술개발 분야는 크게 2가지로 구분할 수 있다.

① 에너지절약 및 효율개선부문

이 분야는 국내기업들이 가장 중점을 두고 있는 분야로서 에너지절약형 산업공정구축, 고효율 연소기 및 절전형 냉난방 설비 도입 등을 통해 1차적으로 에너지투입부터 감소시켜 나간다는 계획을 세우고 있다.

② 대체에너지기술부문

이 분야에서는 태양열·풍력 등 자연에너지와 연료전지 등 신에너지, 그리고 폐기물 에너지 이용을 증대시키기 위한 연구가 추진되고 있다. 이외에도 기후변화협약과 직접적으로 관련이 있는 이산화탄소 재활용기술 개발 작업도 활발하게 진행되고 있다.

〈표 13-10〉 주요 기술의 이산화탄소 배출 절감효과 사례

분야	세부기술	연간 CO_2 배출 절감량(천 TC/년)	
		2000~2010	2010~2020
에너지절약 및 효율개선	·절약형 산업기술 ·고효율 연소기 ·절전형 냉난방 ·환경친화적 건축설비 ·저연비 자동차	1,610 114 1,556 720 66	4,385 201 7,783 2,614 3,726
대체에너지기술	·태양열, 채광복합 ·태양광발전 ·풍력, 소수력 ·연료전지 발전 ·바이오매스 에너지	359 31 125 183 751	2,155 572 1,025 432 1,165
청정에너지기술	·폐기물 자원화 ·석탄가스화 복합발전 ·가압유동층 복합발전	84 345 7	552 345 219
계		5,951	25,174

자료 : 에너지기술연구소

향후 기후변화협약이 본격적으로 적용되면 주요 선진국들이 환경관련분야의 앞선 기술력을 바탕으로 개발도상국에 대한 시장진출을 본격화할 것으로 예상되고 있

다. 따라서 국내기업들은 시장방어적 차원에서 적극적으로 에너지관련부문의 기술개발에 전력을 기울여야 한다.

4.2 산업계에 미치는 영향

온실가스의 감축을 요구하는 기후변화협약은 우리 산업계에도 서서히 영향을 미치고 있으며 우리 산업계가 이에 신속히 대응하지 못한다면 우리기업들이 국제경쟁에서 상당히 어려운 처지에 놓이게 될 것은 자명하다고 할 수 있다. 아직 우리나라가 선진국처럼 온실가스 감축목표를 정해 놓은 것은 아니지만 대내외적인 환경의 변화로 인해 이전과 같은 에너지 다소비형 산업이나 제품은 치열한 경쟁에서 생존하기 어려울 것으로 전망되고 있다.

전술한 바와 같이 1998년을 기준으로 할 때 한국은 세계 11위의 이산화탄소 배출국이며 에너지 소비에 있어서도 매년 8% 내지 9%의 높은 증가율을 보이고 있다. 특히, 한국은 철강·시멘트·화학 등 에너지 다소비업종의 비율이 선진국보다 높은 편이다. 따라서 이산화탄소의 감축비용과 이에 따른 GDP 손실도 선진국에 비해 훨씬 높다고 할 수 있다. 일부 선진국에서는 이미 에너지 효율문제를 새로운 무역장벽(trade barrier)으로 제기시킬 움직임을 보이고 있다.

우리경제의 대외의존도가 높은 현실을 감안할 때 선진국의 온실가스감축이 본격화하는 상황이 전개되면 수출에 결정적인 타격을 입을 가능성이 크다. 특히, 자동차와 반도체는 기후변화협약 발효에 관계없이 자체적으로 감축목표를 세우고 실행에 들어갈 예정이다. 당장 자동차 업계는 유럽의회 환경안전위원회가 자동차의 이산화탄소 배출량을 2008년까지 1995년 대비 25%를 감소시키기로 함에 따라 유럽지역에 자동차를 수출하기 위해서는 자동적으로 이러한 기준을 충족시켜야 할 상황이다. 반도체도 우리의 경우는 1997년 기준을 적용받기는 하나 2010년까지 1995년 배출량 대비 10%를 감축시키기로 하였다.

향후 한국이 선진국과 마찬가지로 온실가스 감축의무를 지게 될 때에는 산업과 대외교역, 그리고 국민생활 전반에 걸쳐 엄청난 변화가 초래될 것으로 전망된다. 국내산업의 주요 부분을 차지하고 있는 철강·전력·석유화학·자동차 등 에너지 다소비형 산업은 막대한 추가비용이 소요될 것으로 보인다.[6)]

〈그림 13-1〉 기후변화협약이 산업계에 미치는 영향

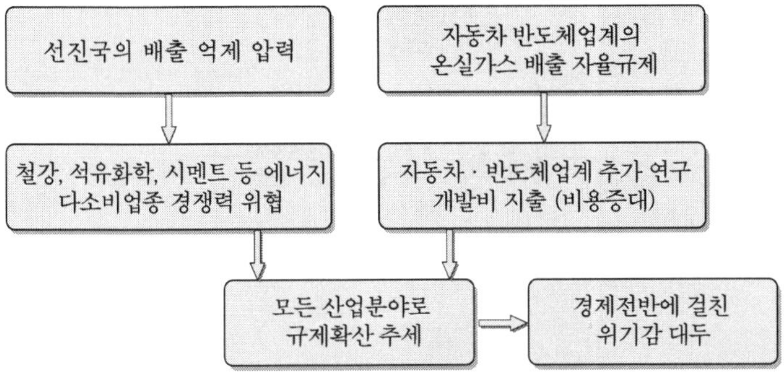

특히, 교토의정서에 따라 온실가스 감축목표를 달성해야 하는 선진국을 돕기 위해 논의되고 있는 청정개발체제(CDM)가 실제로 도입되는 경우 선진국 기업의 대(對)개도국 투자는 일반적인 투자이득과 함께 온실가스 감축 실적까지 인정받을 수 있으며 해당기업은 이러한 실적을 시장에서 판매할 수도 있어서 이중의 혜택을 얻을 수 있는 반면 개도국 기업은 동일한 형태의 투자를 수행하여도 실적을 인정받을 수 없게 되어 있어서 개발도상국 기업의 경쟁력은 큰 타격을 입게 된다.[7]

---

6) 산업자원부는 에너지다소비형 업체가 공장을 신설 또는 증설하는 경우 에너지 이용의 효율성을 사전에 협의하도록 하는 제도의 도입을 검토하고 있다.

7) 청정개발체제는 선진국기업이 개발도상국에 투자해 온실가스 발생을 줄이게 되면 이를 국가 전체의 감축실적으로 인정하도록 한 제도를 의미한다.

제 14 장

나노기술산업

정보기술(IT), 바이오기술(BT), 환경기술(ET)과 함께 21세기의 핵심기술로 나노기술(NT : Nano Technology)이 부각되고 있다. 세계 각국은 나노기술이 21세기 인간의 삶을 크게 변화시킬 수 있다는 인식 하에 국가차원에서 막대한 연구비를 투입하고 있다. 전문가들의 분석에 따르면 향후 10년 내에 새로운 나노소자 등이 개발되어 산업구조를 혁명적으로 변화시킬 수 있게 될 가능성이 커지고 있다.[1)]

제 1 절 나노기술의 개념

나노기술(극미세기술)이란 눈에 보이지 않는 원자와 분자 수준에서 물질을 제어하는 기술을 의미한다. 즉, 나노미터 단위의 분자나 원자를 조작하여 새로운 소재, 구조, 기구, 기계, 소자를 만들어내는 것으로 보통 100나노미터 이하 크기의 입자를 다루는 영역으로 국한하고 있는 21세기 3대 기술 가운데 하나로 간주되고 있다.[2)]

나노기술은 1981년 IBM 연구진이 전자주사현미경(STM : Scanning Tunneling Microscopy)을 발명하고 원자나 분자의 조작가능성을 제시하면서 가시화되었으며

1) 한경, 2001. 9. 8., 매경, 2001. 9. 11. 참조
2) 나노기술이란 1~100 나노미터(1㎚ = 10억분의 1m)크기의 물질을 제어하는 것인데 1나노미터는 사람 머리카락 굵기의 10만분의 1에 해당한다.

이제는 매우 정교한 금속탐침으로 원자를 움직여 원하는 위치에 배열하는 일이 가능해질 만큼 급속히 발전하고 있다.

제 2 절 나노기술의 필요성

나노기술은 20세기에 개발된 기술의 한계를 극복할 수 있는 가장 유력한 대안으로 부각되고 있다. 반도체의 경우 실리콘으로 만들면 16기가 바이트 이상의 메모리 칩 제조가 불가능하나 구성된 대롱모양의 신물질인 탄소나노튜브를 이용하면 기가의 1,000배인 테라바이트급의 반도체칩도 제조할 수 있게 된다. 강철보다 10배 이상 강도를 가지면서도 경량인 물질이 개발된다면 항공우주·자동차·철강산업 등은 획기적인 발전을 이룰 수 있게 된다. 즉, 초경량·초고강도의 소재가 개발되면 연료소모를 최소화시키면서 태양계 외곽까지 탐사가능한 소형우주선도 제작할 수 있게 된다.

또한, 나노기술을 이용하면 의약품의 성능도 획기적으로 개선될 수 있다. 예를 들면, 단백질을 조절하여 새로운 의약품을 제조할 수 있으며 극소형 의료기기를 이용하여 인체의 특정부위에 치료약물을 정확히 투여할 수 있게 된다.

제 3 절 나노기술의 응용분야

나노기술의 응용분야는 무궁무진하다고 할 수 있다. 이론상으로는 1년에 일반적인 대학교재 분량의 책 100만권을 발간한다고 가정할 때 한 면이 1㎠ 각설탕 크기의 반도체에 100억년에 해당하는 책 내용을 기록할 수 있게 된다. 정보의 저장용량의 확대뿐만 아니라 정보의 전달속도 또한 크게 향상될 수 있다. 전기로 원자 몇 개만 움직이면 정보를 이용하거나 저장할 수 있기 때문에 전기소모량이 극히 적어서 휴대용 수퍼컴퓨터(portable Super Computer)도 가능해진다. 나노기술이 응용될 수 있는 주요 분야 및 응용사례를 정리해 보면 〈표 14-1〉과 같다.

〈표 14-1〉 나노기술의 주요 응용분야 및 응용사례

응용분야	응용사례
전자통신	· 고집적 반도체 · 평판 표시 · 인공지능 통신시스템(뇌와 컴퓨터의 양방향 정보교환)
생명공학	· 유전자 분석 조작 · 혈액 대체 물질
환 경	· 재활용소재 · 오염감소 소재
의 약	· 신의학 · 인체적합 약물전달체계 구축
재 료	· 고성능 세라믹 제조 · 고강도 · 초경량 금속재료
에 너 지	· 고성능 배터리 · 양자태양전지
우 주	· 경량우주선 · 극소형 로봇 시스템
군 사	· 무인 전투차량 · 군사용 나노로봇
교 육	· 실시간 외국어 자동번역기

제 4 절 나노기술 개발 현황

1. 국내 현황

포항공대 기능성분자계연구단은 2001년 9월 7일 직경이 0.4나노미터에 불과한 은(銀) 나노선 배열을 만들었으며 나노선 사이의 거리는 1.7㎚라고 밝힌 바 있다. 0.4㎚는 원자 두 개를 합한 크기에 불과하며 이는 미국에서 개발된 나노선 다발보다 집적도가 200 배나 높은 것이다.

포항공대 연구팀이 전세계에서 가장 집적도가 높은 나노선 다발을 개발한 것은 우리나라도 특정 나노분야에서 선진국과 충분히 경쟁할 수 있는 가능성을 보여준 것으로 평가할 수 있다.

실리콘 반도체의 한계를 극복하고 펜티엄 칩보다 100만배 이상의 성능을 발휘하는 미세반도체를 제조하기 위해서는 나노기술의 활용이 불가피하며 따라서 안정적인 나노선 배열을 만드는 것은 지금까지 나노기술계의 핵심과제 가운데 하나였다. 이번에 국내 연구팀에 의해 1 나노미터보다도 작은 0.4 나노미터 크기의 안정적 나노선을 만들어낸 성과는 회로의 집적도 제고로 인한 반도체의 소형화 및 초고성능화를 가능하게 했다는 점에서 향후 반도체 기술발전에 크게 기여할 것으로 평가받고 있다.

그러나 이처럼 의미있는 연구성과를 이루어냈지만 우리나라의 전반적인 나노기술 수준은 선진국에 비해 아직까지는 크게 뒤떨어져 있다. 미국이나 일본 등 선진국들이 이미 1980년대 초부터 나노분야에 대한 연구를 시작한 데 비해 우리는 1990년대 중반부터 나노연구를 시작해서 연구의 역사도 일천한 데다 인력과 장비도 크게 부족한 실정이다.

서울대 국양 교수가 과학기술부에 제출한 '국가 나노기술개발계획' 보고서에 따르면 세계기술평가센터(WTEC)의 분류 종합평가기준에 의해 우리나라의 나노기술 수준은 5개 항목에서 42점을 얻어 미국(164점), 일본(151점), 유럽(149점)에 비해 크게 뒤떨어지는 것으로 나타났다. 이를 분야별로 살펴보면 우리나라는 나노구조체 합성, 나노소자, 벌크 나노소재에서 각각 10점, 바이오나노와 대(大)표면적 소재는 각각 6점으로 미국의 1/3과 1/4에 불과한 수준이다.[3] 또한, 미국 내에서 국가별 특허 취득 건수(1976~1999년)에 있어서도 우리는 총 13건으로 미국(4,298건), 일본(714건), 독일(273건)은 물론이거니와 대만(15건), 중국(14건)보다도 열세인 것으로 나타났다. 각국 상위 5명의 영향력이 있는 나노과학자의 개인영향력을 평가하는 조사에서도 우리는 49점으로 미국(275점), EU(185점), 일본(125점)에 비해 크게 열세를 보이고 있다.

3) 국양 교수는 일반적으로 나노기술은 최첨단 연구를 수행하는 소수의 연구진에 의해 모든 지적재산권이 집중되므로 분야별 지표의 의미는 중요하며 이 분야에서 우리의 기술 창의력의 후진성을 확인할 수 있음을 지적하였다.

〈표 14-2〉 세계 주요 국가의 나노기술분야 평가

국 가 명	종 합 평 가 점 수[1)]
미 국	164
일 본	151
E U	149
한 국	42

주: 1) 세계기술평가센터(WTEC) 기준 5개 분야의 총점임

〈표 14-3〉 세계 주요 국가의 나노전문가 경쟁력 평가

국 가 명	경 쟁 력 평 가[1)]
미 국	275
E U	185
일 본	125
한 국	49

주: 1) 개인영향력 부문의 점수임

〈표 14-4〉 나노기술 개발투자 계획(2001~2010년)

(단위 : 억원)

구분	투자규모		합계
	정부	민간	
기술개발	7,670	4,455	12,125
인력양성	835	-	835
생산·시험센터	880	560	1,440
출연연구소 특화 연구지원	450	-	450
합계	9,835	5,015	14,850

우리 나노기술의 열세를 극복하기 위해 과기부는 2001년 5월 '나노기술 종합발전 계획안'에서 향후 10년간 모두 1조 4,850억원을 투자하기로 결정하였다. 현재 국내에서 나노분야 연구를 활발하게 수행하고 있는 기관으로는 삼성종합기술원(탄소 나

노튜브를 이용하여 디스플레이 장치 개발), 한국과학기술원(나노튜브를 이용하여 초미세 연료전지의 핵심물질 개발), 과기부 테라급 나노소자 개발사업단(연간 100억원의 예산을 투입하여 나노관련 연구 수행 중임) 등이 있다.

2. 국외 현황

미국, 일본, 유럽 등 나노기술 선진국들은 나노기술이 전자·통신·환경·생명과학·재료공학·방위산업·의학 등 산업의 패러다임(paradigm)을 획기적으로 전환시킬 수 있기 때문에 나노기술을 개발하기 위해 총력을 기울이고 있다. 이는 결국 21세기의 핵심산업인 정보통신 및 생명공학 산업도 나노기술이 뒷받침되지 않고서는 비약적인 발전을 기대할 수 없다고 판단하기 때문이다.

나노기술의 최선진국들인 미국, 일본, EU의 연구현황을 간략히 살펴보고자 한다.

2.1 미국

미국은 나노기술개발을 국가전략사업으로 인식하고 강력히 추진하고 있다. 대통령 과학기술자문위원회(PCAST)는 산·학·연 전문가들로 나노관련 패널을 구성하여 5개 분야에 걸쳐 대규모 연구프로젝트를 수행하고 있다. 이를 위해 2000년 2억 7,000만 달러를 투입한 데 이어 2001년에는 4억 2,300만 달러를 투자하여 나노기술 개발을 지원하고 있다. 또한, 워싱턴대학에는 나노기술 교과과정을 개설하여 이 분야의 고급인력 양성에도 주력하고 있어서 미국은 나노기술관련 투자와 인력양성에 있어서 세계를 주도하고 있다. 2000년에는 나노관련 특허 건수가 338건에 달해 세계 최고를 기록하고 있다.

2.2 일본

일본은 1980년대 이후 나노기술 개발을 본격적으로 추진하고 있는데 원자기술과 양자기능기기 개발에 각각 1억 8,500만 달러 및 4,000만 달러를 투자하고 있다. 일본은 지난 1991년에 세계적 전자회사인 NEC가 탄소원자만으로 직경 2~50㎚ 크기의 카본나노튜브를 개발한 바 있으며 나노와 관련된 기초기술이 세계적 수준임을 인정받고 있다. 일부 분야에서는 세계 최고의 기술수준을 과시하고 있다. NEC의 카본나노튜브 개발에 따라 반도체 미세가공과 원자·분자를 1개씩 관찰하거나 조작하는 요소기술에서 세계에서 가장 선도적 위치에 서게 되었으며 128 메가비트 단일전자 메모리칩, 나노튜브, 전계방출 디스플레이 소자 제작 등의 성과를 거둔 바 있다. 일본은 나노기술 개발을 위해 2000년에 2,800만 달러를 투입하였으며 2001년에는 약 4억 달러를 투입하였다.

2.3 EU

EU의 나노기술개발 형태는 네트워크를 활용하여 공동프로젝트를 추진하거나 나노생물기술 등 퓨전(혼합) 프로그램을 다양하게 추진하고 있다. EU는 나노기술개발을 위해 2000년 2억 1,300만 달러를 투자한 데 이어 2003년부터 2006년까지(제6차 프레임워크 프로그램) 총 10억 달러를 투자하여 국가별로 다양한 나노기술관련 프로그램을 개발할 계획으로 있다.

제5절 과 제

미국 세계기술평가센터(WTEC)의 나노기술에 대한 전반적인 평가에 따르면 우리의 기술수준은 대체적으로 선진국의 25%에 불과한 실정이다. 예를 들면, 현재 세계적으로 가장 미세한 나노 반도체소자는 인텔(Intel)에서 개발한 게이트 길이가 20㎚이지만 우리는 한국과학기술원(KIST)에서 2000년에 겨우 50㎚ 반도체 소자를 개발한 상태이다.[4] 특히, 나노바이오 분야에서는 미·일 선진국과 더욱 더 큰 기술격차를 보이고 있다. 따라서 연구인력과 연구투자액에 있어서 자원이 한정되어 있음을 고려할 때 중요한 정책방향은 '선택과 집중'이 되어야 한다.

전체적으로 평가할 때 아직 나노기술은 초기단계라고 할 수 있다. 따라서 우리가 경쟁력있는 분야에 한정된 자원을 집중투자 한다면 충분히 선진국과 경쟁할 수 있

4) 20 나노급 소자는 최근 출시된 2㎓급 중앙처리장치(CPU)보다 10배 정도 정보처리속도가 빠르다고 할 수 있다. KIST가 개발한 50㎚ 반도체 소자는 인텔에 비해 2~3년 뒤처진 수준으로 평가받고 있다.

음은 물론이거니와 오히려 일부 분야에서는 선진국을 추월할 가능성도 크다고 할 수 있다. 따라서 우리가 상대적인 강점을 가지고 있는 반도체산업에서 경쟁력을 갖출 수 있도록 나노소자분야 등에 역량을 모아야 하며 이를 위해 이 분야에 공동장비사용 · 연구인력 양성 · 학제간 교류활성화 · 우수연구인력의 집중투입 등이 효율적으로 이루어져야 한다.

제 15 장

퓨전기술산업

21세기에 접어들면서 과학기술의 퓨전시대가 도래하고 있다. 즉 정보기술, 생명공학, 나노기술이 접목되면서 과학기술의 업그레이드(upgrade)와 미래기술의 혁명적인 발전(revolutionary development)이 가능해지는 시대가 되어가고 있다.[1] 이러한 혁명적 기술의 발전에 세계의 주요 연구소가 기여하고 있는데 대표적인 예로 스위스 취리히에 소재한 IBM 연구소를 지적할 수 있다.[2] 현재 취리히 IBM 연구소는 나노기술을 이용하여 기존 반도체의 한계를 극복하는 세계 최고의 기억용량을 가진 소자와 유전자칩, 바이오 센서를 개발하고 있다. 동 연구소는 '밀리페드 프로젝트'(Milipede Project)를 통해 기존 자성미디어 용량을 나노기술을 이용하여 극복하고 세계최고인 400Gb(기가바이트) 기억용량을 구현할 계획을 세우고 있다. 이러한 계획을 통해 나노기술 바탕 위에 생명공학과 정보통신기술 혁명을 달성하여 퓨전기술(FT : Fusion Technology)을 구체화시키겠다는 것으로 해석할 수 있다.

한편, 퓨전기술시대가 도래하면서 인포전스 세계(Inforgence World)가 부각되고 있다. 인포전스 세계는 정보(information)와 지능(intelligence)이 합친 것으로 기능의 일체화, 초소형화, 인간친화를 지향하는 현대기술의 상징으로서 나노기술과 정보통신의 결합으로 가능해질 신세계를 집약한 것이다.

---

1) 매경, 2002. 1. 8. 참조

2) 스위스 취리히 IBM 연구소는 세계 최초로 나노세계를 관찰할 수 있는 원자현미경(STM)과 고온초전도체를 발명하여 지난 1986년과 1987년에 각각 노벨상 수상자를 배출한 바 있다.

인포전스 세계는 개인휴대단말기인 PDA가 현재 전화나 제한적 PC와 TV, 인터넷, GPS(위치확인시스템), 디지털 카메라, MP3 기능 등을 한 곳에 집결한 '옴니콤(OmniCom)'이라는 기기로 구현될 수 있다.

다수의 산업전문가들은 21세기를 정보통신기술(IT), 나노기술(NT), 생명공학(BT)의 시대, 즉 3T의 시대로 평가하고 있다. 그러나 이러한 신기술을 활용한 신약개발이나 테라급 반도체의 상용화는 막대한 투자와 시간이 필요한, 즉 수조원의 자금과 10년 이상이 소요되는 장기적인 과제라고 할 수 있다. 한편, 국내 수출의 절반 이상을 담당하고 있는 자동차, 철강, 반도체, 조선, 섬유, 기계 등 6대 전통산업 기술분야는 활력을 잃고 있는 실정이다. 따라서 과학기술계에서는 이러한 상황을 극복하고 산업발전의 균형화를 이루기 위해서 전통산업과 3T 등 신산업의 연계가 필요하다는 주장을 제기하고 있어 비상한 관심을 끌고 있다.[3)]

퓨전기술산업의 개념, 특징, 응용분야 및 3T 산업과 전통산업과의 연계에 대해 살펴보고자 한다.

제 1 절 BT와 IT의 결합

2001년 2월은 인간생명설계도의 작성이 사실상 완료되었다고 평가할 수 있다. 당시 다국적 컨소시엄 인간게놈프로젝트(HGP)와 미국의 민간기업 셀레라지노믹스는 인간게놈(genome, 유전체)을 구성하는 약 31억 6,000만개 염기 순서와 30,000개 내외로 추정되는 유전자 위치를 파악했다고 발표한 바 있다. 인간유전체의 염기서열을 분석할 수 있었던 데는 바이오 지식에 정보기술(IT)을 적극 활용한 것이 분석의 초석이 되었다고 할 수 있다. 특히, 고성능 수퍼컴퓨터를 활용한 것이 염기서열 분석의 결정적 배경이 되었다.

3) 한국, 2002. 1. 7 · 14. 참조

1. 생물정보학

1.1 개념

생물정보학은 생물 관련 데이터를 효율적으로 처리하기 위한 생물학, 전산학, 수학, 통계학적 지식과 기술을 통칭하는 용어이다. 구체적으로는 생물 데이터를 수집, 저장, 관리, 분석하는 분야로 다양한 소프트웨어와 네트워크 및 고성능 컴퓨터 등이 활용된다.

1.2 필요성

최근에 생물정보학이 바이오 연구와 관련산업에서 중심으로 부각된 것은 인간을 비롯한 생물체의 유전체 서열이 분석되면서 수많은 데이터가 배출되고 있기 때문이다. 인간 유전체의 데이터만 하더라도 31억개나 나열되어 있어서 생물정보학의 필요성이 제기되고 있다. 이러한 엄청난 양의 데이터를 효율적으로 관리하기 위해서는 데이터베이스(DB)화 되는 작업이 필요하며 암호처럼 얽혀있는 문자조합에서 의미있는 부분을 찾기 위한 프로그램이 준비되어야 한다.

따라서 이러한 수많은 데이터를 처리하기 위해서는 IT와의 연계성이 없이는 BT의 연구성과가 제대로 이루어질 수 없게 된다. 이러한 유전체의 서열분석을 넘어서서 유전자의 기능과 단백질 연구가 중심이 되면서 생물정보학의 필요성은 더욱 더 커지고 있다.

생물정보학은 생물물리학, 생물에너지학, 컴퓨터공학, 수학, 생물학을 포함하는 폭넓은 분야이다. 따라서 이러한 복합학문 분야인 생물정보학이 기여하는 생산성 증대는 파악하기 힘들 만큼 클 것으로 기대되고 있다. 실제로 21세기에 들어서서 바이오 연구의 상당부분에서 컴퓨터가 큰 몫을 담당하고 있으며 유전자와 단백질 연구를 통한 신약과 치료기술의 개발에 생물정보학의 이해가 필수적이라고 할 수 있다. 이에 따라 생물정보학시장은 급속도로 성장하고 있다.

1.3 응용분야

생물정보학을 활용한 연구는 기본적으로 컴퓨터를 통해 프로그램을 이용하여 수행되며 생물학, 특히 유전체와 단백질 연구에 많이 활용되고 있다.

(1) 유사성 검색

현존하는 생물체가 가진 모든 유전자는 선조가 가지고 있었던 어떤 유전자가 변형된 것이라 할 수 있다. 결국 현존하는 생물체의 유전자를 비교해 보면 선조가 동일한 생물체를 발견할 수 있게 된다. 예를 들면, 인간의 어떤 유전자는 효모의 어떤 유전자와 실질적으로 동일한 데 염기서열이 변화되어 있다고 하더라도 이로부터 생성되는 단백질 분자의 3차원적인 구조와 기능은 거의 유사하여 대체가능성이 인정될 정도이다.

따라서 상동성(相同性)을 검색하여 선조가 동일한 생물체의 유전자를 발견하게 되면 그 유전자에 대한 보다 많은 정보를 얻을 수 있게 된다.

(2) 단백질구조 규명

3차원적인 구조를 가지고 있는 단백질은 유전자 기능을 연구하기 위한 중요한 정보를 가지고 있다. 이러한 단백질구조를 컴퓨터로 분석함으로써 단백질기능을 보다 상세히 파악할 수 있으며 실험을 통하지 않고 구조를 알 수 있게 된다.

(3) 유전자상호작용 네트워크

생물정보학의 가장 핵심적 목표 중의 하나는 인간의 체내에서 유전자나 단백질이 복잡하게 상호작용하는 일의 정확한 양상과 원리 등을 유추하는 것이다. 이러한 목표를 달성하기 위해서는 전산학적, 수학적, 그리고 통계학적 방법을 개발하는 것이 필요하다.

(4) 비교유전체 연구

모든 생물체는 유구한 세월에 걸쳐 새로운 세대를 형성해 가는 동안 유전정보를 상호 주고받으며 지속적으로 변화하고 있는데 유전자와 유전체 기능을 파악하기 위해서 이에 대한 이해가 필수적이라 할 수 있다. 이 분야는 특히 현재 인간게놈프로젝트와 더불어 수행되고 있는 수많은 타 생물체의 게놈정보가 대량으로 배출되고 있어서 향후 생물정보학 분야 연구의 중요한 부분이 될 것으로 전망된다.

(5) 전산인프라스트럭처의 구축

생물정보학은 여러 응용분야에 필요한 데이터 생산실험을 할 때 이러한 실험지원을 위한 인프라스트럭처(infrastructure) 역할을 한다. 이러한 실험에서 생산되는 기본 데이터의 양이 막대하기 때문에 이를 체계적으로 정리·관리하기 위한 전산인프라스트럭처의 구축이 필요하다.

2. 바이오수퍼컴의 개발

수퍼컴퓨터는 그동안 기상연구 및 핵무기 개발 등에 주로 활용되었으나 이제는 바이오 분야의 연구에 효과적으로 이용되고 있다. 인간을 비롯한 각종 생물체에 대한 게놈정보가 급증하면서 바이오 분야의 컴퓨터 활용은 점증하고 있다. 특히, 유전체가 생성해 내는 단백질에 대한 연구가 활성화되면서 이러한 추세는 더욱 가시화되고 있다.

생물정보학에 있어서 수퍼컴퓨터의 필요성은 단백질연구가 본격적으로 진행되면서 부각되고 있다. 예를 들면, 수만개의 유전자와 유전자가 결합하여 생성해내는 단백질의 상호 교감성, 단백질의 개수, 주요 질병을 일으키는 단백질의 정체 등이 단백질에 대한 연구를 이전보다 훨씬 복잡한 단계로 진행시키고 있다.

이러한 추세에 따라 대형컴퓨터 제조업체들은 유전자의 상호작용과 단백질구조를 예측할 수 있는 기존 수퍼컴퓨터보다 훨씬 연산속도가 빠른 '바이오수퍼컴퓨터'의 개발에 박차를 가하고 있다. 이의 대표적인 예가 IBM이 개발 중인 '블루진'과 컴팩(COMPAQ)이 추진 중인 '레드스톰'이다.

제 2 절 BT와 NT의 결합

초극소 미시로봇이 인체의 혈관을 돌아다니면서 비정상세포를 정상으로 만들기 위한 수술을 수행하거나 약물을 인체의 필요부위에만 전달해 부작용을 최소화시킬 수 있는 기술이 바로 BT와 NT의 결합이 이루어낼 수 있는 기술이라고 할 수 있다. 이러한 기술은 향후 5년 이내에 실용화될 수 있는 기술로 기대되고 있는데 이러한 실현성은 '바이오멤스'와 '바이오넴스' 기술에 의해서 가능해진다.

멤스(MEMS, 미세전자제어기술)는 마이크론이나 ㎜크기의 초소형 정밀기계 제작기술을 지칭한다. 의약 및 제약분야가 비약적으로 발전할 수 있는 요인은 멤스가 바이오와 연계되면서 등장한 '바이오멤스(Bio-MEMS)'와 바이오기술과 나노 전자기계 시스템이 결합한 '바이오넴스(Bio-NEMS)'의 발전이라고 할 수 있다.

최근 들어 나노기술을 바탕으로 한 바이오혁명이 활발히 진행되고 있다. 이미 분자 100만개만 있어도 어떤 성분인지 확인 가능한 '인공코'가 개발되었으며 인체의 특징 부위에 약을 전달하는 약물전달시스템 개발에 나노기술이 적용되고 있다. 미국 등 주요 선진국들은 국가경쟁력(country competitiveness)의 최우선 정책으로 나노-바이오기술 개발을 위해 막대한 연구비를 투입하고 있다. 나노-바이오기술의 적용분야를 간략히 살펴보고자 한다.

1. 바이오센서

나노기술을 이용한 이식형 센서 또는 스마트 패치는 특정상황 하에서 위독한 환자를 감시하는 데 사용할 수 있도록 개발되고 있다. 이러한 센서는 인체의 극히 미세한 국부적인 전기신호나 압력을 감지하여 환자의 상태를 의사에게 전달함으로써 환자의 질병을 정확히 진단할 수 있게 도와준다. 또한, 바이오센서는 체외기구와 연결되어 인체내부에서 진행 중인 질병의 상태가 어느 정도인지, 감염은 어느 단계까지 진행되고 있는지를 판단할 수 있는 정보도 전달하는 역할을 하게 된다.

2. 약물전달시스템

약물전달시스템(DDS)은 인체의 특정부위에 특정약물을 전달하는 기술을 의미하는 데 현재까지 개발된 다수의 약은 인체내에서 흡수되지 못하여 약효가 반감되거나 때로는 인체내에서 부작용을 발생시키는 경우가 다수 존재하였다. 이러한 바람직스럽지 못한 결과의 요인으로 약물이 인체 내에서 원하지 않는 부가적인 반응을 발생시키는 용매에의 용해와 원하지 않는 다른 인체부위에의 전달을 지적할 수 있다. 나노입자를 약물전달시스템에 적용하면 우리가 원하는 특정 인체부위에만 전달되도록 할 수 있어서 상기(上記)한 부작용을 극복할 수 있게 된다.

3. 조직공학

나노기술의 발전은 10미크론(1㎛ = 100만분의 1m) 크기의 동물세포와 5미크론 크기의 단백질 분자사이에서 발생하는 메커니즘에 대한 이해를 증진시키고 이를 통해 세포상태의 조절도 가능하게 해 준다. 즉, 손상되거나 유실된 인체의 기능을 보충하기 위한 인근조직에 적용하기 위해 세포와 그 분자를 이용하게 되는 조직공학 연구에 나노기술이 적용될 수 있다.

4. 의료영상기술

현재 사용되는 의료영상은 X선, 자기공명영상(MRI), 초음파 등이 있는데 아직도 사용자가 만족할 만한 속도, 비용, 해상도, 민감성에는 못 미치고 있다. 나노기술이 전자공학, 컴퓨터공학 등과 결합하게 되면 이러한 단점은 극복될 수 있다. 즉, 선명한 의료영상기술과 함께 사용되는 조형제에 대한 획기적 개선이 이루어지게 된다.

제 3 절 NT와 IT의 결합

나노기술을 이용하여 현재보다 수백, 수천배 빠른 메모리소자가 개발될 경우 인류가 누릴 수 있는 혜택은 상상을 초월하게 된다. 즉 3차원 TV, 인식과 추론이 가능한 로봇의 개발 등이 NT와 IT의 결합에 의해 이루어질 수 있는 한 부분이라 할 수 있다. 이러한 일이 실현되기 위해서는 트랜지스터의 성능개선이 필수적이다. '보다 작은 공간이 보다 많은 정보를 담아 보다 빨리 정보를 처리할 수 있는 소자의 개발'이 필수적인 데 이러한 기술은 나노기술을 정보통신분야에 유용할 때 가능하게 된다.[4)]

현재의 기술수준에서 트랜지스터의 성능을 획기적으로 개선시키기 위해서는, 즉 현재의 실리콘 트랜지스터를 대체하기 위해서는 단전자소자, 광기능소자, 분자소자 등 나노소자의 개발이 필수적이라고 할 수 있다. 최근 통계에 의하면 현재 정보량은 100일당 2배로 증가하고 있고 정보 처리속도도 200일당 2배로 늘어나고 있다. 이러한 현실을 감안할 때 IT 산업에서 요구되는 메모리는 향후 10년 내에 테라급, 즉 지금의 1,000배 성능을 보유한 메모리가 필요하게 된다. 따라서 나노기술은 이러한 테라급 메모리소자를 개발할 수 있는 유일한 방법이 되고 있다.

나노기술 선진국인 미국의 경우도 기존 D램 분야에서의 열세를 인식하여 2005년부터 Intel에서 10㎓급 CPU를, IBM과 Motorola에서 2004년부터 자성체를 이용한 신개념 메모리인 M램을 개발할 계획을 세우고 있다. 테라급 소자는 인식과 추론이 가능한 로봇, 가상현실구현, 초미니수퍼컴퓨터, 인공지능비행기와 자동차의 출현을 가능하게 할 것으로 기대되고 있다.

1. 해외기술개발 현황

나노기술은 다른 기술부문과 달리 주요 선진국 간에 기술수준에 있어서 커다란 격차없이 비교적 동등한 조건에서 치열한 기술개발 경쟁이 벌어지고 있는 분야라고 할 수 있다. 따라서 나노기술은 21세기에 국가경쟁력 강화를 위해 국가가 전략적으로 육성해야 하는 분야이며, 국가뿐만 아니라 대기업의 투자도 활발하게 이루어지고 있다. 이는 정보통신분야에 적용될 나노기술 개발에 성공할 경우 선도자(pioneer)로서의 개발이익이 막대하기 때문이다. 전반적인 나노기술에 있어서는 미국이 선두를 유지하고 있으나 정보통신기술과 연관성이 높은 나노소자분야에서는

4) 나노기술을 정보통신분야에 응용하기 위해서 다수의 도구기술이 적용되는 데 탄소나노튜브, 분자전자소자, 나노CMOS, 양자현상 등이 도구기술이 적용되는 연구분야이다.

일본이 앞서있는 상황이다. 현재 주요 선진국들은 반도체소자의 크기가 미세화 되면서 기존 실리콘소자의 크기를 어디까지 축소시킬 수 있는지와 이의 대체가 될 수 있는 신소자연구에 심혈을 기울이고 있다.

2001년 12월 미국 워싱턴에서 개최된 '국제전자기기전시회(IEDM)'에서는 트랜지스터의 성능이 18개월마다 2배씩 향상된다는 무어의 법칙의 유효성에 대한 토론이 벌어졌는 데 소자채널 길이가 10나노미터까지는 무어의 법칙이 유효할 것이라는데 다수의 연구자들이 공통된 견해를 나타내었다.

나노기술을 이용한 회로의 집적기술은 급속히 발전하고 있다. 2001년 6월 심플렉스 솔루션스와 일본의 도시바는 트랜지스터와 스위치를 대각선으로 배치하여 집적도를 향상시키고 전력소모를 감소시키는 기술을 개발한 바 있다. 2001년 초에는 일본 이화학연구소(RIKEN)에서 중합반응을 이용하여 한 쌍의 나노선을 제작하는데 성공하였는 데 이 방법은 기존 소자제작법의 한계를 극복할 것으로 평가받고 있다. 또한, 미국의 벨연구소는 소자채널 크기가 분자하나 길이에 해당하는 트랜지스터를 만드는데 성공하였다. 이러한 연구성과는 나노소자가 실제로 활용될 수 있음을 보여준 것으로 향후 주요 선진국 정부와 대기업, 연구소들의 투자가 더욱 확대될 것으로 기대된다.

2. 국내기술개발 현황

나노기술을 정보통신분야에 응용하는 국내연구는 아직까지 대학과 연구소에서 정부지원 하에 진행하는 형태가 대부분을 차지하고 있으며 세계수준의 반도체기술을 인정받고 있는 국내 대기업들의 투자는 아직 초기단계라고 할 수 있다.

현재 IT와 NT의 융합기술분야에 대한 연구에 정부(과학기술부, 산업자원부 등)가 연구비를 지원하는 연구실이 30여개에 불과하여 미국과 일본 등 주요 선진국과는 연구지원 규모와 금액면에서 크게 뒤처져 있는 실정이다. 대기업들의 투자가 초기단계에 머무르고 있는 데는 나노기술을 응용한 전자소자가 직접 제품으로 개발되어 기업의 매출로 연결되는 데는 상당한 시간과 대규모 투자가 소요되기 때문으로 풀이된다.

나노분야는 생명공학이나 정보통신기술분야에 비해 기술개발역사가 일천(日淺)한 편이다. 미국과 일본 등 이 분야의 선진국들이 본격적인 연구를 시작한 것은 10여년에 불과한 실정이어서 이들 국가에 비해 뒤늦게 연구에 참여한 우리로서도 도전할 수 있는 틈새분야가 많다고 할 수 있다. 실제로 탄소나노튜브, 양자컴퓨터, 스핀트로닉스 등 일부 분야에서는 세계수준의 연구성과를 인정받고 있다. 특히, 다양한 활동분야를 가지고 있는 탄소나노튜브분야는 가장 두드러진 연구성과를 거두고 있다. 전자의 회전을 이용하여 컴퓨터의 정보저장용량과 처리속도를 향상시키는 연구분야인 스핀트로닉스 분야도 활발한 연구가 이루어지고 있다.

한편, 나노기술에 대한 인식이 높아지면서 나노소자연구도 활발히 이루어지고 있는데 아직 분자전자소자분야는 세계수준에 비해 국내연구가 미진하여 이 분야의 연구진의 확충과 연구비의 과감한 확대가 시급하다. 또한, 이 분야의 연구가 정부의 지원 하에 대학 및 연구소에서 활발하게 진행되고 있는 것과는 달리 국내 대기업의 참여는 최근 2~3년 전부터 이루어지고 있는데 국내 대기업들은 나노기술을 이용한 소자개발에 연구를 집중시키고 있다.

〈표 15-1〉 국내 주요 IT- NT 융합기술 연구현황

(단위 : 억원)

구 분	과 제 명	주 관 기 관	연 구 기 간	연구비(민간)
과학기술부 프론티어사업	테라급나노소자개발사업	테라급나노소자개발사업단	2000~2010년	100(53.4)
과학기술부 창의연구사업	나노기억매체연구단	서울대	2000~2010년	6.5
	FED연구단	삼성종합기술원	2000~2010년	6.5
	양자정보처리연구단	서울시립대	1988~2006년	6.9
	스핀정보물질연구단	과학기술원	1988~2006년	4.8
과학기술부 우수연구센터	양자기능 반도체	동국대	1999~2008년	10.3(5.0)
	스핀물성연구	포항공대	2000~2009년	6.6(3.8)
과학기술부 국가지정연구실	나토전자소자연구	전자통신연구원	1999~2004년	3.4
	탄소나노튜브연구	성균관대	2000~2005년	2.1
	핵스핀양자컴퓨터 연구	과학기술원	2000~2005년	1.9

자료 : 매경, 2002. 1. 8.

제4절 IT · NT와 기계 · 재료산업의 연계

전통산업에서 중국 등 후발개도국에게 위협당하고 3T 등 신산업에서는 선진국에 뒤처지는 상황을 극복하기 위해서는 전통산업과 신산업과의 연계가 필수적이다.

최근 국내 전통산업의 침체가 2000년 하반기 이후 미국을 비롯한 주요 선진국의 경기침체에 이은 세계경기의 침체와 함께 두드러지게 나타나고 있다. 이러한 침체로 전통산업과 IT · NT와의 연계가 더욱 더 절실해지고 있다. 특히, 국내 기계산업의 침체는 IT와 NT와의 접목을 통한 기술혁신(technological innovation)이 시급함을 인식시키고 있다.

1. 해외현황

IT · NT와 기계 · 재료산업의 연계에 있어서 선진국에서는 이미 상당한 연구개발 성과를 올리고 있다. 예를 들면, 자동차 분야에서 지능형 차량운행 시스템, 철강분야는 철강조직을 미세화한 초철강, 항공분야는 위성디지털 송수신장치 등의 개발에 성공하였다. 또한, 미국의 한 연구소는 초미세화한 항공기 제조기술에 정보통신기술을 접목시켜 '극소비행기(micro flying vehicle)'를 개발하여 방사능 측정 등 인간을 대신하여 고도로 위험한 업무를 수행하는 작업에 투입하고 있다.

2. 국내현황

최근 한국과학기술원에서는 반도체소자가 자동차 소음을 자동측정하고 소음이 일정수준 이상일 경우 이를 제거해 주는 미소장치(MEMS : Micro Electro Mechanical System)를 개발하였다. 이 장치의 경우 소음감지센서에서 소음제거, 구동기까지 크기가 직경 1㎝를 넘지 않고 있다. 또한, 포항산업과학연구원(RIST)은 철강의 입자를 미세화해 강도를 크게 향상시키는 기술개발에 성공하는 등 국내에서도 이 분야의 연구에 일부 가시적인 성과를 거두고 있으나 아직 주요 선진국의 연구성과에는 질적·양적인 측면에서 열세를 보이고 있다.

이러한 기술적 열세를 인식하여 과학기술부에서는 2002~2006년까지 5년간 전통산업과 신기술을 접목하는 분야에 390억원을 투입하기로 하였다. 이를 통해 산업기술 경쟁력을 세계 10위 수준으로 제고시킬 계획을 가지고 있다. 그러나 과학기술계에서 조차도 이 분야에 대한 인식이 부족한 설정이며 정부 역시 최근 선정한 6대 집중육성기술에서 제조분야를 제외시키고 있어서 첨단기술과 전통기술에 대해 이분법적 인식을 가지고 있다는 비판이 제기되고 있다.[1] 결국 미국, 유럽과 같이 기존산업과 첨단기술을 융합하는 '첨단제조기술(AMT : Advanced Manufacturing Technology)'의 집중적 육성이 시급한 과제가 되고 있다.

제 5 절 BT와 농수산·화학과의 연계

생명공학 분야의 연구가 동물복제, 줄기세포연구, 인간 유전체 연구를 통한 신약개발에만 한정되어 있는 것은 아니다. 생명공학 연구의 저변확대는 세계적인 추세가 되어 가고 있다. 즉, 주요 선진국들은 이미 농수산, 화학 등 전통산업 분야와 생명공학분야의 접목을 통해 생명공학연구의 저변을 확대시키고 있다. 국내에서도 이 분야에 대한 연구와 지원이 절실해지고 있다.

이미 세계 각국들은 1990년대 이후 미생물을 이용한 농약, 비타민 강화 야채, 특정질병을 예방할 수 있는 백신감자, 고속성장연어 등 친환경·고생산성·신기능 농산물 시장 선점을 위한 생명공학 연구에 주력하고 있다. 그린라운드(Green Round) 협상 결과 세계 화학 농약 사용량을 2003년까지 20~30%, 2005년까지 50% 감소해야 하고 이러한 감소분을 어기는 경제협력개발기구(OECD) 국가는 수출제재를 받

1) 실제로 국내 대학과 대학원의 기계·재료관련 학과의 교과과정에서 IT·NT 부문이 외면당하고 있으며 이 결과 학생들의 전공선택에 있어서 일부전공에의 편중화 현상이 심화되고 있는 실정이다.

게 되어 우리의 경우에도 생물농약개발은 중차대한 과제가 되고 있다.[2)]

그러나 1조원에 이르는 국내 전체 농약시장에서 생물농약이 차지하는 비중이 이제 겨우 2%를 점유하고 있어 아직도 크게 미흡한 실정이다. 현재 세계적으로는 180여종, 800여 품목의 생물농약이 개발되어 있으나 국내 실정은 이제 막 시장진입 단계라고 평가할 수 있다. 이러한 상황은 생물농약뿐만 아니라 수산, 화학산업분야 등에 있어서도 대동소이(大同小異)하다고 할 수 있다. 또한, 주요 선진국 소비자들이 환경친화적 제품을 선호하는 데 비해 국내 소비자들의 환경문제에 대한 인식이 상대적으로 낮아 생명공학기술의 전통농업과의 접목을 어렵게 하고 있다.

이러한 상황 하에서 정보의 지원도 충분하지 않아서 문제의 심각성을 더하고 있다. 생명공학의 원천기술은 10년 이상 소요되는 장기적인 과제이나 접목기술은 4~5년이면 개발과 산업화가 가능하다는 평가가 지배적이어서 식품, 에너지, 일반 화학산업 등 각 분야에서 생명공학기술이 접목된 환경친화적 제품의 개발에 정부를 비롯하여 학계와 연구기관, 그리고 국민 모두가 역량을 결집해야 할 때이다.

2) 주요 선진국들은 이미 1980년대부터 생물농약개발에 착수한 바 있다. 특히, 캐나다는 화학농약을 전혀 사용하지 않고 있다.

제 5 편

국가경쟁력

제 16 장

국가경쟁력의 기초

일국이 국가경쟁력을 가지기 위해서는 해당국 내에 존재하는 산업이 국제경쟁력(international competitiveness)을 보유하고 있어야 한다. 이 경우 산업의 경쟁력이란 세계시장에서 해당산업이 일정수준 이상의 수익성을 가지면서 지속가능한 성장(sustainable growth)을 이룸으로써 경쟁상대보다 우월적 시장지위(superior market status)를 차지하는 것을 의미한다. 일국이 경쟁력있는 산업을 소수(하나 혹은 둘) 보유한다고 해서 해당국가를 경쟁력있는 국가로 평가할 수 없으며 해당국의 경제 내에 경쟁력 있는 산업이 다수 있어야 비로소 국제경쟁력이 있다고 할 수 있다.[1)]

국가경쟁력(national competitiveness)의 개념, 측정 및 평가에 대해 살펴보고자 한다.

제 1 절 국가경쟁력의 개념

국가경쟁력의 개념은 시대별로 상이하게 사용되어 왔는데 그 시대별 흐름을 간략히 정리해 본다.

1) 예를 들면, 스리랑카는 홍차재배 및 가공산업이 발달되어 있지만 스리랑카와 같이 부가가치가 낮은 특정의 소수산업에 경쟁력있는 국가를 전반적인 의미의 국가경쟁력을 보유한 국가로 지칭하지는 않는다. 또한, 일국이 경쟁력 있는 산업을 다수 보유하고 있다고 하더라도 이들 산업이 우연히 혹은 외부조건에 의해 경쟁력을 가지게 된 경우에는 해당국가를 경쟁력이 있는 국가로 지칭할 수는 없다(한국산업경제연구원, 신용경제, 2002. 2. 참조).

1. 1990년대 이전

이 시기의 국가경쟁력에 대한 개념은 풍부한 자본(자원)과 저렴한 노동력의 함수로서 국가경쟁력을 정의하였다. 그러나 독일, 스위스, 스웨덴 등은 모두 고임금과 노동력 부족현상을 경험하고 있는 상황이고 독일, 일본, 이탈리아 등은 천연자원(natural resources)이 부족한 국가이지만 G7(서방선진7개국)의 대열에 당당히 속해 있다. 따라서 경쟁력이라는 개념이 없고 생산성(productivity)의 개념만 존재했던 이 시기의 접근방법은 상기한 모순을 내포하고 있다고 할 수 있다.

2. 1990년대

1990년대 들어서서 미국의 경영학자 마이클 포터(Michael E. Porter)는 국가차원에서 경쟁력의 개념은 국가생산성을 의미하고 중요한 것은 생산성 수준과 증가율을 결정하는 요인을 밝히는 것이라고 지적하며 '다이아몬드 모델'을 제시하였다. 이는 이전의 자본과 노동에 새롭게 부존자원, 기업환경, 연관산업, 국내수요라는 4가지 요인을 추가하여 이를 통해 국가경쟁력을 결정짓는 근본요인으로 파악하기 시작하였다.

그러나 마이클 포터의 '다이아몬드 모델'은 선진국 중심의 자유주의(liberalism) 정신에 바탕을 두고 있기 때문에 세계 각국에 일반화시켜 적용하기에는 무리가 따른다고 할 수 있다. 따라서 전세계 모든 경제의 국가경쟁력을 제대로 평가하고 본질적인 원천을 파악하기 위해서는 선진국 경제를 중심으로 개발한 '다이아몬드 모델'과 또 다른 새로운 패러다임이 필요하게 되었다.

〈표 16-1〉 경쟁력의 체계(Hierarchy of Competitiveness)

체 계	내 용
제품경쟁력	· 특정 제품의 (국내, 국제)소비자가 원하는 여러 가지 기준을 충족시킬 수 있는 능력 (예) 소나타의 제품경쟁력 = f(품질, 성능, 가격, 스타일, AS수준 등)
기업경쟁력	· 특정 기업이 생산, 판매하는 여러 제품의 경쟁력을 강화할 수 있는 능력 (예) 현대자동차의 기업경쟁력 = f(자금, 인력, 기술, 디자인 능력, 경영 능력 등)
산업경쟁력	· 특정 산업에 속한 여러 기업들이 경쟁력을 강화할 수 있게 해주는 능력 (예) 한국자동차 산업의 산업경쟁력 = f(자동차산업에 필요한 부존자원, 경영환경, 관련 산업, 국내수요, 근로자, 정치가와 행정관료, 기업가, 전문경영자/기술자/디자이너)
도시경쟁력	· 특정 도시에 속한 여러 산업들의 경쟁력을 강화할 수 있게 해주는 능력 (예) 서울시의 경쟁력 = f(지역산업에 종합적으로 필요한 부존자원, 경영환경, 관련 산업, 국내수요, 근로자, 정치가와 행정관료, 기업가, 전문경영자/기술자/디자이너)
국가경쟁력	· 특정 국가의 경제를 구성하고 있는 여러 산업들의 경쟁력을 강화할 수 있게 해주는 종합적 능력 (예) 한국의 국가경쟁력 = f(여러 산업에 종합적으로 필요한 부존자원, 경영환경, 관련 산업, 국내수요, 근로자, 정치가와 행정관료, 기업가, 전문경영자/기술자/디자이너)

3. 2000년대

2000년대 들어서 비선진국의 국가경쟁력 강화 방안을 설명하기 위해 개발된 것이 '9-Factor Model'이다. 이 모델은 세계 각국의 국가경쟁력을 평가하기 위해서는 특정시점에 일국의 산업이 보유하고 있는 부존자원, 수요조건, 인프라 등 지원산업, 경영여건이라는 4가지 국가경쟁력의 물적요소와 그 시점에서 변화의 주도자로서 근로자, 기업가, 전문가, 정치가와 행정관료의 4가지 인적요소, 그리고 순수한 외부환경요인으로서 기회라는 9가지 요인 모두를 체계적, 종합적으로 고려하고 있다.

제 2 절 국가경쟁력의 측정 및 평가

1. 국가경쟁력의 측정

각 국가나 세계 주요 경제분석기관에서 국가경쟁력을 측정할 때 이전에는 1인당 GNP(GNP per capita)나 무역수지 흑자(trade surplus)를 많이 이용했으나 이러한 방법은 국가경제의 전반적인 힘을 나타내는 국가경쟁력에서 오류를 범하기 쉬운 것으로 지적되고 있다. 계량적인 지표인 1인당 GNP는 가봉이나 브루나이 같은 빈부격차가 심한 국가에서는 현실을 왜곡할 가능성이 크며 천연자원을 개발하는 인도네시아, 리비아 같은 국가에서는 자원의 개발을 통해 높아진 1인당 GNP 수치라는 점, 그리고 특정국가가 인구계획을 효과적으로 수행하게 되면 자연적으로 높아진다는 점에서 국가경제의 전반적인 힘을 나타내는 진정한 의미의 국가경쟁력의 측정에는 적절한 수단이 되지 못하고 있다.

국가경쟁력 측정에 그동안 주로 이용되었던 무역수지 흑자폭은 특정국가가 단기간에 조작이 가능하며 방글라데시나 북한처럼 수입을 물리적으로 억제하는 정책을 수행한 결과 이루어진 무역수지 흑자는 객관적인 지표로 받아들이기 힘들다. 또한, 일국이 환율을 평가절하(depreciation)하게 되면 일시적으로 수입이 감소하고 수출이 증가하는 현상과 수출지향적 경제발전전략(export-oriented economic development strategy)을 추구하는 국가가 수출원가를 최소화하기 위해 근로자의 임금상승을 억제해서 이루어진 수출증가는 국가경쟁력이 장기간에 걸쳐 축적된 힘을 의미하는 차원에서 적절한 측정수단이라고 할 수 없다.

따라서 이전의 이러한 측정수단의 한계를 극복하기 위해서 국가경쟁력의 새로운 측정수단으로 소비자가 원하는 제품을 생산할 수 있는 능력, 그리고 특정국가가 보유하고 있는 여러 산업의 경쟁력의 합계 개념이 부각되고 있다. 즉, 제품의 경쟁력은 기업의 경쟁력을 야기시키고 기업의 경쟁력은 산업과 도시의 경쟁력을 가져와 결국 국가경쟁력의 강화로 이어지게 된다.

2. 국가경쟁력의 평가

현재 세계 각국의 국가경쟁력 평가는 다수의 경제분석기관에서 이루어지고 있으나 그 중에서 스위스 국제경영개발원과 세계경제포럼의 평가가 가장 권위있는 것으로 인식되고 있다.

2.1 스위스 국제경영개발원

IMD는 스위스 로잔에 소재하고 있으며 기업의 최고경영자(CEO : Chief Executive Officer) 및 중간관리자를 대상으로 경영자훈련프로그램(MTP : Management Training Program)의 제공을 주요 업무로 하는 비영리법인이다.

IMD는 국가경쟁력을 '기업이 대내외 경쟁력을 유지할 수 있도록 구조, 제도 및 정책 등의 측면에서 효율적으로 지원하는 국가적 환경'으로 평가하고 있다. 평가대상국은 세계 49개국(OECD 30개 국가 및 19개 신흥시장국)이며 통계지표와 설문조사 결과를 기초로 각종항목에 대한 평가를 지수화하여 국가경쟁력을 비교한다. 평가기준은 4개부문(경제성과, 정부의 효율성, 기업의 효율성, 하부구조)에 총 286개로서 180개 통계지표(이 중 62개 통계지표는 순위 산정시 포함되지 않고 참고지표로만 활용)와 106개 설문항목으로 구성된다. IMD가 매년 4월경 발표하는 국가경쟁력 보고서는 세계경제포럼(WEF)의 국가경쟁력 보고서와 더불어 세계적인 권위를 인정받고 있다.[2)]

2.2 세계경제포럼

스위스 제네바에 본부를 두고 있는 세계경제포럼(WEF : World Economic Forum)은 1971년 설립되었으며 매년 초 전세계의 경제·정치지도자들을 스위스의 세계적인 휴양지 다보스로 초청하여 '다보스 포럼'(Davos Forum)을 개최하는 단체로 널리 알려져 있다. 전세계 1,000여개 기업으로부터 후원을 받아 세계경제관련 연

2) IMD, 'The World Competitiveness Year Book 2001', 2001. 4. 한국은행, 한은정보, 2001. 6. 참조

구 및 조사활동을 활발히 전개하고 있으며 조사결과에 대한 세계적인 권위를 인정받고 있다.

1979년부터 매년 '세계경쟁력 보고서'를 발간하고 있는데 동 보고서는 스위스 국제경영개발원(IMD)의 '세계경쟁력 연감'과 쌍벽을 이루고 있다. 2001년 보고서는 미국 하버드대학의 제프리 삭스(Jeffrey Sachs), 마이클 포터(Michael E. Porter) 교수 등과 공동으로 각종 통계자료와 주요 다국적기업의 경영자 등 전세계 4,600여명을 상대로 실시한 설문조사를 기반으로 작성되었다.

제 17 장

세계 각국의 국가경쟁력 현황과 강화전략

제 1 절 세계 각국의 국가경쟁력 현황

1. 세계경쟁력 평가(2001년)

1.1 세계경쟁력 연감(스위스 IMD)

미국은 1997년 이후 국가경쟁력 1위를 고수(固守)하고 있다. 미국의 경쟁력은 지식기반경제(knowledge-based economy) 하에서 세계 각국으로부터 미국기업에 대한 투자뿐만 아니라 우수인력이 미국 내로 모여드는 가장 양호한 환경을 제공하고 있는 데서 비롯된다고 할 수 있다. 미국의 경우 IT부문에서 취업자의 약 20%가 외국인이며 실리콘밸리(Silicon Valley)에서 취업하고 있는 소프트웨어 엔지니어의 30% 정도가 인도출신이어서 이들 외국인이 미국의 산업부문, 특히 첨단산업부문에 기여하는 바가 지대하다고 할 수 있다.

유럽지역은 국가별로 순위의 부침(浮沈)을 보였다. 정보통신부문에서 세계최고 수준의 경쟁력을 보유하고 있는 핀란드, 룩셈부르크, 스웨덴 등의 국가경쟁력은 향상된 반면에 독일, 영국, 프랑스 등은 국가경쟁력이 하락하였다. 특히, 북유럽국가들의 경쟁력이 향상된 것이 특징으로 지적될 수 있다. 이는 이들 국가가 정보통신 등

신기술 하부구조(new technological infrastructure)에 대한 대규모 투자(핀란드 5.7%, 스웨덴 4%)에 힘입어 경제호황을 나타낸 데 기인하고 있다.

아시아 및 중남미지역의 국가경쟁력은 대체적으로 하락하였다고 평가할 수 있다. 세계 주요 경제권인 미국 및 일본경제의 침체가 2001년에도 지속되고 있어서 세계경제에 상당한 부담으로 작용하고 있다. 특히, 미국과 일본의 경기부진으로 인해 미국 및 일본을 주요 수출시장으로 하는 아시아 및 중남미 국가들은 경제적으로 큰 타격을 입을 것으로 전망된다.

또한, 2001년 이후 세계 IT 산업의 성장세도 크게 둔화(鈍化)되고 있어 IT 관련 산업의 수출비중이 큰 아시아 국가들은 더욱 어려운 경제상황에 직면하고 있다.

〈표 17-1〉 주요 아시아국가들의 IT 관련산업 수출이 총수출에서 차지하는 비중

(단위 : %)

	필리핀	말레이시아	싱가포르	대만	태국	홍콩
IT산업관련수출이 총수출에서 차지하는 비중	63	53	52	37	26	22

아시아국가의 경우 일본의 경쟁력이 1997년 이후 지속적으로 하락하여 2001년에는 26위로 나타나고 있으며 말레이시아, 중국, 태국, 인도네시아 등도 2000년 보다 하락하였다.

중남미국가의 경우에도 이 지역 중심국가들인 멕시코, 아르헨티나를 비롯하여 콜롬비아 등의 국가경쟁력이 2000년보다 하락하였다.

〈표 17-2〉 IMD의 국가경쟁력 순위

국가	1997	1998	1999	2000	2001	국가	1997	1998	1999	2000	2001
미 국	1	1	1	1	1	일 본	17	20	24	24	26
싱가포르	2	2	2	2	2	헝 가 리	37	28	26	26	27
핀 란 드	7	6	5	4	3	한 국	30	36	41	28	28
룩셈부르크	8	3	3	6	4	말레이시아	14	19	28	27	29
네덜란드	4	4	4	3	5	그 리 스	36	33	32	34	30
홍 콩	3	5	6	12	6	브 라 질	34	35	34	31	31
아일랜드	10	7	8	5	7	이탈리아	39	31	30	32	32
스 웨 덴	19	16	14	14	8	중 국	27	21	29	30	33
캐 나 다	6	8	10	8	9	포르투갈	32	29	27	29	34
스 위 스	12	9	7	7	10	체 코	33	37	37	40	35
호 주	15	12	11	10	11	멕 시 코	40	34	35	33	36
독 일	16	15	12	11	12	슬로바키아	-	-	-	-	37
아이슬란드	21	18	13	9	13	태 국	31	41	36	35	38
오스트리아	20	24	18	15	14	슬로베니아	-	-	39	36	39
덴 마 크	13	10	9	13	15	필 리 핀	29	32	31	37	40
이스라엘	25	25	22	21	16	인 도	41	38	42	39	41
벨 기 에	23	23	21	19	17	남아프리카 공 화 국	42	42	43	43	42
대 만	18	14	15	20	18	아르헨티나	28	30	33	41	43
영 국	9	13	19	16	19	터 키	35	39	38	42	44
노르웨이	5	11	16	17	20	러 시 아	46	43	46	47	45
뉴질랜드	11	17	17	18	21	콜롬비아	45	45	45	45	46
에스토니아	-	-	-	-	22	폴 란 드	43	44	40	38	47
스 페 인	26	26	20	23	23	베네수엘라	44	46	44	46	48
칠 레	24	27	25	25	24	인도네시아	38	40	47	44	49
프 랑 스	22	22	23	22	25						

자료 : IMD, The World Competitiveness Year Book 2001, 2001. 4.
한국은행, 한은정보, 2001. 6.

1.2 세계경쟁력 보고서(세계경제포럼)

세계경제포럼(WEF : World Economic Forum)이 2001년 10월 18일 발표한 '2001년 세계경쟁력 보고서'에 따르면 2001년의 국가경쟁력은 기술적 요인(technology factor)이 중요하게 작용했다. 이에 따라 아일랜드 등이 순위가 하향된 것으로 나타났으며 미국 정보기술산업의 후퇴는 일시적인 현상으로 조만간 회복세로 반전될 것으로 평가하였다. 세계경제포럼은 앞으로도 기술적 요인이 국가경쟁력(national competitiveness)은 물론 성장잠재력(growth potentials)을 결정하는 중요한 변수가 될 것으로 지적하였다.

(1) 조사주체 및 방법

세계경제포럼은 1979년 이후 매년 세계경쟁력 보고서를 발간하기 시작하여 1999년에 현재의 조사모델을 개발·적용해 오고 있다. 동 보고서는 전술한 바와 같이 스위스 국제경영개발원의 '세계경쟁력 연감'과 더불어 세계 최고의 국가경쟁력 분석자료로 평가받고 있다.

'성장잠재력'은 향후 5년간 경제성장 가능성과 크기를 평가하는 예상치이며 '국가경쟁력'은 현재 개별국가의 생산성(productivity)을 의미한다. '성장잠재력'은 기술적 요소를 비롯하여 법적·제도적 요소와 거시경제환경(macroeconomic environment) 등이 주요 측정요소이며 국가경쟁력은 기업경쟁력과 각국의 비즈니스 환경 등이 주요 평가요소가 된다. 이와 함께 전세계 주요 기업의 최고경영자 4,600여명을 대상으로 실시한 설문조사도 이번 순위 선정과정에서 중요한 고려요소가 되었다.

(2) 주요 국가의 국가경쟁력 순위

① 현재의 경쟁력 순위

세계경제포럼은 현재의 국가경쟁력을 기업의 경영·전략, 기업환경 부문으로 나누어 평가했다. 즉, 개별기업들의 능력과 함께 기업하기에 얼마나 양호한 환경을 갖추고 있는지를 평가한 것이라 할 수 있다. 기업환경 평가요소에는 교통·통신 등의 사회간접자본(SOC) 시설, 자본시장 발전정도 등이 포함되었다.

국가경쟁력 순위는 핀란드, 미국, 네덜란드, 독일, 스위스, 스웨덴, 영국, 덴마크, 오스트레일리아, 싱가포르가 10위권을 형성하였으며 일본은 15위, 중국은 47위로 나타났다.

② 성장잠재력 순위

향후 5년간 국가경쟁력 향상도를 예상할 수 있는 성장잠재력 평가에 대해 세계경제포럼은 기술부문, 공공부문, 거시경제환경 등 3가지 요소를 참고로 하고 있다. 기술부문에서는 국제특허출허 건수, 기술개발노력, 정보통신기술 등이 포함되어 있으며 공공부문에서는 정부의 중립성 및 부패정도, 사법제도의 공정성 등이 평가항목을 구성하고 있고 거시경제환경에서는 물가, 금리, 환율, 정부 재정지출 등 주요 거시경제지표 등이 포함되었다.

성장잠재력은 핀란드와 미국에 이어 캐나다, 싱가포르, 오스트레일리아, 노르웨이, 대만, 네덜란드, 스웨덴, 뉴질랜드가 10위권에 들었다. 핀란드는 2001년 성장잠재력 5위에서 2002년에는 공공부문에서의 1위를 바탕으로 종합 1위로 비약하였으며 2001년 4위였던 아일랜드는 11위로 하락하였다. 미국은 기술경쟁력 1위를 바탕으로 성장잠재력 2위로 평가되었으며 싱가포르는 거시경제환경에서의 1위에 힘입어 종합 3위로 평가되었다.

중국은 거시경제환경에서 6위로 평가받았지만 기술부문(53위)과 공공부문(50위)에서의 낮은 평가로 인해 종합순위는 39위를 기록하였다. 중국이 현재 세계 주요 다국적기업들의 활발한 투자로 고도성장을 하고 있지만 아직은 기술수준이 낮고 정치·사회제도의 투명성도 세계수준에는 크게 미흡하다는 평가를 하고 있다.

〈표 17-3〉 주요 국가의 국가경쟁력 및 성장잠재력 순위

순위	국가경쟁력	순위	성장잠재력
1(1)	핀란드	1(5)	핀란드
2(2)	미국	2(1)	미국
3(4)	네덜란드	3(6)	캐나다
4(3)	독일	4(2)	싱가포르
5(5)	스위스	5(11)	호주
7(8)	영국	7(10)	대만
10(9)	싱가포르	12(8)	영국
12(15)	프랑스	13(7)	홍콩
15(14)	일본	17(14)	독일
18(16)	홍콩	21(20)	일본
21(21)	대만	23(28)	한국
28(27)	한국	30(24)	말레이시아
37(30)	말레이시아	33(30)	태국
47(44)	중국	39(40)	중국

주 : ( )안은 2000년 순위임
자료 : 세계경제포럼, '2001년 세계경쟁력 보고서', 2001. 10. 18.

1.3 구매력을 감안한 국민소득

세계경제포럼은 이번 '2001년 세계경쟁력 보고서'에서 국가별 1인당 국내총생산(GDP : Gross Domestic Product)을 구매력(purchasing power)으로 환산한 소득도

발표하였다. 구매력을 고려한 국민소득은 단순히 명목소득(nominal income) 수준만 보지 않고 해당국의 물가수준까지 감안한 실질소득(real income) 개념을 의미한다.

세계경제포럼의 발표자료에 따르면 2000년 미국의 1인당 소득이 33,000여 달러로 1위였으며 노르웨이가 29,000여 달러로 2위에 올랐고 일본은 25,000여 달러로 9위, 한국은 17,311달러로 24위로 조사되었다.

2. 세계경쟁력 평가(2002년)

스위스 IMD가 2002년 4월 27일 발표한 '세계경쟁력 연감 2002'에서는 미국이 생산성 · 기술 · 금융시장 · 기업경영 등에서 높은 점수를 받아 1997년 이후 1위를 고수했으나 1998년 이후 2위를 유지했던 싱가포르는 2001년에 건국 이래 최초로 마이너스 성장을 기록하는 경제침체로 인해 5위로 하락하였다. 싱가포르는 전체적인 국가경쟁력의 하락에도 불구하고 정부효율성 부문에서는 6년째 1위를 고수하고 있다.

싱가포르뿐만 아니라 홍콩(6위→9위), 대만(18위→24위), 아일랜드(7위→10위)의 순위도 정보기술(IT) 산업의 세계적인 불황으로 인해 하락하였다. 10년째 경제불황을 겪고 있는 일본(26위→30위)도 경쟁력이 네 단계나 하락하였으며 경제위기 상황인 아르헨티나는 조사대상국가 49개국 중 최하위를 기록하였다.

한편, 말레이시아(29위→26위), 중국(33위→31위), 덴마크(15위→6위), 한국(28위→27위) 등은 국가경쟁력 순위가 상승한 것으로 나타났다.

제 2 절 세계 주요 국가의 국가경쟁력 강화전략

무역협회는 '주요 13개국의 21세기 국가경쟁력 강화전략'이라는 보고서에서 미국을 비롯한 세계 주요 국가의 국가경쟁력 강화전략 중 최우선은 인적자원 개발임을 지적하였다.[1] 무역협회가 미국, 캐나다, 영국, 아일랜드, 네덜란드, 핀란드, 중국, 일본, 홍콩, 말레이시아, 인도, 호주 등 13개국을 대상으로 국가경쟁력 강화전략을 조

1) 무역협회, 주간무역리뷰, 2003. 8. 18. 참조

사한 결과 10개국이 인적자원의 개발(development of human resources)을 세부전략으로 선정하고 있는 것으로 나타났다.

선진국들은 이공계 대학 졸업생의 수를 지속적으로 증가시키고 평생교육시스템의 강화를 통해 첨단기술인력의 양성에 중점을 두고 있는 반면에 개도국들은 문맹퇴치, 기능인력의 양성에 주력하고 있는 것으로 조사되었다. 또한, 인적자원개발을 제외하면 과학기술의 발전, 지역간 균형개발, 기업경영환경개선 등을 경쟁력 강화전략으로 채택하는 빈도가 높았다.

〈표 17-4〉 세계 주요 13개국의 국가경쟁력 강화 세부전략 채택현황

세 부 전 략	채택 국가수
인적자원의 개발	10
과학기술발전	6
지역간 균형개발	6
경영환경개선	6
혁신환경개선	5
지식기반경제 구축	3
인프라투자 확대	3
지속가능한 발전	2
관광진흥	2

조사대상국들은 인적자원개발 다음으로 과학기술의 발전을 중시했다. 미국은 물리, 화학, 수학 등 기초과학 부문의 발전을, 영국과 중국은 첨단기술분야를, 일본은 최첨단 IT국가로의 발전을 지향하고 있는 것으로 나타났다.

〈표 17-5〉 세계 주요 국가의 국가경쟁력 강화 대책

	배경 및 비전	핵심정책 및 전략	세부 목표 및 실행계획
미국	·배경 - 빈부격차 확대 - 과학기술 전문인력 감소 - 청소년 학습의욕 약화, 노령화 진전 - 경상수지 적자 위험 수준 ·비전 : 세계최고의 경쟁력 유지	·과학기술 발전 촉진 ·노동력의 안정적 확충 및 질적 향상 ·지역별 클러스터의 강화	·첨단과학분야에 대한 정부투자 확대 ·저소득층 및 소수민족출신 학생들에 대한 고등교육이수 기회 확대 ·혁신장려정책을 지역차원으로 심화

〈표 17-5〉 이어서

	배경 및 비전	핵심정책 및 전략	세부 목표 및 실행계획
캐나다	· 배경 -낮은 생산성 - 미국과의 소득격차 지속 확대 · 비전 : 세계일류국가 지향	· 지식기반경제 구축 · 우수인력 양성 · 세계최고의 기업환경 조성 · 지역사회 강화	· 2010년까지 R&D 세계 5위 · 석박사지원자수 연평균 5% 증가 · 2010년까지 첨단클러스터 10개 조성 · 2005년까지 초고속인터넷 일반화
영국	· 배경 - 거시경제환경은 안정적 - 중하위 숙련인력 부족 - 경쟁국에 비해 혁신활동 취약 · 비전 : 기회의 나라 건설	· 인력 개발 · 지역균형발전 · 기술개발 · 경영환경 개선	· IT인력 매년 1만명 양성 · 성공적 산업클러스터 발굴, 지원 · 2005년까지 G7국가 중 가장 경쟁력 있는 광대역시장으로 부상 · 시장의 역동성, 경쟁을 저해하는 규제의 제거
아일랜드	· 배경 - 사회간접자본 및 인프라 부족 - 인적자본의 부족 - 개발의 지역간 불균형 심화 - 성장과실보다 균등분배 필요 · 비전 : 지속적인 성장기반 구축	· 지역간 균형 개발 · 고용촉진 및 인적자원 개발 · 인프라투자 확대 · 농촌 개발	· 안정위주 거시경제정책 · 시장의 필요에 부응한 교육 및 직업 훈련 · 투자재원의 지역간 균등배분 · 2006년까지 406억 파운드 투입
네덜란드	· 배경 - 숙련 노동인력의 부족 - 높은 사회보장에 따른 근로의욕 약화 · 비전 : 지속적인 경제성장	· 인적자원 투자 확대 · 경쟁 촉진과 기업가정신(entrepreneurship)의 제고 · 효율적 국토개발 · 혁신 장려 · 지속가능한 경제발전 추진	· 평생교육 장려 · 외국인, 여성인력 활용 · 진입장벽 제거 개방확대 · 기업투명성 제고 및 행정절차 개선 · 연구성과의 상업화 제고 · 인적자원 및 환경투자 확대 병행
핀란드	· 배경 - 1990년대 초 경제위기 발생 - 주요 부문에서 경쟁력 상위 - 노동력 부족 발생 가능성 - 높은 세율 · 비전 : 인간중심의 정보사회 구현	· 노령화에 따른 노동력 부족 해소 · 조세부담률의 완화	· R&D 투자비율 3% 이상 계속 유지 · 이민정책의 수정 개선 · 소득세율의 하향 추진
중국	· 배경 - 세계의 공장 - 1인당 GDP 855달러 - 지역간/도농간 불균형 · 비전 : 2020년까지 전면적인 샤오캉(小康)사회 건설	· 서부대개발을 통한 지역간 균형발전 · 사회주의 시장경제체제 확립 · 대외개방을 통한 경제국제화 추진 · 과학기술 육성 · 교육개혁, 인재양성	· 2020년까지 1인당 GDP 4,000달러, 2015년 세계 3위 경제대국 · 6개 첨단기술분야 육성 · 현대기업제도 확립을 통한 경쟁력 강화

〈표 17-5〉 이어서

	배경 및 비전	핵심정책 및 전략	세부 목표 및 실행계획
일본	· 배경 - 세계경제의 글로벌화 진행 - 인구의 고령화 - 1990년대 이후 장기적인 경기 침체 · 비전 : 2005년까지 최첨단 IT국가로 발전	· 산업경쟁력 강화 · 규제완화로 경제활력, 투명성 증대 · e-Japan 중점계획의 수립/시행 · 관광입국 건설	· Global Top 창출형 산업구조 육성 · 「동아시아 자유비즈니스권」 형성 · 국제적으로 개방된 경제사회 실현 · 아시아 각국과 제휴하여 세계 정보허브 도모 · 2010년 외국관광객 배증
대만	· 배경 - 글로벌 경쟁 - 중국본토의 흡인력 - 경직된 사회시스템 · 비전 : Green Silicon Island 건설	· 3대 개혁 - 정치개혁 - 금융개혁 - 재정개혁	· 10대 개별전략 - e-Generation 인력 육성 - 창조적 문화산업 개발 - R&D국제기지화 - 다국적기업의 비즈니스센터 구축
홍콩	· 배경 - 세계비즈니스 중심지 잠재력 - 중국발전에 따른 홍콩경제 활성화 가능성 - 주변도시/국가와의 치열한 경쟁 · 비전 : 세계의 중심도시 부상	· 지속가능한 발전전략 추진 · 허브기능 발전 · 생활환경/기반시설 확충 · 관광 진흥 · 중국과 교류 강화	· 세계 최고의 항구 · 세계 항공의 중심 · 아시아에서 가장 인기있는 관광명소
말레이시아	· 배경 - 지식근로자 뿐만 아니라 기초인력도 부족 - 고유기술 및 혁신의 부족 - R&D자금의 부족 - 연방정부 및 6개 주정부로 구성된 공공부문의 개혁 복잡 · 비전 : 2020년 지식기반경제건설	· 지식기반인적자원 육성 · 인센티브 확립 및 정보기반 구축 · 제도의 정비 · 과학기술 역량의 확충 · 민간 주도에 의한 지식기반경제 · 공공부문을 지식기반경제로 전환 · 지식 및 디지털 격차 해소	· 2020년 1인당 GDP 1만달러 달성 · 연평균 7% 성장
인도	· 배경 - 인구폭증 - 인구의 도시집중 심화 - 성장에 따른 에너지수요 급증 및 환경오염 - 세계화 진전 - 비전 : 중상위 소득국가 진입	· 인력 개발 · 통신, 교통, 물류 등 인프라 구축 · 에너지 생산능력 제고, 환경보전 · 세계화에 대응 · 정치 개혁	· 성장 목표 - 경제규모 11위 → 4위 - 1인당GDP 153위 → 100위 · 2020년 주요 식량수출국가 부상 · 신규고용 2억개 창출 · 전략생산 3배 확대

〈표 17-5〉 이어서

	배경 및 비전	핵심정책 및 전략	세부 목표 및 실행계획
호주	· 배경 - 국가경쟁력 강화를 위한 5개년 계획 시행(2001~2006) · 비전 : 국가 혁신역량의 강화 → 고소득, 고용창출, 경제성장	· 아이디어 양산 및 연구능력 배양 · 연구결과의 상업화 촉진 · 기술인력의 양성	· R&D 투자에 대한 세제 인센티브 · 유망기술상업화 프로그램(COMET) · ICT, BIO 등 첨단연구센터 설립 · 대학의 ICT, 과학기술 관련학과 증설

자료 : 미국, "국가경쟁력 보고서"(국가경쟁력 위원회); 캐나다, "Achieving Excellence"(산업부); 영국, "2001 기업, 기술, 혁신백서"(무역산업부, 교육고용부); 아일랜드, "제2차 국가개발계획"(재무부); 네덜란드, "네덜란드 국가경쟁력 평가"(경제부); 핀란드, "핀란드의 대외경쟁력과 미래"(재무부); 중국, "중국의 중장기 발전목표와 전략"(16차 공산당 전당대회); 일본, "주요부문별 국가경쟁력 강화 전략"(내각부); 대만, "Challenge 2008"(경제기획 및 개발위원회); 홍콩, "HK2030 초안"(계획부); 말레이시아, "Knowledge-Based Economy"(재무부) ; 인도, "India Vision 2020"(계획위원회) ; 호주, "Backing Austraila's Ability"(내각)

제 18 장

한국의 국가경쟁력 현황과 과제

1997년 발표된 부즈·앨런 & 해밀턴 보고서에서는 한국을 일본과 중국 사이에 끼인 넛크래커(nutcracker)와 같은 존재로 비유한 바 있다. 동 보고서는 일본의 경우 첨단고급기술 산업에서 한국을 상당부분 추월하고 있으며 중국의 경우에도 중하급기술 산업은 물론 첨단기술부문도 급속도로 발전하고 있어서 한국이 국가경쟁력을 업그레이드시키지 않는다면 조만간 중국에도 뒤처질 가능성이 큰 것으로 지적하였다.

이러한 대외적인 경쟁여건의 변화에도 불구하고 우리의 국가경쟁력은 거의 향상되지 않고 있다. 매년 스위스 IMD에서 발표하는 국가경쟁력 종합순위(2002년 기준)에서 우리는 조사대상 49개국 중 27위를 나타내고 있다. 이는 우리의 경쟁상대국인 싱가포르(5위), 홍콩(9위), 대만(24위)은 물론이거니와 말레이시아(26위)보다도 낮은 수준이다. 또한, 타 경쟁국들과 기업환경을 비롯한 여러 부문의 조사에서도 가장 낮은 수준을 보이고 있다.

상기한 경쟁환경의 변화에 따른 우리의 국가경쟁력 현황 및 과제에 대해 살펴보고자 한다.

제 1 절 국가경쟁력 현황(2001년)

1. 세계경쟁력 연감(스위스 IMD)

한국의 국가경쟁력은 2001년에 28위로서 2000년과 동일한 순위를 유지하였다. 우리의 국가경쟁력은 아시아 대부분의 국가들보다는 높다고 할 수 있으나 주요 경쟁국인 싱가포르(2위), 홍콩(6위), 대만(18위) 등에 비해 월등히 낮은 수준을 보이고 있어서 국가경쟁력의 제고가 시급한 과제로 부상하고 있다.

우리의 경쟁력을 부문별로 살펴보면, 특히 정부의 효율성(31위), 기업의 효율성(31위), 하부구조(34위)가 열등(劣等)한 것으로 나타났다. 이를 다시 세부항목별로 살펴보면 경제성과(economic performance)의 경우 국내경제 활력(8위)과 고용(9위)에서는 높은 평가를 받은 반면 국제투자(37위), 무역(31위), 물가(30위) 등에 있어서는 성과가 미흡(未洽)한 것으로 나타났다.

〈표 18-1〉 한국의 부문별 경쟁력 순위

부 문	순 위 추 이					세 부 항 목
	1997	1998	1999	2000	2001	
경제성과 (Economic Performance)	21	22	38	13	19	국내경제 활력(8), 무역(33), 국제투자(37), 고용(9), 물가(30)
정부의 효율성 (Government Efficiency)	38	42	43	33	31	재정상태(9), 재정정책(15), 법제(34), 사업환경(44), 교육(32)
기업의 효율성 (Business Efficiency)	28	35	40	27	31	생산성(30), 노동시장(35), 금융시장(35), 기업경영 관행(39), 세계화 적응(23)
사회하부구조 (Social Infrastructure)	32	38	39	28	34	기초 하부구조(35), 기술관련 하부구조(25), 과학관련 하부구조(21), 보건 및 환경(30), 가치체계(40)

정부의 효율성(government efficiency) 부문에서는 재정상태(9위), 재정정책(15위)은 비교적 높은 평가를 받았으나 교육(32위), 법제(34위), 사업환경(44위) 등은

개선이 요구되는 것으로 나타났다. 기업의 효율성(business efficiency)과 관련하여서는 세계화 적응(23위)과 생산성(30위)은 그런대로 양호한 것으로 나타났으나 노동시장(35위), 금융시장(35위), 기업경영관행(39위) 등은 주요 경쟁국들에 비해 전반적으로 경쟁력이 떨어지는 것으로 조사되었다. 사회하부구조(social infrastructure)의 경우에는, 특히 기초하부구조(35위)와 가치체계(40위)가 낮은 평가를 받았다.

IMD의 평가항목은 총 286개인 데 한국은 이 중에서, 특히 가격통제, 환경보호법, 사업환경, 가치체계, 기업경영 관행 등 20여개 항목에서 선진국은 물론 주요 경쟁국가들에 비해 취약한 것으로 나타났다. 따라서 한국의 국가경쟁력이 제고되기 위해서는 이들 취약항목의 경쟁력이 크게 향상되어야 한다.

〈표 18-2〉 한국의 경쟁력 취약 항목

세부항목	평가방법	순위	세부항목	평가방법	순위
가격통제	설문조사	49	금융기관 규제	설문조사	45
환경보호법	설문조사	49	기회균등	설문조사	45
문화개방	설문조사	48	투자보호	설문조사	45
주주의 권리와 의무	설문조사	48	주주가치 창출	설문조사	44
기업의 신뢰성	설문조사	47	보호무역	설문조사	43
금융거래의 비밀보장	설문조사	47	정치제도	설문조사	43
대학교육	설문조사	47	외국자본시장 접근	설문조사	43
기업지배구조	설문조사	47	정치불안	설문조사	43
노사관계	설문조사	46	중등학생/교사비율	통계	41
상품 및 서비스 변상책임	설문조사	45	초등학생/교사비율	통계	40

자료 : IMD, The World Competitiveness Year Book 2001, 2001, 4,
한국은행, 한은정보, 2001. 6.

2. 세계경쟁력 보고서(세계경제포럼)

2.1 성장잠재력 평가

세계경제포럼의 '2001년 세계경쟁력 보고서'에 의하면 한국의 성장잠재력은 세계 23위, 현재의 경쟁력은 28위로 각각 평가되었다. 한국의 성장잠재력은 2000년 28위에서

다섯 순위 상승했으나 조사시점의 경쟁력은 2000년 27위에서 한 순위 하락하였다.[1)]

향후 5년간 경쟁력 향상도를 예상할 수 있는 성장잠재력에서 한국이 다섯 순위나 상승했다는 사실은 일단 고무적인 것으로 평가할 수 있다. 한국은 기술과 거시경제환경에서는 10위 내에 들었으나 공공부문은 44위로 평가되었다. 기술부문에서는 미국에서의 특허출허건수 등 기술개발노력이 상위수준(6위)으로 나타났으며 정보통신기술은 22위로 중상위 수준으로 평가되었다. 거시경제환경에서는 물가, 금리, 환율 등 주요 거시경제지표들이 안정적인 가운데 7위로 나타났으며 정부의 재정지출도 경제규모에 비해 지나치지 않다는 평가를 하고 있어서 17위로 조사되었으며 전체적인 국가신용도는 28위로 평가되었다.

2.2 현재의 경쟁력 평가

세계경제포럼은 현재의 경쟁력 평가를 기업의 경영·전략과 기업환경부문으로 구분하여 평가하였다. 평가결과 한국은 기업의 경영·전략부문에서 26위로 종합순위보다 앞섰으나 기업환경부문에서는 30위로 부진하였다. 기업환경평가요소에는 교통·통신 등의 사회간접자본시설, 자본시장 발전정도 등이 포함되었다. 한국은 특히 정부의 관리능력 등이 저조한 평가를 받은 것으로 조사되었다.

제 2 절 국가경쟁력 현황(2002년)

1. 세계경쟁력 연감(스위스 IMD)

1.1 전반적 평가

한국의 국가경쟁력이 대체적으로 2001년보다 향상된 것으로 나타났다. 스위스 IMD의 '2002년 세계경쟁력 보고서'에 의하면 한국은 평가대상 49개국 중 27위를 기록하였다. 이는 2001년보다 한 단계 상승한 것이다.

---

1) 세계경제포럼의 2001년 성장잠재력 평가는 새로운 기준에 의해 평가한 것으로써 1999년 이전과는 비교할 수 없는 특징을 가지고 있다.

국가경쟁력을 구성하는 네 부문 중에서 경제성과(19위→24위)를 제외하고는 정부의 효율성(31위→25위), 기업의 효율성(31위→27위), 사회하부구조(34위→28위) 등이 모두 개선되었다는 평가를 받았다. IMD의 한국경제에 대한 2002년 평가는 2001년보다 전반적으로 향상되었지만 세부항목 중 노사관계, 교육투자, 삶의 질 등은 여전히 조사대상국 중 최하위 수준인 것으로 나타났다.

세부항목을 살펴보면 경제성과 부문 중 물가(25위), 국제투자(34위), 국제무역(37위) 등의 순위가 2001년보다 하락하여 경제활동 성취도가 5단계 떨어졌다. 정부의 효율성 부문에서는 재정상태(3위)와 재정정책(17위)은 양호한 평가를 받았으나 정부기관의 효율성을 나타내는 정부시스템(29위)과 교육정책·제도(31위) 등은 하위 수준을 나타내었다. 특히, 기업활동에 대한 규제정도를 의미하는 산업관련제도(40위)는 최하위 수준을 기록하였다. 기업의 효율성 부문에서는 한국의 세계화 정도를 24위로 평가했으나 경영인에 대한 낮은 신뢰도, 기업의 이사회의 경영진에 대한 감독미비, 미진한 주주권리보장 등이 기업의 효율성을 저하시키고 있다고 지적하였다. 사회하부구조 부문에 대해서는 과학기술분야가 좋은 평가를 받은 반면에 여성 및 외국인 차별, 사회적 가치도는 47위로 최하위권을 나타내었다.

1.2 과학부문평가

한국의 국가경쟁력에 대한 IMD의 평가 중에서 가장 고무적인 사항은 과학기술경쟁력에 대한 평가라고 할 수 있다. '세계경쟁력 연감 2002'에 따르면 한국의 2002년 과학경쟁력은 2001년 21위에서 11단계 상승하여 10위로 평가되었다. 우리의 과학경쟁력은 1997년 22위에서 1998년에는 외환위기의 여파로 28위로 하락하였으나 2000년부터 22위로 회복세를 보이기 시작하여 2002년에는 10위로 급상승한 것이다.

이 같은 과학경쟁력의 급상승은 정부의 기술혁신정책의 추진에 따라 연구·개발투자경쟁력(8위) 및 연구·개발 인력경쟁력(9위) 등이 강세를 보인 데 힘입은 것으로 볼 수 있다. 특히, 기업연구원 1,000명 당 특허등록건수(1위), 내국인 특허등록건수(3위), 해외취득 특허건수(10위) 등으로 지적재산권 분야에서도 강한 면모를 보인 것도 과학경쟁력의 순위향상에 크게 기여한 것으로 판단된다.

이번 IMD의 조사에서는 한국이 과학선진국으로 진입하기 위해 개선되어야 할 사항도 지적되었다. 한국은 인구 1,000명 당 연구·개발인력수(21위), 인구 1,000명 당 기업체 연구개발인력수(20위)에서 중위수준을 나타내고 있으며 29위 수준인 의무교육과정에서의 과학기술교육 강화, 22위 수준인 젊은이들의 과학기술에 대한 관심제고, 30위를 나타내고 있는 지적재산권(intellectual property rights)의 보호 강화가 시급한 것으로 나타났다. 또한, 29.0% 수준인 정부연구개발 예산 중 전반적 지식증진을 위한 투자비율이 49.5%인 일본이나 55.0%인 독일 등 과학선진국에 비해 크게 뒤떨어지고 있는 것으로 조사되었다.

〈표 18-3〉 한국의 과학경쟁력 항목별 순위

주 요 항 목		2001년		2002년	
		지 표	순 위	지 표	순 위
연구개발 투 자	연구개발투자(억 달러)	100	8	122	8
	국민 1인당 연구개발투자(달러)	214.0	21	260.6	21
	GDP 대비 연구비(%)	2.47	7	2,653	7
	기업체의 연구비투자(억 달러)	76	10	92	6
연구인력	연구개발인력(천명)	128.7	9	137.9	9
	인구 1천명 당 연구개발인력	2.77	21	2.96	21
	기업체 연구개발인력(천명)	77.9	8	94.3	7
	인구 1천명 당 기업체 연구개발 인력	1.68	19	2.01	20
과학적 환 경	노벨상수상자(명)	0	24	0	24
	과학기술논문수	신설항목		5,411	21
	기초연구가 장기적인 경제·기술발전에 공헌하는 정도*	6.79	10	6.47	12
	이공계 학사학위자 중 과학분야비율(%)	신설항목		46.4	11
지 식 재산권	국내인 특허등록건수(건)	35,900	3	43,314	3
	기업연구원 1천명 당 국내인 특허등록수(건)	신설항목		515	1
	국내인 특허등록 증가율(%)	147.64	3	20.65	13
	해외취득 특허건수(건)	6,501	11	7,764	10
종 합 순 위		21위		10위	

주 : *표시는 설문항목이며 최상위 지표는 10점임
자료 : IMD, 'The World Competitiveness Year Book 2002', 2002. 4.

한편, 국가별 과학기술경쟁력 순위에 있어서는 미국이 1위, 일본이 2위, 스위스가 3위, 독일 4위, 스웨덴 5위 등 10위 이내의 국가는 2001년에 비해 큰 순위 변화는 나타나지 않았으나 한국이 2001년의 21위에서 10위로 크게 상승한 것과 더불어 영국이 2001년 16위에서 8위로 8단계 상승하는 성과를 보였다.

〈표 18-4〉 주요 국가의 과학기술경쟁력 순위

순위	국가명
1	미국
2	일본
3	스위스
4	독일
5	스웨덴
6	핀란드
7	프랑스
8	영국
9	싱가포르
10	한국

주 : 2002년 기준임
자료 : IMD, 'The World Competitiveness Year Book 2002', 2002. 4.

2. 전국경제인연합회

전국경제인연합회는 최근 대기업, 중견기업, 외국기업 등을 포함하여 국내에서 활동하는 최고경영자(CEO)를 대상으로 5개 부문(기업부문, 경제기반, 인프라, 공공부문, 인적자원), 16개 분야, 75개 항목에 걸쳐 '한국의 국가경쟁력평가'를 조사하였는 데 전국경제인연합회의 조사결과를 간략히 소개하면 다음과 같다.[2)]

전국경제인연합회의 조사에 따르면 최근의 경기활성화 및 성장추세에도 불구하고 한국의 국가경쟁력기반은 좀처럼 개선되지 못하고 있는 것으로 나타났는 데 한국의 국가경쟁력은 세계 최고국가인 미국의 54%에 불과한 것으로 밝혀졌다. 세계 최고의 경쟁력을 확보한 국가로는 미국이 선정되었으며 싱가포르는 2위로 나타났다.

한국의 부문별 국가경쟁력을 간략히 살펴보고자 한다.

2) 전국경제인연합회, 진경련, 2002. 7. 요약·재정리

2.1 기업부문

전국경제인연합회의 5개 조사부문 중 기업부문의 경쟁력이 세계 최고국가인 미국의 62% 수준으로 가장 우수한 것으로 나타났다. 특히, 한국기업의 IT화는 미국의 75%에 달해 세계 최고수준의 경쟁력을 보유하고 있는 것으로 평가되었다. 이처럼 기업부문이 타 부문에 비해 비교적 우수한 평가를 받은 것은 경제위기 극복을 위한 강도높은 구조조정으로 기업의 하드웨어시스템과 조직구조와 관련한 부문에 있어서 선진국에 근접한 수준으로 크게 개선되었기 때문으로 분석된다. 그러나 노사관계, 생산성 등 조직의 하부구조와 의사소통(communication), 기업문화(corporate culture) 등 운영측면에서는 여전히 경쟁력이 크게 떨어지는 것으로 나타났다.

2.2 경제기반부문

경제기반부문도 세계최고국가의 61% 수준으로 비교적 우수한 평가를 받았다. 특히, 경제구조 안정성관련항목이 가장 우수한 평가를 받았으며 각 경제주체의 외부환경 적응력도 크게 제고된 것으로 나타났다. 반면에 국가이미지 및 개방화 부문은 여전히 경쟁력이 떨어지는 것으로 나타났고 금융・통상 등 경제기반관련 전문인력의 확보수준이 매우 낮은 것으로 지적되었다.

경제기반부문조사와 관련하여 특이한 점은 한국의 외부충격(external shock) 흡수력이 44%로 낮게 나타났다는 것이다. 이는 우리기업 최고경영자(CEO)들이 경제위기 극복과정에서 제 역할을 다하지 못한 것으로 해석할 수 있다.

2.3 인프라부문

인프라부문은 세계 최고수준 국가 대비 55%로 평균수준을 나타내었다. IT인프라를 비롯한 하드웨어 인프라스트럭처(hardware infrastructure)는 매우 우수하나 비즈니스 시스템, 경제관련 사회구조 등 소프트웨어 인프라스트럭처(software infrastructure)는 경쟁력이 크게 저하되어 있는 것으로 평가되었다. 특히, 사회적 거래비용(social transaction cost) 부담은 기업의 경쟁력을 저하시키는 가장 주요한 요인으로 분석되었다. 국민의 기업에 대한 평가도 매우 부정적인 것으로 나타나 기업의 역할 및 중요성에 대한 인식전환 및 사회공감대 형성을 위한 범국민적 노력이 시급한 것으로 조사되었다.

2.4 공공부문

공공부문의 경쟁력은 세계 최고수준의 45%에 불과하여 5개 조사부문 중 가장 경쟁력이 뒤처지는 것으로 나타났다. 16개 항목 중 전자정부 달성수준(85%), 정책개방성(60%) 등 일부 항목을 제외한 대다수의 항목에서 세계 최고수준 국가의 50% 이하 수준이었으며 40% 이하도 7개 항목으로 조사되었다. 특히, 경쟁력이 뒤처지는 부문은 관료주의 탈피정도(20%)와 정치 및 행정시스템(28%)으로 최하위수준인 20%대에 불과하였고 경제관련규제(32%), 노동정책(36%), 정부의 기업지원마인드(38%) 등도 경쟁력이 뒤떨어지는 것으로 평가되었다.[3)]

2.5 인적자원부문

인적자원부문도 세계 최고수준 국가의 46%에 불과하여 공공부문과 더불어 경쟁력이 매우 열악하다고 할 수 있다. 인적자원부문 중에서도 가장 경쟁력이 뒤처지는 항목은 영어를 비롯한 외국어 구사능력으로 나타났는 데 외국어구사능력의 제고를 위해 실용언어 습득 중심의 외국어교육 강화정책이 시급한 것으로 지적되었다. 또한 대학교육시스템, 교과과정(curriculum), CEO 육성교육기관 등 사회전문인력을 양성하는 국가교육시스템이 매우 열악한 것으로 평가되었다. 노동윤리, 시민의식 등 인적자원의 경제마인드(economic mind of human resources)와 관련된 항목에서도 경쟁력이 열악한 것으로 나타났다.

3) 공공부문경쟁력이 5개 조사부문 중 가장 뒤처지는 것으로 나타난 것은 아직도 우리 정부의 기업정책이 시장친화적인 지원정책보다는 반시장적인 감시 및 규제중심으로 이루어지고 있는 데 기인하고 있다.

〈표 18-5〉 부문별 국가경쟁력 순위

부문	분야	항목	최고 국가	2위 국가	3위 국가	한국의 수준(%)
인적자원	교육 시스템	전체교육시스템	미국	독일	영국	52
		대학교육시스템	미국	프랑스	독일	40
		커리큘럼의 효율성	미국	독일	핀란드	35
		CEO 육성 교육기관	미국	스위스	영국	35
	인력 수급 시스템	인문계 인력 공급구조	미국	독일	영국	60
		이공계 인력 공급구조	독일	미국	프랑스	42
		여성인력 활용도	핀란드	미국	스웨덴	28
		숙련근로자 조달 용이성	독일	미국	일본	72
	국민적 마인드	국민의 경제마인드	미국	싱가포르	일본	73
		사회가치의 경쟁력 기여도	미국	싱가포르	독일	55
		성숙한 시민의식	싱가포르	독일	일본	48
		노동자의 노동윤리	일본	독일	싱가포르	42
	인적 자원 능력	영어 구사능력	싱가포르	네덜란드	독일	27
		제2외국어 구사능력	독일	네덜란드	싱가포르	20
		기초학문 및 전문성	미국	독일	프랑스	33
		두뇌유출입 정도	미국	일본	독일	42
		인적자원의 풍부성	중국	미국	독일	87
	인적자원 총괄		미국	독일	싱가포르	46

부문	분야	항목	최고 국가	2위 국가	3위 국가	한국의 수준(%)
기업부문	글로벌 스탠더드	국제환경 적응도	미국	싱가포르	핀란드	70
		기업지배구조	미국	일본	독일	74
		기업문화	캐나다	독일	미국	50
		브랜드 경영	미국	일본	프랑스	43
		마케팅능력	미국	일본	독일	72
		노사관계 성숙도	일본	미국	독일	31
		고급관리자 조달시장	미국	독일	스웨덴	45
	IT화	IT활용도와 생산성	미국	핀란드	한국	89
		IT활용도와 비즈니스 기회	미국	한국	싱가포르	82
		IT와 경영전략	미국	스웨덴	영국	75
		전통산업의 e-Business화	미국	독일	일본	68
		IT분야 투자효율성	미국	핀란드	일본	60
	기업의 경영 성과	주가관리 등 기업가치 관리	미국	일본	영국	68
		수익률 중시 경영	미국	일본	영국	73
		CEO의 자질 및 역량	미국	독일	일본	72
		조직원의 혁신마인드	핀란드	독일	미국	50
		조직원간 커뮤니케이션	미국	일본	독일	58
		기업 내부의 부패(투명도)	싱가포르	독일	스위스	52
		종업원의 생산성(임금대비)	중국	미국	영국	47
	기업부문 총괄		미국	일본	독일	62

부문	분야	항목	최고 국가	2위 국가	3위 국가	한국의 수준(%)
공공부문	효율성	경제관련 법제도	싱가포르	미 국	독 일	42
		정치 및 행정시스템	미 국	싱가포르	영 국	28
		부패정도(청렴도)	싱가포르	독 일	핀란드	38
		전자정부 달성 수준	미 국	싱가포르	핀란드	85
		지방정부 능력 및 효율성	미 국	영 국	스위스	40
		정책의 일관성	독 일	미 국	싱가포르	49
	시 장 친화성	정부의 기업지원 마인드	영 국	미 국	싱가포르	38
		경제규제의 체감도	싱가포르	영 국	미 국	32
		경쟁법	미 국	영 국	독 일	52
		정책 개방성	핀란드	싱가포르	중 국	60
		노동정책의 효율성	미 국	영 국	싱가포르	36
	공 공 부문의 능 력	관료의 능력	싱가포르	미 국	일 본	27
		정책의 경제환경 적응도	미 국	싱가포르	독 일	20
		관료주의 탈피 정도	싱가포르	영 국	미 국	33
		사회적 응집력 제고능력	스웨덴	미 국	스위스	42
		사법기관의 경제관 및 지식	미 국	독 일	영 국	87
	공공부문 총괄		싱가포르	미 국	영 국	45

부문	분야	항목	최고 국가	2위 국가	3위 국가	한국의 수준(%)
경제기반	국제화	경제구조의 안정성	미 국	싱가포르	독 일	73
		국가이미지	미 국	독 일	스웨덴	42
		외환관리의 효율성	미 국	싱가포르	일 본	68
		외국기업 진출 용이도	싱가포르	홍 콩	영 국	50
	금융 및 통 상 기 반	저축과 소비의 균형	일 본	독 일	미 국	82
		금융시장 발달정도	미 국	스위스	영 국	70
		금융전문가 확보수준	미 국	영 국	스위스	52
		통상전문인력 수준	미 국	일 본	독 일	40
	적응력	경제시스템 변화 적응능력	미 국	싱가포르	일 본	75
		외부충격 흡수능력	미 국	독 일	싱가포르	44
		구조조정	미 국	영 국	싱가포르	70
		수출금융 운영능력	일 본	싱가포르	홍 콩	60
	경제기반 총괄		미 국	싱가포르	일 본	61

부문	분야	항목	최고 국가	2위 국가	3위 국가	한국의 수준(%)
인프라부문	비즈니스 시스템	기업의 조세부담	싱가포르	미 국	홍 콩	40
		외국인투자 인센티브	싱가포르	중 국	영 국	50
		물류의 효율성	싱가포르	네덜란드	미 국	62
		지역적 균형 발전	미 국	독 일	일 본	25
		산학연 협력 수준	미 국	독 일	일 본	43
	IT 인프라	IT인프라간 유기적 연계망	미 국	한 국	핀란드	80
		전자상거래 기반 수준	미 국	한 국	싱가포르	88
		통신수단 비즈니스 활용도	미 국	한 국	핀란드	93
	사회적 자 본	사회적 거래비용(준조세 등)	싱가포르	미 국	독 일	28
		사회적 신뢰도	싱가포르	독 일	미 국	55
		기업(인)에 대한 평가	미 국	독 일	일 본	38
		인프라부문 총괄	미 국	싱가포르	독 일	55

주 : 한국수준은 세계 최고국가를 100으로 가정했을 경우 기준임
자료 : 전국경제인연합회, 전경련, 2002. 7.

3. 산업정책연구원

산업정책연구원은 최근 개최한 세미나에서 '국가경쟁력보고서'를 발표한 바 있다. 동 보고서는 '9-Factor Model'에 근간을 두고 그동안 수집된 64개국의 데이터를 6개 그룹(선진국, 준선진국, 개도국, 후진국, 자원국, 공산국)으로 군집 분석함으로써 유사한 규모와 구조를 가진 국가들 간의 비교를 통해 객관적 위치를 파악하였다.

동 보고서에서는 한국의 국가경쟁력 종합순위가 조사대상국 중에서 24위를 차지해 중상위권으로 나타났으며 준선진국 12개국 중에서는 6위로 중위권을 차지하고 있는 것으로 평가되었다. 한국은 그동안 저비용(low cost), 고효율(high efficiency) 중심의 생산성 향상을 전제로 한 개도국형 경쟁력을 추구하여 개도국과의 경쟁에서는 강하나 선진국과의 경쟁에서는 취약한 구조를 가질 수밖에 없었다고 할 수 있다. 이 같은 저비용, 고효율의 개도국형 경쟁력을 고수하는 한 동일한 정책을 추구하고 있는 중국과의 경쟁은 피할 수 없게 되어 결국은 중국에 추월당할 가능성이 크다고 할 수 있다.

따라서 향후 한국이 경쟁력을 업그레이드시키기 위해서는 선진국형 경영전략을 추구해야 한다. 이는 한국이 경쟁력있는 인적 자원(competitive human resources)을 보유하고 있기 때문이라고 할 수 있다.

3.1 주요 부문의 경쟁력 순위

조사대상 64개국에 대한 국가경쟁력 분석에서 한국은 부존자원에서는 37위, 경영여건에서는 30위, 인프라 등 지원산업은 26위, 그리고 시장의 크기와 질을 평가하는 수요조건에서는 14위를 차지하였다. 그리고 인적측면에서는 근로자수준 42위, 정치지도자 및 행정관료수준 27위, 기업가수준 14위, 전문가수준 21위를 차지하고 있다. 이 같은 한국의 인적, 물적 요소는 결국 한국이 선진국형 경쟁력을 갖출 수 있는 가능성이 있음을 보여준다고 할 수 있다.

3.2 한국의 국가경쟁력 제고 전략

한국은 1980년대 후반 노동생산성(labor productivity)이 급격히 하락한 이후에 나타난 고비용·저효율 현상을 저비용·고효율로 전환시키기 위해 노력해 왔으나 이러한 노력에도 불구하고 한국이 생산성을 제고시켜서 저비용·고효율을 달성했다고 하더라도 이것이 선진국형 경쟁력을 갖춘다고 해석할 수는 없다. 향후 한국이 생산성 향상을 전제로 한 개도국형 경쟁력을 추구하는 한 아래로부터는 중국에 의해, 위로부터는 제조업에 관한 한 세계 최고 수준의 생산효율성(production efficiency)을 보이고 있는 일본에 의해 견제당하게 되어 세계시장에서 경쟁력을 상실하게 된다.

〈표 18-6〉 국가경쟁력 제고 전략

물적요소	부존자원	·국제화를 통해 부족한 자원의 극복
	경영여건	·경쟁의 일상화 및 책임소재가 분명한 시스템 창출
	인프라 등 지원산업	·인프라 등 지원산업 경쟁력의 지방분산, 지역별 전문화, 자생적 클러스터 확보
	수요조건	·자유무역을 통한 시장의 규모 확대, 까다로운 국내소비자의 질 향상
인적요소	근로자	·외국인 근로자와의 경쟁, 엄정한 제도 확립, 사회적 화합도출
	정치가 및 행정관료	·경제의 관리자가 아닌 혁신의 촉매자
	기업가	·기업가정신 고양을 위한 지원 및 제도 개선
	전문가	·능력에 맞는 보상시스템의 확립 및 전문가 풀(Pool) 네트워크의 형성

우선 한국이 국제적인 경쟁력을 갖추기 위해서는 다음 8가지 인적, 물적 요소를 효과적으로 활용해야 하며 나름대로 중·장기적인 발전전략을 채택해야 한다.

① 중기전략

한국이 처해 있는 현 여건 하에서 국가경쟁력을 제고시키기 위해 추구해야 할 중기적 전략은 준선진국 그룹 내에서 강소국인 대만과 아이슬란드 정도의 경쟁력을 갖추어 세계 10위권에서 경쟁하는 것이다. 중기적으로 경제가 정치적 목적에 의해 이용되지 않고(24위→23위), 은행이 관치금융에서 탈피하여 독자경영으로 수익성이 확보되고 시장메커니즘(market mechanism)에 의해 자율적인 기업경영이 이루어져 투명성(transparency)이 제고되면(23위→22위), 근로자의 근로의욕 진작과 노동관련 법규가 현실화되어 노사분규가 자제되어 건전한 노사관계가 형성되고(22위→19위), 투명한 경영환경의 조성으로 인해 외국인투자가 증대될 수 있다.

또한, 투자재원을 인프라 등 각종 관련 지원산업에 집중투자함으로써(19위→15위), 기업가와 전문가가 최선의 역량(24위→11위)을 발휘할 수 있게 되어 한국의 경쟁력은 24위에서 11위까지 상승할 수 있게 된다.[4)]

② 장기전략

한국이 추구해야 될 장기적인 전략으로는 경제가 정치적 목적에 이용되는 것을 방지하여 은행이 세계적 경쟁력을 갖춘 금융산업으로 전환되고(11위→9위), 투자환경의 주요 요소가 되는 시장메커니즘에 의한 자율적인 기업경영의 투명성과 노동시장의 안정성 및 유연성(stability and flexibility of labor market) 확보(9위→6위)가 이루어져 외국자본 및 기업들이 국제기업과 동등한 대우를 받으면서 사업을 활성화하게 되면 인프라 등 각종 관련지원사업의 자연스러운 성장(6위→4위)이 가능해진다. 결국 이러한 기반 하에 기업가와 전문가가 최선의 역량을 발휘하면(4위→3위) 한국의 경쟁력은 세계 11위에서 3위까지 상승할 수 있게 된다.[5)]

---

4) 경제가 정치논리에 의해 이용당하게 되면 경영투명성, 노사문제, 인프라를 비롯한 지원산업 등 국가경제에 부정적으로 전방위적 영향을 미치게 된다. 따라서 경제가 정치적 목적에 이용당하는 것을 방지하는 것이 한국의 국가경쟁력 강화를 위한 가장 중요한 요인 중의 하나(one of the most important factors)임을 인식해야 한다.

5) 한국의 국제경쟁력 강화를 위한 장기시나리오에서는 선진국그룹 내에서 홍콩, 싱가포르, 핀란드 정도의 경쟁력을 갖추어 세계 5위권 내로 도약하는 과정을 제시하고 있다.

한편, 산업연구원의 보고서는 한국이 특정한 전략없이 생산효율성 제고에만 중점을 두어 중국이나 여타 개발도상국과의 경쟁을 지속한다는 가정 하에서 비관적인 시나리오도 제시하고 있다. 이러한 시나리오에서는 시뮬레이션을 통해 현재 24위인 한국의 각 해당부문에 중국의 지수를 넣어 경쟁력 하락도를 분석하고 있다.

제 3 절 글로벌 경쟁력 현황

1. 글로벌 경쟁력지수

한국의 글로벌 경쟁력이 전세계 104개국 중 26위로 나타난 가운데 기업경영환경이 개선되지 않으면 기업의 해외 탈출이 이루어질 가능성이 높은 것으로 분석되었다.

스위스 세계경제포럼이 2004년 12월 9일 발표한 '2004년 글로벌 경쟁력 보고서'에 따르면 한국의 '글로벌 경쟁력 지수' 순위는 26위로 싱가포르(7위) 홍콩(8위) 대만(11위) 등 아시아 경쟁국들보다 낮은 것으로 조사되었다.[6]

〈참 고〉 **글로벌 경쟁력지수**

글로벌 경쟁력지수(Global Competitiveness Index)는 노동시장의 효율성(efficiency of labor market), 제도(institution), 거시경제의 건전성(macroeconomic soundness), 인적자원(human resource) 등 12개 부문을 평가해 해당 국가 안에서 기업들이 얼마나 효율적으로 경제활동을 할 수 있는지를 보여 주는 지수이다.

이에 따라 한국이 지속적 성장을 하려면 글로벌 경쟁력을 강화하기 위한 노력이 시급하다고 할 수 있다. 이에 앞서 WEF는 2004년 10월에 한국의 국가경쟁력지수 순위는 2003년보다 11단계가 하락한 29위, 기업경쟁력지수 순위는 2003년보다 1단계 하락한 24위로 발표한 바 있다. WEF는 국가경쟁력지수와 기업경쟁력지수를 보완하는 성격을 갖는 글로벌 경쟁력지수를 2004년에 처음으로 집계해 발표했다.

6) 동아, 2004. 12. 10. 참조

부문별로 한국은 거시경제 건전성(4위), 기술 이용 용이성(12위) 등에서는 높은 점수를 받았지만 노동시장 효율성(85위), 금융시장 효율성(67위) 등에서 낮은 점수를 받았다.

한국이 부진한 것으로 조사된 노동시장 효율성에서는 홍콩과 싱가포르가 각각 1, 2위를 차지했다. 금융시장 효율성에서는 영국과 홍콩이 각각 1, 2위로 나타났다.

전체 순위에서는 미국이 1위를 차지했고, 국가경쟁력지수 순위에서 1위였던 핀란드는 글로벌 경쟁력지수에서는 2위로 나타났다. 이어 덴마크, 스위스, 스웨덴, 독일 등의 순이었다.

한편, 경쟁력 연구 분야에서 권위자인 마이클 포터 미국 하버드대학 교수는 별도 논문을 통해 한국 등을 '기업 이전 고(高)위험 국가'로 분류한 뒤 기업 경영환경 개선이 시급하다고 지적했다. 포터 교수는 "한국, 일본, 독일, 이탈리아, 프랑스, 네덜란드 등은 기업 자체 경쟁력지수가 기업 경영환경지수보다 높기 때문에 기업들이 기업환경이 좋은 곳을 찾아 생산시설을 외국으로 이전시킬 가능성이 크다"고 밝혔다.

한국의 경우 2004년 기업 자체 경쟁력지수 순위는 21위인 반면 기업 경영환경지수 순위는 28위로 그 격차가 큰 것으로 조사되었다.

〈표 18-7〉 국가별 글로벌 경쟁력지수 순위

순 위	국 가
1	미국
2	핀란드
3	덴마크
4	스위스
5	스웨덴
7	싱가포르
8	홍콩
10	일본
11	대만
26	한국
32	중국

자료: 세계경제포럼

2. 글로벌 부패지수

국제투명성기구(TI)가 64개국 5만여명을 대상으로 조사해 2004년 12월 9일 발표한 '글로벌 부패척도 조사'에 따르면 한국인(1,500여명)은 입법부에 4.5점, 정당에 4.4점을 매기는 등 정치권을 가장 부패가 심하다고 평가했다. 즉, 한국 국민은 정치권을 가장 부패한 집단으로 인식하고 있는 것으로 나타났다. TI는 가장 청렴한 상태를 1점, 가장 부패한 상태를 5점으로 해 2004년 6월과 7월 전세계에서 설문조사를 실시한 바 있다.

특히, 한국 국민은 입법부에 대해 아르헨티나 국민(4.6점)에 이어 세계에서 2번째로 부패정도가 심한 것으로 평가했다. 이는 싱가포르 1.6점, 미국 3.2점, 일본 3.7점 등에 비해 월등히 높은 수치다.

입법부와 정당 다음으로 한국 국민이 부패 정도가 심하다고 인식하고 있는 곳은 경찰(3.8), 세관(3.7), 사법기관 · 언론기관(3.6), 교육기관(3.5) 등이었다. 종교단체도 3.1점으로 세계 평균인 2.7점보다 높았다.

반대로 수도나 전기시설과 같은 공공설비 분야와 등기 및 면허 서비스 분야는 모두 2.5점으로 세계 평균인 3.0점보다 낮았다. 이는 행정서비스에 대한 국민의 신뢰도(credibility)는 상대적으로 높음을 보여준다.

반부패국민연대 및 국제투명성기구 한국본부는 "정치권뿐만 아니라 경찰, 언론, 종교기관 등 부패 극복을 책임지고 있는 기관들도 부패로부터 자유롭지 못한 것으로 인식되고 있다"고 지적했다.

반부패국민연대 측은 부패 척결을 위해 다음 3가지를 지적하였다.

① 투명사회협약 운동체 구성

② 국회투명사회협의회 구성

③ UN 반부패협약의 조속한 비준

〈표 18-8〉 글로벌 부패지수

	한국	세계평균
의회·입법부	4.5	3.7
정당	4.4	4.0
경찰	3.8	3.6
세관	3.7	3.3
법조계·사법부	3.6	3.6
미디어	3.6	3.3
기업·사적영역	3.4	3.4
조세수입	3.4	3.4
의료서비스	3.4	3.3

제 4 절 국가경쟁력 현황(2005년)

1. 개관

2005년도 IMD, WEF가 발표한 한국의 경쟁력 강·약점에 대한 양 기관의 공통점, 차이점 등을 비교·분석한 국가경쟁력분석협의회 보고자료를 중심으로 살펴본다.7)

1.1 IMD·WEF의 세계경쟁력 개념

양 기관은 일반적으로 인식되는 일국의 전반적인 능력인 국력(national power)보다는 협의의 개념으로 파악하고 있다.

7) 국가경쟁력분석협의회는 소득 20,000달러, 인구 5,000만 이상으로 한국과 비슷한 규모의 선진국 및 아시아 경쟁국을 대상으로 WEF 세계경쟁력 보고서를 분석하고 이를 다시 IMD(2005년도 IMD 국가경쟁력 비교분석, 2005. 8)의 국가경쟁력 책자와 비교·분석하였다. 분석 대상국가는 10개국인 데 주요 선진국은 미국, 영국, 독일, 프랑스, 이탈리아 등 5개국이며 아시아 경쟁국은 일본, 중국, 대만, 홍콩, 싱가포르 등 5개국이다(국무조정실·경쟁력평가원, 2005년도 IMD·WEF 국가경쟁력 비교분석, 2005. 12. 요약·재구성).

(1) IMD

IMD는 세계경쟁력을 '기업의 경쟁력을 지속시킬 수 있는 제반 여건들을 창출하고 유지할 수 있는 국가의 능력'으로 보고 있다.

(2) WEF

WEF는 '지속적 경제성장과 장기적인 번영을 가능하게 하는 정책·제도 및 제반 요소'로 정의하고 있다.

1.2 IMD·WEF 경쟁력의 비교분석 틀(framework)

(1) IMD

IMD는 국가경쟁력을 4개 분야(① 경제운영성과, ② 정부행정효율, ③ 발전인프라, ④ 기업경영효율)로 구분하고 이를 20개 부문, 314개 항목(경성자료 201개, 설문자료 113개)을 적용하여 평가하고 있다.

(2) WEF

WEF는 국가경쟁력을 경제성장경쟁력의 3개 분야(① 거시경제환경, ② 공공기관, ③ 기술력)와 기업경영경쟁력 2개 분야(① 기업경영전략 정교화, ② 국내기업 경영환경의 질)를 합쳐 5개 분야로 구분하고 이를 7개 부문, 93개 항목(경성자료 14개, 설문자료 79개)을 적용하여 평가한다.

※ WEF는 국가경쟁력 순위를 경제성장경쟁력지수(GCI : Growth Competitiveness Index)와 기업경영경쟁력지수(BCI : Business Competitiveness Index)로 나누어 발표하고 있으나 국가별 경쟁력 순위는 경제성장경쟁력지수(GCI)로 간주됨

〈표 18-9〉 IMD와 WEF의 구성 비교

<table>
<tr><th colspan="6">A. IMD 국가경쟁력 평가(종합순위)</th></tr>
<tr><td colspan="3">① 경제운영성과분야</td><td colspan="3">② 정부행정효율분야</td></tr>
<tr><td rowspan="5">5대 부문 (77개 항목)</td><td>국내경제</td><td>28개 항목</td><td rowspan="5">5대 부문 (73개 항목)</td><td>공공재정</td><td>11개 항목</td></tr>
<tr><td>국제무역</td><td>20개 항목</td><td>재정정책</td><td>15개 항목</td></tr>
<tr><td>국제투자</td><td>17개 항목</td><td>제도적 여건</td><td>16개 항목</td></tr>
<tr><td>고용</td><td>8개 항목</td><td>기업관련법</td><td>20개 항목</td></tr>
<tr><td>가격</td><td>4개 항목</td><td>사회적 제반여건</td><td>11개 항목</td></tr>
<tr><td colspan="3">③ 발전인프라분야</td><td colspan="3">④ 기업경영효율분야</td></tr>
<tr><td rowspan="5">5대 부문 (95개 항목)</td><td>기본인프라</td><td>22개 항목</td><td rowspan="5">5대 부문 (69개 항목)</td><td>생산성·효율성</td><td>9개 항목</td></tr>
<tr><td>기술인프라</td><td>20개 항목</td><td>노동시장</td><td>21개 항목</td></tr>
<tr><td>과학인프라</td><td>22개 항목</td><td>금융</td><td>21개 항목</td></tr>
<tr><td>보건 및 환경</td><td>17개 항목</td><td>경영활동</td><td>11개 항목</td></tr>
<tr><td>교육</td><td>14개 항목</td><td>행태·가치</td><td>7개 항목</td></tr>
<tr><td colspan="6">총 314개 항목</td></tr>
</table>

<table>
<tr><th colspan="6">B. WEF 국가경쟁력 평가</th></tr>
<tr><td colspan="6">1. WEF 경제성장경쟁력(GCI) 순위</td></tr>
<tr><td colspan="3">① 거시경제환경분야</td><td colspan="3">② 공공기관분야</td></tr>
<tr><td rowspan="3">3대 부문 (10개 항목)</td><td>거시경제안정</td><td>8개 항목</td><td rowspan="3">2대 부문 (7개 항목)</td><td>계약이행 및 법규준수</td><td>4개 항목</td></tr>
<tr><td>정부낭비요소</td><td>1개 항목</td><td rowspan="2">공공기관 부패</td><td rowspan="2">3개 항목</td></tr>
<tr><td>국가신용등급</td><td>1개 항목</td></tr>
<tr><td colspan="3">③기술력분야</td><td colspan="3">2. 기업경영경쟁력 (BCI) 순위</td></tr>
<tr><td rowspan="2">2대 부문 (16개 항목)</td><td>혁신</td><td>6개 항목</td><td colspan="2">④ 기업경영전략 정교화 분야</td><td>15개 항목</td></tr>
<tr><td>정보통신기술</td><td>10개 항목</td><td colspan="2">⑤ 국내기업 경영 환경 질 분야</td><td>45개 항목</td></tr>
<tr><td colspan="3">GCI 33개 항목</td><td colspan="3">BCI 60개 항목</td></tr>
<tr><td colspan="6">총 93개 항목</td></tr>
</table>

2. IMD와 WEF의 한국 국가경쟁력 평가 비교 · 분석

IMD, WEF 양 기관의 경쟁력 평가에 대한 비교는 기본적으로 국가경쟁력의 개념, 분석틀(분야, 부문, 항목), 조사대상국 수(IMD 60개국, WEF 117개국), 조사방법(설문 · 통계 비중) 등이 상이하여 대등한 분석에는 한계가 있으나 양 기관이 보는 한국의 경쟁력의 강 · 약점에 대한 공통점과 차이점을 발굴하여 경쟁적 시사점을 도출하는 데는 별 무리가 없다고 판단하여 국가경쟁력분석협의회는 비교적 유사한 분야를 중심으로 비교 · 분석을 하였다.

3. 한국의 국가경쟁력 순위

2005년도 WEF · IMD의 한국의 국가경쟁력 종합순위는 17위, 29위로 평가되어 전년도에 비해 각각 12단계(WEF)와 6단계(IMD) 상승한 것으로 나타났다.

한편, WEF의 국가경쟁력은 2004년을 제외하고는 매년 상승하고 있으며, IMD도 2003년 이후 지속적으로 상승하는 추세를 보이고 있다.

〈표 18-10〉 한국의 국가경쟁력 변화추이

	2001	2002	2003	2004	2005
WEF	23	21	18	29	17
IMD	29	29	37	35	29

4. 주요 선진국 및 경쟁 대상국에 대한 비교

IMD, WEF의 평가결과 인구 5,000만명 · 소득 20,000달러 이상 규모로 한국과 유사한 수준의 미국, 일본, 영국, 독일, 한국, 프랑스, 이탈리아에 대한 경쟁력 순서는 동일하게 나타나고 있다. 다만 홍콩에 대해서는 IMD(2위), WEF(28위)로 양 평가 기관의 평가가 상이하게 나타나고 있다.

〈표 18-11〉 주요 선진국 및 아시아 경쟁국 비교(2005년 기준)

	미국	홍콩	싱가포르	대만	일본	영국	독일	한국	프랑스	이탈리아	중국
IMD	1	2	3	11	21	22	23	29	30	53	31
WEF	2	28	6	5	12	13	15	17	30	47	49

5. 분야별 분석

5.1 과학기술관련 분야

과학기술관련 분야에서는 IMD의 발전인프라(23위), WEF의 기술력(7위)은 양 기관이 종합순위와 대비, 한국의 경쟁력을 높게 평가하고 있다.

5.2 정부관련 분야

정부관련 경쟁력 분야에서는 양 기관이 상이한 평가(IMD : 정부행정효율 31위, WEF : 공공기관 42위)를 하고 있다.

(1) IMD

IMD는 정부행정효율 분야를 공공재정, 재정정책 등 5대 부문으로 평가하고 있다.

(2) WEF

WEF는 법규준수, 공공기관부패 등 2대 부문으로 평가하면서 공공기관 부패(52위)가 결정적 약점 요인으로 작용하였다.

5.3 경제와 기업관련 분야

경제와 기업관련 분야에서는 IMD, WEF 양 기관 모두 비슷한 평가를 나타내고 있다.

(1) 경제관련 분야

경제관련 분야는 IMD(경제운영성과 43위), WEF(거시경제환경 25위) 모두 종합순위(29위, 17위)보다 낮게 평가하고 있다.

(2) 기업관련 분야

기업관련 분야는 IMD(기업경영효율 30위), WEF(기업경영전략 정교화 17위, 기업경영환경 질 24위) 모두 종합순위(29위, 17위)와 유사하게 평가하고 있다.

〈표 18-12〉 IMD · WEF의 주요 분야별 비교

A. IMD 4대 분야

경제운영성과	43
정부행정효율	31
기업경영효율	30
발전인프라	23

B. WEF 5대 분야

거시경제환경	25
공공기관	42
국내기업 경영환경의 질	24
기업경영전략 정교화	17
기술력	7

6. 부문 및 항목별 분석

6.1 IMD · WEF 양 기관의 공통 우위 부문 및 항목

(1) 경제 및 정부관련 부문

IMD는 고용 및 실업(8위), 공공재정(14위), 재정정책(15위), WEF는 거시경제안정(8위) 등이다.

※ 경제 및 정부관련 항목 : IMD는 실업률(4위), 공공재정(14위), 국내부채(15위), WEF는 이자율(6위), 저축률(10위), 정부부채(11위), 정부재정(14위) 등임

(2) 과학기술관련 부문

IMD는 과학인프라(15위), 기술인프라(2위), WEF는 혁신(8위), 정보통신기술(11위) 등이다.

※ 과학기술관련 항목 : IMD는 광대역통신망 가입자수(1위), 특허생산성(2위), 고등교육비율(4위), 특허획득수(4위), WEF는 고등교육 재학률(2위), 인터넷 사용자수(3위), IT 정책 우선순위(7위), 산학협력(10위) 등임

〈표 18-13〉 IMD · WEF의 부문별 · 항목별 비교

<table>
<tr><th colspan="6" rowspan="2">A. IMD</th><th colspan="6">B. WEF</th></tr>
<tr><th colspan="6">1. 경제성장경쟁력(GCI)</th></tr>
<tr><td colspan="2">① 경제운영 성과분야</td><td>43</td><td colspan="2">② 정부행정 효율분야</td><td>31</td><td colspan="2">① 거시경제 환경분야</td><td>25</td><td colspan="2">② 공공 기관분야</td><td>42</td></tr>
<tr><td rowspan="5">5대 부문</td><td>○국내경제</td><td>32</td><td rowspan="5">5대 부문</td><td>●공공재정</td><td>14</td><td rowspan="5">3대 부문</td><td rowspan="3">●거시경제 안정</td><td rowspan="3">8</td><td rowspan="5">2대 부문</td><td rowspan="4">○계약이행 법규준수</td><td rowspan="4">41</td></tr>
<tr><td>○국제무역</td><td>34</td><td>●재정정책</td><td>15</td></tr>
<tr><td>○국제투자</td><td>51</td><td>○제도적여건</td><td>30</td></tr>
<tr><td>●고용</td><td>8</td><td>○기업관련법</td><td>34</td><td>○정부낭비 요소</td><td>32</td></tr>
<tr><td>○가격</td><td>56</td><td>○사회적여건</td><td>58</td><td>○국가신용 등급</td><td>28</td><td>○공공기관 부패</td><td>52</td></tr>
<tr><td colspan="2">③ 발전 인프라분야</td><td>23</td><td colspan="2">④ 기업경영 효율분야</td><td>30</td><td colspan="2">③ 기술력 분야</td><td>7</td><td colspan="3">2. 기업경영 경쟁력(GCI)</td></tr>
<tr><td rowspan="5">5대 부문</td><td>●기본인프라</td><td>23</td><td rowspan="5">5대 부문</td><td>○생산 · 효율성</td><td>42</td><td rowspan="5">2대 부문</td><td rowspan="4">●혁신</td><td rowspan="4">8</td><td colspan="2" rowspan="4">④ 기업경영전략 정교화 분야</td><td rowspan="4">17</td></tr>
<tr><td>●기술인프라</td><td>2</td><td>●노동시장</td><td>26</td></tr>
<tr><td>●과학인프라</td><td>15</td><td>○금융</td><td>38</td></tr>
<tr><td>○보건 · 환경</td><td>33</td><td>●경영활동</td><td>26</td></tr>
<tr><td>○교육</td><td>40</td><td>●행태 · 가치</td><td>25</td><td>●정보통신 기술</td><td>11</td><td colspan="2">⑤ 국내기업 경영 환경 질 분야</td><td>24</td></tr>
</table>

주 : ● : 강점부문, ○ : 약점부문(한국 종합순위인 IMD 29위, WEF 17위를 기준으로 판단)

6.2 IMD · WEF의 공통 취약부문

양 기관의 공통 취약부문은 없으며 공통 취약항목은 ① 노사관계, ② 부패, ③ 외국에 대한 배타성, ④ 신용대출 등이다.

〈표 18-14〉 IMD · WEF 공통 취약항목

구 분	IMD(60개국 대상)	WEF(117개국 대상)
① 노사관계	노사관계의 적대성(60위)	비협력적 노사관계(81위)
② 부패	뇌물 공여와 부패비리(33위)	조세관련 부패(61위), 수출 · 입관련 부패(51위), 공공요금관련 부패(49위)
③ 외국에 대한 배타성	외국문화에 대한 패쇄성(53위), 외국인 노동자 취업 관련법(53위)	한국 기업에 대한 외국인 소유의 배타성(61위)
④ 신용대출	은행업무와 금융 서비스 지원도 (44위), 신용대출의 용이성(42위)	회사운영자금 신용대출 (48위)

6.3 IMD · WEF 국가경쟁력 국가별 비교 분석

국가경쟁력분석협의회는 IMD, WEF의 경쟁력 평가에 대한 종합순위 추세를 2001~2005년까지 5년을 비교하였으며 양 기관의 분야별 비교분석은 IMD의 4대 분야(경제, 기술, 정부, 기업)를 기준으로 구성하였다.

	IMD	WEF
① 경제관련 분야	· 경제운영성과	· 거시경제환경
② 기술관련 분야	· 발전인프라	· 기술력
③ 정부관련 분야	· 정부행정효율	· 공공기관
④ 기업관련 분야	· 기업경영효율	· 기업경영전략 정교화 · 국내기업 경영환경의 질

(1) 미국

① 경쟁력 추세 비교

2001~2005년까지 미국의 국가경쟁력(country competitiveness)은 IMD, WEF 양 기관 모두 세계 최고인 1, 2위로 평가하였다.

〈표 18-15〉 IMD · WEF의 한미 양국의 경쟁력 비교

A. IMD

	2001	2002	2003	2004	2005
미국	1	1	1	1	1
한국	29	29	37	35	29

B. WEF

	2001	2002	2003	2004	2005
미국	2	1	2	2	2
한국	23	21	18	29	17

② 분야별 비교

가. 미국은 경제, 기술, 기업, 정부 등 전 분야에서 경쟁력이 한국보다 월등히 높음

특히, 미래의 성장잠재력(growth potentials)의 척도가 되는 기술분야(IMD 발전인프라, WEF 기술력)와 경제 및 기업관련 분야(IMD 경제운영성과, WEF 기업경영전략 정교화, 국내 경영환경의 질) 등은 세계 최고수준으로 미국의 강력한 경쟁력은 지속될 것으로 보인다.

나. 한국도 IMD 정부행정효율 분야 중 공공재정(14위) 및 재정정책(15위) 부문은 미국(38위, 22위)보다 앞서 있으며 WEF 거시경제환경 분야는 미국(23위)과 한국(25위)이 비슷한 수준이면서 이 중 재정적자 규모(14위)와 정부부채 항목(11위)은 오히려 한국의 경쟁력이 미국(92위, 76위)보다 우위에 있는 것으로 평가됨

〈표 18-16〉 IMD · WEF의 분야별 경쟁력 비교

A. IMD

	미국	한국
경제운영성과	1	43
정부행정효율	16	31
기업경영효율	3	30
발전인프라	1	23

B. WEF

	미국	한국
거시경제환경	23	25
공공기관	18	42
국내기업 경영환경의 질	2	24
기업경영전략 정교화	1	17
기술력	1	7

(2) 서유럽(영국, 독일, 프랑스, 이탈리아)

서유럽 국가들은 이탈리아(IMD 53위, WEF 47위)를 제외하고는 대체로 중상위권의 경쟁력을 나타내고 있다. 서유럽 국가들의 경쟁력 순위는 2000년대에 들어 전반적으로 하락하는 추세를 보였다. 특히, 이탈리아의 세계경쟁력 순위 하락이 두드러졌다. 이는 유럽경제가 전반적으로 침체되어 있어 영국을 제외한 대부분 서유럽 국가들은 낮은 경제성장률(프랑스 2.1%, 독일 1.6%, 이탈리아 1.2%)과 높은 실업률(프랑스 9.6%, 독일 9.5%, 이탈리아 8.0%)이 주요 요인인 것으로 판단된다.

※ 2001년에 한국과 비슷한 경쟁력을 가지고 있던 이탈리아는 5년간 IMD 20단계(2001년 33위→2005년 53위), WEF 21단계(2001년 26위→2005년 47위)로 급격히 하락하여 한국과 현저한 격차를 보이고 있음

① 영국 · 독일

가. 개관

IMD는 영국과 독일의 경쟁력이 지속적으로 하락(10위→20위권)하는 것으로 평가한 반면에 WEF는 양국이 지속적으로 10위권대의 경쟁력을 유지하고 있는 것으로 평가하고 있다.

한국과의 경쟁력 격차는 점차 감소되는 추세를 보이고 있다.

〈표 18-17〉 영국 · 독일 · 한국의 경쟁력 추세 비교

A. IMD

	2001	2002	2003	2004	2005
영국	19	16	19	21	22
독일	13	17	20	22	23
한국	29	29	37	35	29

B. WEF

	2001	2002	2003	2004	2005
영국	12	11	15	11	13
독일	17	14	13	13	15
한국	23	21	18	29	17

나. 분야별 비교

㉠ 영국

영국은 경제관련 분야에서 경쟁력이 한국보다 월등히 높으나 기술관련 분야(IMD 발전인프라, WEF 기술력)에서는 한국(23위, 7위)이 영국(25위, 17위)보다 우위에 있는 것으로 평가된다.

㉡ 독일

독일에 대한 IMD, WEF의 분야별 평가는 완전히 상반되는 결과를 나타내고 있다.

ⓐ 경제 · 기술관련 분야

IMD는 독일(23위, 11위)이 한국(43위, 23위)보다 강한 반면, WEF는 독일을 약세로 평가(독일 : 28위, 16위, 한국 : 17위, 7위)하고 있다.

ⓑ 기업 · 정부관련 분야

IMD는 독일(36위, 35위)이 한국(30위, 31위)보다 약한 반면, WEF는 독일을 강세로 평가(독일 : 3위, 8위, 한국 : 24위, 42위)하고 있다.

② 프랑스 · 이탈리아

가. 개관

프랑스와 이탈리아의 국가경쟁력은 2001~2005년까지 IMD, WEF 모두 지속적으로 하락하고 있는 것으로 평가하고 있다. 특히, IMD는 WEF와 달리 2005년도부터 한국(29위)이 처음으로 프랑스(30위)를 앞지른 것으로 평가한 바 있다.

※ WEF는 그동안 2004년을 제외하고는 2002년부터 한국이 프랑스를 앞서있는 것으로 평가하였음

〈표 18-18〉 프랑스 · 이탈리아 · 한국의 경쟁력 추세 비교

A. IMD

	2001	2002	203	2004	2005
프랑스	25	25	23	30	30
이탈리아	33	34	41	51	53
한국	29	29	37	35	29

B. WEF

	2001	2002	2003	2004	2005
프랑스	20	30	26	27	30
이탈리아	26	39	41	47	47
한국	23	21	18	29	17

나. 분야별 비교

㉠ 프랑스

프랑스는 독일과 같이 IMD, WEF의 분야별 평가가 완전히 상반되는 결과를 나타내고 있다.

ⓐ 경제 · 기술관련 분야

IMD는 프랑스(9위, 17위)가 한국(43위, 23위)보다 강한 반면, WEF는 프랑스를 약세(프랑스 : 27위, 24위, 한국 : 25위, 7위)로 평가하고 있다.

ⓑ 기업 · 정부관련 분야

IMD는 프랑스(45위, 45위)가 한국(30, 31위)보다 약한 반면, WEF는 프랑스를 강세로 평가(프랑스 : 11위, 20위, 한국 : 24위, 42위)하고 있다.

㉡ 이탈리아

이탈리아는 경제, 기술, 기업, 정부관련 모든 분야(IMD 경제운영성과 분야 제외)에서 한국에 비해 현저히 열세를 나타내고 있다.

〈표 18-19〉 프랑스 · 이탈리아 · 한국의 분야별 경쟁력 비교

A. IMD

	프랑스	이탈리아	한국
경제운영성과	9	37	43
정부행정효율	45	58	31
기업경영효율	45	53	30
발전인프라	17	36	23

B. WEF

	프랑스	이탈리아	한국
거시경제환경	27	47	25
공공기관	20	46	42
국내기업 경영환경의 질	11	39	24
기업경영전략 정교화	10	28	17
기술력	24	44	7

(3) 일본

① 경쟁력 추세 비교

IMD는 일본의 경쟁력이 지속적으로 상승(2002년 제외)한 것으로 평가한 반면, WEF는 2005년에는 2004년에 비해 오히려 3단계 하락한 것으로 평가하였다. IMD · WEF는 한국, 일본의 경쟁력 순위 격차가 축소되고 있는 것에 대해 한국이 일본을 추격하고 있는 양상으로 평가하고 있다.

※ IMD : 2003년 12단계→2005년 8단계, WEF : 2002년 8단계→2005년 5단계

〈표 18-20〉 한일 양국의 경쟁력 추세 비교

A. IMD

	2001	2002	2003	2004	2005
일본	23	27	25	23	21
한국	29	29	37	35	29

B. WEF

	2001	2002	2003	2004	2005
일본	21	13	11	9	12
한국	23	21	18	29	17

② 분야별 비교

일본에 대한 IMD, WEF의 분야별 평가는 완전히 상반된다.

가. 경제 · 기술관련 분야

IMD는 일본(21위, 3위)이 한국(43위, 23위)보다 강한 반면, WEF는 일본을 약세로 평가(일본 : 42위, 8위, 한국 : 25위, 7위)하고 있다.

나. 기업 · 정부관련 분야

IMD는 일본(35위, 40위)이 한국(30위, 31위)보다 약한 반면, WEF는 일본을 강세로 평가(일본 : 8위, 14위, 한국 : 24위, 42위)하고 있다.

특히, IMD가 일본의 기술관련 분야(발전인프라 분야 3위)의 경쟁력을 한국(23위)보다 높게 평가한 것은 과학인프라(2위), 기술인프라(9위) 부문 등을 강세로 보고 있기 때문이며, WEF가 한국의 기술관련 분야(기술력 분야 7위)를 일본(8위)보다 높게 평가한 것은 정보통신기술(11위) 부문이 월등히(6단계) 앞서 있다고 보기 때문으로 해석할 수 있다.

〈표 18-21〉 한일 양국의 분야별 경쟁력 비교

A. IMD

	일본	한국
경제운영성과	21	43
정부행정효율	40	31
기업경영효율	35	30
발전인프라	3	23

B. WEF

	일본	한국
거시경제환경	42	25
공공기관	14	42
국내기업 경영환경의 질	10	24
기업경영전략 정교화	3	17
기술력	8	·7

(4) 중국

① 경쟁력 추세 비교

중국은 2004년(IMD)과 2002년(WEF) 외에는 국가경쟁력이 지속적으로 하락하고 있는 추세를 보이고 있다. 특히, IMD는 중국에 대해 WEF(2001~2005년 한국 계속 우위)와 달리 2005년에 처음으로 한국(29위)이 중국(31위)을 앞서기 시작한 것으로 평가하였다.

〈표 18-22〉 한중 양국의 경쟁력 추세 비교

A. IMD

	2001	2002	2003	2004	2005
중국	23	28	29	24	31
한국	29	29	37	35	29

B. WEF

	2001	2002	2003	2004	2005
중국	39	33	44	46	49
한국	23	21	18	29	17

② 분야별 비교

중국은 경제, 기술, 기업, 정부 등 전 분야의 경쟁력이 한국보다 현저히 낮은 것으로 평가되고 있다. 특히, 성장잠재력(growth potentials)을 의미하는 기술관련 분야 및 부문이 취약하여 향후 지속적인 성장의 장애요인으로 작용하고 있는 것으로 판단된다. 다만 IMD는 예외적으로 경제운영성과, 정부행정효율 분야는 중국(3위, 21위)이 한국(43위, 31위)보다 우위에 있는 것으로 평가하였다.

※ 기술관련 분야 : IMD 발전 인프라 42위, WEF 기술력 64위
기술관련 부문 : IMD 기술인프라 38위, WEF 혁신 75위, IT기술 60위

〈표 18-23〉 한중 양국의 분야별 경쟁력 비교

A. IMD

	중국	한국
경제운영성과	3	43
정부행정효율	21	31
기업경영효율	50	30
발전인프라	42	23

B. WEF

	중국	한국
거시경제환경	33	25
공공기관	56	42
국내기업 경영환경의 질	58	24
기업경영전략 정교화	53	17
기술력	64	7

(5) 대만 · 홍콩 · 싱가포르

① 경쟁력 추세 비교

가. 대만 · 싱가포르

대만과 싱가포르의 경쟁력 수준은 IMD와 WEF 모두 한국보다 월등히 높은 것으로 나타났다.

나. 홍콩

2005년도 홍콩에 대한 IMD와 WEF의 경쟁력 순위는 완전히 상반되게 나타나고 있다. IMD는 홍콩(2위)이 한국(29위)보다 우위로 평가한 반면에 WEF는 한국(17위)이 홍콩(28위)을 앞선 것으로 평가하였다.

〈표 18-24〉 한국 · 대만 · 홍콩 · 싱가포르의 경쟁력 추세 비교

A. IMD

	2001	2002	2003	2004	2005
대만	16	20	17	12	11
홍콩	4	13	10	6	2
싱가포르	3	8	4	2	3
한국	29	29	37	35	29

B. WEF

	2001	2002	2003	2004	2005
대만	7	3	5	4	5
홍콩	13	17	24	21	28
싱가포르	4	4	6	7	6
한국	23	21	18	29	17

② 분야별 비교

가. 홍콩

홍콩에 대한 분야별 평가는 경쟁력 순위와 같이 IMD와 WEF 양 기관의 평가는 상반되게 나타나고 있다. IMD는 모든 분야에서 홍콩을 한국보다 우위로 평가한 반면에 WEF는 기술 및 기업관련 분야에서 한국(7위, 17위)이 홍콩(26위, 20위)보다 우위인 것으로 평가하였다.

나. 싱가포르

싱가포르는 경제, 기술, 기업, 정부 등 전 분야(WEF 기술력 분야 제외)에서 IMD와 WEF가 모두 한국보다 경쟁력이 월등히 높은 것으로 평가하였다.

다. 대만

대만도 경제, 기술, 기업, 정부 등 전 분야에서 IMD와 WEF는 경쟁력이 한국보다 우위에 있는 것으로 평가하였다. 특히, 기업경영효율(IMD 6위), 기술력(WEF 3위) 분야는 한국보다 월등히 높은 것(24단계, 4단계)으로 나타나고 있다.

7. IMD · WEF 평가의 정책적 시사점과 대응방안

7.1 IMD · WEF 분야별 정책적 시사점

(1) 경제관련 분야

경제관련 분야는 IMD의 경제운영성과(국내경제, 국제무역, 국제투자, 고용, 가격 등 5대 부문)와 WEF의 거시경제환경(거시경제안정, 정부낭비요소, 국가신용등급 등 3대 부문) 분야를 평가하였다.

한국은 IMD의 경제운영성과 분야에서 43위로 매우 낮은 수준, WEF는 25위로 중위권 수준이나 전년도(49위, 35위)에 비해 6단계, 10단계 상승한 것으로 전반적으로 호전되고 있는 것으로 나타났다. 이는 IMD의 고용(8위), WEF의 거시경제안정(8위) 부문의 경쟁력이 강세를 보이고 있기 때문으로 해석된다.

다만 IMD의 국제투자(51위), 가격(56위), WEF의 정부낭비요소(32위), 국가신용등급(28위) 부문은 미국, 영국 등 선진국에 비해 상대적으로 취약하여 글로벌 경쟁체제(global competitive system) 하에서 선진경제(advanced economy)로 진입하는데 장애요인으로 작용하고 있다.

※ 따라서 외국기업 유치를 위한 법과 제도의 정비, 정부재정의 건전성 유지, 안정적인 경제운용 및 체질개선 등으로 대외신인도를 제고하여 국가신용등급을 지속적으로 개선해야 함

(2) 정부관련 분야

정부관련 분야는 IMD의 정부행정효율(공공재정, 재정정책, 제도적 여건, 기업관련법, 사회적 제반여건 등 5대 부문)과 WEF의 공공기관(법규준수, 공공기관 부패

등 2대 부문) 분야를 평가하였다.

한국은 IMD의 정부행정효율 분야에서 31위로 중위권 수준, WEF는 42위로 매우 낮은 수준을 보였다. IMD의 공공재정(14위), 재정정책(15위) 부문이 강세인 반면 대부분의 부문(IMD 사회적 제약여건 58위, WEF 법규준수 41위, 공공기관 부패 52위)은 취약한 것으로 나타났다.

특히, WEF의 공공기관 부패 부문이 약세인 것은 조세관련 부패(61위), 수출입관련 부패(51위), 공공요금관련 부패(49위) 등의 항목이 약점요인으로 작용하였기 때문으로 해석된다(IMD 평가에서도 뇌물공여와 부패비리 항목이 33위로 낮게 평가됨).

※ 반부패 관행·형태 개선을 유도하고 정부의 부패척결에 대한 확고한 의지 표명 등 투명한 사회(transparent society) 건설을 위한 정부 및 사회 각 분야의 지속적인 개선 노력이 요구됨

(3) 기술관련 분야

기술관련 분야는 IMD의 발전인프라(기본인프라, 기술인프라, 과학인프라, 보건 및 환경, 교육 등 5대 부문)와 WEF의 기술력(혁신, IT기술 등 2대 부문) 분야를 평가하였다.

한국은 기술관련 분야에서 IMD, WEF(23위, 7위) 양 기관 모두 높은 수준으로 평가하였고 지속적인 상승 추세를 보이고 있다. 이는 IMD의 기술인프라(IMD 2위), 과학인프라(15위) 부문과 WEF의 IT기술(11위), 혁신(8위) 부문의 경쟁력이 강세를 보이고 있기 때문으로 해석된다.

다만 IMD의 기본인프라(23위), 교육(40위), 보건 및 환경(33위) 등의 부문에서 경쟁력이 선진국에 비해 약세를 보이고 있다.

※ 한국의 강점요소인 IT 기술의 경쟁력을 지속적으로 유지하면서 성장잠재력을 확충하기 위해서는 기초과학과 교육, 보건·환경 분야의 경쟁력을 강화할 수 있는 장기적이고도 일관성있는 대책이 필요함

(4) 기업관련 분야

기업관련 분야는 IMD의 기업경영효율(생산성, 노동시장, 금융, 경영 활동, 형

태·가치 등 5대 부문)과 WEF의 기업경영전략 정교화, 국내 기업경영환경 질 등 2대 분야를 평가하였다.

한국은 IMD의 기업경영효율(30위), WEF 기업경영전략 정교화(17위), 국내기업경영환경 질(24위) 분야에서 IMD·WEF 종합순위(29위, 17위)와 비슷한 수준의 경쟁력을 가진 것으로 나타났다. 그러나 한국의 주요 경쟁대상국인 홍콩, 싱가포르, 대만 등이 모두 이 분야에서 초강세를 보이고 있다. 이는 한국에서 활동 중인 기업인들이 인식하는 기업경영환경(corporate business environment)이 홍콩이나 싱가포르에 크게 뒤처진다는 의미로 해석할 수 있다(노사관계의 적대성(IMD 60위, WEF 81위), 외국문화에 대한 폐쇄성(IMD 53위), 한국기업에 대한 외국인 소유의 배타성(WEF 61위) 등).

※ 각종 기업관련 규제완화(deregulation) 등 기업하기 양호한 환경을 만들고 외국인에 대한 배려 등이 절실히 필요하며, 특히 노사관계는 한국경제의 취약점으로 지속적으로 지적되고 있는 만큼 이에 대한 획기적 개선이 요구됨

7.2 대응방안

(1) IMD의 평가

IMD는 경제, 기술, 기업, 정부 등 4대 분야를 고르게 종합순위에 반영하고 전반적으로 각 분야별 통계 및 설문조사의 비율이 6 : 4로 반영되고 있어 순위변화에 대한 변동 폭이 작아 경쟁력 추세가 안정적인 것으로 평가할 수 있다.

※ 현 상태의 한국의 발전 정도와 경제, 기술 등 4대 분야의 국가경쟁력에 대해 비교적 객관성 있는 통계자료 등을 많이 활용하고 있다는 점을 고려하여 대책을 마련할 필요가 있음

(2) WEF의 평가

WEF는 기술, 경제, 정부 등 3대 분야(기업분야 제외) 중 미래 성장잠재력을 나타내는 기술 분야에 50%(경제 25%, 정부 25%) 비중을 두고 있어 기술력이 평가의 주축을 이루는 한편, 전반적으로 각 분야별 통계 및 설문조사의 비율이 4 : 6으

로 설문결과가 국가경쟁력 종합순위에 결정적인 영향을 미치고 있다.

한국의 2005년도 평가결과가 IMD(29위)보다 WEF(17위)가 높은 이유는 경제(25위), 정부(42위)의 약점에도 불구하고 기술(7위) 분야의 강세가 결정적으로 순위상승에 영향을 미친 것으로 분석된 반면에 홍콩의 2005년도 평가결과가 IMD(2위)보다 WEF(28위)가 낮은 이유는 경제(8위), 정부(23위)의 강점에도 불구하고 기술(26위) 분야의 약점이 결정적으로 순위하락에 영향을 미친 것으로 파악할 수 있다.

※ 한국의 장기 성장잠재력(long-term growth potentials) 및 조사 당시 기업인의 경제·사회에 대한 체감도가 민감하게 반영되고 있음에 유념하여 관련 대책을 수립할 필요가 있음

2004년 WEF 평가결과(29위) 한국이 2003년도(18위)에 비해 11단계 급락한 바 있다. 이는 당시 조사시기(2004. 3~4월)가 대통령 탄핵(3. 12) 시점으로 사회경제적 불확실성(socioeconomic uncertainty)에 따른 기업인들의 불안심리가 평가에 크게 영향을 미친 것으로 분석된다.

※ IMD, WEF 등의 평가결과는 외국인 투자자들이 국내투자의 척도로 사용하는 등 실제로 국내외에 광범위하게 활용되고 있다는 점을 고려하여 양 기관의 평가에 대한 비교분석 결과를 토대로 강점은 더욱 강화시키고 약점은 보완함으로써 한국의 대외신인도 및 실질적인 국가경쟁력을 제고해야 함

제 5 절 국가경쟁력 현황(2006년)

국제경영개발원(IMD : International Institute for Management Development)은 2006년 한국의 세계경쟁력을 세계 61개 국가·경제권역 중 38위로 평가, 2005년보다 9단계 하락하였다고 발표하였다.[8] 이는 인구 2,000만명 이상 30개 조사대상 국가·

8) 조사대상은 53개 국가와 바이에른(독일), 카탈로니아(스페인), 일드프랑스(프랑스), 롬바르디아(이탈리아), 마하라슈트라(인도), 상파울루(브라질), 저장성(중국), 스코틀랜드(영국) 등 8개 경제권역이다(산업연구원, KIET 산업경제, 2006. 6. pp. 32~40 요약·재구성).

경제권역 기준으로는 16위에 해당하는 수준으로 전년보다 5단계 하락한 것이다.

IMD의 「2006 세계경쟁력 보고서」를 분석한 산업연구원의 보고서를 중심으로 살펴본다.

1. IMD의 세계경쟁력 개념과 평가방법

경쟁력(competitiveness)이라는 개념은 경영전략이론에서 경쟁우위(competitive advantage)에 상응하는 개념으로 미국의 마이클 포터(M. Porter) 교수에 의하여 도입되었다. 경쟁력은 원래 미시적인 차원에서 기업의 경영능력과 성과를 평가하는 개념으로 활용되다가 산업과 국가 단위로까지 논의와 분석의 범위가 확대되었다.

그러나 기업 단위에서 경영성과나 고용, 연구개발(R&D) 등 다양한 경영지표로 측정될 수 있었던 기업경쟁력(corporate competitiveness)의 개념을 국가단위의 차원으로 확대 적용하는 것에 대해서는 학자들 간에 논란이 지속되고 있다. 즉, 국가경쟁력이 일국의 경제성과를 평가하는 유용한 기준으로 일국의 경제시스템의 구조적 특징을 집약적으로 나타낸다고 보는 견해가 있는 반면에 기업경쟁력은 기업이 이윤이나 매출의 극대화라고 하는 동일한 목표 하에 운영된다는 가정을 적용하여 일관된 기준(consistent criterion)으로 평가하는 것이 가능하나 국가는 서로 동일한 경제적 목표(economic objective)를 가지고 있다고 보기 어렵기 때문에 일부 학자들은 국가 차원에서 정의된 경쟁력은 무의미하다고 보는 견해를 제시하고 있다.

또한, 기업활동의 세계화(globalization in corporate activities)가 광범위하게 이루어지면서 국가경쟁력의 개념은 더욱 모호해지고 있다. 실제로 세계시장에서 경쟁의 주체는 기업인 데 세계화(globalization)의 진전으로 국내에 진출한 외국기업과 해외에 진출한 국적기업의 역할이 서로 혼용됨으로써 국경으로 구분한 국가 단위의 경쟁력은 개념조차 정의하기가 용이하지 않게 되었다.

IMD는 세계경쟁력(global cmpetitiveness)을 '기업의 경쟁력을 지속시킬 수 있는 제반 여건들을 창출하고 유지할 수 있는 국가의 능력'으로 정의하고 매년 60여개 국가·경제권역의 경쟁력을 경제성과(Economic Performance), 정부효율(Government Efficiency), 기업효율(Business Efficiency) 및 인프라(Infrastructure) 등 4개 분야로

나누어 평가하고 있다. 4개 평가분야는 다시 각각 5개 부문으로 분류된다.[9)]

2006년에는 각 부문에서 총 312개 세부항목이 조사되었다. 세부항목 중 199개가 GDP 증가율, 인플레이션율, 실업률 등 경제·사회통계를 비롯한 경성자료(hard data) 항목이며, 113개는 각국 기업경영자로부터 얻은 설문조사(Executive Opinion Survey) 항목이 조사되었다. 한편, IMD는 199개 경성자료 중 126개 항목만을 순위 산정에 사용하였음을 언급하였다.

2. IMD 세계경쟁력 현황(2006년)

2.1 주요 국가의 경쟁력 평가 현황

IMD의 2006년 세계경쟁력 평가결과에 의하면 1위부터 4위까지의 순위는 전년과 변동 없이 미국, 홍콩, 싱가포르, 아이슬란드로 나타났으며 2005년 순위 10위 내에 들었던 국가가 모두 다시 10위 이내에 기록되었다. 미국은 2006년도 1위를 차지하여 17년 연속 1위를 기록하였으며 베네수엘라는 2005년에 이어 2006년에도 최하위를 기록하였다.

한편, 이번 조사결과에서 중국과 인도의 경쟁력 순위가 대폭 상승하여 세계경제계의 주목의 대상이 되고 있다. 중국과 인도의 경쟁력은 2005년에 각각 31위와 39위를 기록하였다. 그러나 2006년에는 각각 12단계와 10단계씩 상승한 19위와 29위를 나타내었다. 이 같은 중국의 경쟁력 순위는 1996년 이후 가장 높은 것으로 평가된다.

---

9) 4개 분야의 각 5개 평가부문은 다음과 같다.
   ① 경제성과 분야(국내경제의 거시경제적 평가) : 국내경제, 국제무역, 국제투자, 고용, 가격
   ② 정부효율 분야(정부정책의 경쟁력 기여도 평가) : 공공재정, 재정정책, 제도적 여건, 기업 관련법, 사회적 여건
   ③ 기업효율 분야(기업의 혁신성·수익성·책임성 평가) : 생산성·효율성, 노동시장, 금융, 경영행태, 기업경영 관련 태도·가치
   ④ 인프라 분야(기업의 필요를 충족시키는 기본적·기술적·과학적 인프라와 인적자원 평가) : 기본인프라, 기술인프라, 과학인프라, 보건·환경, 교육

〈표 18-25〉 아시아 · 태평양 주요 국가들의 IMD 세계경쟁력 순위

	1999	2000	2001	2002	2003	2004	2005	2006	전년 대비 증감
미국	1	1	1	1	1	1	1	1	0
싱가포르	2	2	3	8	4	2	3	3	0
홍콩	6	9	4	13	10	6	2	2	0
대만	15	17	16	20	17	12	11	18	-7
일본	24	21	23	27	25	23	21	17	+4
태국	36	31	34	31	30	29	27	32	-5
말레이시아	28	26	28	24	21	16	28	23	+5
중국	29	24	26	28	29	24	31	19	+12
저장성(중국)	-	-	-	-	38	19	20	33	-13
인도	42	41	42	41	50	34	39	29	+10
한국	41	29	29	29	37	35	29	38	-9

한편, IMD는 이번 발표에서 정부가 국가경쟁력에 긍정적 기여(positive contribution)를 한 18개 국가와 균형적 기여(balanced contribution)를 한 26개 국가 및 부정적 기여(negative contribution)를 한 17개 국가 등 3등급으로 나누어 분석한 결과를 '정부가 경쟁력의 발목을 잡고 있는가?(Are Governments Dragging Their Feet?)'라는 제하의 내용으로 제시한 바 있다. 이는 각 국가의 경제성과 분야와 정부효율 분야가 국가경쟁력에 기여한 정도를 비교 · 분석한 것으로 한국은 영국, 일본, 독일, 대만, 싱가포르 등과 함께 정부가 국가경쟁력에 균형적 기여를 한 국가군에 포함되어 있다. 베네수엘라, 아르헨티나, 브라질, 멕시코 등 라틴아메리카 국가와 미국, 프랑스 등 일부 선진국가들은 예산적자, 부채, 세금, 관료주의(bureaucratism) 등의 요인으로 정부가 국가경쟁력의 장애요인이 되고 있는 국가군으로 분류되었다. 핀란드, 덴마크, 홍콩 등은 정부가 긍정적 기여를 한 국가군으로 분류되었다.

2.2 한국의 세계경쟁력 평가분야별 분석

(1) 부문별 분석

한국의 2006년 IMD 세계경쟁력을 4대 평가분야별로 살펴보면 경제성과 분야는

41위로 2005년에 비하여 2단계 상승하였으며, 인프라 분야는 24위로 1단계 하락하여 2005년과 비슷한 평가를 받았다. 그러나 정부효율 분야와 기업효율 분야는 2005년에 비해 각각 16단계, 15단계씩 하락한 47위와 45위에 그친 것으로 나타났다. 정부효율 분야에서는 기업관련법, 제도적 여건 및 공공재정 부문 등이, 그리고 기업효율 분야에서는 경영활동, 노동시장 및 행태·가치 부문 등이 각각 10단계 이상 순위가 하락하여 한국의 경쟁력 순위 하락의 주요 요인인 것으로 판단된다.

〈표 18-26〉 세계경쟁력 순위의 부문별 변화

4대분야	20개 부문	2005	2006	하락폭
경제성과(43→41)	국제투자	34	40	-6
정부효율성(31→47)	공공재정	14	27	-13
	제도적 여건	30	46	-16
	기업관련법	34	51	-17
기업효율성(30→45)	노동시장	26	43	-17
	경영활동	26	48	-22
	행태·가치	25	40	-15
인프라(23→24)	기본인프라	23	29	-6

(2) 세부항목별 분석

① 경제성과 분야

경제성과 분야에서는 실질GDP 성장률, 상품수출(실질증가율), 고용증가율 등의 항목의 순위가 하락한 것으로 나타난다.

② 정부효율 분야

정부효율 분야에서는 환율안정성, 공공재정관리의 향후 2년간 개선 가능성, 투자유인의 매력도, 사업을 시작하기 위해 소요되는 일수 등의 순위가 크게 하락하였다.

③ 기업효율 분야

기업효율 분야의 경우에는 사회가치(social value)가 경쟁력을 지원하는 정도, 경영이사회의 효율적 운영, 경제와 사회의 변화에 유연하게 대처하는 정도, 기업가치(corporate value)가 근로자의 가치를 충분히 고려하는 정도 등 항목의 순위가 하락한 것으로 조사되었다.

④ 인프라 분야

인프라 분야에서는 기술개발 및 응용이 법적 환경에 의해 지원되는 정도, 기업의 사이버 보안(cyber security) 정도, 지속가능한 발전(sustainable development)이 경제에서 우선시되는 정도 등의 항목의 순위가 하락한 것으로 나타났다.

〈표 18-27〉 세계경쟁력 순위의 세부항목별 변화

4대 분야	주요 순위하락 항목	서베이	2005 (순위)	2006 (순위)	하락폭
경제성과	실질 GDP 성장률		26	31	-5
	상품수출(실질증가율)		10	33	-23
	고용증가율		21	34	-13
정부효율	공공재정 관리의 향후 2년간 개선 가능성	○	17	52	-35
	환율안정성		2	55	-53
	보호주의가 사업에 영향을 미치는 정도	○	33	55	-22
	투자유인의 매력도	○	19	50	-31
	보조금이 경제성장을 저해하는 정도	○	13	37	-24
	사업을 시작하기 위해 소요되는 일수		20	51	-31
기업효율	경영진에 대한 신뢰감	○	35	54	-19
	감사와 회계의 투명성	○	37	58	-21
	경영이사회의 효율적 운영	○	36	56	-20
	경제와 사회의 변화에 유연하게 대처하는 정도	○	28	48	-20
	사회가치가 경쟁력을 지원하는 정도	○	19	48	-29
	기업의 가치가 근로자의 가치를 충분히 고려하는 정도	○	24	44	-20
인프라	항공수송의 질적 수준의 효율성 정도	○	15	35	-20
	기술개발 및 응용이 법적 환경에 의해 지원되는 정도	○	20	50	-30
	기술규제가 기업발전을 지원하는 정도	○	30	50	-20
	기업의 사이버 보안성 정도	○	19	45	-26
	법적 환경이 과학연구를 지원하는 정도	○	25	46	-21
	지속가능한 발전이 경제에서 우선시되는 정도	○	22	48	-26

(3) 조사항목별 주요 강점 및 약점 분석

IMD가 평가한 한국의 조사항목별 주요 강점과 약점(strength and weakness)은 다음과 같다.

① 경제성과 분야

경제성과 분야는 2005년 43위에서 2006년 41위로 2단계 개선되어 4대 분야 중 유일하게 경쟁력이 상승한 분야이다.

가. 부문별 평가

부문별로는 장기실업률, 실업률 등 고용부문(13위)이 강점으로, 가격부문(57위) 및 국제투자 부문(42위) 등은 약점으로 평가되었다.

나. 항목별 평가

항목별로 살펴보면 장기실업률(1위), 실업률(6위), 청년실업률(11위), 상품수출(12위) 등은 경쟁력 강점요인으로 작용한 반면에 생계비지수(59위), 교역조건(52위), 관광수입(50위), 직접투자유입액(41위) 등은 약점요인으로 지적되었다.

〈표 18-28〉 경제성과 분야

강점요인	약점요인
· 장기실업률(1위) · 실업률(6위) · 청년실업률(11위) · 상품수출(12위) · 서비스수출(16위)(10억 달러)	· 생계비지수(59위) · 교역조건(52위) · 관광수입(50위) · 직접투자유입액(%, GDP 비중)(41위) · 서비스수출(%, GDP 비중)(36위)

② 정부효율 분야

정부효율 분야는 2005년 31위에서 2006년 47위로 16단계 하락한 것으로 조사되었다.

가. 부문별 평가

부문별 순위로는 공공재정 부문(16위)은 강점으로 작용한 반면에 제도적 여건(46위), 기업관련법(51위), 사회적 여건부문(60위)은 하위권으로 평가되었다.

나. 항목별 평가

항목별로 살펴보면 정부보조금(4위), 총외환보유고(4위), 소비세율(6위), 실질단기이자율(9위) 등이 강점요인으로 작용한 반면에 외국노동자의 취업금지 관련 법률(59위), 성·인종 등 사회적 차별(58위), 가격통제가 제품가격 결정에 영향을 미치는 정도(57위) 등은 약점요인으로 나타났다.

〈표 18-29〉 정부효율 분야

강점요인	약점요인
· 정부보조금(4위) · 총외환보유고(4위) · 소비세율(6위) · 실질단기이자율(9위) · 중앙정부의 국내부채(%, GDP 비중)(12위)	· 외국노동자의 취업금지관련 법률(59위) · 성 · 인종 등 사회적 차별(58위) · 가격통제가 제품가격결정에 영향을 미치는 정도(57위) · 환율안정성(55위) · 보호주의가 사업에 영향을 미치는 정도(55위)

③ 기업효율 분야

기업효율 분야도 2005년 30위에서 2006년 45위로 15단계 하락하여 경쟁력이 크게 하락한 분야로 평가되었다.

가. 부문별 평가

부문별로는 금융이 37위로 가장 높은 순위를 나타내고 있는 반면에 기업경영행태는 48위로 가장 낮은 순위를 기록하였다.

나. 항목별 평가

항목별로는 근로시간(7위), 주식시장지수(9위), 세계화에 대한 긍정적 태도(13위), 소비자 만족도(14위) 등은 강점요인으로 작용하였다. 노사관계와 금융전문가의 이용가능 정도는 최하위(61위)를 기록하였다. 또한, 감사와 회계의 투명성(58위), 중소기업의 효율성(국제기준)(58위), 기업이사회의 회사관리(56위)도 취약요인으로 평가되었다.

〈표 18-30〉 기업효율 분야

강점요인	약점요인
· 근로시간(7위) · 주가지수증가율(9위) · 세계화에 대한 긍정적 태도(13위) · 소비자 만족도(14위) · 경제 · 사회개혁의 필요성 공감(16위)	· 노사관계(61위) · 금융전문가 활용의 용이성(61위) · 감사와 회계의 투명성(58위) · 중소기업의 효율성(국제기준)(58위) · 경영이사회의 효율적 운영(56위)

④ 인프라 분야

발전인프라 분야는 4대 분야 중 한국의 경쟁력이 가장 높은 분야로서 2005년 23

위에서 2006년 24위로 1단계 하락하였으나 2005년의 경쟁력 수준을 유지한 것으로 평가된다.

가. 부문별 평가

부문별로는 기술인프라 부문(6위) 및 과학인프라 부문(12위)이 강점으로 나타난 반면에 교육부문(42위)이 약점으로 작용하였다.

나. 항목별 평가

항목별로는 광대역통신망 가입자 비율(1위), 광대역통신 비용(2위), 특허 생산성(2위), 부양 비율(3위), 고등교육 비중(4위) 등이 강점요인으로 작용하였다. 초등학교 학생/교사 비율(56위), 숙련된 엔지니어의 이용가능 정도(54위), 대학교육의 사회요구 부합 정도(50위), 기술규제가 기업발전을 지원하는 정도(50위), 기술개발 및 응용이 법적 환경에 의해 지원되는 정도(50위) 등은 약점 요인으로 평가되었다.

〈표 18-31〉 인프라 분야

강점요인	약점요인
· 광대역통신망 가입자 비율(1위) · 특허 생산성(2위) · 광대역통신 비용(2위) · 부양 비율(3위) · 고등교육 비중(4위)	· 초등학교 학생/교사 비율(56위) · 숙련된 엔지니어의 이용가능 정도(54위) · 대학교육의 사회요구 부합 정도(50위) · 기술규제가 기업발전을 지원하는 정도(50위) · 기술개발 및 응용이 법적 환경에 의해 지원되는 정도(50위)

3. 시사점

IMD의 「2006 세계경쟁력 평가」 결과 한국의 경쟁력 순위는 38위로 2005년 29위에 비하여 9단계 하락한 것으로 조사되었다. 2005년도의 순위가 전년도에 비하여 6단계 상승하였던 것을 고려하면 중장기적인 성장잠재력(growth potentials)을 나타내는 세계경쟁력 순위가 평가시점, 특히 설문조사 실시 시점인 2~3월에 기업인들이 인식하는 경제·비경제적 상황인식에 따라 등락폭이 크게 변화하는 IMD 평가의 특징이 그대로 나타난 것으로 볼 수 있다.

IMD가 1993년 이후 10년간 조사한 47개국의 순위변동 평균치는 11단계이며 47

개국 중 11단계 미만의 변동 폭을 보인 국가는 26개국, 그 이상의 변동폭을 보인 국가는 21개국으로, 한국은 1995년 26위, 1999년 41위로 15단계의 격차를 보였다. 일본의 경우에는 1993년에 2위에서 2002년 30위로 순위가 28단계나 급락한 바 있다.

한편, IMD 평가의 평균 순위에 따라 각 국가를 3단계(① 상위권, ② 중위권, ③ 하위권)로 분류하고 각 단계별로 순위 변동폭에 따라 평균 변동폭보다 작으면 안정, 크면 불안정으로 나누어 연구한 결과에 따르면 한국은 변동폭이 크며 상승과 하락의 변화가 불안정한 10개 국가군에 포함되는 것으로 나타났다. 한국의 전년 대비 순위 변동(2003년 -8위, 2005년 +6위, 2006년 -9위)도 이를 반영한 것으로 판단된다.

IMD는 1989년 이후 매년 「세계경쟁력 연감(IMD World Competitiveness Yearbook)」을 발간하고 있다. IMD는 세계경제포럼(WEF)과 함께 국가경쟁력에 관한 권위를 평가하는 양대 기관 중 하나로서 인정되고 있다. 기업활동의 세계화가 보편화되고 선진국(advanced countries)과 개도국(developing countries) 구분없이 외국기업의 투자유치를 적극적으로 모색하고 있는 상황에서 IMD나 WEF 등 국제기관들의 국가경쟁력 평가는 중요한 의미를 지닌다. 이들 기관의 평가결과는 기업 및 정책 당국자들의 실제 의사결정에도 광범위하게 영향을 미치고 있다.

그러나 국가경쟁력이 동태적 및 상대적 개념(dynamic and relative concept)에서 파악되어야 한다는 점을 고려할 경우 한 해 동안의 IMD 경쟁력 순위 변화를 근거로 국가경쟁력이 상승하였거나 하락하였다고 단정하는 데는 유의할 필요가 있다. 따라서 경쟁력 순위가 몇 위이며 순위가 상승하였느냐 혹은 하락하였느냐의 여부보다는 우리의 국가경쟁력의 구조적인 문제점을 국제비교적인 시각에서 파악할 의무가 있다. 결국 이 같은 문제점들을 개선하기 위한 중장기적인 대책을 마련하고 이를 지속적으로 추진하는 데 국가의 역량을 결집시키는 것이 우리의 근본적인 국가경쟁력을 제고시키는 첩경(捷徑)이 된다.

제6절 국가리스크 현황과 대응방안의 모색

산업연구원(KIET)이 2003년 3월 발표한 '한국경제위기 재발 가능성에 대한 분석'이라는 보고서에 따르면 한국경제의 경우 1997년 외환위기(foreign exchange crisis) 당시의 위험변수는 크게 감소했으나 제조업의 경쟁력이 저하되는 조짐이 증대되고 있는 것으로 나타났으며 제조업의 경쟁력이 저하되면서 수출제품의 가격경쟁력(price competitiveness of export commodity)도 낮아져 수출단가가 크게 떨어지고 있는 것으로 조사되었다.

산업연구원의 보고서에 따르면 제품의 수출경쟁력을 나타내는 지표 중의 하나인 '무역특화지수'가 1996년 0.04에서 1998년에는 0.31까지 상승했다가 2000년과 2001년에는 각각 0.18과 0.17로 저하된 것으로 나타났다. 제조업수출경쟁력을 나타내는 또 다른 지표인 '수출단가'도 2000년을 100으로 했을 때 1996년 140.6에서 2002년에는 83.9로 지속적으로 하락하고 있다.[10] 한국은 외환위기 이후 외환보유고의 증가, 단기외채의 감소, 기업지배구조의 투명성 제고 등으로 외환위기와 같은 상황을 다시 겪을 가능성은 작다고 할 수 있으나 정부가 기업지배구조 개선이나 재무건전성 등에 집중하면서 실물부문 제조업의 경쟁력을 제고시키는 데 소홀히 한다면 경쟁력의 저하를 가져와 외환위기보다 더욱 심각한 경제위기(economic crisis)를 경험할 가능성이 큰 것으로 지적되고 있다. 반도체를 비롯한 핵심수출제품을 중심으로 제조업 제품의 수출경쟁력(export competitiveness)이 지속적으로 하향추세에 있다는 것은 일시적인 외환위기보다 훨씬 심각하다는 점에서 실물산업의 경쟁력 강화를 위한 대책 마련이 시급하다고 할 수 있다.

---

10) 무역특화지수는 수입이 전혀 없는 경우(지수 1)부터 수출이 전혀 없는 경우(지수 -1)를 수치로 표현한 것으로 지수가 1에 가까울수록 제품의 수출경쟁력이 높은 것을 의미한다. 국내 제조업 제품의 경우 품목별로는 무선통신이 1996년 -0.11에서 2002년에는 0.76으로 크게 개선되었으나 반도체는 오히려 동 기간동안 0.18에서 -0.02로 하락하였다. 가전과 섬유류도 동 기간동안 각각 0.67에서 0.57, 0.53에서 0.47 등으로 하락하였다.

〈표 18-32〉 수출단가추이(2000년 = 100 기준)

1996	1997	1998	1999	2000	2001	2002
140.6	127.9	102.0	99.5	100.0	86.9	83.9

주 : 2002년은 10월 까지의 평균임
자료 : 한국은행, 조사통계월보, 2002. 12.

〈표 18-33〉 국내제조업의 무역특화지수 추이

1996	1997	1998	1999	2000	2001	2002
0.04	0.11	0.31	0.22	0.18	0.18	0.17

자료 : 산업연구원(KIET)

1. 국가리스크 현황

일본의 투자정보센터인 R&I의 조사결과에 따르면 북한 핵개발과 이라크사태 등의 영향으로 한국, 일본 등 동아시아국가와 중동국가의 컨트리리스크(country risk, 국가위험도)가 높아지고 있는 것으로 나타났다.

R&I가 2003년 3월 6일 발표한 일본을 제외한 '세계 100개국 및 지역의 컨트리리스크' 보고서에 따르면 한국의 컨트리리스크 평점은 10점 만점에 7.7점으로 2002년 7월 조사 때보다 0.2점 하락했는 데 R&I의 컨트리리스크 수치는 점수가 높을수록 국가위험도가 낮다는 것을 의미한다. 이라크 사태의 영향으로 사우디아라비아와 쿠웨이트, 이스라엘 등 중동국가의 컨트리리스크 평점도 0.3~0.4점 높아졌다. 이라크 전쟁과 직접적인 관계가 없는 국가의 경우(아일랜드, 모로코, 헝가리 등)에는 국가위험도가 개선된 것으로 나타났다.[11]

11) 니혼게이자이신문(日本經濟新聞)은 한국은 물론 일본도 북한 핵문제 등으로 인해 한반도 정세가 악화되면서 주식과 채권시장에 불안심리가 확산되어 지정학적 리스크가 강하게 작용하고 있다고 분석했다.

〈표 18-34〉 이라크 및 북한 핵문제로 인한 컨트리리스크 변화 추이

국 가 명	평점	변화폭
한 국	7.7	-0.2
사우디아라비아	5.7	-0.4
이 스 라 엘	5.7	-0.3
쿠 웨 이 트	5.6	-0.3
베네수엘라	3.2	-0.5

국가위험도를 증대시키는 요인으로 다음 3가지를 살펴보고자 한다.

1.1 가계부채의 증대

한국의 가계부채(household debt) 총액은 2002년말 기준 438조원으로 1년 동안 무려 30%(100조원) 가량 증가하였다. 가구당 가계부채(4인 기준)는 2,915만원에 이르고 있으며 통계에 잡히지 않는 사채(私債)까지 포함시킬 경우 가계부채규모는 500조원에 이를 것으로 추정된다. 경제전문가들 사이에 적정한 가계부채의 규모에 대해 다소 논란이 있기는 하나 우리의 경우 최근에 가계부채가 급속히 증가하고 있어서 경제 전반에 위기감이 커지고 있다는 데에는 대체로 의견이 일치하고 있다.

가계부채가 이처럼 급증한 데는 적절한 투자대상을 찾지 못한 은행들이 가계의 부동산담보대출에 주력해온 데다 무절제한 신용카드 사용 등을 지적할 수 있다. 가계부채가 지나치게 증가하게 되면 상환부담이 커지게 되어 연체율의 증가를 가져오고 이는 곧 개인파산(personal bankruptcy)을 증가시켜 금융기관의 부실화로 이어지는 금융위기(financial crisis)를 야기시킬 수 있다. 특히, 이러한 상황에서 부동산 가격이 급락하고 시중금리가 상승하게 되면 부채를 상환하지 못하는 가계가 크게 증가하면서 신용경색(credit crunch) 현상이 발생하게 되어 경제전반에 위기감이 커지게 된다.

1.2 미국-이라크 전쟁

미국-이라크 전쟁에 대해 세계 주요 분석기관들은 미국이 압도적인 군사적 우위(military superiority)를 배경으로 단기간에 일방적인 승리를 거둘 것으로 예측한

바 있으며 실제로 전쟁은 단기간에 종료되었다. 그러나 전쟁 이후 국제유가 안정과 미국경제의 회복에 대해서는 낙관론과 비관론이 양존하고 있다. 미국의 국제전략문제연구소(CSIS)는 이라크전 조기종결 이후 미국과 동아시아의 2003년 경제성장률은 당초 전망치보다 각각 0.5%포인트, 0.2%포인트 상승할 것으로 예상하였으며 국제유가도 안정될 것으로 보았는 데 이는 원유선물시장에서 장기선물유가(6월, 12월 인도물)가 현물가보다 낮은 수준을 유지하였기 때문이다.[12)]

현재의 미국 경기침체가 내부의 구조적문제로 인해 야기된 것이기 때문에 이라크전 결과와 관계없이 장기화될 것이라는 비관적인 분석도 제기되고 있다. 이는 이라크전쟁 종전이후 미국의 이라크 주둔비용, 정부재정악화, 금리상승에 따른 주택경기 둔화 등으로 인해 미국 경기회복을 낙관하기 어렵다는 데 근거하고 있다. 모건스탠리(Morgan Stanley)의 경제분석가 스티븐 로치도 1990년대 후반의 신경제거품이 충분히 해소되지 않아 가계소비와 기업들의 설비투자가 쉽게 회복되지 못할 가능성이 있음을 지적하고 있다. 이러한 미국 경제의 침체지속가능성이 커지게 되면 수출 등 미국경제에 의존적인 국내경제에도 지대한 영향을 미치게 된다.

미국이 UN승인없이 이라크전쟁을 시작함에 따라서 UN은 창설이후 최대위기를 맞고 있다. 세계평화와 안보를 위해 무력사용을 승인하는 권한이 있는 유일한 다자간 국제기구인 UN의 승인을 거치지 않은 미국의 일방적인 전쟁은 UN을 중심으로 한 집단안보체제에 치명적인 영향을 미치게 되었다. 미국이 UN체제를 무시한 이번 전쟁은 북한 핵문제의 평화적 해결에 대한 국제사회의 명분을 약화시킴으로써 북핵 역시 UN의 틀을 벗어나 군사력으로 해결할 수 있다는 논리를 미국에 제공할 수 있다는 우려가 제기되었다.[13)]

2003년 3월 17일 미국의 개전승인 결의안 철회에 대한 코피 아난 UN사무총장의 우려는 이라크사태로 권위를 상실한 UN의 위상을 그대로 나타내고 있다. 아난 사무총장은 2003년 3월 17일 오늘은 UN과 안전보장이사회에 매우 슬픈 날이라며 미

12) 1990년대 이후 세계경제를 이끌고 있는 미국경제가 전쟁종료 후 회복세를 보일 경우 국내경제도 수출증대와 설비투자 활성화로 5%대 성장이 가능할 것으로 기대되며 국제유가 안정으로 국내 소비자물가가 안정되면 안정적 성장(stable growth)이 가능할 것으로 예상된다(동아, 2003. 3. 18. 참조).

13) 중앙, 2003. 3. 19. 참조

국이 안전보장이사회의 결의 없이 무력을 사용할 경우 적법성(適法性)에 대한 논란이 이어질 것이며 국제사회의 지원을 받지 못할 것임을 경고한 바 있다.

사실상 미국이 안전보장이사회의 승인없이 타 국가를 침공한 것은 이번이 처음은 아니며 지난 코소보전쟁과 아프가니스탄 전쟁을 '인도적 개입'과 '자위권 발동'을 내세워 안전보장이사회의 결의없이 수행한 바 있다. 또한, 미국의 일방주의(unilateralism) 행태는 교토의정서와 국제형사재판소(ICC) 불참 등에서도 나타났다. 미국은 제2차 세계대전 이후 북대서양조약기구(NATO)와 UN 등을 통해 외교정책 목표를 구현해 왔으나 이번 이라크전에는 프랑스, 독일 등 전통적인 우방과의 불화로 과거체제에서 벗어나 자유를 극대화하는 새로운 시대로 들어섰다고 할 수 있다. 이번 이라크전쟁은 미국이 마지막 순간까지 UN을 통한 외교노력을 전개하다 상황이 불리해지자 안전보장이사회의 표결을 포기했다는 점이 특징이라고 할 수 있다.

〈표 18-35〉 걸프전 · 이라크전 비교

1991년 걸프전	구분	2003년 이라크전
대(對) 이라크 군사행동 결의(687호) 승인	유엔 승인	유엔 승인 없이 공격
미국 · 영국 · 프랑스 등 33개 다국적군 78만명	참전국	미국 · 영국 · 호주 등 3개국 38만명
병력 1백만명/탱크 5천5백대, 전투기 1천1백여대	이라크군 전력	병력 43만여명/탱크 2천2대, 전투기 3백여대
사막의 폭풍(desert storm)	작전명	충격과 공포(shock & awe)
달이 뜨지 않는 그믐밤	개전시점	보름달이 보이는 새벽
토마호크 미사일, F-15E 전폭기 등	주력무기	위성, 레이저유도탄, e-폭탄 등 스마트탄 및 B-2 스텔스폭격기 등
39일간 공습 후 이라크 남부로 지상군 투입	지상군 투입시점	공습 후 이라크 북부 및 남 · 서부로 지상군 투입

자료 : 중앙, 2003. 3. 19.

대다수 국제문제전문가들의 견해는 미국이 세계의 모든 문제를 혼자 해결할 수는 없으며 UN 등 국제기구나 동맹국들의 협조를 받아야 하는 현실을 무시한 독자적인 이라크 공격은 결코 바람직한 선택이 아니라는 것이 지배적이라 할 수 있다. 지난 1991년의 걸프전 때와는 달리 이번 이라크전쟁의 경우 UN의 승인없이 수행함으로써 전쟁수행과 전후복구에 필요한 막대한 자금수요에 있어서 타 국가들의 도움을 얻기가 훨씬 어려워졌다고 할 수 있다.

뉴스위크 국제판 편집장인 파리드 자카리아는 향후에도 미국은 필요에 의해 UN의 틀을 유지하겠지만 이라크전을 계기로 갈등관계를 표출한 UN과 미국의 관계는 전쟁으로 폐허가 된 이라크를 복구하는 것보다 더욱 어려운 과제가 될 것임을 지적하였다.

〈표 18-36〉 국제분쟁과 UN의 대응

구 분	미국의 대응	유엔 안보리의 대응
걸프전 (1991년 1월)	미국 주도의 다국적군이 안보리결의 제 678호에 기초해 이라크 공격	1990년 11월 다국적군의 무력행사를 인정하는 결의 제678호 채택
유고 공습 (1999년 3월)	인도적 개입을 이유로 북대서양조약기구(나토)가 안보리 승인 없이 공습 개시	1999년 6월 유고군 철수 합의 후 유엔 치안부대 파견과 잠정행정기구 설치 인정하는 결의 채택
아프가니스탄전쟁 (2001년 10월)	미국과 영국군이 '개별적 및 집단적 자위권'을 주장하며 공격	2001년 9월 테러 비난 결의 채택. 12월 유엔 치안지원부대를 파견하는 결의채택

1.3 북한 핵문제

북한 핵문제는 국내경제에 대한 전망을 불확실하게 하는 우리자체의 힘으로 조절할 수 없는 외부적 조건인 대표적인 외생변수(external variable)라고 할 수 있다. 한반도문제 전문가들은 대체적으로 북핵문제가 향후 어떻게 진전되느냐에 따라서 국내경제, 특히 금융시장의 불안성(instability of financial market)이 재발할 수 있음을 지적하고 있다. 북핵문제란 지정학적 리스크(geopolitical risk)가 심화되면 국가신용등급의 하락과 환율 및 금리급등이 파생되어 금융시장의 불안정이 커지게 되는 것을 의미한다.

북한 핵문제와 관련하여 모건스탠리(Morgan Stanley)와 스탠더드 앤드 푸어스(S&P)의 분석을 간략히 소개하면 다음과 같다.

(1) 모건스탠리

모건스탠리의 환율담당 애널리스트 스티븐 젠은 북한 핵문제 진전에 따른 한국경제에의 영향을 원-달러 환율과 관련하여 설명하고 있는데 스티븐 젠은 북핵과 관련하여 3가지 시나리오를 제시하고 있다.

① 북한이 은둔상태로 들어가고 무기개발을 중지하는 것

② 북한이 동북아시아 국가의 특정도시를 목표로 미사일을 발사하는 것

③ 미국의 선제공격에 따라 북한이 붕괴하는 것

위 3가지 시나리오 중 첫 번째 시나리오는 원화가치를 유지하기 위한 최적의 환경이지만 현실성이 없으며 최악의 시나리오는 세 번째 경우로서 통독 당시 서독이 부담한 것보다 더욱 많은 비용이 소요될 뿐만 아니라 엄청난 외부의 지원이 필요하기 때문에 원화가치는 재평가, 다시 말하면 폭락하게 된다는 것이다.

(2) 스탠더드 앤드 푸어스

세계적인 신용평가회사인 스탠더드 앤드 푸어스의 다카히라 오가와 아・태지역 국가신용평가담당이사는 북한 핵문제로 인한 동북아지역의 긴장이 향후 기대 이상으로 커지게 되면 국가신용등급에 리스크가 추가된다는 것을 강조하기 위해 2003년 3월 6일 보고서(S&P가 한국의 신용등급을 'A-, 안정적'으로 유지한다는 내용임)를 작성했다고 밝힌 바 있다.

북한 핵 문제와 관련한 다카히라 이사의 시나리오는 3가지로 정리할 수 있다.

① 평화적 타협과 상호체면이 유지되는 방식을 통해 국제사회가 북한에 충분한 도움을 주는 대신, 북한은 테러집단이나 적대국에 무기를 수출하지 않는 것으로 이 경우에는 한국의 신용등급은 유지되게 된다.

② 북한의 핵 개발이 더욱 진행됨에 따라 한국의 외교적 교섭력이 저하되지만 동북아시아의 힘의 균형(power balance of North East Asia)에 큰 변화가 없고 또한 북한의 붕괴에 따른 통일비용의 지출 가능성이 낮은 상태로 이 경우에는 신용등급의 변화 가능성이 존재하게 된다.

③ 무력충돌이 발생하고 결과적으로 엄청난 인명손실과 북한의 붕괴가 현실화되는 상태로 신용등급의 변화가 발생하게 된다.

1.4 국제금융시장의 반응

1990년대 이후 세계화의 급추진에 따른 금융자유화(financial liberalization)가 세계 각국에 확산되면서 국제금융시장은 모든 위험에 즉각적으로 반응하고 있다. 일국의 국가신용등급이 투자부적격으로 추락하게 될 경우 해당국은 국제금융시장에서 냉혹하리만큼 혹독한 대가를 치르게 된다. 1997년 외환위기 당시 한국의 신용등급이 급강등하게 되자 국제채권단들은 한국과 관련된 채권에 대해 일제히 정부보증, 고금리, 만기연장거부, 조기상환을 요구해 왔으며 한국 정부, 기업 및 금융기관 등은 국제금융시장에서 신규자금을 차입하기가 극히 어려워지게 되었다.

국가신용등급은 해당국의 모든 위험을 반영하므로 국제투자자들에게는 매우 핵심적인 투자기준인 동시에 투자대상국에 대해서는 경제실상을 적나라하게 나타내는 역할을 한다고 할 수 있다. Moody's, Standard & Poor's, Fitch 등 세계 유수의 신용평가기관들에 의해 결정된 신용등급은 국제금융거래(international financial transactions)에 즉각적으로(instantaneously) 반영된다. 국가신용등급이 한 단계 하락하면 일반적으로 외자조달금리가 0.05% 상승하게 된다. 위험 축적은 몇 가지 경제지표를 통해서도 어느 정도 파악할 수 있는데 2002년말 대부분의 국내외 경제전망기관은 2003년 한국의 경제성장률을 5%대로 예상했지만 최근에는 가계부채증가, 북핵문제, 이라크전 등 한국경제가 직면하고 있는 대내외상황의 급변으로 경제성장률을 3~4%대로 낮춘 바 있다.

한국경제연구원은 미국-이라크전쟁과 북한 핵문제가 장기화되면 2003년 경제성장률이 1.4%까지 하락할 수 있다고 보고 있으며 국가신용위험 스왑금리가 2.0%, 외평채가산금리는 1.7%대에서 여전히 고공비행을 계속하고 있다. 일부 경제전문가들은 현재 우리의 외환보유고를 감안할 때 한국경제의 대외지불능력이 충분하고 기업부채도 크지 않아서 정부가 리스크의 총량관리를 효과적으로 한다면 별 문제가 없는 것으로 보고 있다.

북한 핵문제에 따른 지정학적 리스크가 고조되면서 국가신용위험을 나타내는 '국가부도스왑금리(CDSS : Country Default Swap Spread)'가 급등하고 외화차입금리도 상승하여 기업 및 금융기관의 해외자금조달에 차질이 생기게 되었다. 이러한 상황을 반영하여 홍콩시장에서 한국의 국가부도스왑금리는 2002년 11월 말에는 0.70%였으나 2003년 3월 5일에는 1.17%로 급등하여 3개월만에 무려 67%나 올랐다.[14] 홍콩, 싱가포르 등 국제금융시장에서 한국계 은행들이 미국 달러를 차입할 때 부담하는 외화차입가산금리도 2002년 12월 북한 핵 문제가 발생된 이후 0.1~0.15%포인트 가량 상승했다. 국책산업은행의 경우 2002년 12월에는 리보(런던은행간거래금리) 기준금리에다 0.35%(3년 만기)의 가산금리를 더한 수준에 외화를 차입할 수 있었으나 북핵사태 이후 금리가 급등하여 가산금리가 0.1%포인트 상승한 0.45%(일부 유럽계 은행은 0.5%선을 요구함)을 기록하였다.

산업은행이 발행하는 달러표시채권의 발행금리도 2002년 7월 24일 5년 만기 미국 국채 기준금리에 0.90%의 가산금리가 더해지던 것이 2003년 3월 3일에는 1.41%까지 급등한 바 있다.

한편, 이라크전쟁 및 북핵사태가 첨예한 문제로 대두되면서 단기외채 비중이 다시 증가하고 이로 인해 외국환평형기금채권의 가산금리가 상승하였다. 단기외채의 증가는 아직은 일시적 현상으로 볼 수 있지만 향후 한반도를 둘러싼 긴장이 더욱 고조되어 국가신인도가 하락할 경우 기업이나 금융기관들이 국제금융시장에서 자금, 특히 장기자금을 차입하기가 힘들어져서 외채의 단기화 추세가 가속화될 가능성이 커지게 된다.

단기외채의 증가는 이라크전에 따른 달러화 약세가 크게 작용했는 데 외국인들이 달러 약세로 선물환 매도 주문을 내자 현금지급액이 부족한 국내은행과 외환은행 지점들이 이를 상환하기 위해 3억 달러씩 차입한 것이다. 또한, 국제유가 상승에 따라 정유사들이 해외에서 단기로 1억 1,000만 달러를 차입하는 등 무역신용에 3억 달러를 차입한 것으로 나타났다.

2. 경제위기의 발생과정

경제위기는 여러 가지 요인이 복합적으로 작용하여 발생한다고 할 수 있다. 1990

---

14) 국가부도스왑금리란 특정국가의 채권을 매입한 해외투자자들이 국가부도 때 채권금액 전부를 상환받는 조건으로 제3자와 계약을 하고 채권액의 일정비율을 지불하는 일종의 보험료로 이것이 상승했다는 것은 국가경제가 그만큼 어려워졌다는 것을 의미한다.

년대 이후 세계화(globalization)가 급추진되면서 외국과의 경제교류가 활발해져서 국내외 경제요인이 상호작용하여 발생한다고 할 수 있다. 또한, 세계화의 중심기능을 금융자본이 수행하면서 금융시장은 시장참가자들의 심리적 요인에 따라 아주 민감하게 반응하여 경제전반에 지대한 영향을 미친다고 할 수 있다. 국내경제에 영향을 미쳐 경제위기를 야기시킬 수 있는 대내외적 요인을 간략히 살펴보고자 한다.

2.1 대내적 요인

우리경제에 대한 부정적 영향에 있어서 현재 가장 심각한 영향을 미칠 수 있는 요인으로는 가계부채를 지적할 수 있다. 가구당 가계부채가 3,000여만원에 이르는 상황에서 경기침체(recession)는 전반적인 가계소득의 감소를 파생시키게 된다. 실제로 국내경제는 내수, 소비, 기업의 설비투자 위축이 2003년 3월부터 뚜렷이 나타나고 있어 경기가 급속히 하락하는 추세를 나타내고 있다. 가계소득이 감소하게 되면 은행과 카드회사의 연체율이 상승하고 금융회사의 건전성에 직접적인 영향을 주게 된다.

은행권의 주택담보대출 연체율은 아직 3%대를 나타내고 있지만 카드회사의 신용대출은 이미 10%를 초과하여 위험수위를 보이고 있다. 금융회사의 자산건전성이 위협을 받게 되면 기업 및 개인에 대한 신규대출을 축소시키게 되고 기존의 대출은 급히 회수하게 되므로 시중에 자금이 제대로 순환하지 않게 되는 신용경색현상이 발생하게 된다. 또한, 대기업은 대내외경제여건의 불확실성으로 인해 설비투자를 꺼리게 되고 중소기업들은 자금난에 처하게 되어 기업의 부도율이 커지고 경제의 전반적인 위기감은 제고된다.

또한, 국내 대표적 기업인 SK글로벌의 분식회계는 외국인 투자자들에게 국내기업의 경영투명성(business transparency)에 대해 부정적 시각을 제공하게 되어 증시침체로 이어질 수 있다는 점에서 또다른 대내요인으로 지적할 수 있다.

2.2 대외적 요인

국내경제에 영향을 미치는 대외적 요인으로는 북한 핵문제가 가장 직접적인 것으로 지적할 수 있다. 북한 핵사태가 악화될 경우 국내에 투자된 외국자금이 국내

시장에서 이탈하는 현상이 발생하게 된다. 현재 외환보유고는 2,000억 달러를 초과하고 있어 지난 1997년과 같은 외화부족으로 인한 외환위기는 겪지 않겠지만 환율의 급등상황(원화가치의 하락)이 발생할 수 있다. 이 경우 은행 및 기업의 해외자금조달에 차질이 생겨 해외부채의 상환부담이 커지게 되고 전체적인 수익성 악화로 이어지게 된다.

3. 외환위기의 교훈

1997년 11월 한국의 외환위기를 야기시킨 직접적인 계기는 1997년 7월 태국 바트화의 폭락으로 시작된 동남아시아의 금융위기(financial crisis)라고 할 수 있다. 1997년 10월 인도네시아가 국제통화기금(IMF : International Monetary Fund)에 자금지원을 요청하고 10월 23일 홍콩증시는 하루만에 10.4% 폭락하였다.

동남아시아로부터 촉발된 이러한 금융위기로 인해 한국에 투자된 외국자금도 급속히 이탈하게 되고 국내기업들의 해외자금차입은 극히 어렵게 되었다. 1997년 11월 21일 한국 정부는 IMF에 구제금융신청을 전격 발표하게 되면서 한국의 외환위기는 시작되었다고 할 수 있다.

동남아시아의 외환위기 여파가 한국의 외환위기를 초래시킨 주요 요인 중의 하나이기는 하나 이미 한국경제는 부실한 기업 재무구조, 관치금융(官治金融), 정부의 위기대응능력 부족 등 대내외적 요인이 복합적으로 작용하여 발생한 것으로 분석할 수 있다. 재정경제부는 'IMF 5년의 성과와 과제'라는 보고서에서 1997년의 외환위기는 지난 30여년간 이룩한 고도성장의 이면에 누적된 경제, 사회 각 부문의 구조적 문제가 근본원인이라고 지적한 바 있다. 특히, 1990년대 이후 세계경제환경의 변화, 즉 신자유주의(neoliberalism)라는 세계화의 흐름에 신속하게 대처하지 못해 국가경쟁력(country competitiveness)이 약화된 것으로 보고 있다.

국내기업들은 당시에 은행돈을 차입하여 외형확대경쟁을 전개하였으며 이로 인해 기업부실은 심화되었고 기업부실의 심화는 곧 금융부실로 이어졌다. 이런 허약한 기초위에 1994년 이후 경상수지 적자는 급증하였다. 특히, 1996년에는 반도체가격의 폭락으로 한 해 동안에만 230억 달러의 대규모 경상수지 적자(current account deficit)가 발생하였다. 1997년 9월말 당시 환율은 915원으로 경제현실을 반영하지 못해 경상수지 적자를 더욱 심화시킨 요인이 되었다. 이러한 경상수지 적자의 누적에 따라 1997년 9월에 224억 달러였던 가용외환보유고는 11월에는 39억 달러로 급감하였다.

1997년의 외환위기는 대내외적 경제요인에다 정치적 리더십(political leadership)의 부재에도 근거하고 있었다. 당시 한보, 기아의 부도로 경제시스템에 위기가 초래되었지만 정치권은 이해관계에 치우쳐 이의 처리를 지연시켰으며 노동법개정과 관련한 일련의 경제개혁정책들은 실효를 거두지 못하고 있었다. 결국 무디스는 한국의 국가신용등급을 A1에서 Ba1으로 6단계, 스탠더드 앤드 푸어스는 AA-에서 B+로 무려 10단계나 급강등시켰다.

4. 과제 및 대응방안

4.1 과제

(1) 경제개혁의 지속

한국은행은 2003년 3월 18일 발표한 '우리경제의 중장기 발전과제 보고서'에서 우리경제가 직면하고 있는 경제, 사회적 문제들을 개혁하지 못할 경우 향후 10년간 연평균경제성장률이 3.5%로 추락하고 물가상승률이 5%대까지 급등하며 경상수지 적자는 최대 250억 달러에 이르게 되나 경제성장기반확충 등 개혁과제를 효과적으로 수행한다면 연평균 5.6%의 경제성장으로 1인당 소득이 27,000달러에 달해 세계 25위를 나타낼 것으로 전망하였다.

이를 보다 상세히 살펴보면 한국은행은 한국경제의 취약점으로 다음 4가지 측면을 지적하였다.

① 대외의존적 경제구조

우리경제의 대표적인 취약성으로 대외의존적 경제구조가 지적되고 있다. 원유·석유가스의 100%를 수입에 의존하고 있고 수출·입 비중이 국내총생산(GDP :

Gross Domestic Product)의 80%를 초과하고 있다.

대외의존적 경제구조 외에 범용제품생산, 가공·조립 등에서는 선진국과 대등한 기술력을 보유하고 있지만 설계·디자인개발 등 고부가가치 기술이 뒤처지는 데다 생명공학(BT), 나노기술(NT) 등 신기술분야 수준도 상대적으로 낮아 성장동력이 약화될 수 있다.15)

② 북핵문제로 상징될 수 있는 북한 불확실성 증대

③ 경제협력개발기구(OECD) 1위의 사교육비 지출에도 불구하고 국가가 필요한 인재는 제대로 양성하지 못하는 사회시스템, 특히 대학교육의 질적저하로 교육경쟁력의 약화

④ 단기성과를 중시하는 민간 및 정부의 단견주의(短見主義)

한국은행은 상기한 취약점을 극복하지 못할 경우 연평균경제성장률은 2004~2006년 4%대, 2007~2009년 3%대, 2012년에는 2% 수준으로 낮아질 것으로 예측했으며 소비자물가상승률은 원화약세와 임금상승, 기업의 생산성 저하가 상승작용하여 2~3년 내 3%대 후반으로 높아진 뒤 2008년부터는 5%대로 상승할 것으로 보았다. 특히, 이러한 과정에서 유가급등 등 대외충격(external shock)이 발생하고 이로 인해 인플레이션 기대심리가 확산될 경우 일부 중남미국가와 같이 초(超)인플레이션(hyperinflation)에 직면할 가능성도 배제하기 어려운 것으로 전망하고 있다. 경상수지의 경우 적자폭이 GDP의 3% 수준(250억 달러)까지 확대되고 1인당 국민소득은 2012년에 12,300달러로 증가하는 데 그쳐 세계 58위로 추락할 것으로 전망하였다.

〈표 18-37〉 한국경제의 향후 10년간 경제전망(개혁성공시)

(단위 : %)

구분	2002	2003	2005	2007	2009	2012	2003~2012(평균)
GDP 성장률	6.2	5.7	5.6	5.6	5.6	5.4	5.6
소비자물가상승률	2.7	3.4	3.3	2.9	2.6	2.1	2.8
경상수지 (명목 GDP비율)	1.51	0.90	0.95	1.00	1.05	1.13	1.02

자료 : 한국은행

15) 경향, 2003. 3. 19. 참조

〈표 18-38〉 한국경제의 향후 10년간 경제전망(개혁실패시)

(단위 : %)

구분	2002	2003	2005	2007	2009	2012	2003~2012(평균)
GDP 성장률	6.2	5.5	4.3	3.3	3.0	2.5	3.5
소비자물가상승률	2.7	3.5	3.9	4.8	5.1	5.2	4.6
경상수지 (명목 GDP비율)	1.53	0.90	-0.40	-1.27	-2.13	-3.00	-1.40

자료 : 한국은행

따라서 이러한 상황을 극복하기 위해서는 경제안정기조를 유지하면서 연구개발(R&D) 투자를 선진국 수준으로 확대하고 BT, NT 등 신산업분야의 기술을 적극 개발하는 등 경제성장기반을 확충해야 한다. 또한 정부, 기업, 금융, 노동부문을 포함한 전체경제시스템의 선진화를 도모하는 한편 교육제도를 비롯한 사회시스템을 획기적으로 개선해야 한다.

(2) 기술경쟁력 제고

전국경제인연합회가 2003년 1월 29일 국내 400개 제조업체를 대상으로 설문조사해 내놓은 '한·중·일 기술경쟁력 비교조사'에 따르면 현재 우리의 기술경쟁력(technological competitiveness)은 일본에 비해 3.36년 뒤처지고 중국에 비해서는 3.08년 앞선 것으로 평가되었다.

업종별로는 조선, 건설 등 일부 업종만이 5년 후에도 기술경쟁력을 유지할 것으로 예상되었고 정보통신, 전자산업 등은 5년 후 우열을 가리기 힘든 치열한 경쟁관계에 직면할 것으로 전망되었다. 이에 반해 자동차(부품포함)산업을 비롯한 대부분의 업종은 중국에 비해 기술경쟁력을 상실할 것으로 분석되었다. 현재도 일본에 비해 기술경쟁력 열세에 있는 비금속, 기계산업 등은 획기적인 기술개발전략을 수립하여 실시하지 않는 한 기술경쟁력 회복을 기대하기는 힘든 것으로 조사되었다.

전국경제인연합회의 보고서는 이처럼 중국의 기술경쟁력이 가속화되고 있는 데는 다국적기업들(MNCs : Multinational Corporations)이 중국에 집중적으로 투자하면서 다양한 기술들이 중국으로 이전되고 있는 데다 중국연구인력이 양과 질에서 우수하기 때문인 것으로 분석하고 있다. 인적경쟁력의 경우에도 정보통신과 바이오

산업에서는 이미 중국이 한국을 앞선 것으로 평가되었다.

〈표 18-39〉 한·중·일 3국의 주요 업종별 경쟁력 비교

(단위 : 년)

주요 업종	일 본	중 국
종 합	3.36	-3.08
자동차/부품	4.10	-3.17
조 선	3.30	-7.67
전 자	2.53	-3.06
정보통신	2.57	-2.05
기 계	3.23	-2.78
건 설	2.30	-4.50
철 강	3.53	-1.80
비 금 속	6.67	-6.00
유 화	3.32	-2.15
섬 유	0.97	-2.53
식·음료	3.92	-2.25
제 약	5.25	-5.17

주 : 한국기술수준과 비교할 때의 수치임
자료 : 전국경제인연합회

일본의 경우 우수한 인프라시설과 기초과학이, 중국은 최고경영자의 강력한 기술드라이브와 정부차원의 투자지원책이 R&D의 구심점이 되고 있는 반면에 우리기업은 R&D 구심점이 미흡한 실정이어서 적극적인 R&D 전략책이 필요하다고 할 수 있다. 정부의 역할로는 이공계인력의 대폭확충, 산학연 활성화를 위한 제도정비, 기초핵심기반기술 습득을 위한 정부프로젝트의 발주, R&D 세제 및 금융지원 확대 등을 지적할 수 있다. 또한, 중국으로의 기술유출을 방지하기 위한 제도확립도 필요하다. 이는 중국 내 교두보를 확보하기 위해 국내기업들이 기술유출을 감수하면서까지 과당경쟁을 펼치고 있기 때문이며 결국 지적재산권(intellectual property rights)을 보호하기 위한 제도적 장치가 필요하다고 할 수 있다.

4.2 대응방안

현재 한국경제를 둘러싸고 있는 위험의 심각성은 전술한 바와 같이 대내외적 요인이 복합적으로 작용하고 있다는 데 있다. 대외적인 요인으로는 북한 핵문제, 세계경제의 회복지연 등이며 대내적 요인으로는 가계부채의 급증을 비롯한 금융부실, 정부의 경제정책 불확실성(uncertainty of economic policy) 등을 지적할 수 있다. 다수의 경제전문가들은 대외적 요인은 우리가 통제할 수 없지만 대내적 요인은 정부나 해당 경제주체들이 효과적으로 대응한다면 충분히 극복할 수 있다고 지적하고 있다. 한국경제의 위기상황에 효과적으로 대응하기 위한 몇 가지 방안을 모색해 보고자 한다.

(1) 정부부문

① 리스크분산정책의 실시

최근의 한국경제 위기 가능성 대두는 다수의 대내외적 위험요인이 복합적으로 동시에 발생하고 있기 때문이라고 할 수 있다. 한국경제는 2002년 하반기 이후 소비, 투자, 무역수지 등 주요 경제지표가 일제히 하강추세를 보이고 있다. 1997년 외환위기 이후 기업과 금융부문의 구조조정이 상당 폭 진행되고 있어 시장에 지나친 충격을 주는 정책을 회피해야 될 것으로 사료된다. 즉, 국내경제에 영향을 미치는 리스크를 효과적으로 분산할 수 있는 정책의 수립이 필요하다. 또한 법인세 인하, 경기침체에 대한 적자재정 논란, 노사문제의 해결방식에 대한 정부정책의 혼선도 시급히 해결해야 될 과제가 되고 있다.

② 이라크전쟁 종료에 대한 대비

미국은 프랑스와 독일을 비롯한 국제사회의 거센 반발에도 불구하고 이라크전쟁을 감행하였다. 이라크전쟁에서 파생하는 최대의 위험은 국제유가의 급등이라고 할 수 있다. 현재 한국의 원유비축량은 94일분 정도이며 한국으로 향하는 유조선의 루트인 걸프지역의 호르무즈 해협만 봉쇄되지 않는다면 원유의 안정적 공급에는 큰 문제가 발생하지 않을 것으로 전망된다.

그러나 지금도 내란 양상으로 전개되고 있는 이라크 사태의 실질적인 종료시기에 대해서는 그 누구도 예측할 수 없기 때문에 국제유가의 충격이 국내경제에 그대로 전파되지 않도록 유가 안정대책의 마련이 시급하다. 주지하는 바와 같이 한국은 기업생산과 민간소비에 소요되는 석유를 100% 수입에 의존하고 있어서 유가상승은 전력공급 및 생산활동의 차질, 기업의 생산원가 상승, 석유수입대금 증가로 인한 경상수지 적자, 민간소비 위축 등의 부정적 결과를 야기시켜 경기침체(recession)를 가속화시키게 된다. 결국 이라크전쟁이 종료되더라도 석유소비를 근본적으로 감소시킬 수 있는 에너지 절약기술의 보급 등 장기적인 대책 마련이 절실하다.

③ 북한 핵사태의 불안감 해소

북한 핵사태의 진전과 관련하여 우리정부는 직접적인 이해당사자임에도 불구하고 대부분의 경우 해결과정에서 제외되고 있다. 북한은 미사일발사시험으로, 미국은 한반도주변의 전력증강배치로 맞서고 있는 상황이다.

따라서 한미 정책공조를 통해 평화해결의지를 지속적으로 추구하는 것이 무엇보다 중요하다고 할 수 있다. 즉, 이라크전쟁과 유가불안이라는 글로벌리스크(global risk)와 북핵위기고조에 따른 컨트리 리스크(country risk)가 상승작용하여 한국경제의 위기가 점증하고 있는데 정부는 국제금융시장에서 외국인 투자자들의 불안감을 해소하기 위해서 북핵 사태를 평화적으로 해결하기 위해 모든 정책적 수단을 강구해야만 할 때이다.

(2) 민간부문

① 금융시장의 안정성 제고

다수의 경제전문가들은 현재 국내 경제상황은 외환위기를 경험했던 지난 1997년말 상황과 유사하여 경제주체들이 초기 대응을 효과적으로 못할 경우 다시 한번 경제위기에 직면할 가능성이 크다고 지적하고 있다.

삼성경제연구소는 2003년 3월 19일 '금융시장 동요와 안정화방안' 보고서를 통해 이라크전쟁과 북한 핵문제, SK분식회계 파문 등 대내외적 불안요인이 중첩되어 있는 국내경제상황은 1997년 말과 유사하다며 대외정세가 불안정한 가운데 실물경제가 급속히 위축되고 한반도 긴장고조와 가계부채 급증 등은 오히려 1997년말 상황보다 더욱 악화되어 있다고 지적한 바 있다.

보고서는 외국인의 주식 순매도가 2개월 연속 지속되고 있고 역의 선물환시장(forward market)과 옵션시장(option market)에서 외국인들이 원화가치하락을 예상한 투자를 증대시키면서 원·달러 환율이 급등하는 등 금융시장 불안이 지속되고 있음을 지적하였다. 삼성경제연구소의 보고서는 국내외 자본의 해외유출이 동시에 발생하여 금융불안이 가중되면 경제위기는 현실화될 가능성이 큼을 경고한 것으로 해석할 수 있다.

따라서 정부는 대외신인도를 개선시키기 위해 해외에서 한국투자설명회(road show)를 적극 개최하고 외국인투자(foreign investment)와 관련한 정책을 일관성있게 추진하는 한편 외환유동성 위기에 대비하여 아시아국가간 통화스왑계약(currency swap contract)을 정립하고 그 규모를 더욱 확대해야 한다.

② 효과적 위기관리를 위한 기업경영 시스템의 구축

기업경영에 있어서도 내수 위축과 금융시장 불안, 원유 등 원자재가격의 급등락으로 그 어느 때보다 불확실한 상황에 처해 있다. 이 경우 기업이 능동적이고 효율적인 위험관리시스템(risk management system)을 구축한다면 경영위험을 상당 폭 감소시킬 수 있게 된다. 최근 국내기업이 처한 위험의 특징은 대외, 내수, 금융 등 여러 부문에서 복합적으로 발생하고 있다는 점인데 기업 내 각각의 사업부문들이 최선을 다하는 것만으로는 부족하고 최고경영자(CEO)가 중심이 되어 전사적(全社的)으로 위험을 관리해야 한다. 따라서 이러한 대내외적 경영환경의 불확실성이 증대되는 상황에서 기업경영의 핵심은 대외, 내수, 금융부문에서 발생할 수 있는 부정적 시나리오를 토대로 현금흐름(cash flow)을 예측해야 하며 만일 일시적인 유동성 부족으로 인해 자금부족현상이 초래될 가능성이 크다면 자금유출입 시기를 미리 조정해야 한다.

또한 선물환, 옵션 등 파생금융상품(derivatives)을 이용한 위험회피(hedge)도 적극적으로 활용해야 하는 데 금융시장에 헤지할 만한 적질한 금융상품이 없을 시에는 금융기관이 제공하는 '맞춤형 헤지 서비스'도 이용할 필요가 있다. 1997년 외환위기 당시 대부분의 한국기업들은 환율 급상승(원화가치의 급격한 하락)에 따른 환차손을 고스란히 떠안아 심한 경우에는 파산에 처하는 기업도 상당수 있었으나 일부 기업들은 환위험 헤지를 통해 수백억원의 차익을 보기도 하였다.

일부 경제전문가들은 현재 우리경제의 경우 침체가 예상보다 빠르게 진행되고 있기 때문에 내수 위축의 속도가 가속화될 가능성에 대비해 축소경영도 고려할 필요가 있음을 지적하고 있다. 그러나 경기침체의 장기화 가능성에 대비하여 축소경영도 위기 극복의 한 방편이 될 수 있으나 인적자원(human resources)과 기술에 대한 투자 등 기업경쟁력(corporate competitiveness)과 직결되는 부문의 투자는 장기적 경쟁력 제고 측면에서 현상유지 내지는 확대할 필요가 있다.

제 7 절 동북아 경제중심국가의 건설

2003년 2월말에 출범한 참여정부는 동북아 경제중심국가 건설을 핵심국정과제의 하나로 제시했다. 이는 지정학적으로 동북아의 중심에 위치한 장점과 1990년대 이후 세계경제의 새로운 중심축으로 급부상하고 있는 중국과 인접해 있는 기회를 활용하여 우리경제를 재도약 시키겠다는 구상으로 해석할 수 있다.

현실적으로 동북아 경제중심국가 건설이라는 과제는 중국의 급속한 경제발전에 따라 우리의 주력산업이 위기의식을 느끼면서 비롯되었다고 할 수 있다. 국내외 주요 경제분석기관의 발표자료에 따르면 향후 5~10년 내에 중국은 대부분의 산업에서 우리의 경쟁력과 필적하거나 오히려 추월할 가능성이 큰 것으로 지적되고 있다.

동북아 경제중심국가 구상과 실현방안, 지역 내 협력과제, 그리고 투자자금수요 급증에 따른 금융허브의 필요성 및 육성전략에 대해 살펴보고자 한다.[16)]

1. 동북아 경제중심국가 구상과 실현방안

1.1 동북아 경제중심국가 구상의 배경

우리의 국가경쟁력이 거의 향상되지 않고 있는데 반해 중국, 대만 등 경쟁국들의 국가경쟁력이 우리보다 나은 상황에서 동북아 경제중심국가의 건설은 우리경제의

16) 전국경제인연합회, 전경련, 2003. 4. 참조

생존전략이자 미래가 달려 있는 절박한 과제일 수밖에 없다. 그러나 일부 경제학자들은 우리가 과연 동북아의 경제중심국가가 될 수 있는지에 대해 근본적인 의문을 제기하고 있다. 일본의 경우 1990년대 이후 10년 넘게 장기불황에 처해 있었으나 여전히 미국에 이어 세계 제2위의 경제대국이자 아직도 제조업에 관한 한 세계 제1의 경쟁력을 보유하고 있다. 중국 역시 세계에서 가장 역동적으로 경제성장을 하고 있으며 국내총생산(GDP : Gross Domestic Product)과 교역규모에서 이미 세계 4위를 나타내는 인구 13억의 거대시장을 보유한 경제강국으로 부상하고 있다.

이들 두 국가를 극복하고 우리가 이 지역의 경제중심국가가 되겠다는 목표는 일견 공허하게 여겨질 수도 있으나 여기서 경제중심국가가 의미하는 바는 기능적인 측면(functional aspect)에서의 중심이지 규모나 경쟁관계에서의 중심을 지향하는 것은 아니다. 즉, 경제는 인간과 제품, 그리고 자본의 흐름이기 때문에 이러한 흐름에서 우리가 중심지가 되고자 하는 것이다. 동북아국가들 간에 경제적 네트워크를 통해 효율적인 분업체제(efficient system of division of labor)를 형성함으로써 상호 win-win 하는 시스템을 구축하여 우리가 그 중심적인 역할을 하는 의미로도 해석할 수 있다.

1.2 정부의 구상 및 추진전략

(1) 구상

동북아 경제중심국가를 실현하는 방안으로서 정부는 3가지 방안(물류중심지, 비즈니스 거점, IT 등 첨단산업 집적화)을 제시하고 있다. 정부의 실현방안은 2002년 7월에 발표한 '동북아 비즈니스 중심국가 실현방안'과 2003년 3월에 발표된 '우리정부의 경제운용방향' 등에 구체적인 내용이 포함되어 있다.

우선 이들 3가지 방안에 대해 간략히 지적하면 '물류중심지 추진전략'은 인천공항과 부산·광양항을 확충하여 동북아 중심공항과 항만으로 개발하고 국내외 물류네트워크의 구축, 국제물류지원센터 건립 등 관련제도를 정비함으로써 물류전반의 경쟁력을 제고시킨다는 것이다. '비즈니스 거점 추진전략'은 인천공항 인근지역과 부산신항·광양항 배후지역을 경제특구로 지정하여 외국인직접투자(FDI : Foreign Direct Investment)를 적극적으로 유치함으로써 복합비즈니스 중심지로 만든다는 것이며, 'IT 등 첨단산업 집적화전략'은 특정지역에 첨단산업의 연구개발(R&D : Research and Development) 센터를 집중시켜 이를 중심으로 특정한 산업클러스터(industry cluster)를 창출한다는 것이다.

이들 3가지 방안 중 'IT 등 첨단산업 집적화 전략'은 아직은 준비가 되어있지 않아 단기적 전략으로는 부적합하여 중장기적 전략으로 추구하여야 하는 것으로 평가되고 있어서 비교적 여건이 조성되어 있고 단기적으로 가시적인 성과를 거둘 수 있는 '물류중심지 추진전략'과 '경제특구 추진전략'에 대해 구체적으로 살펴보고자 한다.

(2) 추진전략

① 물류중심지 추진전략

상기한 3가지 방안 중 현재로서 가장 가능성이 높다고 볼 수 있는 것이 바로 물류중심지전략이라고 할 수 있다. 특정지역 또는 국가가 물류중심지가 되기 위해서는 우선적으로 지정학적 위치(geopolitical location)가 가장 중요하다고 할 수 있다. 이러한 맥락에서 볼 때 현재 동북아 전지역은 세계에서 가장 역동적으로 경제성장을 시현하고 있는 지역으로 역내교역이 지속적으로 확대되고 있다. 이에 따라 역내 물동량도 크게 증가하고 있다. 이러한 상황에서 우리가 바로 동북아 중심에 위치하고 있어 최상의 지리적 조건을 갖추고 있는 것이다.

특히, 세계의 생산기지로서 입지를 확고히 구축하고 인구 13억의 세계 최대의 소비시장으로 부상하고 있는 중국이 우리와 인접해 있다는 것이 최상의 조건을 갖출 수 있는 여건이 되고 있다. 2002년 중국의 수출규모는 약 3,200억 달러, 수입규모는 약 2,900억 달러로 총교역규모가 6,000억 달러를 초과하였다. 중국의 교역규모는 매년 큰 폭의 증가세를 시현하고 있어 향후 물동량이 크게 증가할 것으로 예상된다.

이러한 양호한 조건을 바탕으로 이미 우리는 동북아 물류의 상당부분을 담당하고 있다. 부산항은 컨테이너 화물처리량이 세계항만 중 3위를 기록하고 있고 대한항공은 항공화물처리량이 세계항공사 중 2위를 나타내고 있다. 부산·광양항과 인천공항은 세계해운과 항공의 주요 간선항로를 연결하는 위치에 있다. 즉, 부산·광양항은 미국·일본과 중국을, 그리고 인천공항은 중국·동남아와 미국을 연결하는 위치에 자리잡고 있다.[17]

항만이나 공항의 하드웨어적인 인프라나 입지 등에 있어서는 우리가 다른 경쟁국들보다 양호한 조건을 갖추고 있지만 한편으로 취약한 부분도 다수 존재하는 것이 사실이다. 특히, 동북아 국가들 중 가장 불안정한 노사관계나 높은 물류비용, 교육시스템의 후진성, 열악한 외국인 거주환경, 복잡한 행정절차와 규제 등은 우리가 물류중심지를 지향하는 데 있어서 시급히 개선해야 될 과제로 지적되고 있다.

② 경제특구 추진전략

물류중심지와 함께 동북아 중심국가 건설에 주요한 실현방안으로 채택된 것이 '비즈니스 거점화 전략'인데 그 구체적인 방법이 경제특구지정이라고 할 수 있다. 경제특구는 2002년 11월에 '경제자유구역의 지정 및 운영에 관한 법률'이라는 명칭으로 국회를 통과하였다.[18)]

경제특구는 일국의 경제전체를 대상으로 개방화나 규제완화(deregulation)를 추진하기 어려울 때 우선 특정지역부터 적용한 뒤 차츰 타 지역으로 확대시켜 나가기 위해 채택하는 방법이다. 경제특구의 대표적인 예로는 중국이 1980년대에 심천 등 4개 도시(후에 해남도를 추가)를 대상으로 지정한 것을 들 수 있다. 중국의 경제특구정책은 이후 중국의 대외개방을 견인하면서 결과적으로 성공을 하였다고 평가할 수 있다.

경제특구가 성공하기 위해서는 기업하기 좋은 환경을 만드는 것이라고 할 수 있다. 여기에는 제도나 인프라, 배후시장의 존재 등과 같이 기업경영과 관련된 요소, 그리고 주거·교육·문화·의료시설 등 기업에 근무하는 직원들의 생활환경과 관련된 요소들이 모두 포함된다. 그 중에서도 특히 제도적인 측면에서는 국제기준, 소위 글로벌 스탠더드(Global Standard)가 제대로 통용되는지가 중요한 요소로 작용한다.

---

17) 또한, 한국은 물류기반시설이 동북아지역의 어느 국가보다도 양호한 편이라고 할 수 있다. 특히, 세계 최고의 보급률을 자랑하는 초고속통신망, 높은 인터넷이용률 등 잘 발달된 IT 인프라와 통신시스템이 타 지역에 비해 강점을 보이는 부분이라고 볼 수 있다.

18) 정부는 2003년 8월 5일 '경제자유구역위원회'를 개최하여 인천 송도와 영종도, 청라지구(김포 매립지) 6,366만평에 대한 경제자유구역 지정안을 심의하여 2020년까지 14조 7,600억원을 투입하여 인구 49만명의 계획도시로 개발하기로 최종 의결하였다. 지정안에 따르면 송도지구는 국제업무와 정보기술(IT) 등 첨단산업단지로, 영종지구는 항공산업과 국제물류산업 중심단지로, 청라지구는 관광·레저 및 국제금융의 중심지로 2008년까지 1단계, 2020년까지 2단계로 나누어서 건설된다. 이곳에 입주하는 외국인 투자기업에 대해서는 입주 후 3년간 소득세와 법인세 등이 완전 면제되고, 이후 2년간 50%가 감면된다. 재정경제부는 개발이 완료되면 생산과 부가가치 유발액이 76조원에 이르고 13만명의 고용유발효과가 발생할 것으로 예상하고 있다.

경제특구제도가 국제기준에 적합하게 설정되기 위해서는 특구에서만 적용되는 제도에 대해서 국민, 특히 이해관련집단의 협조가 필수적이라고 할 수 있다. 경제특구의 취지를 고려하지 않은 채 특구와 특구외지역에 적용되는 제도 간의 형평성문제가 논의의 대상이 된다면 경제특구의 성공가능성은 어렵게 된다. 이번 '경제자유구역법'이 제정되는 과정에서도 이러한 문제가 제기되었는 데 가장 핵심적인 두 이슈는 노동관련 및 외국교육기관 설립에 관한 조항과 국내기업에 대한 역차별 문제이다.

가. 노동관련 및 외국교육기관 설립에 관한 조항

노동관련조항에서는 당초 파견근로자의 범위와 기한에 대해 제한을 두지 않기로 했다가 전문업종에 한해 적용하는 것으로 수정하였다. 외국교육기관은 국내외 법인을 막론하고 자유롭게 설립할 수 있게 하려 했으나 최종적으로는 외국법인만 가능하도록 하였다.

나. 국내기업에 대한 역차별 문제

경제특구에 진출하는 외국기업에 대한 특혜는 기존의 '외국인투자촉진법'에서 적용되는 수준과 거의 유사하지만 경제자유구역의 개념 자체를 '외국인투자기업의 경영환경과 외국인의 생활여건을 개선하기 위한 지역'으로 한정하고 있어 기본적으로 국내기업과의 연계성이 배제되어 있다고 할 수 있다. 외국의 유사한 특구 운영사례에 비추어 볼 때 외국기업만을 대상으로 한 특구개발이 어느 정도 효과를 발휘할 수 있을지는 의문시되고 있다고 할 수 있다.

한편, 정부의 경제특구설치계획과 관련하여 전국경제인연합회는 최근에 주한외국기업 61개사를 대상으로 '경제특구의 실효성에 관한 주한외국기업인 의식조사'를 실시한 바 있다. 동 보고서에 따르면 한국경제특구의 종합경쟁력 수준은 동아시아 5개 주요 경쟁국(지역)과 비교해 싱가포르는 물론이고 홍콩과 상해에도 크게 뒤져 4위에 그친 것으로 나타났다.[19)]

주한외국기업이 평가한 동아시아 주요 경쟁국(지역)별 입지조건 종합경쟁력은 최우수지역인 싱가포르를 100으로 할 경우 말레이시아의 탄정(Tanjung, 16.2), 한국의 경제특구(54.4), 상해(73.5), 홍콩(75.0), 싱가포르(100)의 순으로 나타났다. 이번

19) 전국경제인연합회, 전경련, 2002. 12. 참조

조사에서 싱가포르는 고용조건을 제외한 전분야(고용조건 최우수지역은 상해임)에서 최우수 입지조건을 보유한 것으로 평가되었다.

항목별로는 한국의 경제특구 입지조건이 고용조건과 주거·생활 인프라만 중상위로 평가된 반면, 여타 항목(세제, 영어사용, 행정서비스, 교육여건, 비즈니스 인프라)에서는 경쟁국 대비 매우 낮은 수준으로 평가되었다. 특히 영어사용, 행정서비스, 교육여건 수준은 싱가포르에 크게 뒤떨어져 있고 홍콩과 비교해서도 절반수준 정도로 인식하고 있는 것으로 조사되었다. 이번 설문결과는 Fortune Global 100대 기업의 동북아 지역본부가 홍콩, 싱가포르에 각각 22개, 21개 분포되어 있는데 반해 서울은 1개뿐인 현실에서도 잘 나타나고 있다.

〈표 18-40〉 주요 경쟁국(또는 경쟁국 특구)과 입지비교

	싱가포르	홍콩	상해 (중국)	한국	탄정 (말레이시아)
종합경쟁력	100.0	75.0	73.5	54.4	16.2
·항목별 경쟁력					
- 세 제	100.0	83.1	49.2	50.8	35.6
- 영어사용	100.0	76.1	14.1	20.7	22.8
- 고용조건	57.6	50.8	100.0	62.7	49.2
- 행정서비스	100.0	63.2	11.5	32.2	13.8
- 교육여건	100.0	86.3	21.9	43.8	6.8
- 주거·생활·인프라	100.0	67.2	37.5	68.8	25.0
- 비즈니스 인프라	100.0	64.9	28.6	58.4	10.4

주 : 1) 한국은 인천(영종도 및 송도), 김포 등 수도권 지역 기준임
2) 종합경쟁력은 각 평가 항목별 1~3위까지 역순으로 3, 2, 1의 가중치를 부여하여 합산한 후 최우수 국가(지역)를 100으로 산정하여 나머지 국가(지역)의 수준을 지수화한 것임

주한외국기업들이 경제특구 입주에 관심을 갖는 주요 이유로는 세제혜택(40%)이 가장 큰 것으로 나타났으며 관련기업 및 인프라 집적효과(25%), 고용유연성(25%), 행정서비스(10%)의 순으로 조사되었다.[20] 또한, 입주시기로는 특구설치 완료후 1년 이내 입주하겠다는 응답이 605%, 3년 이내 입주하겠다는 응답이 40%로 나타났다.

20) 이번 조사에서는 입주계획은 미정이나 관심있는 업체도 응답하였는 데 우선순위별로 2개를 기재한 업체에 대해서는 1순위 응답에 가중치를 100% 부여하였다.

경제특구 중 최대 선호지역은 김포(30.2%)와 영종도(29.1%)로 나타났으며 송도(24.4%), 부산(15.1%) 광양항(1.2%)은 선호도가 다소 떨어지는 것으로 조사되었다. 특구별로는 영종도의 경우 물류 및 관련기업 집적효과 등 3개 항목, 김포의 경우 인력공급, 교육여건, 주거·생활 인프라 등 4개 항목이 타 지역에 비해 상대적으로 가장 우수할 것으로 답하였다.

〈표 18-41〉 경제특구 중 최대 선호지역 및 선호요인

(단위 : 빈도수)

	영종도	송 도	김 포	부 산	광양만
·물 류	15	5	7	6	1
·인력공급	7	9	11	3	-
·기타 비즈니스 인프라	9	7	9	3	-
·교육여건	5	7	9	4	-
·주거·생활 인프라	5	8	11	4	-
·관련기업 집적효과	8	5	5	6	1
·기타	1	1	-	-	-
총 계	50	42	52	26	2

주한외국기업은 한국 정부의 경제특구 설치계획안에 대해서 67.3%가 긍정적으로 평가했다. 정부계획안의 전반적 평가에 대한 설문에서 주한외국기업인들은 다소 만족(53.9%), 다소 미흡(30.8%), 매우 만족(13.5%) 순으로 응답하였다. 항목별로도 대체적으로 긍정적인 평가가 우세하나 만족도는 전반적 평가의 경우에 비해 떨어진 것으로 나타났다. 항목별 만족도는 행정서비스 67.9%, 고용조건 63.8%, 교육여건 61.0%, 영어사용 60.3%, 세제 59.3%, 주거·생활 인프라 58.6%로 조사되었다.[21] 그러나 현 시점에서 경제특구에 입주할 의사가 없거나 미정이라고 응답한 기업이 57개사로 95%로 나타났고 입주의사가 있다고 응답한 기업은 3개사로 5%에 불과하여 경제특구 지정에도 불구하고 주한외국기업의 참여도는 저조할 것으로 조사되었다.[22]

주한외국기업들은 현재 추진되고 있는 경제특구의 실효성을 제고시키기 위해서는 세제혜택(24.8%), 노동유연성 확대(16.6%), 영어 인프라 추가확충(11.5%), 주

21) 항목별 만족도는 (매우 만족 + 다소 만족)/전체응답수로 측정하였다.

22) 입주의사가 없는 경우에 그 이유로는 현 사업장의 입지에 만족하기 때문이라는 응답이 56.3%로 과반수 이상을 차지했으나 관련기업 및 비즈니스 인프라 집적효과를 기대하기 어렵다는 응답도 29.2%에 달해 경제특구의 성공적 운영에 의문을 제기하였다.

거 · 생활 인프라 개선(10.8%) 등 경제특구의 인센티브 개선의 필요성을 지적하였다. 또한, 경제특구와 관계없이 기업규제의 원칙적인 폐지(15.9%)를 비롯하여 비즈니스 인프라의 획기적 확충(14.0%)이 필요하다는 응답도 상대적으로 높게 나타나 국내기업 경영환경의 전반적인 개선이 경제특구의 성공적 추진을 위한 핵심사항이 될 것으로 보인다.

2. 동북아지역 내 협력과제

2.1 동북아지역 경제협력강화의 필요성

북미지역, 유럽연합과 더불어 세계경제의 3대 축으로 지칭되는 동아시아지역이 1997년 동아시아외환위기(EAFEC : East Asian Foreign Exchange Crisis) 이후 경제통합(economic integration)을 추진하고 있다. 일본, 중국 등 동북아는 물론이고 미국, 인도 등과의 자유무역협정(FTA : Free Trade Agreement) 체결을 추진 중이다. 또한, 'ASEAN + 3 정상회의'와 관련된 회의(EAVG, EASG)에서는 동아시아 차원의 FTA를 검토 중에 있다.

이러한 경제협력 동향 중 우리에게 있어 가장 중요한 것은 동아시아 경제의 약 90%를 차지하는 동북아의 한 · 중 · 일 3국이 지역주의(regionalism)에 공식참여하였고 3국간 FTA의 체결가능성도 검토하였다는 점이다. 한 · 중 · 일 3국의 FTA 정책은 향후 동아시아 경제통합의 방향을 결정지울 것으로 기대된다.

동아시아의 FTA는 다양한 채널을 통해 달성될 수 있지만 다수의 경제학자들은 동북아의 한 · 중 · 일 3국간 FTA를 체결하고 이를 동남아의 AFTA와 연계시키는 것이 가장 바람직한 것으로 지적하고 있다.

동북아의 역사적 관계를 간단히 살펴보면 한국은 일본의 한반도 강점에 따라 주권을 오랜 기간 상실한 바 있으며 중국은 중 · 일전쟁을 통해 일본의 직접적인 피해국으로 고통을 당한 바 있다. 그러나 제2차 세계대전 이후 냉전시대(Cold War Era)에는 정치 및 이념의 차이(political and ideological difference)로 인해 한국과 일본은 중국과 대립 · 갈등관계에 놓여 있었으며 지역 내 패권경쟁, 영토분쟁, 과거

사 문제, 중국의 사회주의적 경제체제, 경제적 격차 지속 우려 등으로 동북아 3국간 경제통합에 대한 논의는 사실상 불가능하였다. 그러나 구소련의 붕괴로 인해 냉전이 종식된 후 정치 및 군사적 대립관계가 약화되고 동아시아 금융위기 이후 인근국가와의 경제협력 강화 필요성을 각국이 인식하게 되면서 3국간 FTA 논의가 시작되었다.

동북아 한·중·일 3국간 지역경제협력 강화의 필요성을 다음 4가지 측면에서 살펴보고자 한다.

(1) 동북아 3국의 긴밀한 경제협력의 직·간접효과가 매우 큼

경제발전단계 및 인적·물적 자원의 차이에 따른 보완성(complementarity)에 비추어 이들 국가 간에 경제협력이 강화되면 동북아는 NAFTA, EU에 필적하는 경제블록이 될 수 있을 것으로 전망되고 있다. 이는 역내국 상호간 무역장벽의 제거(removal of trade barriers)를 통해 무역자유화(trade liberalization)를 실현함으로써 지속가능한 경제성장(sustainable economic growth)을 도모할 수 있기 때문이다.

① 경제적 효과

동북아 및 동아시아 전역이 FTA 체결을 통해 단일시장(single market)을 형성할 경우 이로부터 파생되는 경제적 이익(economic benefit)은 실로 막대하다 할 수 있다. 이는 또한 세계경제의 블록화 추세에 대응하고 동아시아경제를 북미, 유럽과 더불어 세계 3대 경제중심축의 하나로 발전시키기 위한 시금석이 될 수 있다.

한국, 중국, ASEAN의 1990~2001년 연평균 교역증가율은 전세계 교역증가율보다 높게 나타났다. 특히, 고도성장을 지속하고 있는 중국은 1990년 교역량 1,166억 달러에서 2001년에는 401.7% 증가한 5,868억 달러를 기록했으며, 연평균 교역증가율은 36.7%로 고도성장세를 나타내고 있다.

② 경제외적 효과

WTO 체제 하에서도 세계적으로 확대, 심화되고 있는 지역주의 추세에서 제외된 역외국가로서 당면할 수 있는 불확실성(uncertainty)에 대한 대비와 불이익의 최소화, 통상현안에 대해 역내국가 간의 해결방안 모색, 국제사회에서 필요에 따른 정치적 및 외교적 유대강화에 따른 대외협상력 제고 등을 지적할 수 있다.

〈표 18-42〉 동아시아지역 교역신장 추이

(단위 : 십억 달러, %)

국가・지역	1990	1995	2000	2001	연평균증가율
한 국	142.2	266.4	337.5	296.8	9.9
일 본	523.0	779.1	857.7	767.5	4.3
중 국	116.6	281.1	486.4	586.8	36.7
아세안	307.6	683.2	793.0	749.4	13.1
동아시아(A)	1,089.4	2,009.8	2,474.6	2,400.5	10.9

주 : 1990~2001년 기준임

한・중・일 3국의 경제성장에도 불구하고 그동안 역내 경제협력의 수준은 북미, 유럽 등에 비해 낮은 수준을 보여왔다. 동북아 핵심국가들인 한국, 일본, 중국간 교역 및 직접투자는 지속적으로 증가해 왔다. 3국간 역내교역의 비중은 1990년 11.3%에서 2000년에는 19.8%로, 역내직접투자의 비중은 1990년 2.3%에서 2000년에는 6.1%로 증가하였다. 2001년의 경우 한국, 중국, 일본의 대동북아 역내교역비중은 각각 25.1%, 17.2%, 20.3%에 불과하나 북미와 유럽은 50~60%선을 유지하고 있다. 만약 이들 국가 간에 FTA와 같은 제도적 통합과 역내 무역자유화가 이루어진다면 역내교역량은 큰 폭으로 증가할 것이다.

〈표 18-43〉 동아시아 국가들의 역내교역 현황

(단위 : 백만 달러, %)

국 가		대동북아 (A)	비중 (A/D)	대아세안 (B)	비중 (B/D)	대동아시아(C)	비중 (C/D)	대세계 (C)
한 국	수 출	34,695	22.6	16,459	10.7	51,154	33.4	153,218
	수 입	39,936	27.8	15,916	11.1	55,852	38.9	143,608
	계	74,631	25.1	32,376	10.9	107,007	36.1	296,826
일 본	수 출	56,240	13.8	54,273	13.3	110,513	27.1	408,528
	수 입	75,747	21.1	56,045	15.6	131,792	36.7	358,984
	계	131,987	17.2	110,318	14.4	242,305	31.6	767,512
중 국	수 출	60,057	18.7	19,467	6.1	79,524	24.7	321,615
	수 입	58,878	22.2	22,469	8.5	81,347	30.7	265,154
	계	118,935	20.3	41,935	7.1	160,870	27.4	586,769

주 : 2001년 기준임

(2) 역내의 정치적 안정이 제고됨

한·중·일 FTA는 역내의 정치적 안정(political stability)을 위해서도 필요하다. 한·중·일 3국간 갈등관계를 협력의 동반자관계로 발전시키는 데는 경제적 협력의 강화(intensification of economic cooperation)가 필수적이라고 할 수 있다. 최근 일본과 중국이 동남아지역의 국가들과 경쟁적으로 FTA 체결을 추진하는 배경에는 경제적인 측면 외에 지역적 패권확보를 위한 정치적 목적과 깊이 연관되어 있다. 또한, 일본이 한국과 FTA를 체결하려는 것도 중국의 부상을 견제하면서 동아시아 경제통합의 주도권을 확보하려는 전략으로 해석할 수 있다. 한·중·일 FTA는 중국을 역내국으로 포함시킴으로써 일·중간 지역패권경쟁보다는 동북아, 넓게는 동아시아 공존번영을 위한 협력의 관계로 발전시킴으로써 지역의 발전과 안정(regional development and stability)을 도모할 수 있다.

(3) 역내 시장잠재력이 가장 큰 중국시장에 대한 효율적 접근을 가능하게 함

한·중·일 FTA는 1990년대 이후 세계에서 가장 역동적인 경제성장세를 시현하고 있는 중국시장에의 효율적 접근을 가능하게 한다. 향후 중국경제의 지속적인 고성장 전망으로 인해 우리의 수출 및 경제성장에 중국시장의 중요성이 더욱 커질 것으로 예상된다. 향후 20여년간 중국경제가 연평균 7%대의 성장세를 실현할 경우 구매력(purchasing power)기준으로 평가할 때 2020년에는 중국의 GDP가 19조 6,000만 달러로 세계 1위의 경제대국으로 부상할 것이란 분석도 제기되고 있는 실정이다.

향후 중국경제는 세계무역기구(WTO) 가입 이후 중국의 수출시장 접근확대, 2008년 북경올림픽 및 2010년 세계박람회 개최, 서부대개발사업 추진 등으로 외형적인 경제성장의 지속이 예상된다. 또한, 중국경제의 이러한 고성장 유지는 외국인 직접투자(FDI : Foreign Direct Investment)의 유입과 주요 선진경제권의 활발한 기술이전(technology transfer), 저렴하고 우수한 노동력, 세계최대의 내수시장 규모, 급속한 기술발전 등에 기인한다. 중국경제는 국유기업의 비효율성, 사회주의체제의 한계, 금융부실, 급속한 경제발전에 따른 빈부격차의 심화 등 다수의 성장제약 요인을 가지고 있지만 향후 경제개혁 및 개방정책의 지속으로 고도성장의 잠재력이 세계에서 가장 높은 국가임에는 재론의 여지가 없다.

〈표 18-44〉 중국과 세계 주요 국가의 경제성장 속도 예측치 비교

(단위 : %)

국 가 명	1950~1998	1913~1998	2000~2020[1)]
독 일	3.62	2.16	3.60
미 국	3.44	3.18	3.00
일 본	5.95	4.31	3.00
중 국	5.97	3.32	7.10
세 계	3.92	3.01	3.90

주 : 1)은 예측치임

또한, 중국은 2001년말 세계무역기구(WTO) 가입을 계기로 시장개방(market opening)을 확대하고 있으며 지속적으로 통상제도를 개선시켜 나가고 있다. 자본주의 시장경제체제(capitalist market economic system)로의 전환과 세계경제체제(global economic system)로의 편입이 가속화되고 있는 가운데 그동안 양적인 경제성장(quantitative economic growth)에서 질적인 경제성장(qualitative economic growth), 즉 투입물의 효율성 증대를 추구하고 있다. 경제성장으로 인한 세계최대 인구(13억~14억으로 추산됨)의 소득증가로 소비수요가 증대됨으로써 이러한 내수가 안정적 경제성장을 가능하게 할 것으로 기대된다.

세계적 경영컨설팅기관인 A. T. Kearney가 1,000개의 기업을 대상으로 조사하여 발표한 '2002년 FDI 신뢰지수(2002 FDI Confidence Index)'에 따르면 중국은 세계 1위의 투자대상국가로 조사되었다. 1998~2001년 조사에서는 미국이 세계 1위 자리를 유지하였으며 중국은 미국의 뒤를 이어 가장 투자하고 싶은 국가로 평가된 바 있다.

한편, 일부 경제분석기관들은 중국경제의 미래에 대한 지나친 낙관을 경계하는 분석을 제기하고 있어 주목을 끌고 있다. 이들 분석기관은 중국경제의 리스크 요인으로 금융기관 및 국유기업의 개혁지연, 노동력의 질적 효율성 제고 부진, 민간의 저축률 하락으로 인한 투자부진, 노령화 사회진입으로 인한 재정적자(fiscal deficit)의 증가, 민주화 요구 증대로 인한 사회불안정 심화 등을 지적하고 있다. 그러나 다수의 경제분석기관들은 중국의 이러한 경제성장 제약요인들에도 불구하고 경제개

혁 · 개방정책이 중국지도부의 강력한 리더십 하에 차질없이 추진되고 있어서 중국경제는 향후 20여년간 연평균 7%대의 고도성장을 지속할 수 있을 것으로 예상하고 있다.

최근 중국에 대한 수출증가에도 불구하고 중국의 수입규제조치 강화, 수입시장 다변화 전략 등의 영향으로 중국시장 내에서 한국상품의 점유율은 오히려 하락하고 있어 중국경제의 성장속도를 한국의 대중국 수출증가가 따라가지 못하는 양상을 보이고 있다. 한국의 중국수입시장 점유율은 1998년 10.7%에서 2000년에는 10.3%로 낮아졌고 2002년에는 9%대로 하향추세를 보이고 있다.

(4) 역내 수요창출기반이 확대됨

한 · 중 · 일 3국간 FTA가 체결되면 세계경제의 침체에 대비한 역내수요창출기반이 확대된다. 한 · 중 · 일을 포함한 동아시아 지역의 경제는 미국 등 역외국가의 수입수요에 크게 의존하고 있는 것이 사실이며 경제발전 추진전략에 있어서 산업 및 기술수준이 가장 앞서있는 일본이 경제발전단계의 선두에 서고 한국 · 싱가포르 · 대만 등 선진개도국들(advanced developing countries)이 일본을 잇고 그 다음에 후발개도국들이 위치하는 기러기형 경제발전 모델(flying-geese economic development model)을 채택하였다.

그러나 중국이 전통적인 가공산업에서부터 최첨단 IT제품까지 전영역의 공산품을 생산하고 이 지역 최선진국인 일본이 최근 들어 경제가 회복되고 있으나 10년 이상 장기적인 경제침체 상태를 경험하였으며 이로 인해 신산업 개발이 지연되고 있다. 또한, 제조업의 급속한 해외이전으로 인해 산업공동화 현상이 발생하고 있고 이로 인한 실업률 상승으로 이 지역 후발개도국에 대한 산업 및 기술이전(technology transfer)이 부진해짐으로써 역내 산업구조조정이 지연되고 있다. 특히, 일본은 고령화사회 진전으로 노동인력의 부족을 겪고 있으며 IT, 서비스, 금융 등 고부가가치 산업으로의 재편이 절실히 필요하나 아직도 전기, 전자, 자동차 등 제조업이 산업의 핵심을 구성하고 있다.

따라서 동북아지역은 자동차, 반도체, 기계류, 석유화학, 조선 등에서 과잉설비의 문제를 내포하고 있다. 한국과 일본의 경우 석유화학업계의 통폐합이 극히 부진한 편이며 자동차 및 부품업계는 국내업체보다는 구미업체 주도로 산업재편이 이루어지고 있다. 이러한 산업협력을 효율적으로 달성하고 국가간 분업시스템을 제고하기 위해서 경제관계가 밀접한 국가간 FTA가 유효한 수단임은 주지의 사실이다.

한편, IT산업의 급속한 발전과 정보통신혁명으로 다국적기업들(MNCs : Multinational Corporations)의 활동이 강화되고 기업의 합병 및 퇴출이 용이해졌으며 첨단기술(high-tech)은 물론이고 기존제품에 대한 지적재산권(intellectual property rights) 보호, 표준화(standardization) 필요성 대두, 경쟁정책(competition policy)의 국제적 조화 등을 위한 지역 내 협력 필요성이 대두되고 있다. 동북아 지역은 한자문화권과 불교문화권의 공유 및 지리적 인접성 등으로 3국기업간 협력의 잠재성과 상기한 산업협력의 필요성에도 불구하고 역내기업들 간에는 그동안 협력이 제대로 이루어지지 못하였다고 평가할 수 있다.

동북아 3국간 FTA 체결은 역내기업들이 상호협력하면서 협력의 인센티브(cooperational incentive)를 제공할 수 있기 때문에 산업구조조정 및 산업협력의 원활화를 도모하고 인적·물적 교류를 활발히 추진함으로써 역내기업들이 지역경제의 환경변화에 적응할 수 있는 역량을 강화하도록 유도할 수 있을 것으로 기대되고 있다.

2.2 동북아지역 경제통합의 주요 이슈

한·중·일간 경제협력을 공식적·제도적으로 뒷받침하는 역내경제통합과 관련한 주요 이슈를 정리해 본다.

(1) FTA에 대한 3국간 입장차이

① 한국의 입장

한국은 아직 동북아 내 한일 양자간 FTA와 한·중·일 3자간 FTA에 대한 입장을 확고히 정리하고 있지 않은 것으로 보인다. 이미 일본과의 FTA 논의가 수년간 지속되고 있는 상황에서 현실적으로 일본의 협상논의 요구를 지연시키기 어려운데다 한일 FTA의 경제적 혜택에 대한 국내 경제분석기관 간에 전망이 엇갈리고 있고 FTA에 대한 국민적 공감대 형성도 부족한 실정이다. 또한, 한국의 산업계에서는 일본과의 FTA보다는 한·중·일 FTA를 더 선호하고 있으며 동북아에서 중국이 배제된 가운데 한일 양국이 FTA를 실현할 수 있을지에 대해서도 의문이 제

기되고 있다.[23)]

② 일본의 입장

일본은 최근에 싱가포르와 FTA를 체결한 데 이어 한일 FTA를 다음으로 진행시키는 전략을 구상 중에 있다. 즉, 일본은 한·중·일 FTA 논의가 진행될수록 중국의 부상을 견제하기 위한 차원에서 한일 FTA를 진전시키기 위한 방안을 보다 적극적으로 모색하고 있다.

③ 중국의 입장

중국은 양자간 FTA보다는 한·중·일 3국간 FTA를 선호하고 있다. 중국은 2002년에 한·중·일 3국간 FTA의 타당성 검토를 제안한 바 있다. 이는 일본이 주도하는 한일 FTA에 참여하기보다는 처음부터 3국이 동등한 입장에서 추진하는 FTA를 선호하고 있는 입장을 반영하였다고 할 수 있다.

(2) 한·중·일 FTA의 대상범위

FTA의 대상범위를 2가지 측면(경제적 측면, 비경제적 측면)에서 살펴본다.

① 경제적 측면

한·중·일 FTA를 경제적 측면에서 고려할 때 협정의 형태는 무역, 투자 및 서비스, 무역규범 등이 포함되는 포괄적인 것이 되어야 한다. 여기서의 핵심사항은 농·어업과 취약제조업의 포함여부, 즉 무역자유화의 범위를 어떻게 설정하는가이다. 이미 일본은 한국과의 FTA 논의에서 농산물에 대한 자유화의 난점에 대해 지적한 바 있으며 한국과 중국은 일부 제조업에 대한 예외조치를 요청할 수도 있다. 경제통합효과의 극대화(maximization of economic integration effect)를 이루기 위해서는 각국이 극히 민감한 일부 품목을 제외하고는 모든 품목을 무역자유화의 대상으로 포함시켜야 한다.

② 비경제적 측면

한·중·일 FTA가 보다 성공적이 되기 위해서는 경제통합 이외에도 사회적·문

23) 한국의 입장으로서는 산업계, 학계, 관계의 공동연구를 통해 일본과의 FTA를 지속적으로 논의하는 한편 중국이 제안한 한·중·일 FTA를 동시에 검토하는 것이 보다 현실적인 대처방안이 될 것으로 보인다.

화적 통합(social and cultural integration)까지도 이룰 수 있게 중장기적인 관점에서 추진되어야 한다. 경제통합만으로도 각국은 상당한 실익을 얻을 수 있지만 경제통합을 기초로 하여 동북아의 정체성(identity)이 제고되고 지역안정(regional stability)이 이루어질 때 경제통합의 시너지효과(synergy effect)가 배가된다.

이러한 예는 유럽통합과정을 통해 살펴볼 수 있다. 당초 제1, 2차 세계대전을 경험한 독일과 프랑스는 유럽에서의 전쟁을 근본적으로 방지할 수 있는 방안으로 군비산업인 유럽석탄철강공동체(ECSC)를 발족시켰고 이를 점진적으로 확대하여 유럽공동체(EC), 유럽연합(EU)을 탄생시켰으며 화폐, 사회적・문화적 통합과 더불어 정치통합(political integration)까지도 이루려 하고 있다. 이러한 결과 서유럽은 역사상 유래가 없는 전후 50년 이상을 전쟁없이 지낼 수 있었다.

이에 비해 동북아는 정치 및 이념적 차이가 여전히 상존하고 있어서 경제통합의 주요 장애요인이 될 수 있으나 이러한 불안요인을 완화시키기 위해서는 사회적・문화적 통합을 목표로 중장기적 시각 하에 경제통합을 추진해야 한다.

(3) 중심추진국가의 선정

한・중・일 FTA의 추진에 있어서 어느 국가가 중심국가가 되느냐 하는 것도 일본과 중국 간에 첨예하게 이해관계가 대립되어 있는 문제이다. 일본과 중국은 이 지역에 있어서 패권경쟁을 치열하게 전개하고 있어 어느 한 국가가 주도하는 것을 원치 않고 있다. 이러한 상황에서 한국이 동북아 경제통합에서 조정자(coordinator)의 역할을 수행할 수 있다. 조정자의 역할을 담당하기 위해서는 개방과 개혁 및 합리적인 사고를 지닌 인적자원의 육성, 투명한 경제제도의 정착, 국제협상에서의 정치외교적인 능력함양 등이 선결조건이라고 할 수 있다.

제 8 절 10대 차세대 성장동력산업의 육성

정부는 2003년 8월 22일 '10대 차세대 성장동력산업 육성계획'을 발표했는 데 이 계획은 미래성장잠재력을 확충하여 국민소득 2만달러 달성 시기를 앞당기기 위한 전략의 일환으로 마련되었다. 10대 차세대 성장동력산업(10 Next-Generation Growth Engine Industries)의 육성전략은 과거의 성장전략과는 달리 생산시스템의 혁신(innovation of production system)과 부가가치의 제고(increase of value added)에 초점을 두고 있다. 이는 더 이상 노동, 자본 등 생산요소 투입량을 증대시키는 것이 아니라 연구개발(R&D)) 투자 확대, 전문인력 양성 등을 통해 질적 발전을 모색하겠다는 것으로 이해할 수 있다. 특히, 이러한 전략을 효과적으로 추진하기 위해 예산, 세제, 금융 등 정책수단을 유기적으로 연결하여 조정할 수 있는 체제도 정비할 계획을 세우고 있다.[24]

1. 부처별 성장동력산업 추진전략

과학기술부, 산업자원부, 정보통신부 등 성장동력산업 관련 부처들의 성장동력산업 추진전략은 다음과 같다.

1.1 산업자원부

산업자원부는 차세대 성장동력 추진전략과제로 3가지(기술혁신역량 강화, 기업친화적 환경조성, 국가균형발전 등 유관 국정과제와의 연계추진)를 제시했다.

① 기술혁신역량 강화

산업자원부는 우선 과학기술부와 정보통신부가 추진하는 사업과 연계하여 상용화 기술개발에 대한 투자를 확대할 계획이다. 10대 성장동력산업의 기술개발에 2007년 까지 4,000억원을 투입하는 한편 각 산업별로 산업계 중심의 추진사업단을 구성할 방침이며 기업이 필요로 하는 인력을 확충할 계획이다.[25]

② 기업친화적 환경조성

차세대 성장동력의 주체인 기업의 투자활성화와 기업가정신(entrepreneurship)이

24) 성장동력 추진주체가 과학기술부, 산업자원부, 정보통신부 등 여러 부처로 나뉘어져 종합적인 조정에 문제가 발생될 수 있어 추진전략의 효과를 제고시키기 위해서는 이에 대한 보완책 마련이 수반되어야 한다(서경, 2003. 8. 23. 참조).

25) 산업자원부는 이를 위해 2004년부터 5년간 총 1,500억원을 투입하여 산업단지 인근대학의 시설 및 연구기반구축을 지원하는 등 산·학 협력 프로그램을 확대할 예정이다.

적극 발휘될 수 있는 기업친화적 환경을 조성하기로 했다. 이를 위해 차세대 성장동력과 관련된 대기업에 대해서는 출자총액제한의 적용을 배제하는 방안을 모색하기로 했다. 즉, 시장 규제기능 강화를 통해 대기업의 무분별한 사업다각화는 방지하되 신기술이나 기술융합분야에 대한 출자는 자유롭게 허용한다는 것이다.

③ 유관국정과제와의 연계추진

차세대 성장동력 육성 및 국가균형발전 방안을 동시에 추진하기 위해서 지역별 특화산업과 연계된 차세대 성장동력산업의 집적지를 조성하고 지역혁신시스템을 구축하는 방안을 추진할 예정이다.

1.2 과학기술부

과학기술부는 차세대 성장동력 육성에 필요한 원천기술개발을 담당하고 있는데 이의 추진전략 과제로 3가지(핵심과제의 종합조정기능 강화, 핵심연구인력 양성, 효율적 연구혁신시스템 구축)를 제시했다.

① 핵심과제의 종합조정기능 강화

과학기술부는 80개 핵심과제의 전략적 우선순위를 설정하고 2004년부터 연구역량을 집중시킬 방침인 데 2004년부터 정부 총연구개발비의 19%를 이들 분야에 투입하고 2012년 까지 50%로 확대할 예정이다. 또한, 차세대 성장동력 핵심과제에 대한 종합조정기능과 추진상황모니터링 기능도 강화할 계획으로 있다.

② 핵심연구인력 양성

2012년까지 1만명의 핵심연구인력을 양성하기 위해 2003년 말까지 '과학기술인력 양성 마스터플랜'을 수립한 후 지방 이공계 연구중심대학을 집중적으로 육성하여 지역핵심연구인력의 양성거점으로 활용하기로 했다. 특히, 창의적 연구인력이 기초과학부문에서 활동하는 것을 지원하기 위해 정부의 총 연구개발비에서 기초연구비가 차지하는 비중을 2003년 19.5%에서 2007년에는 25%까지 높여나가기로 했다.

③ 효율적 연구혁신시스템 구축

과학기술부는 차세대 성장동력의 핵심기술 창출 및 확산을 위해 연구시스템의 효율화를 추진할 계획인 데 2003년 하반기부터 '국제테크노 로드쇼'를 통해 해외역구개발센터를 국내로 유치할 방침이다. 이를 위해 현재 파스퇴르, 카벤디시, 노바티스 등 세계 유수의 연구센터와 협력을 추진하고 있다.

1.3 정보통신부

정보통신부도 차세대 성장동력 추진전략 과제로 3가지(해외시장의 개척, 광대역 통합망 구축, IT Complex 건립)를 제시했다.

① 해외시장의 개척

정보통신부는 정보기술(IT) 분야에서 국민소득 1만달러 증가분 중 3,500달러를 창출할 계획이다. 인터넷장비, 컴퓨터, 컨텐츠, 소프트웨어 등 주요 IT품목들이 우수한 기술력에도 불구하고 세계시장 점유율이 5% 미만인 점을 감안하여 해외시장 진출을 적극적으로 추진할 방침이다.

② 광대역 통합망 구축

정보, 통신, 방송 등을 하나의 망으로 통합하는 광대역 통합망(BcN : Broadband convergence Network) 구축을 통해 2003년부터 2007년까지 5년간 600조원의 매출을 달성할 계획이다. 이를 위해 정보통신부는 BcN분야에 이 기간동안 2조 4,000억원의 연구개발비를 투입하여 원천기술 개발 및 인력양성에 나서는 한편 휴대인터넷 등 차세대 서비스를 최대한 조기에 도입할 방침이다.

③ IT Complex 건립

국내 IT기업의 해외진출을 위해 수출금융지원을 확대하고 선진 IT기업의 국내유치를 위해 서울에 원스톱 서비스 체제를 갖춘 IT Complex를 건립하기로 했다.

〈표 18-45〉 10대 차세대 성장동력 산업현황

	주요 구성품목	2012년 경쟁력 목표	2012년의 경제가치 (부가가치/수출/고용창출)
디지털 TV/방송	디지털TV, 셋톱박스, 방송시스템, 복합기기	세계시장 20% 석권	24.3조원/ 447억 달러/58만명
디스플레이	LCD, LED, PDP, 유기EL, 전자종이	세계 1위	24.2조원/370억 달러/18만명
지능형로봇	가정용 서비스로봇, 의료지원용 로봇, 극한 작업용 로봇	세계 3위/ 세계시장 10% 점유	8.0조원/100억 달러/2만명
미래형자동차	지능형 자동차, 친환경 자동차	세계 4대 자동차 강국	74조원/365억 달러/27만명
차세대반도체	차세대메모리, SoC, 나노전자소자	메모리 1위/ SoC 3위	50조원/500억 달러/5만명
차세대이동통신	4G단말기, 텔레매틱스	글로벌리더십 확보	25.8조원/327억 달러/89만명
지능형 홈 네트워크	지능형 정보가전, 홈 네트워킹, 홈서버, 유비쿼터스 컴퓨팅	세계 2위	37조원/822억 달러/88만명
디지털컨텐츠/ SW솔루션	문화컨텐츠, 임베디드SW, 지능형 종합물류시스템	세계 5대 강국, 동북아 허브국가	38.8조원/126억 달러/67만명
차세대전지	2차전지, 연료전지, 관련소재	2차전지 세계 1위, 연료전지 세계시장 15%	14.6조원/255억 달러/7.6만명
바이오신약/장기	신약, 바이오장기, 바이오칩	세계 7위, 세계 시장점유율 12%	15.9조원/97.4억 달러/9.7만명

2. 차세대 성장산업 현황

차세대 성장산업의 현 주소와 전망을 간략히 살펴본다.[26]

2.1 디지털 TV 방송

디지털 TV방송시대가 본격화되면서 세계시장은 2012년까지 25.7%의 고성장을 거듭하여 시장규모가 2,136억 달러에 이를 것으로 전망된다. 구성품목은 방송시스템, DTV, DMB(디지털 멀티미디어 방송), 셋톱박스, 복합기기 등이다. 한국은 1994

26) 대한매일, 2003. 8. 23. 참조

년 이후 기술개발을 적극적으로 추진하여 디지털 TV뿐만 아니라 메모리 반도체, TFT-LCD(초박막액정표시장치) 등 일부 핵심부품에서 이미 세계적인 경쟁력을 보유하고 있다.

2.2 디스플레이

디스플레이의 세계시장규모는 2003년 616억 달러에서 2007년 906억 달러, 2012년 1,400억 달러로 급성장할 것으로 기대된다. 구성품목은 LCD, LED(발광다이오드), PDP, 유기 EL(면발광체), 3D, 전자종이 등이다. 한국은 TFT-LCD 분야 세계 1위, 유기EL은 일본에 이어 세계 2위인 데다 Digital TV, 컴퓨터 휴대전화 등 전방산업이 세계적 수준에 이르고 있어 경쟁력 확보가 용이한 편이나 핵심부품소재, 관련장비분야의 경쟁력은 미흡한 수준을 보이고 있다.

2.3 지능형 로봇

로봇산업은 기계, 전자, 제어산업의 핵심으로 반도체 및 LCD 분야와 결합되어 2012년까지 연평균 18.6%의 성장이 예상된다. 시장규모는 2003년 1,000억 달러에서 2012년에는 2,500억 달러로 증가할 것으로 보인다. 한국은 원천기술에 있어 아직 선진국과 5~8년의 격차를 보이고 있으나 선도적인 IT(정보기술) 산업기반을 바탕으로 산업규모가 세계 6위, 사용대수 세계 5위, 로봇밀도 세계 2위 수준을 나타내고 있다.

2.4 미래형 자동차

에너지문제와 환경규제(environmental regulation) 강화로 세계 자동차 강국들은 이미 수소 및 연료전지자동차 개발에 박차를 가하고 있다. 여기에 인공지능과 IT기술을 접목시킨 운전자 편의정보 서비스 시장의 규모가 커져 2012년 시장규모는 1조 714억 달러로 예상된다. 구성품목은 지능형 자동차, 친환경 자동차 등이다. 한국은 세계 6위의 자동차 생산국으로서 자동차산업은 수출과 고용에 지대한 영향을 미치는 대표적인 국가기간산업이라고 할 수 있다. 이미 일부 선진국의 기술개발 움직임이 가시화 되고 있어 이 분야의 경쟁력 제고가 시급한 상황이다.

2.5 차세대 반도체

2005년부터 PC 이외의 전자제품을 위한 차세대 메모리 시장의 경쟁이 치열할 것으로 예상된다. 2012년 시장규모는 4,179억 달러로 추정된다. 한국의 경우 메모리분야는 세계적인 수준의 경쟁력을 갖추고 있지만 반도체의 핵심설계기술, 시스템온칩(SoC) 등 비메모리분야는 매우 취약한 상황이다. 메모리분야 시장도 5~6년 후 중국에 추월당할 가능성이 높아 차세대 메모리 분야의 경쟁력 확보가 긴요하다. 구성품목은 차세대 메모리, SoC, 나노전자소자 등이 있다.

2.6 차세대 이동통신

통신시장의 추세는 IMT-2000 등을 기반으로 하는 멀티미디어 서비스(multimedia service)를 고속·고품질로 제공하는 광대역 유·무선 통합망 구조로 전환되고 있다. 모바일 이동통신시장도 형성되어 운전자에 대한 교통안내, 원격차량진단, 인터넷 등을 제공하는 텔레매틱스 서비스기술이 자동차산업의 핵심경쟁요소로 등장할 것으로 전망된다. 구성품목은 4G(4세대) 단말기 및 시스템, 텔레매틱스 등이다. 한국은 CDMA(코드분할다중접속) 상용화를 통해 이미 경쟁력을 확보했고 탄탄한 내수시장을 바탕으로 체계적인 지원정책이 시행되면 세계시장의 선점이 가능한 것으로 분석된다.

2.7 지능형 홈 네트워크

가전, 통신, 건축, 휴먼인터페이스 등 첨단기술과 서비스가 융합된 종합서비스 추세가 가속화하고 있다. 삶의 질(quality of life) 향상에 대한 욕구가 커져 연평균 22.4%의 고성장이 기대된다. 구성품목은 홈서버, 홈게이트웨이, 홈네트워킹, 지능형 정보가전, 유비쿼터스 컴퓨팅(컵, 안경, 신발 등 일상적인 사물에 제 각각의 역할에 부합되는 컴퓨터를 결합시켜 사물끼리도 상호 커뮤니케이션을 가능하도록 하는 시스템) 등이다.

2.8 디지털 컨텐츠 · 소프트웨어 솔루션

이들 분야는 한계비용(marginal cost)이 제로이면서도 시장규모가 무한대인 신산업으로 부상하고 있는 분야라고 할 수 있다. 다양한 수익모델을 개발하면 지식정보화 사회(knowledge-informationized society)를 이끌 원동력이 될 것으로 예상된다. 2012년 시장규모는 2,563억 달러로 추산된다. 구성품목은 디지털 컨텐츠 제작 · 이용 · 유통 시스템, 문화컨텐츠, 임베디드 SW(가정 · 산업용기기를 작동시키는 데 필요한 소프트웨어), 지능형 통합물류시스템 등이다. 한국은 이미 온라인 게임 등에서 최고의 경쟁력을 확보하고 e-Business 분야에서도 상당한 기술력을 지니고 있는만큼 발전가능성이 높은 분야이다.

2.9 차세대 전지

에너지 고갈 및 환경문제로 무공해 차세대 전지산업의 수요가 증대되고 있다. 차세대 전지는 자동차산업과의 연관성이 크고 대체에너지로 새롭게 부상하고 있는 데 시장규모는 2003년 63억 달러에서 2012년에는 1,340억 달러로 급증할 것으로 예상된다. 구성품목은 2차전지, 연료전지 등이다. 한국은 2차전지의 경우 1999년 상용화로 초기경쟁력을 확보해 둔 상태에서 일본과 경쟁관계에 있지만 연료전지는 선진국과 5년 정도의 기술격차를 보이고 있다.

2.10 바이오신약 · 장기

인터페론 5g의 가치가 순금의 500배에 이를 정도로 부가가치가 높은 산업이다. 고용창출효과(job creation effect)와 보건, 환경, 농업 등 타 산업에 미치는 기술파급효과도 매우 크다. 특히, 신약개발은 IT분야와 결합되어 바이오칩 등의 개발도 유망하다. 2012년 시장규모는 1,331억 달러로 예상된다. 구성품목은 신약, 바이오 장기, 바이오칩 등이다. 현재 한국의 신약개발수준은 선진국의 60~70%에 불과하지만 바이오 장기 분야의 경우 동물복제기술이 세계 최고 수준에 진입했다고 할 수 있다. 2012년 바이오 산업 세계 7위권 진입 및 세계시장점유율 12% 달성을 목표로 하고 있다.

제 9 절 국가경쟁력 강화를 위한 과제

현재 세계 각국은 세계화의 추세 속에서 각국마다 세계화에 적응해가고 있지만 그 적응속도는 상이하다고 할 수 있다. 세계화는 여러 측면에서 파악될 수 있지만 크게 경제적 측면, 경영적 측면, 그리고 비경제적 측면으로 나누어 살펴볼 수 있다.

우선 경제적 측면으로는 세계화는 상품과 자본의 이동을 통하여 시장의 효율성을 제고시키기 위한 것이지만 자본이동의 불규칙성과 금융시장의 취약성으로 외환·금융위기를 초래할 수도 있다. 한국이 당면하고 있는 글로벌 이코노믹 리스크(global economic risk)는 크게 2가지 측면에서 파악될 수 있다.[27]

① 글로벌 금융거래리스크에의 노출

글로벌 금융시장은 파생금융상품(derivatives)의 활발한 도입 등 고도의 위험관리 기법을 동원하여 위험을 거래함으로써 수익을 올리는 시장으로 급변하고 있기 때문에 한국도 글로벌 금융거래의 리스크에 직접 노출되어 있다.

② 미국경제에의 과도한 의존성

1990년대 이래 세계경제는 미국의 주도 하에 진행되고 있다. 미국경제의 경착륙(hard landing) 가능성이 높아지고 있는 가운데 한국경제도 직접적인 영향을 받게 된다.

경영적 측면으로는 한국기업의 경쟁력 제고를 위해 외국기업과의 전략적 제휴의 강화와 고부가가치 제품의 개발능력 및 상업적 제품 개발능력의 제고가 필요하다. 비경제적 측면으로는 교육·사회질서·문화적 측면에서 세계화에 대비해야 한다.

---

27) 박원암, '글로벌 리스크와 한국의 대응과제', 국제경제학회 하계정책 세미나 논문집, 2000. 6. 23. 참조

1. 경제적 측면

세계화의 경제적 측면에서의 대응은 시장의 효율성을 제고시키면서 지속적으로 세계화를 추진시켜야 한다. 이렇게 될 경우 한국은 글로벌 리스크에 적절히 대응하면서 세계화를 성공적으로 추진하게 된다. 시장의 효율성을 제고시키기 위한 몇 가지 방안을 모색해 보면 다음과 같이 요약될 수 있다.

1.1 경제의 안정성장 기조의 유지

글로벌경제 하에서는 일국의 경제안정 기조가 흔들릴 때 국제자본, 특히 투기적 성격이 강한 단기성 국제자본이 신속히 이동함으로써 해당국가의 금융시장이 혼란을 겪을 수 있기 때문에 개방경제 하에서는 건전한 정책의 운용이 이루어져야 한다.

1.2 금융과 기업부문의 건전성 및 투명성의 제고

글로벌 금융시장의 충격에 견디기 위한 구조조정이 시급하게 이루어져야 한다. 1997년의 외환위기도 우리기업 및 금융부문이 투명성을 상실한 데서 비롯되었음을 잊지 말아야 한다. 투명성과 관련하여, 특히 회계정보(accounting information) 및 경영정보(business information)의 투명성이 제고되어야 한다.

1.3 해외자본의 이동에 대한 견제장치의 마련

금융시장이 여전히 취약한 상황에서 자본자유화(capital liberalization)를 가속화시키는 것은 금융시장의 안정에 결코 바람직하지 않다. 국제자본이동의 안정성을 제고시키기 위하여 국제금융체제(international financial architecture)의 개편논의가 활발하게 이루어지고 있지만 우리의 경우 국제금융체제의 개편논의와는 관계없이 국제자본의 유출입에 대한 국내금융시장의 안정성을 제고시키기 위하여 자본자유화의 속도를 조절하고 적절한 자본규제조치를 강구해야 한다.

1.4 지역경제통합의 모색

우리에게 가장 가능한 경제통합지역으로는 동북아지역을 지적할 수 있다. 동북아지역은 상대적으로 타 지역권에 비해 수요구조의 유사성(similarity of demand structure)이 존재하고 있고 마케팅측면에서도 성공가능성이 크다고 할 수 있다. 즉, 중국의 양질의 노동력과 거대한 수요시장, 한국의 제조기술과 지리적 위치상의 이점, 일본의 핵심기술(core technology)과 풍부한 자본이 효율적으로 결합된다면 동북아 경제협력은 규모의 경제(economies of scale) 및 산업간·산업내 유기적인 분업체계를 형성하여 이들 국가 모두에게 경제적 이익을 파생시킬 수 있다.

2. 경영적 측면

세계화는 기업측면에서는 그야말로 적자생존(適者生存)의 법칙(the law of the survival of the fittest)이 적용되는 현상으로 파악할 수 있다. 세계화는 자본이 많거나 첨단기술을 보유하거나 또는 국제마케팅이 상대적으로 우위에 있는 기업에게는 유리하게 작용하지만 그렇지 못한 기업에게는 그야말로 기업이 생존이 달려있는 문제라고 할 수 있다. 즉, 고품질의 경쟁력 있는 제품을 생산할 수 있는 자본과 기술을 보유하지 못한 기업들은 치열하게 전개되는 세계화의 추세에 도태될 수밖에 없다.

2.1 전략적 제휴의 강화

외국기업과의 전략적 제휴는 외국기업의 자본·기술·상표(brand) 인지도·경영자의 경영능력 등이 우리기업과 비슷하면서도 서로의 시너지효과(synergy effect)를 극대화시킬 수 있는 경우에 효과를 발휘할 수 있다. 예를 들면, 우리기업이 상기한 부문에서 열등할 경우 외국기업과의 전략적 제휴는 서로에게 이득이 될 수 있는 가능성이 크지 않기 때문에 용이하지 않다.

따라서 전략적 제휴(strategic alliance)의 강화는 바람직하나 우리기업의 자체 기술개발능력과 마케팅능력이 외국의 제휴기업과 비슷한 수준에서 서로의 경쟁우위부문을 극대화할 수 있는 기업 및 사업부문을 선택해야 한다.

2.2 고부가가치 제품의 개발능력 및 상업적 제품개발 능력의 제고

세계화시대의 기업경쟁력 제고는 기술개발의 양 측면, 즉 고부가 하이테크(high-tech) 제품 및 하이터치(high-touch) 제품의 개발에 총력을 기울임으로써 가능할 수 있다. 정보통신·생명공학 분야의 고기술 및 거대자본이 소요되는 하이테크 제품의 개발도 중요하지만 기존의 기술을 가지고 소비자들의 구매욕구를 자극할 수 있는 하이터치 제품의 개발에도 주력하여야 한다.

3. 비경제적 측면

세계화에 대응하기 위한 비경제적 측면은 교육·사회질서·문화적 측면에서 살펴볼 수 있다.[28]

3.1 교육개혁

교육개혁(educational reform)은 세계화의 성공적 추진을 위한 중요 관건이라고 할 수 있다. 따라서 교육개혁에 최우선을 두는 세계화전략이 긴요하다. 교육개혁은 세계화시대에 필요한 인재를 양성하고 평생학습기회를 제공하며 수준높은 시민사회의 건설 및 도덕공동체의 기반을 형성한다는 측면에서 우리가 당면한 중차대한 사명이라고 할 수 있다.

교육개혁의 기본정신은 자율과 개방, 창의와 경쟁에 입각한 교육체제와 세계화·정보화 시대에 합당한 창의적 인재와 세계시민을 양성하는 방향으로 교육의 목표를 정해야 한다.

진취적이고 창의적인 인재를 양성하기 위한 교육개혁은 다음 2가지 측면에서 진행되어야 한다.

① 지식정보화사회에 적합한 인재의 양성

단편적이고 주입식인 지식 위주의 입시중심 교육에서 탈피하여 창의력·자율

28) 신경환 외, 『세계화와 국제통상』, 도서출판 두남, 1997, pp. 256~262 참조

성 · 문제발견 및 해결능력 · 협동적 사고를 길러주는 교육으로 전환되어야 한다.

② 지적 · 도덕적으로 성숙한 세계시민의 양성

도덕성이 결여된 시민들로 구성된 국가는 결코 세계 일류국가가 될 수 없다. 따라서 세계표준(global standard)이 적용되는 세계화시대에 부합되는 시민적 덕성과 문화적 소양, 그리고 도덕적 자질을 갖춘 세계시민을 양성하는 교육이 되어야 한다. 또한, 무엇보다도 교육이 효과를 발휘하기 위해서는 사회지도층의 솔선수범(率先垂範)하는 자세가 긴요하다고 할 수 있다. 일례로 사회지도층의 부정부패 만연, 경제 및 사회정책의 오류로 인해 최근 경제위기로 치닫고 있는 아르헨티나 사태는 우리에게 타산지석(他山之石)이 될 수 있다.

3.2 사회질서의 확립

사회적 신뢰와 안정을 이루는 데 있어서 기초질서는 기본이라 할 수 있으며 기초질서의 확립없이 일류국가가 될 수는 없다. 이를 위해서는 공정한 행위의 준칙으로서 사회규범이 정립되어 있어야 하며 사회 내에 법의 지배(ruling of law)가 정착되어야 한다.

경제질서도 세계화되어야 하며 모든 경제거래가 실명화되고 투명하여야 하며 공정하고 자유로운 경쟁질서속에서 이루어져야 한다. 즉 불필요한 행정규제를 과감히 폐지해야 하며 금융이 자율화되고 소비자주권(consumer sovereignty)이 존중되며 조세관련 행정이 공평하고 투명해야 한다. 이러한 기초위에서 경제정의의 확립(establishment of economic justice)이 필요하다. 예를 들면, 세계화의 추구에서 초래된 빈익빈 부익부 현상의 제도적 개선을 위해 사회복지제도(social welfare system)를 비롯한 사회개발분야의 효율성을 제고하는 정책적 개선이 이루어져야 하며 우리사회가 생산적 복지체제를 확립할 수 있어야 한다.

또한, 기업을 비롯한 경제의 구조개혁을 위해서는 노사관계도 세계화되어야 한다. 집단적 이기주의를 바탕으로 한 노사 간의 극한적인 대립과 갈등은 더 이상 세계화시대에 국가경쟁력의 제고에 기여하지 못한다. 기업발전에 대한 노사양측의 책임의식을 바탕으로 생산적이고 협력적인 파트너십(productive and cooperative partnership)을 강화해야 하며 노사간에 민주적 타협의 제도화를 확립시켜야 한다.

3.3 선진문화의식의 제고

문화의 세계화를 이루기 위해서는 폭넓은 문화개혁과 의식개혁이 필요하다. 즉, 경제적 풍요(economic affluence)의 부작용인 향락적 문화가 지배하지 않고 국민의 생활속에 학습적·자아실현적 문화가 확립될 수 있도록 해야 하며 인성과 도덕성을 중시하는 사회풍조의 확립이 이루어져야 한다. 또한, 세계화시대에 폐쇄적 사고방식을 탈피하여 타 문화의 장점을 보다 건설적으로 수용할 수 있는 개방적이고 다원적이며 합리적인 세계시민으로서의 소양과 자질을 갖출 수 있도록 사회전체가 노력해야 하며 이러한 의식운동이 사회화(socialization) 되어야 한다.

우리의 문화적 정체성(cultural identity) 확립과 더불어 세계문화와의 접목도 대단히 중요하다. 이를 위해서는 우리 것에 대한 자긍심(pride)과 타 문화에 대한 이해도의 증진을 통해 열린 마음으로 세계의 타 문화권 시민들과 당당하고 대등하게 교류할 수 있어야 된다.

또한, 문화산업이 새로운 고부가가치를 창출하는 경제영역임을 분명히 인식하여 문화산업의 육성과 문화 인프라스트럭처(cultural infrastructure)의 구축에 힘써야 한다. 지식정보시대, 문화우위시대의 경쟁력 원천은 문화산업의 육성에서 비롯된다고 할 수 있다.

부 록

Ⅰ. VISION 2030

Ⅱ. 인적자본 육성

Ⅲ. 대외개방도 제고

Ⅳ. 중남미지역의 국가경쟁력 현황과 과제

Ⅰ. VISION 2030

1. VISION 2030의 의미

1.1 한국사회는 현재 선진국을 향한 중대 기로에 직면해 있음

(1) 한국은 세계 10위권의 경제대국으로 성장했으며 2008년경이면 1인당 국민소득 20,000달러에 진입할 것으로 전망됨

그러나 복지지출은 선진국 대비 1/3 수준이어서 그 결과 국민의 삶의 질(quality of life)은 경제협력개발기구(OECD) 국가 중 최하위권을 기록하고 있다.

(2) 저출산·고령화, 양극화 등 새로운 도전요인에 직면해 있음

한국은 현재 주택가격의 급등과 과중한 사교육비 및 저출산 현상에 직면해 있고 노후도 불안한 상황에 노출되어 있으며 가족 중 한사람이 질병에 걸릴 경우 가족전체가 빈곤층으로 전락할 가능성이 증대되고 있다. 또한, 이를 만회할 수 있는 기회가 점점 사라지고 있어 빈곤의 악순환(vicious circle of poverty)이 반복될 가능성이 커지고 있다.

1.2 성장(growth)과 복지(welfare)가 함께 가는 동반성장 전략이 필요함

복지 없이는 성장 없고 성장 없이는 복지도 없다고 할 수 있다. 복지를 소비가 아니라 미래를 위한 투자로 인식할 필요가 있다. 미래에는 인재가 경쟁력(competitiveness)이며 복지에 대한 투자는 이 같은 인재를 양성하는 것으로 이해해야 한다. 또한, 경제예산은 생산적이고 복지예산은 낭비적이라는 기존 관념에서 탈피할 필요가 있다.[1] 즉, 동반성장을 유효한 지속가능한 성장전략(sustainable

1) 이 같은 상황 하에서 정부는 동반성장만이 지속가능한 성장전략(sustainable growth strategy)으로 인식하고 있다(기획처 홍보관리관실, 비전 2030 - 함께 가는 희망한국, 2006. 8. 28 요약·재구성).

growth strategy)으로 인식할 필요가 있다.

1.3 「비전 2030-함께 가는 희망한국」은 국가 장기종합전략으로 이해할 수 있음

비전 2030은 60여명의 민간전문가와 정부가 1년 이상 작업한 결과이다. 비전 2030은 한국의 미래를 위한 계획으로서 희망한국 건설을 위한 구체적인 방법을 구현하는 데 중점을 두고 있다.

1.4 비전 2030은 미래를 위해 반드시 추진해야 할 과제임

(1) 미래에 대한 대비는 국가의 책임이며 따라서 미래에 대한 설계와 그 책임이 정부의 주요 역할임

> * 현재 한국은 저출산, 연금문제 등에 직면해 있음
>
> · 저출산 문제 : 1983년 이미 출산율 2.08명 → 현재 세계 최저수준 1.08명
> · 국민연금 : 최초설계가 잘못되어 있어서 1990년대 후반부터 문제가 제기되고 있으나 해결책 마련이 답보상태에 있음

(2) 일본, 유럽연합(EU) 등 선진국뿐만 아니라 중국, 인도 등도 10~30년의 국가 장기계획을 통해 미래를 대비하고 있음

> * 일본 : A New Era of Dynamism(2030년까지의 장기계획)
> 중국 : 2020년 全面的 小康國家

1.5 국민적 관심과 성원이 비전 2030 성공의 관건임

비전 2030은 불가능한 일이 아니며 비전 2030의 성공적 추진을 위해 국민적 관심과 적극적인 동참이 필요하다.

2. VISION 2030의 주요 특징

2.1 VISION 2030은 미래 한국에 대한 최초의 국가 장기종합전략으로 평가할 수 있음

VISION 2030은 현재의 5년 단위 국가재정운용계획을 넘어 향후 20~30년을 전망하는 장기 종합전략이며 참여정부 출범 이후의 미래 대비 관련 논의를 포괄·종합한 것으로 해석할 수 있다.

2.2 제도혁신을 전제로 한 투자확대의 필요성

제도혁신이 없는 투자확대는 재정의 지속가능성을 위협하게 되며 잘못 설계된 복지제도(welfare system)를 유지할 경우 재정의 건전성을 저해하고 재정을 투입해도 복지 체감도는 정체되게 된다.

* 재정위험 사전 제거 : 국민연금, 지역연금 개혁 등 효율성 제고 : 주민생활지원서비스 전달체계 개편 등

2.3 복지투자의 확대로 2030년에는 현재의 선진국 평균에 근접할 것으로 추정됨

복지지출(GDP 대비 공공사회지출(중앙정부·지자체 복지지출 + 사회보험))은 2020년경에 2001년 미국·일본 수준, 2030년에 2001년 OECD 평균 수준에 근접하게 되며 경제분야 투자는 민간부문의 역할 강화를 통해 지속적으로 추진하게 된다.

2.4 2010년까지는 증세없이 VISION 2030을 추진하게 됨

2010년까지는 세금인상 없이 지출구조조정, 비과세·감면 축소 및 과세 투명성(transparency) 제고 등을 통해 충당하게 되며 그 이후에는 어느 정도의 복지수준을 얼마만큼의 국민부담으로 추진할지에 대해 국민적 논의가 필요한 상황이다.

3. VISION 2030의 주요 내용

3.1 추진배경 및 과정

(1) 추진배경

① 현 상황에 대한 인식

현재 한국은 저출산·고령화, 저성장, 양극화 등 장기적이고도 구조적인 과제에 직면해 있다.

가. 인구감소가 시작되기 전 10~15년 간의 대응이 한국의 미래를 좌우하게 됨(생산인구는 2016년, 총인구는 2020년을 정점으로 감소)

대응이 지체될 경우 저성장과 분배악화가 심화되어 경제적 역동성(economic dynamics)과 사회적 안정성(social stability)이 훼손될 가능성이 크다고 할 수 있다.

나. 그러나 경제·사회·문화를 망라한 제도혁신의 청사진을 설계하고 국민적 합의(national consensus) 도출을 위한 종합적인 접근은 미흡한 상태임

② VISION 수립의 필요성

장기·종합적 대책의 수립과 체계적 대응이 시급하다. 현 상황을 고려할 때 VISION 제시와 함께 실천력 확보를 위한 전략마련이 필요한 시점이다.

(2) 추진과정

참여정부 출범 이후 다양한 논의와 의견수렴 과정을 거쳐 「비전 2030」을 수립하게 되었음

① 참여정부 출범 직후부터 미래전략에 대한 논의가 시작되었음

* 역동과 기회의 한국(2003~2004), 동반성장 비전과 전략(2005~2006) 등

② 2005년 6월부터 「VISION 2030」 수립을 본격적으로 추진하였음

2005년 7월 60여명의 전문가로 민간작업단을 구성하였으며 설문조사(2006. 1), 시민사회단체 대표 간담회(2006. 8) 등 의견을 수렴하였다.

3.2 미래를 위한 새로운 패러다임 모색

'선(先)성장 후(後)복지'의 기존 패러다임으로는 성장자체가 한계에 봉착할 뿐만 아니라 분배개선도 이루기 힘들게 된다. 따라서 동전의 양면관계라고 할 수 있는 성장과 복지가 함께 가는 '동반성장'으로 전환하게 되었다.

〈표 1〉 패러다임의 변화

	기존 패러다임	동반성장 패러다임
① 추진 배경	탈 빈곤, 성장과 분배의 고리 작동	양극화 심화, 성장과 분배의 고리 약화
② 정부 역할	성장에 집중	성장과 복지의 조화
③ 성장 전략	양적 투입위주 · 불균형 성장, 정부 주도	혁신주도형 · 균형 성장, 시장 주도
④ 복지 전략	가족 · 공동체에 의존, 구호적 복지	정부의 역할 제고, 미래를 위한 투자
⑤ 투자 중점	물적 자본	인적 · 사회적 자본[1)]

주 : 1) 사회적 자본은 구성원간 신뢰와 협력, 개방성 및 이를 촉진하는 제도 · 규범 · 네트워크 등을 의미함

3.3 2030 한국의 구상

성장과 복지의 선순환 구조가 정착되고 국민 모두가 '희망'을 가지는 '기회의 국가'를 건설하게 된다.

3.4 VISION 실현을 통한 미래의 모습

(1) VISION 실현을 통해 세계 일류국가 달성

① 제도혁신

국가 발전의 기반이 되는 주요 경제 · 사회제도의 혁신을 2010년까지 마무리하게

된다.

② 선진국 진입

지속적인 성장 및 사회안전망(social safety net) 구축 등을 통해 2010년대에는 선진국에 진입하게 된다.

③ 세계 일류국가

정치 · 경제 · 사회 · 문화 등 모든 분야에서 성숙한 선진국으로 도약하게 된다.

(2) 1인당 GDP와 삶의 질(quality of life)이 대폭 제고됨

① 1인당 GDP는 2030년 49,000달러로서 현재의 스위스 수준에 도달하게 됨

* 잠재성장률(장기재정전망팀 추계) 2006~2010년 : 4.9%, 2011~2020년 : 4.3%, 2021~2030년 : 2.8%

② 삶의 질 순위는 2030년 10위로서 현재의 미국 수준을 추월하게 됨

〈표 2〉 주요 지표의 변화

지표명	2005년	2010년	2020년	2030년	비 고(2005년 기준)
· GDP 규모[1] (십억 달러)	788 (788)	1,122 (1,262)	1,824 (2,567)	2,406 (4,145)	· 미국 12,486 일본 4,571 영국 2,201 이탈리아 1,766
· 1인당 GDP[1] (천달러)	16 (16)	23 (26)	37 (51)	49 (84)	· 스위스 50 미국 42 일본 36 프랑스 34
· 국가경쟁력 (순위, IMD)	29	20	15	10	· 미국 1위 싱가포르 3위 스위스 8위 일본 21위
· 삶의 질 (순위, IMD)	41	30	20	10	· 호주 1위 스위스 4위 미국 14위 일본 35위

주 : 1) 2005년 불변가격 기준, ( )안은 경상가격 기준

3.5 미래 국민생활의 모습

한국의 계층별 · 연령별 미래 모습은 〈표 3〉에 정리되어 있다.

〈표 3〉 계층별 · 연령별 미래 모습

<table>
<tr><th></th><th>20대</th><th>30대</th><th>40~50대</th><th>60대 이상</th></tr>
<tr><td rowspan="5">전국민</td><td colspan="3"></td><td>노인의 2/3가 연금혜택 수령
*연금수급률 17→30→47→66%</td></tr>
<tr><td colspan="2"></td><td colspan="2">치매 · 중풍노인, 사회에서 책임짐
* 장기요양서비스 수혜율 11 → 35 → 70 → 100%
* 장기요약병상수(인구천명당) 0.5 → 1.5 → 3 → 4개</td></tr>
<tr><td colspan="4">집 걱정, 병원비 걱정, 먹거리 걱정 없는 사회로 삶의 질이 제고됨
* 건강보험 보장률 65 → 72 → 80 →85%
* 친환경인증 농산물 생산비율 4 → 10 → 15 → 20%
* 삶의 질(IMD, 60개국) 41 → 30 → 20 → 10위
* 공공임대주택 비율 5.1 → 10.1 → 16 → 16%</td></tr>
<tr><td colspan="4">가까운 곳에서 언제든지 문화생활을 향유할 수 있음
* 국민문화향유율(2003) 62 → 70 → 90 → 95%
* 공공도서관 1관당 인구수 9만 → 5만 → 4.5만 → 4만</td></tr>
<tr><td colspan="4">투명하고 상부상조하는 사회, 안심하고 살 수 있음
* 청렴도 지수(TI, 159개국) 40 → 25 → 10 → 5위
* 자원봉사 참여율 15 → 20 → 30 → 50%
* 5대 범죄 발생 대비 검거율 72.6 → 73 → 75 → 77%</td></tr>
<tr><td rowspan="5">근로자</td><td colspan="3">고용, 능력과 의사가 있으면 평생 배우며 일할 수 있음
* 평생학습 참여율(2004) 22 → 30 → 40 → 50%
* 고용률 63.7 → 67 → 70 → 72%</td><td></td></tr>
<tr><td></td><td colspan="2">비정규직, 더 이상 차별받지 않음
* 정규직 대비 비정규직 임금수준 63 → 70 → 80 → 85%</td><td></td></tr>
<tr><td></td><td colspan="2">안전하고 쾌적한 근로환경에서 일할 수 있음
* 산업재해율(재해자수/근로자수) 0.77 → 0.58 → 0.37 → 0.24%</td><td></td></tr>
<tr><td></td><td colspan="2">노동시간은 감소하고 여가시간은 증가함
* 연간실근로시간 2,366 → 2,300 → 2,166 → 2,033시간</td><td></td></tr>
<tr><td></td><td colspan="2">실업, 재기의 기회가 확대됨
* 실업자훈련 참여자취업률 50→51→60→65%</td><td></td></tr>
<tr><td rowspan="3">기업인</td><td colspan="3">협력적 노사관계, 대 · 중소기업간 상생, 생산성 제고로 연결됨
* 파업으로 인한 근로손실일수 56 → 42 → 26 → 15일
* 기업의 사회적 책임(IMD, 60개국) 30 → 25 → 20 → 10위</td><td></td></tr>
<tr><td></td><td colspan="2">공정한 시장경쟁, 대학연구성과, 산업경쟁력으로 연결됨
* 산학간 시식이전 정도(IMD, 60개국) 21 → 15 → 10 → 5위</td><td></td></tr>
<tr><td></td><td colspan="2">우리 기술과 상품, 세계 어디서나 인정받게 됨
* 부품개발 기술수준(일본=100) 84 → 94 → 98 → 105
* 혁신형 중소기업 1 → 3 → 6 → 9만개
* 세계 일류상품 505 → 1,000 → 1,550 → 2,000개</td><td></td></tr>
</table>

학생/청소년	우리 아이들, 달라진 교육환경에서 학습하게 됨 * 초등학교 학급당 학생수 32 → 30 → 27 → 23명
	방과후 아이들, 사교육비 부담없이 안심하고 위탁가능함 * 방과후 활동 수혜율 32 → 67 → 72 →75%
	우리 아이들, 사고없이 안전하게 성장하게 됨 * 아동안전사고율(10만명당) 8.3 → 7.3 → 6.0 → 5.0명
	학교에서 배운 지식, 사회에서 바로 활용할 수 있음 * 대학교육 사회부합도(IMD, 60개국) 52 → 40 → 20 → 10위
여성/맞벌이부부	일하는 여성, 남녀차별 없이 능력으로 인정받게 됨 * 여성권한척도(UNDP, 80개국) 59 → 45 → 30 → 20위
	아이, 건강하게 낳아 걱정없이 양육하게 됨 *영아사망률(천명당)(2002) 5.3→4.5→4.0→3.0명 *육아서비스 수혜율 47→65→67→74%
장애인	장애인, 원하는 직업에서 자아를 실현하게 됨 * 장애인 실고용률(2004) 1.3 → 1.7 → 2.5 → 3.0% * 취업장애인 월평균소득(상용근로자 대비) 44.5 → 50 → 75 → 90%
	신속하고 편리하게 치료 및 재활 서비스를 제공받을 수 있음 * 국공립 장애인 재활병원수 1 → 7 → 16 → 32개소
	더 이상 이동과 정보이용에 불편은 없게 됨 * 장애인 편의시설 설치율 72.7 → 82 → 95 → 100% * 장애인 인터넷 이용률 36 → 50 → 95 → 100%
저소득층	최소한의 생활, 국가가 보장하게 됨 * 최저주거기준 미달가구 비율(2000) 23 → 18 → 9 → 0% * 사회복지담당공무원 1인당 담당인구수 3,800 → 3,320 → 2,160 → 1,000명
농어업인	농어업인, 일하기 좋고 편리한 환경에서 생활할 수 있게 됨 * 농어촌 상수도 보급률 40 → 64 → 76 → 80%
	규모화·전문화로 농어업 경쟁력이 확보됨 * 쌀전업농 쌀생산비중 30 → 41 → 60 → 79% * 수산자원량 790 → 880 → 1,000 → 1,000만톤

주 : 숫자는 (2005) → (2010) → (2020) → (2030)을 나타냄

3.6 VISION 실현 방안

(1) VISION 실현 수단

'함께 가는 희망한국'의 비전과 전략은 제도혁신·선제적 투자와 비전실행계획을 통해 실현된다.

① 제도혁신·선제적 투자

가. 제도혁신 : 경제·사회 시스템을 업그레이드(upgrade)하여 효율성(efficiency)을 제고하고 재정의 지속가능성을 위협하는 요인을 사전에 제거함

제도혁신 없이는 진정한 의미의 선진국 진입은 불가능하다고 할 수 있다.

나. 선제적 투자 : 국민의 삶의 질 제고와 성장기반 확충 분야, 향후 수요가 크게 증가하는 분야에 예방적 차원에서 미리 투자함

선제적 투자 없이는 바람직한 미래의 조기실현은 어렵다고 할 수 있다.

〈표 4〉 주요 제도혁신 및 선제적 투자 과제

제도 혁신	선제적 투자
· 서비스산업 경쟁력 강화	· 사회서비스 일자리 확대
· 정년연장 및 임금피크제 확대	· 적극적 고용전략 추진
· 학제 개편	· 차세대 성장동력 사업 확대
· 국민·지역연금 개혁	· 보육서비스·방과후 활동 확대
· 주민생활지원서비스 전달체계 개편	· 근로장려세제 도입
· 자유무역협정(FTA) 체결 확대	· 노인수발보험제도 도입

② VISION 실행계획

5대 전략별로 정책목표, 실천과제, 지표의 국제비교를 포함하는 실행계획(Vision Action Plan)을 수립하여 시행하게 된다.

(2) 재정투자 방향

동반성장을 위한 선제적 투자에 중점을 두되 제도혁신을 통해 지출증가를 최소화하게 된다. 성장기반 강화를 위해 연구·개발(R&D), 고등교육 부문에 대한 투자를 강화하게 되며 국민의 삶의 질 향상을 위해 복지 사각지대 해소, 사회서비스 확충 등에 대한 지원을 확대하게 된다.

3.7 재정전망

(1) 추가 재원소요

총 GDP의 2% 수준이 될 것으로 전망된다.

※ GDP 대비 연평균 추가소요 2006~2010년 : 0.1% 2011~2030년 : 2.1%

(2) 재원대책에 대한 국민적 논의의 필요성

① 2010년까지

추가적인 증세없이 세출구조조정, 비과세·감면축소 및 투명성 제고 등을 통해 소요재원을 충당하게 된다.

② 2011년 이후

어느 정도의 복지수준을 얼마만큼의 국민부담으로 추진할지에 대해 국민적 논의가 필요하다.

※ 현재의 복지지출수준 유지시 빈곤의 세습화, 노후불안, 출산기피, 일자리 감소 등으로 인해 사회통합(social integration) 저해 및 개인의 불안감 증가가 우려됨

3.8 외국수준과 비교한 2030 희망한국의 모습

2030년 1인당 GDP는 2005년 스위스 수준에 도달하고 복지지출 규모는 2001년 경제협력개발기구(OECD) 평균에 이르게 된다.

(1) 1인당 GDP

※ 2020년 37,000달러(2005년 불변가격), 2030년 49,000달러로 2005년 스위스 수준 도달

(2) 복지지출 규모

※ 2006년 ~ 2030년간 연평균 9.8%씩 증가하여
2019년 15%(2001년 미국 수준), 2024년 17%(2001년 일본 수준) 도달
2030년에 21%로 2001년 OECD 평균(21.2%)을 기록할 것으로 전망됨

Ⅱ. 인적자본 육성

1990년대 이후 우리의 대학진학률은 급속히 증가하여(1990년 33.2% → 2004년 81.4%) 대학 졸업 인력의 공급이 수요에 비해 크게 증가한 반면에 고등학교 졸업 인력의 공급은 감소하는 추세를 보이고 있다. 양적인 측면에서 신규 노동력 공급에 있어 전문대학 및 대학 졸업자 중심으로 과잉공급(oversupply)이 점차 심화되고 있다. 그러나 현재 우리경제의 고용 흡수력은 상기한 노동공급에 못 미치고 있는 상태이다. 전문대학 및 대학 졸업 인력의 과잉공급은 청년실업(youth unemployment)의 증가를 야기하여 사회불안정(social instability)의 주요 요인이 되고 있다. 한편, 전문대학 및 대학 졸업 인력의 과잉공급과는 달리 특정분야 대학원 졸업 인력에 대한 공급은 수요를 충족시키지 못하고 있다.

전문대학 및 대학 졸업 인력의 질적인 측면에서의 문제도 심각한 상황이 되고 있다. 산업체에서 필요로 하는 지식과 기술이 급속히 변화하고 있음에도 불구하고 공급자 위주의 폐쇄적인 교육체제(closed educational system) 운영으로 노동시장 수요에 부합하는 양질의 인력을 적기에 양성하여 기업에 공급하지 못하고 있다. 신입사원들이 대학에서 습득한 지식과 기술은 기업에서 필요한 수준의 26%에 불과하며(전경련, 2002) 대졸 신입사원의 교육에는 평균 20.3개월의 기관과 6,218만원의 비용이 소요되는 것으로 조사된 바 있다(경총, 2005).

또한, 현재의 교육체제는 과거 산업사회에서 형성된 것으로 지식기반사회(knowledge-based society)·세계화(globalization) 시대가 요구하는 인재 양성에는 미흡한 실정이다. 지식기반사회·세계화시대의 주요 특징은 정보통신·과학기술의 급속한 발달, 이로 인한 노동수요 및 직업의 급속한 변화와 국가 간의 무한경쟁이다. 이에 능동적으로 대응하면서 수준 높은 양질의 삶을 영위하기 위해서는 개인의 소질, 능력, 적성에 맞는 학습기회(learning opportunity)가 생애에 걸쳐 지속적으로 제공되어야 한다. 또한, 개인은 스스로 학습할 수 있는 능력을 구비해야 한다. 국가적으로는 국제화 능력을 갖춘 인재, 새로운 지식·기술을 창출하여 활용할 수 있는 고급 두뇌 인력이 필요하다.

1. 비전의 제시

경제의 소프트화·글로벌화 지식기반경제로의 이행 등에 신속히 대응하기 위하여 사회가 필요로 하는 인력을 효율적으로 양성·공급함으로써 개인의 고용가능성을 제고시키는 동시에 경제의 역동적 발전(dynamic development of economy)에 효과적으로 기여할 수 있는 교육시스템을 구축하는 것이 필요하다. 이러한 교육시스템은 궁극적으로 경제성장뿐만 아니라 고용 및 복지 등의 관점에서 우리의 경제·사회 발전을 구축해 나갈 핵심 정책수단이라 할 수 있다.

사회가 요구하는 양질의 인력을 공급하는 교육시스템을 갖추기 위해서는 수요와 공급의 원리(principle of demand and supply)가 제대로 작동하고, 평생고용이 가능한 교육시장이 구축되어야 한다. 무엇보다도 교육 수요자의 선택권과 교육 공급자 간의 공정한 경쟁(fair competition)이 보장된 교육시장의 구축이 우선시 된다. 경제별 사회의 환경변화와 개인의 학습욕구에 잘 대응하고 교육의 질적 수준을 보장할 수 있는 교육시스템은 결과적으로 개인의 고용가능성(employability)을 제고시키고, 개개인이 속한 조직의 생산성과 궁극적으로 국가경쟁력(country competitiveness) 증대에 기여하게 된다.

2. 현황과 평가

양적인 인력수급 측면에서 평가할 때 고학력 인력의 과잉공급은 향후에도 지속될 것으로 보인다. 한국직업능력개발원(2005)의 학력별 인력 수급 전망에 따르면 2005~2015년까지 전문대졸 이상 대학 졸업자의 경우 548,000명의 초과공급(excess supply)이 발생할 것으로 보인다(연간 49,000명).[2] 이 같은 초과공급은 고학력자에

2) 전문대졸은 2010년 이후에는 초과공급규모가 감소하나 대졸은 2010년 이후에 초과공급규모가 증가하고 대학원졸은 2010년까지 초과수요를 보이나 2010년 이후에는 초과공급상태로 빈전될 것으로 보인다.

대한 수요 증가에도 불구하고 높은 진학률과 경제활동참가율의 지속적인 상승에 기인한다.

한편, IMD 보고서에 의하면 한국의 대학교육의 경제사회 요구 부합도가 60개국 중 52위(2005)에 불과한 것으로 조사되어 산업현장의 수요와 유리된 우리 대학교육의 문제가 심각한 것으로 나타나고 있다. 4년제 대학을 졸업하고도 전문대학, 기능대학이나 직업훈련기관에서 다시 교육을 받아야 취업이 가능한 현실이 상기 조사결과를 반증한다고 할 수 있다.

〈표 1〉 학력별 인력수급차 전망(2005~2015)

(단위 : 천명, %)

구분	신규수요(A)			신규공급(B)			초과공급(B-A)		
	2005~2010	2011~2015	2005~2015	2005~2010	2011~2015	2005~2015	2005~2010	2011~2015	2005~2015
전문대	882	744	1,626	1,120	860	1,980	238(27.0)	116(15.6)	354(21.8)
대학	1,473	1,234	2,707	1,543	1,354	2,897	70(4.8)	119(9.6)	190(7.0)
대학원	486	423	909	460	453	913	-26(-5.3)	30(7.1)	4(0.4)
계	2,841	2,401	5,242	3,123	2,667	5,790	282(9.9)	266(11.1)	548(10.5)

주 : ( )안은 초과공급비율(%)임
자료 : 한국직업능력개발원

실업계 고등학교 졸업 기능 인력에 대한 수요는 여전히 존재하나 실제 인력을 구하기는 용이하지 않은 실정이다. 이는 다수의 학생들이 대학에 진학하기 때문이다. 실업계 고등학교 졸업생의 대학(전문대, 교육대, 대학 등) 진학률은 1990년 8.3%이었으나 1995년 19.2%로 상승하고 그 이후 급속히 증가하여 2004년에는 62.3%를 기록하였다. 이는 실업계 고등학교가 더 이상 기능인력을 양성하는 교육기관이 아님을 시사한다고 할 수 있다. 실업계 고교 졸업생들이 대학에 가는 중요한 이유는 취업한 후 직장생활을 하다가 다시 대학에 진학하기가 거의 불가능하기 때문이다. 이 같은 실업계 고교 졸업생의 대학 진학은 대학 졸업 인력의 과잉공급을 초래하는 하나의 요인으로 작용하게 된다. 한국 성인들의 평생학습 참여율(23.4%)은 선진국(44.0%)의 50% 수준에 불과하고 근로자들의 직무 능력 향상을 위한 평생 교육 참여 비율은 OECD 국가 중 최하위 수준을 보이고 있다(14.1%). 고령화 및 조기퇴직 현상이 심각해지는 현 상황을 고려할 때 이렇게 성인들의 평생교육 참여가 저조한 것은 노동시장의 불안정성(instability of labor market)을 확대시키는 결과를 초래하게 된다.

〈표 2〉 성인(25~64세) 평생학습참여율 국제비교

(단위 : %)

한국	핀란드	덴마크	스위스	영국	미국
23.4	64.8	60.1	45.3	53.7	48.1

자료: 통계청, OECD

상기 문제 제기와 현 상황 평가에서 제기된 사항들을 해결하기 위한 정부의 분야별 정책을 다음 2가지 측면에서 살펴본다.

2.1 국가경쟁력 강화를 위한 고등교육의 경쟁력 강화정책

대학 졸업 인력의 과잉공급 문제를 해소하고 산업체 노동 수요에 부합하는 인력양성을 위하여 정부는 다수의 정책(대학구조개혁방안, 지방대학 혁신역량 강화사업, BK21 사업, Post BK21 사업, 산학협력확산사업 등)을 기획・추진 중에 있다.

(1) 대학경쟁력 강화정책의 내용

① 대학구조개혁방안

2004년 12월에 발표한 대학구조개혁방안은 고등교육의 질적 수준 제고 및 투자효율성(investment efficiency) 제고와 사회수요(social demand)에 부응하는 인력양성체제의 구축을 목표로 하고 있다. 사회수요에 적합한 인력양성 구조로 전환하기 위하여 인력수요가 크게 감소한 분야의 정원 감축(2009년까지 국립대학 입학정원의 15% 감축, 사립대학 2004년 대비 2006년도 학부 입학정원 10% 감축), 대학간 및 학부(과) 통폐합, 산업계 수요를 반영한 교육과정 혁신이 동반된 구조개혁(structural reform)을 주요 내용으로 하고 있다.

② 지방대학 혁신역량 강화사업

정부의 핵심 정책과제인 국가균형발전을 도모하기 위한 추진전략의 일환으로 도입한 지방대학 혁신역량 강화사업은 지역발전(regional development)과 연계된 지방대학의 특성화 분야를 집중적으로 육성하여 지역 우수인재를 양성하는 것을 목적으로 한다. 이 사업은 지방대학 정원 감축(10,341명), 교육과정 개편(1,328건), 기업체 현장실습 활성화(3,123개 업체 115,007명 참가), 산업체 인턴십 강화(1,493개 업체 4,242명), 근로자 재교육 실시(3,488개 업체 11,150명) 등의 성과를 보이고 있다.

③ BK21 및 Post BK21 사업

BK21 사업은 세계 수준의 대학원 연구 중심대학 육성을 통한 고급인력 양성과 지역 소재 대학과 산업의 연계를 통한 지역 우수인력 양성을 목표로 추진되었다. 이 사업은 국내 대학 연구의 양적·질적 성장 및 연구·실험의 연속성을 보장함으로써 SCI 논문 게재수가 1990년 세계 30위에서 2003년에는 13위로 상승하는 등 대학(원) 연구력 제고에 기여하였다. 1단계 사업성과에 대한 엄밀한 평가에 기초하여 현재 2단계 사업(2005~2012)이 추진되고 있다.

④ 산학협력확산사업

산학협력확산사업은 3개부처(산업자원부, 교육인적자원부, 노동부)가 공동으로 총 862억원의 재원을 확보하여 시행하는 사업으로 2005~2008년까지 3년 동안 총 219,000명의 산업현장밀착형 기술인력 양성을 목표로 하고 있다. 교육단계별 산학협력체제 구축을 통해 실업계 고교에서부터 대학원까지 기술수준단계별로 체계적인 산학협력의 실시를 계획하고 있다(최우수실험실-대학원, 산학협력중심대학-4년제대학, 산학협력중심·성장동력특성화대학-전문대/기능대, 산학협력우수실업고-실업계 고교, 교육혁신·인력양성센터-산업별인적자원개발협의체 등).

(2) 대학경쟁력 강화정책의 문제점

상기한 대학경쟁력 강화정책들은 다음 4가지 문제점을 발생시키고 있다.

① 대학 특성화를 통한 경쟁력 제고를 목적으로 한 정부 재정지원 사업 간의 중복투자나 연계 부족으로 투자효율성(investment efficiency)을 극대화하지 못하는 사례가 발생하고 있음

1990년대 이후 교육부 외에 과학기술부, 산업자원부 등의 대학 지원 예산이 급격히 증가하고 있다.[3] 따라서 인력양성, 연구·개발, 산학협력 등의 목적으로 지원되

3) 교육부 외 타 부처의 대학 지원 예산은 1996년 2,183억원에서 2005년에는 6,000억원으로 증

는 여러 부처 재정지원사업 간에 중복 투자를 방지하고 효율성을 제고시키기 위한 연계·조정의 필요성이 지적되고 있다.4)

〈표 3〉 대학에 대한 각 부처 재정지원사업 사례 예시

구분		BK21 (교육부)	RRC (과기부/산자부)	TIC (산자부)	당해지역의 전략산업
우수사례	K대	정보기술	분자공학연구센터	기계·전자부품설계	메카트로닉스 전자정보기기
	P대	메가트로닉스	기계부품소재평가 연구센터	생산자동화, 자동차 부품	자동차 조선해양
부진사례	S대	수송기계	자동차부품 소재	환경친화형 물질개발	생물 신소재조선
	W대	전자정보	의약자원연구센터	귀금속, 보석석재가공	자동차기계 생물

주: 1) 우수사례 : 유관분야에 재정지원 집중되어 특성화에 긍정적 영향을 준 경우
2) 부진사례 : 상이한 분야에 투자되어 시너지효과를 창출하지 못한 경우
자료 : 교육부, 특성화를 위한 대학혁신방안, 2005. 5.

② 대학 특성화 사업은 특성화 분야에 대한 집중 투자를 통한 필요 인력의 양성·공급과 더불어 수요가 작은 분야의 정원 감축 및 구조조정을 의도하고 있으나 실제 대학 현장에서 발생하고 있는 현상을 보면 이 같은 정부정책의 의도가 실현되기에는 상당 기간이 소요될 것으로 판단됨

즉, 특성화 사업의 본래 의도대로 수요가 작은 분야의 정원 감축과 구조조정이 가시적으로 나타나지 않고 있다는 점이다. 이것은 대학 내부의 의견 조정, 학과 정원 조정의 어려움에 기인하고 있다. 예를 들면, 지방대학 혁신역량 강화사업의 경우 사업단으로 선정되지 않은 수요가 작은 학과의 정원을 감축 조정하는 것이 정책의 도였으나 사업단 지위 유지를 위하여(입학정원 감축 조건을 충족시키기 위하여) 오히려 사업단 참여 학과의 정원을 감소시켜야만 하는 현상이 발생하고 있다, 이는 사업단 소속 학과의 특성화를 통하여 지역발전에 필요한 인력을 양성하자는 누리사

가하여 타 부처 지원예산이 대학지원 예산의 약 30%를 차지하게 되었다.

4) 실제 K대 BT분야의 경우 BK21, SRC, NCRC 등을 통하여, 그리고 Y전문대의 경우 전문대학 특성화 사업, NURI, 산학협력중심대학 사업 등을 통하여 재정 지원이 집중되고 있다. 이는 동일한 특성화 분야에 대한 집중 투자로 간주할 수도 있으나 동일 분야에 대한 중복투자로 투자의 비효율성(investment inefficiency) 문제가 제기되고 있는 실정이다. 또한, 동일 대학에 대한 투자 분야가 상호 연관성이 적어 시너지효과(synergy effect)를 발생시키지 못하는 경우도 나타나고 있다.

업 본래의 목적이 실현되기가 어려워질 수 있음을 의미한다. 이 같은 문제를 해결하기 위해서는 입학정원 축소조정을 포함한 대학구조개혁과 관련된 사안은 대학 특성화 관련 사업 지원 조건에서 제외하고 별도의 정책을 통하여 추진하는 방안을 검토할 필요가 있다.

③ 대학설립준칙주의의 부작용

대학설립준칙주의 도입의 논리는 대학시장에서 대학간 경쟁을 통하여 전반적으로 대학교육의 질(quality of college education)을 제고시키면서 경쟁력이 없는 대학을 시장에서 퇴출시키는 것이었다. 이 같은 시장 기제가 제대로 작동하기 위해서는 대학에 대한 각종 정보가 과학적·체계적으로 수집·분석되어 일반에 공개되어야 한다. 즉, 교육 소비자(학생, 기업 등)가 정확한 정보 분석에 근거한 합리적인 의사결정(rational decision-making)을 할 수 있는 조건이 우선적으로 충족되어야 하는 것이다. 그러니 이제까지 우리 고등교육기관에 대한 정보 인프라(informational infrastructule)가 제대로 구축되어 있지 않아 준칙주의에서 의도한 대로 시장 기능이 작동하지 않았다고 할 수 있다.

④ 대학설립준칙주의 실효성에 대한 점검

대학은 최소 2년 또는 4년 간의 교육과정을 전제한 교육기관으로 일단 신입생을 받으면 그들이 제대로 교육받아 졸업할 수 있도록 하는 책임이 있다. 따라서 경기의 부침에 따라 생존의 여부가 결정되는 일반 시장에서의 기업과는 성격이 다르다고 할 수 있다. 현재 다수의 부실대학에서 많은 학생들이 피해를 보고 있음을 고려할 때 대학 설립 인가는 보다 철저하고도 합리적인 기준에 의한 평가과정을 거쳐야 한다.

2.2 직업교육체제 혁신 방안 추진

지식기반 경제사회의 도래와 함께 산업구조가 고도화되면서 전문 기능·기술 인력에 대한 수요가 증가하고 노동시장에서 기업의 수시 채용 및 경력직 채용이 증가하고 있다. 이 같은 환경의 변화는 직업교육체제(job educational system)의 개편을 요구하고 있다. 우리의 직업교육은 그 동안 종국교육의 성격이 강하여 노동시장 진입 후 일정기간 일을 하다가 다시 계속교육을 받을 수 있는 개방성이 미약하였다. 일반계 고교와 실업계 고교로 엄격히 분리·운영함으로써 학생들의 다양한 진로선택의 기회도 제한하였다. 또한, 산업사회에 적합한 단순 기능 인력의 대량 양성체제를 아직도 유지하고 있어 지식정보사회의 급변하는 직업세계에 적응하기 위한 직업기초능력과 산업체 수요에 적합한 인력양성을 위한 교육을 제공하지 못하고 있다. 이에 따라 교원 수급의 경직성, 국가 교육과정의 운영 등으로 산업계 수요에 적합한 교육과정 운영이 어려운 실정이다.[5)]

실업계 고교의 노동시장 수요 변화에 대한 대응성은 교원 수급의 경직성으로 인하여 크게 제한받고 있다. 보통교과 교원과 달리 전문교과 교원의 경우 노동시장에서의 지식·기술 수요가 급속히 변화하기 때문에 교원의 전문성이 직업세계의 변화를 따라가지 못하고 있다. 직업교육에 필요한 인력을 교원으로 임용·활용할 수 있는 융통성 있는 제도의 마련이 필요하다. 또한, 실업계 고교를 일반계 고교나 특성화 고교로 전환하려고 해도 교원수급문제가 주요 장애요인이 되고 있다.

상기한 문제의 해결을 위하여 교육혁신위원회와 교육인적자원부는 공동으로 2005년 5월 '직원교육체제 혁신방안'을 발표한 바 있다. 이 방안은 '학교에서 일터로, 일터에서 학교로'의 원활한 이행을 통해 평생에 걸쳐 직업능력이 개발되도록 직능지향의 개방 직업교육체제 구축을 목표로 하고 있다. 구체적으로 실업계 고교, 전문대학 등 직업교육기관에 각 정부부처, 지자체, 직종별 직능단체 등 산업수요와 밀접히 연관된 기관들이 직접적으로 참여하여 지원하는 시스템을 구축하고 정규 학생 중심의 인력양성과 더불어 산업체 근로자 및 성인 학습자의 지속적인 직업능력개발 기회를 제공하며 학교교육과 직업훈련을 연계하여 교육·훈련의 효과성을 극대화하는 방안을 포함하고 있다.

---

5) 2005년 한길리서치에 의하면 기업체 인사담당자들의 25%가 '실업고 교육과정이 산업변화를 따라가지 못함'을 실업고 교육의 가장 큰 문제로 지적하고 있다.

3. 전략 제안

3.1 대학교육의 노동시장 수요 대응력 및 질적 수준 제고

(1) 대학 및 노동시장 정보 인프라 구축 · 운영

대학이 경쟁력을 가지기 위해서는 대학교육시장이 시장원리(market principle)에 근거하여 원활히 작동할 수 있는 기본여건을 조성하고 이 같은 환경에서 개별대학들이 스스로 개혁할 수 있도록 유도하는 것이 필요하다.6)

정부는 수요자의 합리적 선택에 의한 대학 구조개혁을 유도한다는 차원에서 '대학정보공시제' 도입을 공포한 바 있다. 이는 각 대학의 신입생 충원율, 졸업생 취업률, 교원 확보율 등 교육여건에 관한 지표와 학교운영 관련 지표를 공시하고 대학 관련 각종 평가 결과를 공개하는 것을 의미한다. 정부는 조속히 관련 법령을 정비하여 대학 정보를 일반에 공개하는 데 필요한 조치를 취할 필요가 있다. 또한, 경제단체나 언론기관 등에 의한 대학평가도 장려하여 수요자들이 다양한 정보에 의한 판단을 할 수 있는 환경을 조성하는 것이 필요하다.

산업 수요 변화에 따른 업종별 · 직종별 · 교육훈련유형별 인력 수급 전망 자료는 대학과 학생이 학과 개편, 교육과정 설계, 학교 및 학과 선택 등을 할 때 매우 유용한 정보를 제공하게 된다. 즉, 이 같은 정보는 교육공급자 관점에서는 대학이나 학과가 경쟁력을 유지하면서 대학 시장에서 생존할 수 있는 전략을 마련하는 데, 그리고 교육 소비자 입장에서는 졸업 후 취업에 유리한 학과 및 학교 선택을 하는데 필수 조건이라 할 수 있다. 이러한 업종별 · 직종별 · 교육훈련유형별 인력 수급 전망 자료는 중앙정부 차원에서 종합적 · 체계적 전망 시스템을 구축하여 산출하는 것이 필요하다. 인적자원개발회의(향후 국가인적자원위원회)에서 전망 시스템 구축 사업을 가속화시킬 필요가 있다. 업종별 · 직종별 인력 수급 전망 시스템을 통하여 산출된 정보는 여러 가지 매체를 통하여 일반에 공개되어야 한다.

---

6) 여기서 기본여건의 조성이란 대학, 학생, 기업 등이 합리적인 의사결정을 하기 위하여 필요한 각종 정보를 생성 · 공급하는 것을 의미한다.

(2) 노동시장 수요에 대응하는 특성화 정책의 합리적 운영

대학 특성화를 통한 대학경쟁력 강화를 위한 정부 재정지원사업 추진시 사업 추진 부처 간에 사업간 연계·조정 및 사업성과 평가 방식에 대한 협의를 거칠 필요가 있다. 이는 부처 간의 중복 투자를 방지하고 한정된 국가 재원의 보다 효율적인 투자를 가능하게 한다. 인적자원개발회의(향후 국가인적자원위원회), 국가과학기술위원회, 국가균형발전위원회 등에서 전문위원회 구성(분야별 전문가, 관련 부처 관계관)을 통하여 이 문제를 심의·조정하는 기능을 수행하는 것이 필요하다. 또한, 정부 각 부처별 대학교육·연구 재정지원사업의 예산 투입 및 집행을 모니터링·평가할 수 있는 정책사업 통합 회계정보체계를 구축하여 운영할 필요가 있다.[7] 이러한 회계자료 분석 결과에 따른 사업 집행 성과 평가결과 등은 정부 재정지원사업의 실질적인 개선안 도출을 위한 필수 조건이라고 할 수 있다.

상기한 유관사업의 연계·조정을 통한 중복 투자의 방지 및 시너지효과(synergy effect) 창출은 지원 대상자인 대학의 협력을 전제로 한다. 해당 대학에서 정책사업 제안서를 작성할 때 이 같은 사항을 고려하여 기 수행 중인 정부의 유관 정책사업과 제안사업 간의 관계를 미리 분석하고 양 사업 간의 합리적인 연계방안을 제시하는 것이 중요하다. 이는 해당 대학 내의 연계뿐만 아니라 지역 내 대학간 연계도 포함된다. 이를 유도하기 위해 해당 정부 부처가 이 같은 분석을 포함한 제안서에 대해 높은 평가점을 부여할 필요가 있다.

또한, 수요가 작은 전공분야의 정원 감축 유도를 위한 보다 현실적인 방안을 강구할 필요가 있다. NURI 사업의 경우와 같이 사업단 소속 학과의 정원을 감소시켜야 하는 사태를 방지하고 합리적인 구조조정을 유도하기 위해서는 이러한 구조조정 유도를 위한 별도의 정책사업을 추진하거나 기존 정책사업(대학구조개혁사업)을 보강하여 운영하는 것이 필요하다. 이는 하나의 정책사업을 통하여 대학 정원 감축과 특성화의 2가지 성과를 거두기에는 한계가 있기 때문이다.

(3) 국립대학과 사립대학간 역할 분담

대학 및 노동시장의 정보 공개, 대학 시장의 활성화, 대학 특성화 정책 등은 대

7) 현재 국가 인적자원 개발 정책의 경우 HRD 분야 예산을 통합적으로 분석하기 위한 회계체계(accounting system) 개발 연구가 완료되어 정식 실행을 준비 중에 있다.

학간 경쟁을 통한 대학경쟁력 강화를 목표로 하고 있다. 그러나 대학에서 취급하고 있는 학문 분야 중에는 이러한 경쟁원칙이 적용되기 어렵지만 그 자체적으로 또는 국가적으로 중요한 분야가 다수 존재하고 있다. 일국의 전반적인 대학경쟁력 제고 차원에서 정부는 이에 대한 지원체제를 모색할 필요가 있다. 구체적으로 비인기 학문, 기초과학, 재정 소요가 많은 학문 분야, 국가적으로 필요하나 시장수요가 극히 제한된 분야에 대한 체계적인 정부 지원이 필요하다. 정보통신기술(IT)이나 로봇기술(RT)의 발달은 수학, 물리학 등 기초학문의 발달없이는 불가능한 데 이러한 학문분야에 대한 일반 수요는 자체적으로 이 분야 연구를 유지해 나가기에는 부족한 것이 현실이다. 따라서 이 같은 기초학문 분야 지원을 위하여 정부는 일정 수준 이상의 예산을 확보할 필요가 있다.

이러한 맥락에서 국립대학과 사립대학의 역할 분담을 고려할 수 있다. 시장기제가 작동하는 분야는 사립대학이 담당하고, 시장실패(market failure)가 발생하는 기초학문 분야나 대규모 재정투자가 필요한 분야는 국립대학이 맡아 교육과 연구를 실시하는 것이 바람직하다. 그러나 이를 실현하는 데는 상당한 기간이 소요될 것으로 판단된다. 이는 우리의 대학들이 대부분 국립과 사립의 구분없이 많은 학과들을 설치 · 운영하고 있기 때문이다. 기 설치 · 운영하고 있는 학과들의 조정은 학내 관련 학과의 합의 도출, 기존 교수들의 재교육 · 재배치 등을 고려하여 단계적으로 접근하는 것이 바람직하다고 판단된다.

3.2 선순환적 평생교육체제의 정립

우리의 직업교육체제가 노동시장이 필요로 하는 양질의 인력을 양성하여 공급하는 기능을 제대로 수행하기 위해서는 직업교육 트랙을 선택하는 사람들이 자신의 경력을 생애에 걸쳐 지속적으로 성장시켜 나갈 수 있도록 교육체제가 구조화되어야 한다. 실업계 고등학교 졸업 후 제조업체에서 3~5년간 근무한 후 대학교육을 희망할 경우 대학에서 원하는 공부를 할 수 있도록 지원하는 제도가 필요하다. 즉, 고등학교 졸업 후 산업체에서 수년간 현장에서 경험한 후 대학에서 공부하고 다시 산업체에 복귀하여 근무하는 것이 가능한 제도적 환경을 구축할 필요가 있다.

이를 위해서는 우선 실업계 고등학교 졸업 후 산업 현장에서 근무하다가 대학에서 공부하고자 하는 근로자에게 대학 교육기회가 주어져야 하고 이들에 대한 학자금 지원을 제도화시킬 필요가 있다. 기업에서도 이러한 인력을 지원하고 다시 채용하는 체제를 확립할 필요가 있다. 이 같은 선순환적 평생교육체제의 정립은 현재의 직업교육에 대한 부정적 인식을 해소하고 학생들이 지금 대학교육을 받지 않더라도 단계적으로 자신의 경력(career)을 개발할 수 있다는 목표를 가지고 직업교육을 선택하게 할 수 있게 된다. 이는 대학교육에 대한 과도한 수요와 이로 인한 대졸 인력의 과잉공급 문제, 그리고 노동시장에서의 숙련 불일치 문제를 해소하는 데에 기여하게 된다.

선순환적 평생교육체제의 정립은 재직 근로자의 평생 고용가능성(life-long employability) 제고에도 크게 기여할 수 있다. 산업체에서 필요로 하는 지식과 기술의 생명주기(life cycle)가 점차 단축되면서 재직 근로자나 실업자의 지속적인 직업능력개발의 필요성이 증대되고 있다. 고령화 및 조기퇴직에 따른 재교육과 훈련 문제를 해결하기 위한 새로운 평생교육체제가 요구되고 있다. 이를 위해 외국의 Community College 기능과 같이 전문대학이나 대학이 교육대상의 폭을 성인 근로자로 확대하여 이들의 지속적인 직업능력개발이나 평생교육 수요에 부응하는 양질의 프로그램을 개발하여 운영할 필요가 있다. 전문대학과 대학은 다양한 계층의 지역 주민들이 새로운 지식과 기술을 습득할 수 있는 재교육 · 훈련센터 기능을 수행해야 한다.

현실적으로 선순환적 평생교육체제를 정립하고 이를 지속적으로 운영하는 데는 상당한 규모의 예산 투자가 요구된다. 이 방안은 시장실패가 예상되는 정책분야로 중앙 및 지방정부의 재정투자가 수반될 필요가 있다. 특히, 기업체의 협조를 유도하기 위해서는 정부의 행 · 재정적 지원이 필요하다.

3.3 교육시장 대외개방을 통한 교육 서비스 경쟁력 강화

교육을 하나의 서비스산업으로 볼 때 우리의 교육 서비스산업의 경쟁력은 세계시장에서 타 국가와 경쟁할 때 더욱 제고될 수 있다. 교육시장의 대외개방은 국내 교육기관(중등 및 고등)과 국내 진출 외국 교육기관 간의 경쟁뿐만 아니라 국내 교육기관 간의 경쟁을 유도하고 교육 서비스의 국제기준을 제시하게 되어 국내 교육기관의 경쟁력 제고에 기여할 것으로 기대된다.

교육시장의 대외개방은 외국 교육기관의 설립·운영, 외국인 교사 채용, 외국 교육기관 학력 인정 등이 국내 교육기관 및 교육운영에 미치는 영향을 고려하여 단계적으로 접근할 필요가 있다. 즉, 제한된 지역에서 제한된 범위로 시범 운영하면서 국내 적용 방안을 모색하는 것이 바람직하다.

교육시장의 대외개방은 우선 경제자유구역이나 교육특구 등 제한된 지역을 대상으로 시도할 수 있다. 즉, 이들 지역에 외국 교육기관의 설립·운영을 허용하고 내국인이 입학할 수 있도록 하는 방안을 고려할 수 있다. 이 단계의 외국 교육기관 설립은 비영리법인 학교에 국한하고 국내 진출 교육기관의 질적 수준도 국가가 일정한 기준에 의거하여 제한할 필요가 있다. 이 경우 외국 교육기관에서 수학한 학생의 학력은 국내 학력과 동등하게 인정해야 한다. 중장기적으로는 국내 대학설립 규제완화(영리법인 학교 설립 허용)와 연계하여 영리법인 외국학교의 설립을 허용하는 방안을 검토할 필요가 있다.

상기한 교육 서비스시장의 개방은 국내 교육기관의 체질 개선을 통한 경쟁력 강화 및 양질의 인력 양성·공급, 그리고 국내 진출 외국 교육기관에서의 수학을 통한 교육수지 적자 완화 등에 크게 기여할 것으로 판단된다.

3.4 교육지배구조의 개선

학생의 학교 선택권 및 학교의 학생 선발권 확대, 교원의 전문성 제고 등의 정책추진이 교육기관, 교사, 그리고 학생의 특성에 맞게 보다 정교하게 이루어지기 위해서는 이 같은 정책추진의 실질적 권한과 책임이 하위기관으로 위임·이양될 필요가 있다.

시·도 단위에서의 교육행정과 일반행정 간의 연계 강화를 통하여 지역 초·중등교육에 대한 지방자치단체의 책무성을 제고시킬 수 있다. 현재는 교육행정과 일반행정 간의 연계 미흡으로 행·재정적인 손실이 다수 발생하고 있다. 양자 간의 긴밀한 연계는 불필요한 행정적 낭비를 방지하고 지역 교육투자의 시너지효과를 제고시키는 데 크게 기여할 것으로 판단된다. 이러한 양자 간의 연계는 각 시·도별 특성에 따라 여러 가지 형태로 시도될 수 있다.

4. 실행계획

4.1 정부와 시장의 역할분담

정부는 우리의 교육체제가 교육 수요자의 합리적인 선택에 의해 변화될 수 있도록, 즉 교육시장기제가 작동할 수 있도록 필요한 여건을 조성하는 데 정책의 우선순위를 둘 필요가 있다. 예를 들면, 교육 및 노동시장 정보인프라 구축 · 운영, 지방대학 혁신역량 강화 · 대학정보공시제 도입 등을 추진할 필요가 있다. 또한, 기초 · 비인기 학문 분야 육성, 저소득층 자녀의 교육기회 보장과 같이 시장실패 부문에 대해서는 적극적으로 대응할 필요가 있다.

4.2 중점 추진과제(2006년)

대학교육의 노동시장 수요 대응력 및 질적 수준 제고를 위한 정책과제 중 대학정보공시제 도입, 업종별 · 직종별 · 교육훈련유형별 인력수급 전망 시스템 구축 · 운영, 대학 구조조정 사업 보완 등은 2006년에 실시하게 된다. 대학 특성화 정책사업 통합 회계정보체제 구축 · 운영, 국립대학과 사립대학간 역할 분담, 평생교육 촉진을 위한 기업 지원책 강구 및 학자금 지원제도 운영, 교육행정권한의 하위기관으로의 위임 · 이양 등은 2006년에 기획하여 2007년부터 시범운영 또는 본격적으로 실시할 예정이다.

4.3 중장기 추진과제

시 · 도에서의 교육행정과 일반행정 간의 연계 강화, 교육특구 영리법인 학교 허용 등은 제도 도입의 파급효과를 고려하여 사전준비를 거쳐 중장기 과제로 추진할 필요가 있다.

Ⅲ. 대외개방도 제고

1. 개방의 필요성

대외개방의 필요성을 다음 3가지 측면에서 살펴본다.

1.1 높은 대외의존도

한국이 지속가능한 경제성장(sustainable economic growth)을 하기 위해서는 대외지향적 또는 무역의존적 경제정책(trade-dependent economic policy)을 추진해야 함은 재론의 여지가 없다. 1960년대 이후 한국은 수출지향적인 경제성장정책(export-oriented economic growth policy)을 추진하여 괄목할 만한 성장을 이룩하였다. 이는 동일한 시기 수입대체정책(import substitution policy)을 추진하였던 중남미 국가와는 커다란 대조를 보였다. 한국은 수출이 급속히 성장하여 2004년 약 2,538억 달러의 수출을 기록함으로써 세계 12위의 수출대국으로 성장하였다.

〈표 1〉 주요 국가의 대외의존도[1)]

(단위 : %)

연도	한국	아일랜드	네덜란드	독일	중국	일본	미국
1980	73.3	112.6	104.2	55.1	15.5	27.9	20.6
1985	65.0	117.6	119.8	63.8	24.1	25.0	17.0
1990	59.4	109.3	105.3	61.6	31.8	19.9	20.4
1995	58.7	141.6	109.0	47.4	45.7	16.8	23.2
2000	78.5	182.2	129.7	66.4	49.1	20.2	25.1
2004	83.8	144.9	125.5	71.1	66.1[2)]	24.3	24.1

주 : 1) 상품 및 서비스 무역액/GDP
　　2) 2003년 수치임
자료 : IMF, World Bank

한국의 대외의존도는 지속적으로 증가하여 서비스무역까지 포함하여 2004년

83.8%를 기록하였다. 네덜란드, 아일랜드 등 국가규모는 작으나 적극적인 개방을 통하여 높은 성장을 이룩한 국가들은 물론 한국과 같이 강한 제조업 경쟁력을 보유하고 있는 독일도 무역의존도가 매우 높다. 반면 내수시장 규모가 큰 미국이나 일본은 상대적으로 무역의존도(trade dependence)가 낮은 편이다.

1.2 개방이 불가피한 대외적 환경

대외적 환경의 변화로 다음 2가지 측면을 지적할 수 있다.

(1) 글로벌화의 진전

대외적 환경 역시 글로벌화(globalization)가 급속히 진전되는 등 급변하고 있다. 세계무역기구(WTO)를 중심으로 한 다자차원에서의 경제통합(economic integration)과 자유무역협정(FTA)을 중심으로 한 지역차원에서의 경제통합 모두 급속히 진전되고 있다. 그동안 폐쇄적 발전전략에 따라 경제성장이 지체되었던 BRICs(브라질, 러시아, 인도, 중국)가 개방을 통해 세계경제에 편입되면서 세계경제 지형도 커다란 변화를 보이고 있다. 또한, 글로벌화의 진전에 따라 상품은 물론 자본·기술·노동 등 생산요소의 자유로운 이동이 확산되고 있다. 이에 대응하여 기업들은 판매활동뿐만 아니라 모든 생산관련 활동까지 글로벌화를 진행하는 글로벌 네트워킹(global networking)이 심화되고 있다. 이러한 글로벌화를 능동적으로 활용하면 경쟁의 촉진을 통해 기업경쟁력(corporate competitiveness) 제고, 공정한 시장질서(fair market order) 확립, 경제 투명성(economic transparency) 강화 등 경제선진화에도 기여하게 된다.

(2) 지식기반경제로의 이행

또 다른 세계경제의 흐름은 지식기반경제(knowledge-based economy)로의 이행이다. 정보통신기술(ICT)의 발전과 더불어 상품 제조공정 위주의 경제구조가 '정보'와 '지식'이 가치창조(value creation)의 주요 원천이 되는 지식기반경제로 전환되고 있다. 또한, 지식기반산업은 막대한 자금이 소요되는 연구·개발(R&D)이 기초가 되기 때문에 글로벌화에 의해 통합된 세계시장이 지식기반산업의 존립기반이 되고 있다.

한국의 경제구조와 전세계적인 글로벌화 및 지식기반경제로의 이행 등을 고려할 때 현재의 글로벌 경제환경(global economic environment)에서 한국이 보다 높은 수준의 개방을 이루지 못할 경우 지속적인 수출 증대가 어려운 상황에 직면해 있다. 즉, 글로벌화가 급진전되는 환경 하에서 보다 적극적으로 개방을 추진하지 않을 경우 산업경쟁력(industrial competitiveness)이 약화되고 이에 따라 수출이 감소됨으로써 수출이 주도하고 있는 한국경제는 큰 타격을 입게 된다. 또한, 개방을 통해 글로벌 경쟁에 노출될수록 비교열위(comparative disadvantage)의 산업에서 비교우위(comparative advantage) 산업으로 자원의 효율적 배분(efficient distribution of resources)이 전개되어 경제 전체의 효율성이 제고될 수 있다. 따라서 개방은 글로벌 시장에서의 생존을 위하여 한국이 선택해야 할 필수적인 조건이라고 할 수 있다.

1.3 개방의 부작용 최소화를 위한 정책대응 필요

개방으로부터 발생하는 사회적 비용(social cost)도 무시할 수는 없다. 시장개방(market opening)이 심화되거나 급속도로 진행될 경우 경쟁력을 상실한 부문에서는 고용이 감소하고 심지어 기업이 도산할 가능성도 증대된다. 한국의 경우 농업분야는 물론이고 섬유, 신발, 가전제품 등을 생산하는 제조업체나 요식업, 숙박업 등 경쟁력이 약한 일부 서비스 분야 등 노동집약적 산업(labor-intensive industry)에서는 이 같은 현상이 발생할 가능성이 큰 편이다. 특히, 자금이나 인적구조가 취약한 중소기업의 경우에는 더욱 큰 타격을 입을 수도 있다. 즉, 개방화는 구조조정에 따른 고통과 갈등, 양극화 현상 등 다수의 어려움을 야기시킬 수 있다. 따라서 개방화를 추진하기 위해서는 개방으로 인한 구조조정과 그에 따른 고통, 양극화 확대 등의 문제에 대하여 적절한 대책의 수립도 함께 이루어져야 한다.

2. 비전의 제시

2.1 개방의 새로운 패러다임

국제사회에서 한국의 위상이 제고되면서 이전과 같이 개도국 지위에 편승해서

자유무역질서(free trade order)라는 국제적 공공재(international public goods)에 무임승차하는 것은 더 이상 가능하지 않다. 최근 진행되는 양자간 협상(bilateral negotiations)에서 엄격한 상호개방이 요구되고 있으며 다자간 협상(multilateral negotiations)에서도 선진개도국으로서의 적극적 역할을 요구받고 있다. 이전에 한국의 통상관은 일종의 개도국형 중상주의로 수출확대를 위해서는 시장개방이 불가피하다는 '개방불가피론'으로 간주할 수 있다. 개방불가피론은 개방의 긍정적 효과를 적극적으로 인식하기보다는 개방하지 않았을 경우의 피해를 강조하는 수동적인 통상관으로서 선진국 진입을 위해서는 과감히 탈피해야 하는 시각이다.

대외개방과 대내개혁이 밀접히 연계되어 있는 세계화 시대의 현실에서 국내에는 아직 대외개방을 대외정책으로 인식하는 시각이 존재하고 있다. 그러나 대외개방과 대내개혁이 연계되어 추진되지 않을 경우 개방의 긍정적 효과를 충분히 활용하기 힘들게 되며 최악의 경우 국내경제의 위기까지 발생할 수 있다. 우리는 외환위기(foreign exchange crisis) 이후 개방을 적극적으로 추진하였으나 대내제도의 동반개혁과 인식전환이 미흡하여 최근에는 국수주의적인 반개방 정서가 표출되는 경향도 발생하고 있다.

한국은 수출지향형 경제발전을 통해 선진개도국을 달성한 국가로서 향후 세계화가 주는 충격을 어떻게 경제발전과 시스템 개선의 동력으로 활용하느냐에 따라서 선진국 진입이 결정된다고 할 수 있다. 세계화 추세를 능동적으로 활용하기 위해서도 대외개방을 통한 경제선진화가 선진국 진입의 동력이 되어야 한다. 개방은 외부압력 때문에 수동적으로 추진하는 것이 아니라 선진화 과정에서 능동적으로 추진해야 한다. 이를 위해서는 대외개방과 대내개혁을 연계하는 종합적 패러다임이 필요하다. 이는 대외개방이 이루어지면 대내개혁(domestic reform)이 촉진되고, 대내개혁이 되어야 대외개방의 긍정적 효과가 배가되는 시너지효과(synergy effect)가 발생하기 때문이다. 대내개혁과 대외개방의 추진은 불가피하게 사회갈등(social conflict)을 초래하기 때문에 사회적 합의(social consensus)를 도출하기 위한 시스템 구축이 필요하다.

이 같은 맥락에서 최근에 국민경제자문회의가 발표한 '선진통상국가의 개념 및 추진과제'는 새로운 패러다임의 필요성을 충분히 반영하고 있으며 향후 한국경제가 대외부문에서 지향하여야 할 비전을 적절히 제시하고 있는 것으로 평가할 수 있다. 한국이 대내외 도전을 극복하고 선진국에 진입하기 위해서 지향하여야 할 선진통상국가는 '노동 · 금융 · 경쟁 등 각 부문에서 글로벌 스탠더드(global standard)를 구축하고 적극적인 해외투자와 외국인투자 유치를 통하여 글로벌 네트워킹을 구축하는 한편 경쟁력있는 서비스산업과 부품 · 소재 산업을 육성하고 IT 등 미래성장산업에 집중투자하면서 시장 친화적 인프라스트럭처(market-friendly infrastructure)가 형성된 국가'를 의미한다.

2.2 대외개방의 지향점

글로벌 시장(global market)은 세계의 모든 국가가 재화, 용역 및 생산요소를 완전히 자유화하여 무역에 아무런 장애요소가 없는 하나의 통합된 시장을 의미한다. 이 같은 측면에서 볼 때 국가마다 경제규모는 물론이고 경제여건 및 발전단계, 그리고 산업구조(industrial structure) 등에 있어서 현격한 차이를 보이고 있는 현실에서 완벽한 글로벌 시장을 형성하는 데에는 상당한 시간이 소요되게 된다. 이 같은 대외여건 하에서 향후 글로벌 시장에서 비교우위(comparative advantage)를 확보하기 위해서는 이미 급속도로 진행되고 있는 세계화 현상에 신속히 적응할 수 있는 경제체제를 구축해야 한다. 이를 위해서는 대외개방을 보다 능동적이고 효과적으로 활용할 필요가 있다. 비록 우리경제의 대외개방에 획일적 목표수치를 부여할 수는 없으나 우리의 경제여건, 산업구조, 분야별 특성, 이해관계자 등 다양한 상황을 고려하여 확고한 지향점을 수립할 필요가 있다.

우리의 대외개방에 있어서 가장 어렵고 민감한 부분은 농업분야로 평가할 수 있다. 특히, 농업소득의 51.6%, 전체 농가소득의 20.3%를 쌀에 의존하고 있는 우리의 농업구조상 쌀 시장 개방은 농가소득에 지대한 영향을 미치게 된다. 그러나 2014년 이후 추가적으로 쌀 관세화 유예를 받을 수 있느냐에 대해서는 여러 상황을 고려할 때 현실적으로 불가능하다. 따라서 쌀 협상에서 확보한 향후 9년(이미 1년 경과)의 관세화 유예기간을 농업분야 전반의 확고한 구조조정기간으로 설정하고 우리 농가 역시 개방이 불가피하다는 인식 하에 경쟁력을 강화시키기 위한 노력을 충실하게 진행시켜야 한다. 도하개발아젠다(DDA) 농업협상에서도 이 같은 현실과 정책목표를 연계하여 향후 농촌을 개방으로부터 연착륙(soft landing)시킬 수 있도록 보다 구체적인 개방안을 농민에게 제시할 필요가 있다.

공산품의 경우 분야별 또는 기업규모(중소기업 포함)에 따라 차이는 있으나 농업이나 일부 서비스분야에 비해 개방의 부담은 작을 수 있다. 그럼에도 불구하고 원천기술을 보유하지 못한 중소기업의 경우 세계화의 진전에 따라 대기업과의 격차가 더욱 확대될 수 있다. 따라서 충분한 경쟁력을 확보할 시간적 여유가 필요한 극히 일부 민감품목을 제외하고 현재의 중심관세율 수준(8%)을 선진국 평균 관세율 수준에 근접하도록 단계적으로 인하시키는 방안을 고려해 볼 수 있다.

한편, 세계경제가 지식기반경제(knowledge-based economy)로 이행함에 따라 선진국의 경우 제조업 위주의 산업발전에서 탈피하여 지식을 기반으로 하는 산업, 특히 서비스산업이 미래의 성장동력으로 부상하고 있다. 서비스산업은 고부가가치 산업으로서 그 자체로도 중요하나 생산을 위한 중간재(intermediate goods)로서 제조업 경쟁력 강화와 직결된다. 이전에는 제조업이 입지한 곳에 회계, 법무 등 서비스업이 진출하였으나 지금은 서비스산업이 발달된 곳에 제조업이 입지하는 현상이 나타나고 있다.

관세인하 등을 의미하는 상품시장 개방과는 달리 서비스시장 개방은 외국인 서비스 공급자의 국내진입을 용이하게 하고 내외국인 차별폐지 등 시장접근을 제한하는 규제완화(deregulation)를 의미한다. 서비스시장 개방이 서로의 시장을 개방하는 것이라는 관점에서 볼 때 국내 서비스시장 개방의 원칙은 명확하다. 국내의 모든 규제를 철폐하지는 않더라도 최소한 정당한 근거를 확보하지 못해 우리가 해외 서비스시장 개방을 요구할 때 장애가 될 수 있는 규제는 모두 철폐되어야 한다. 물론 정당한 근거에는 공익성(publicity)이나 국가안보(national security) 등 각 서비스의 특성을 반영할 수 있는 다양성이 수반되어야 한다.

대외개방은 우리의 경쟁력 강화 및 경제의 효율성(economic efficiency) 제고를 위해 자율적으로 추진해 나가되 우리경제가 외국에 대해 시장을 개방하는 것뿐만 아니라 적극적으로 해외에 진출하는 것을 포함하는 양방향 개방이어야 한다.

〈표 2〉 주요 국가의 서비스산업 현황

ⓐ GDP 대비 서비스업 비중(2003, %)

미국	네덜란드	영국	독일	일본	한국
75	72	72	69	68	65

자료 : WTO

ⓑ 총수출 대비 서비스 수출 비중(2004, %)

전세계	아일랜드	영국	미국	네덜란드	한국
19.1	32.2	33.0	28.2	19.5	13.4

자료 : World Bank

한편, 한류(韓流)의 확산으로 나타나는 문화산업의 해외진출과 중국 등지의 유통산업 진출의 경우와 같이 일부 서비스산업은 해외에서도 경쟁력을 인정받아 해외진출을 확대하고 있다. 이 같은 여건의 변화 속에서 이제는 서비스시장을 외국서비스의 국내 진출이라는 수동적 개념뿐만 아니라 국내서비스의 해외진출이라는 능동적 개념으로 인식하는 사고의 전환이 필요하다.

글로벌 시장의 특징 중 하나는 1등은 무한한 시장(unlimited market)을 확보할 수 있는 반면에 2등과 그 이하가 차지할 수 있는 시장은 과거에 비하여 현저히 감소하고 있다는 것이다. 즉, 세계화가 급진전되면서 세계의 소비자들은 지역에 관계없이 동일한 소비행태를 보이는 경향이 나타나고 있다. 따라서 1등 제품은 더욱 많이 소비되는 반면에 과거 특정 지역에서 잘 소비되던 제품은 글로벌 판매망을 구축한 1등 제품에 뒤처질 경우 시장에서의 입지는 크게 위축되는 현상이 나타나고 있다.

우리는 세계시장 1위 품목 수가 77개로서 독일, 일본, 네덜란드 등에 비하여 낮은 수준이며, 국가별 총 기업가치 역시 네덜란드에 못 미치는 것으로 조사되고 있다. 적극적인 개방정책을 통하여 글로벌 시장에서 생존경쟁을 전개하지 않는다면 우리의 산업경쟁력(industrial competitiveness)은 급속히 약화될 가능성이 증대되고 있다.

〈표 3〉 국내 기업의 세계경쟁력

ⓐ 세계시장 1위 품목 수(2002, 개)

미국	독일	일본	네덜란드	한국	아일랜드
884	808	321	115	77	28

자료 : 한국무역협회(2004)

ⓑ 국가별 총 기업가치(2003, 10억 달러)

일본	영국	독일	네덜란드	한국	싱가포르
2,039	1,861	720	379	156	64

자료 : Business Week(세계 1000대 기업대상)

3. 대외개방 현황과 평가

3.1 대외개방 현황

한국의 전반적인 개방수준은 아직 선진국 수준에는 못 미치고 있으나 농산물 분야를 제외하고는 대체로 선진국 수준에 근접해 가고 있는 것으로 평가된다. 공산품 관세는 현재 진행 중인 DDA 협상에서 추가 인하율이 결정된다. 최근 들어 관세인하는 이루어지지 않고 있으나 우루과이라운드(UR) 이후 평균관세율은 8%의 기준관세율 이하로까지 하락하였다. 다만 국제경쟁력(international competitiveness)이 취약한 농산물의 경우에는 선진국뿐만 아니라 일부 개도국에 비해서도 관세율이 상당히 높게 유지되고 있다. 특히, 옥수수 등 일부 농산물의 경우에는 수입할당량을 설정하고 있으며 부가가치 가공품의 수입을 제한하는 비관세장벽(non-traiff barriers)도 상당 부분 존재하고 있다.

서비스시장의 개방에 있어서도 모드 1(국경간 공급, 일례로 통신 및 전자상거래를 통한 외국 금융서비스), 모드 3(상업적 주재, 일례로 외국인직접투자를 통한 외국 서비스업체의 진출), 모드 4(인력 이동, 일례로 필리핀 치과의사의 한국 진출) 등 대부분의 분야에서 선진국보다 낮은 수준을 보이고 있으나 개방 수준이 크게 뒤처지지는 않은 것으로 평가할 수 있다.

〈표 4〉 농산물 및 공산물 시장개방의 속도 및 수준

ⓐ 국내시장의 개방속도

(단위 : %)

	1996	2000	2004
농산물	44.4	42.9	38.9
공산품	7.2	7.5	6.9
전 체	16.5	16.4	14.9

주 : MFN 단순평균실행관세, HS 2단위 기준
자료 : World Intergrated Trade Solution, UNCTAD TRAINS

ⓑ 주요 국가의 관세 수준

(단위 : %)

	미국	EU	일본	한국	대만	브라질	멕시코
농산물	12.32	7.75	7.85	38.9	17.1	12.2	24.7
공산물	3.21	3.71	2.86	6.89	4.92	13.82	17.32

주 : MFN 단순평균실행관세, HS 2단위 기준
자료 : World Intergrated Trade Solution, UNCTAD TRAINS

그러나 법률, 교육, 보건・의료, 우편・송달, 문화・오락・스포츠, 에너지 서비스 분야 등이 경쟁력 또는 정책적 민감성을 이유로 아직 개방이 미흡한 수준으로 평가된다. 궁극적으로 실질적인 서비스시장 개방은 결국 국내제도 및 규제와 밀접하게 관련되어 있다는 점에서 이미 개방이 이루어진 분야에서도 향후 개선의 가능성은 큰 것으로 보인다.

외국인직접투자(FDI)는 1990년대 후반 경제협력개발기구(OECD) 가입과 외환위기(foreign exchange crisis)를 계기로 급격히 증가하였다. 특히, 외환위기 이후 구조조정으로 다수의 기업을 외국자본에 매각하면서 1999년과 2000년에는 150억 달러를 초과하였다. 이후 구조조정 과정이 어느 정도 마무리되면서 외국인직접투자는 상당히 감소하였으나 외환위기 이전에 비하면 크게 증가한 상태이다. 이 같은 양적 성장에도 불구하고 UNCTAD가 평가한 우리의 투자유치 잠재력 대비 FDI 유치실적은 아직 부진한 것으로 인식되고 있다.

〈표 5〉 각국의 FDI 유치성과의 잠재력지수

	한국	영국	네덜란드	싱가포르	아일랜드
투자유치성과지수	0.3	1.5	4.0	4.8	6.3
투자유치잠재력지수	3.9	4.7	4.2	4.7	4.3

한국은 1992년 주식시장 개방에 이어 1998년 5월 채권시장이 자유화됨으로써 최소한 명목상으로는 자본시장(capital market)이 완전 자유화되었다. 그러나 외국인의 국내 자본유입은 대부분 주식시장(stock market)을 중심으로 이루어지고 있다(2004년도 전체 자본유입 중 90.2%가 주식투자로 직접투자는 7.6%에 불과하며, 그 밖에 채권투자와 장기차입이 각기 1.8%, 0.5%로 나타나는 등 우리의 금융국제화 지수는 주요 선진국 및 OECD 평균보다 낮은 것으로 평가할 수 있음).

3.2 현 개방정책의 방향

한국의 개방정책은 주로 OECD 가입 및 외환위기를 계기로 자발적 구조조정을 통해 이루어진 자본시장 개방을 제외하면 대체로 세계무역기구(WTO)와 자유무역협정(FTA)을 중심으로 실시되어 왔다. 1980년대 말부터 외환위기 이전까지는 주요 현안을 중심으로 미국 등 선진국과의 양자협상을 통해 개방을 허용한 사례도 다수 존재하였으나 2000년대에 들어서는 최소한 선진국에 의한 양자간 개방 압력은 거의 없는 실정이다.

정부는 현재 진행 중인 WTO/DDA 협상에서 공산품, 반덤핑(anti-dumping) 및 일부 서비스 분야 등에서는 적극적인 자세로 협상을 추진하되 경쟁력이 취약한 농·어업 및 일부 서비스분야에서는 점진적 개방을 추진한다는 기본전략으로 대응해 오고 있다. DDA 협상과 직접적 연관성이 있지는 않으나 쌀 협상에서는 관세화 10년간 유예를 관철하는 대신 2014년까지 쌀 수입량을 국내 쌀 소비량의 7.96%까지 확대하기로 했다. DDA 농업협상은 현재 높은 관세를 지닌 품목에 대해 대폭 관세를 감축하여야 하는 방향으로 진행되고 있어 우리에게는 다소 부담이 될 것으로 판단된다. 그러나 정부는 농업부문의 민감성을 감안하여 적절한 수의 민감품목 또는 특별품목을 지정하여 시장개방에 신축성을 부여받기 위해 노력하고 있다.

〈표 6〉 한국의 주요 고관세 품목 현황

	실품목 (누계)	관세항목수 (HS 10단위, 누계)	비 고
300% 이상	25개	94개(6.5%)	마늘(360%), 참깨(630%) 쌀보리(300%), 겉보리(324%)
250% 이상	31개	108개(7.4%)	고추(270%)
200% 이상	39개	124개(8.5%)	수삼(223%), 밤(219%)
100% 이상	47개	142개(9.8%)	분유(176%), 감귤(144%)

자료 : 외교통상부, FTA 및 DDA 협상추진전략, 2004.

공산품분야에 있어서 정부의 입장은 전반적으로 관세 및 비관세장벽의 감축 또는 철폐를 지지하며 협상대상 상품의 범위도 포괄적이어야 하고 사전적 예외가 있어서는 안 된다는 것이다. 현재 DDA 협상에서는 높은 관세를 더 많이 감축하는 한편 무역원활화 협상 출범이 회원국 간에 합의된 상태여서 우리 상품의 해외 수출증대에 기여할 것으로 보인다.

한편, 서비스분야가 국민경제에서 차지하는 중요도 및 그동안 취해온 자유화 정책(liberalization policy)을 고려하여 정부는 서비스협상에 적극적인 자세를 보이고 있다. 즉 통신, 유통, 해운 등 우리가 경쟁력있는 분야에서는 해외진출 기반을 확보하기 위해 적극적으로 해외시장 개방을 요구하고 있다. 그러나 법률, 교육 등 분야에서는 개방에 소극적 입장을 보이고 있으며 시청각(영화상영, 라디오·TV방송 등), 보건·의료, 뉴스 제공업 등 분야는 양허하지 않은 상태이다.

DDA 협상이 별 진전을 보이지 않고 있는 가운데 정부의 자유무역협정(FTA) 체결 의지는 매우 확고한 편이다. 정부는 세계적인 FTA 확산에 따른 피해를 최소화하고 안정적인 해외시장을 확보하면서 거대경제권 시장을 선점한다는 계획 하에 동시다발적 FTA를 추진하고 있다. 즉, FTA 현상을 신속하게 추진하여 우리기업들의 기회비용(opportunity cost)을 최소화하고, 각각의 FTA별로 나타나는 상이한 효과를 상쇄·보완한다는 전략을 추진하고 있다. 따라서 2004년 4월 한·칠레 FTA를 발효시킨 이후 싱가포르 및 유럽자유무역연합(EFTA)과의 협상을 성공적으로 종결하였으며 2005년 12월 6일에는 ASEAN과의 FTA(상품분야)가 사실상 타결된 바 있다. 반면에 2005년까지 협상을 종결하기로 예정되었던 한일 FTA는 일본 측이 농산물 분야에서 지나치게 낮은 양허 수준(무역량 기준 50%)을 제시함에 따라 협상이 교착상태를 보이고 있으며 캐나다 및 유럽연합(EU)과의 FTA는 현재 협상이 진행되고 있다. 또한, 우리 정부는 인도, 남미공동시장(MERCOSUR) 등과 공동연구를 실시하고 있으며 여건이 조성되는 대로 중국 등 거대경제권과의 FTA 가능성을 검토하는 등 FTA 추진에 적극성을 보이고 있다.

〈참고 1〉 **한 · 칠레 FTA의 경제적 효과**

한 · 칠레 FTA 발효 이후 11개월간(2004. 4~2005. 2) 양국간 교역량은 55.5% 증가하여 동 기간 대세계 교역증가율(25.0%)보다 2배이상 높은 수준을 달성하였다. 수출의 경우 한국 전자제품에 대한 수요가 급증하면서 전체 수출은 58.6% 증가하였다. 주요 품목은 휴대용전화기(↑225.7%), 컬러TV(↑110.3%), 캠코더(↑100.9%), 자동차(↑59.3%) 등이다. 이에 반해 동 기간 동안 칠레산 농산물 수입은 2,540만 달러로 전년동기 대비 570만 달러 증가하는 데 그쳤다. 특히, 국민 생활수준의 향상으로 소비가 급증하고 있는 포도주를 제외할 경우 상기 기간 동안 칠레산 농산물 수입은 1,660만 달러로 전년동기 대비 43만 2,000달러 증가에 불과하다. 그러나 이와 같이 농산물 수입증가가 미미한 이유는 협상에서 쌀, 사과, 배를 자유화 대상에서 완전 제외하는 등 민감품목을 고려하였기 때문이며 대신 우리는 세탁기, 냉장고를 자유화의 예외로 설정할 수밖에 없었다. 또한, 동 FTA 추진과정에서의 가장 큰 문제점은 이를 추진하기 위해 농업 지원대책으로 과도한 비용(119조원)을 지불하여야 했다는 점인데 이는 추후 다른 FTA추진과정에서도 악영향을 미칠 수 있다.

이미 FTA협정이 발효된 한 · 칠레 FTA를 협정 발효 후 1년 시점에서 평가해 보면 우려했던 농산물 피해는 거의 나타나지 않은 반면에 자동차, 휴대전화, 컬러 TV 등 우리가 수출증가를 기대했던 공산품의 수출증가 현상이 뚜렷하게 나타나고 있다. 아직 그 효과를 단정하기에 이른 한 · 싱가포르, 한 · EFTA FTA의 경우에도 그 효과는 차치하고라도 개성공단 등 북한 경제특구 생산제품에 대한 FTA상의 특혜 관세 부여 규정을 마련했다는 점에서 큰 성과를 거둔 것으로 평가할 수 있다.

3.3 추진상의 문제점

DDA 및 FTA 등을 통한 정부의 개방의지에도 불구하고 개방이 효과적으로 확대되지 못하는 이유에 대해 살펴볼 필요가 있다. 일반적으로 대외개방의 속도와 수준은 대외통상환경의 변화와 정부의 대외통상정책에 의해 결정된다. 즉, WTO/DDA 협상의 다자주의(multilateralism) 및 FTA 중심의 지역주의(regionalism) 확산과 같은 대외통상환경의 변화와 국내 반발여론 등에 대응하여 정부가 어떠한 대외통상정책 및 대내 이해조정 정책을 수행하느냐에 따라 대외개방의 속도와 수준이 결정된다고 할 수 있다. 따라서 우리의 개방이 국제적으로 경제력에 비해 미진한 것으로 평가되는 가장 큰 원인은 무엇보다도 경제주체간 또는 정부 부처간 이해관계 등 내부적 정치역학에 따라 대외개방의 속도와 수준을 결정하는 수동적인 입장을 견지해왔기 때문인 것으로 평가된다.

대외개방 추진상의 문제점으로 다음 4가지 측면을 지적할 수 있다.

(1) 대외개방관련 협상전략이 지나치게 피해부문, 예를 들면 농업부문 중심으로 수립되어 협상의 목표가 이익극대화(benefit maximization)보다는 피해최소화(loss minimization)에 초점을 두는 경향이 있음

피해최소화에 초점을 둔 협상전략은 결과적으로 소극적이며 근시안적인 대외개방으로 귀결되게 된다. 협상목표가 불분명할 경우 우선순위 선정이 왜곡되어 우리가 지향하는 정책목표를 달성할 수 없다. FTA 정책의 경우 구체적인 국가선별, 우선순위 등 전반적인 로드맵을 작성하고도 피해부문이 상이하게 나타나는 개별 FTA 협상에서는 부문 간의 형평성을 고려한 나머지 정교한 추진전략을 마련하기가 어렵게 된다.

(2) 통상정책 결정과정의 비효율성

통상정책을 결정하기 위해서는 우선적으로 정책목표를 명확하게 정립하고 개별 추진과제가 전체적인 틀에서 어떤 의미를 지니며 무엇을 기대하는지, 정책목표와 부합하는지, 추진과제 상호 간에 어떠한 영향을 미치는지 서로 양립할 수 없는 추진과제는 없는지에 대한 충분한 검토가 이루어져야 한다. 대외경제장관회의 규정에 따르면 동 회의의 심의를 효율적으로 지원하기 위해 대외경제장관회의 아래 통상교섭본부장을 의장으로 한 대외경제 실무조정회의(차관급)가 있으나 국장급 및 과장급의 실무자급 회의는 명시하지 않고 있다. 따라서 부처별 또는 개별 추진과제 등

의 상호 연관성 및 중복성에 대한 세세한 검토가 미흡한 실정이다.

(3) 정부부처간 이해갈등 조정 기능이 취약하여 실질적 조정이 이루어지기 어렵게 됨

부처간 이해갈등은 일반적으로 부처간 소관업무의 영역이 불분명하거나 또는 각 부처가 소관업무에만 지나치게 집착하는 데에서 야기된다. 주요 국정과제를 수행하기 위한 각종 위원회와 관련 업무 소관 부처 또는 부처 간의 역할분담이 분명하지 않을 경우 업무가 중복되는 분야가 많아 갈등관계가 발생하게 되면서 부처별 이해가 조정되기보다는 오히려 증대되는 경우가 흔히 나타나게 된다. 대외경제장관회의에서도 민감하고 중요한 사안에 대해서는 부처별 이견을 재확인하는 선에서 회의가 운영되어 실질적인 조정이 어려운 경우가 발생하고 있다.

〈참고 2〉 **미국의 통상정책 수립과정**

미국의 통상정책은 주로 실무급 협의에서 결정되는 것이 특징인 데 미국의 통상정책은 크게 4단계 협의과정을 통해 수립된다.

과장급 협의 → 국장급 협의 → 차관보급 협의 → 장관급 협의

대부분의 사안은 미국 무역대표부(USTR) 주관의 관계 부처 과장급회의에서 논의가 시작되는 데 과장급회의를 위해 USTR과 각 부처의 실무자들은 정기적 또는 수시로 회동한다. 과장급회의에서 미해결된 사안은 국장급협의에서 취급되는 데 이때 상정된 안건의 75% 이상이 해결된다. 이는 통상현안이 주로 실무급(과장급 및 국장급) 회의에서 해결되고 있음을 의미한다. 실제로 미국에서는 통상정책 부처간 조정을 위해 장관급회의가 개최되는 경우는 극히 드물다.

(4) 대외개방관련 이해갈등을 해소하기 위한 개방친화적 사회 인프라가 취약함

세계화의 진전과 FTA 등을 통한 시장개방의 확대로 피해부문이 발생하면서 사회갈등이 심화되고 있음에도 불구하고 대외개방에 따른 피해를 지원하는 제도나 개방관련 이슈의 대국민 홍보체계는 아직도 미흡한 실정이다. 현재 '무역조정지원법안'이 국회에 상정되어 있으나 동 법안은 지원기준(피해판정 포함) 및 지원대상의 형평성 측면에서 피해계층을 효과적·체계적으로 지원하는 데에 한계가 있다. 또한,

최근의 한 설문조사에서는 아직도 다수의 중소기업이 FTA가 정확히 무엇인지 이해하지 못하고 있는 것으로 나타났다. 이는 대외개방 관련 이해 갈등은 개방에 대한 오해나 그릇된 인식에서 비롯되는 경우가 많다. 최근 외교통상부를 중심으로 정부의 대국민 홍보활동이 강화되기는 했으나 홍보매체의 다양성이 부족하며 홍보효과도 매우 미약한 것으로 평가되고 있다.

〈참고 3〉 **정치적 상징성으로서의 미국 TAA**

미국 TAA제도는 무역 피해 대상자에게 실질적인 도움이 되기보다는 정치적 상징성이 강한 제도로 평가할 수 있다. 이러한 상징성은 TAA예산이 미국 GDP에서 차지하는 비중에서 확인될 수 있다. TAA의 전체 예산규모는 노동자(2억 달러), 농민(9,000만 달러), 기업(1,600만 달러) 모두 포함하여 연간 3억 600만 달러로 미국 GDP의 0.0026%에 불과하다. 그러므로 TAA가 무역자유화(trade liberalization)에 따른 이익 분배의 형평을 가져왔다고 평가하기는 어렵다. 그러나 TAA는 피해 산업의 무역자유화에 대한 반대를 사전적으로 약화시켜 미 행정부가 무역자유화를 강력히 추진하는 데 매우 중요한 역할을 해 온 것으로 평가된다. 현재 미국의 TAA는 한시적(5년)으로 운영되기 때문에 2007년 6월말까지 그 연장여부가 결정되어야 한다.

4. 전략

대외개방을 효과적으로 추진하기 위한 전략을 5가지 측면에서 살펴본다.

4.1 선진통상국가 비전의 구현

전술한 선진통상국가를 실현하기 위해서는 다음 3가지 과제를 중점적으로 추진해야 한다.

(1) 글로벌 스탠더드를 정착하여 공정한 경쟁질서(fair competitive order)를 확립하고 능동적으로 세계시장에 참여하기 위한 '제도 및 관행의 국제 표준화'

금융 · 경쟁 · 노동 · 외환부문 등의 국내제도와 관행을 글로벌 스탠더드(global standard)에 맞게 개선할 필요가 있다. 이는 외국인투자 유치를 질적으로 보다 고도화하고, 우리기업의 글로벌 경쟁력(global competitiveness)을 갖추기 위한 기초가 된다.

(2) 세계일류산업을 육성하여 산업 및 무역구조를 고도화하고 글로벌 생산요소를 효율적으로 활용하기 위한 '글로벌 네트워킹' 촉진

기업의 해외투자 관련 잔존규제와 절차적 제한을 완화하는 등 국내기업의 다국적기업화를 지원하는 동시에 국내기업과 해외진출기업간 협력네트워크를 구축해야 한다. 이를 위해서는 자본도피 가능성에도 유의하여 기업지배구조(corporate governance)를 개선하고 회계제도의 투명성(transparency of accounting system) 제고와 함께 불법자본이동에 대한 감시역량도 강화할 필요가 있다.

(3) 경제개방 및 개혁(economic opening and reform)을 동시에 추진할 수 있는 사회적 여건을 조성하기 위한 개방친화적인 사회인프라의 구축

개방정책을 추진하는 과정에서 사회적 갈등과 비용(social conflict and cost)이 크므로 개방정책에 대한 절차적 정당성과 이해관계자의 참여를 기반으로 사전에 사회적 합의(social consensus)를 형성하는 체제를 구축해야 한다. 이를 위해서는 협상과정에서 이해관계자의 참여와 의견수렴을 확대하고 국회 및 지방자치단체와의 대화나 타협을 위한 채널을 형성할 필요가 있다.

4.2 FTA 및 DDA 정책 방향

현재 진행 중이거나 계획된 우리의 FTA 추진에 가시적인 성과가 없는 경우 국내적으로나 대외적으로 실기할 가능성이 크다. 국내적으로는 2007년 12월 대통령 선거 등 국내 정치 일정 등으로 인해 FTA 추진의 모멘텀(momentum)이 약화될 수 있다. 대외적으로도 도하개발아젠다(DDA) 협상이 타결될 경우 상대방 국가가 우리와 FTA 협상을 하는 데에 있어 점차 동기를 상실하게 된다. 따라서 현재의 동시다발적 FTA를 지속적으로 추진하면서 거대·선진경제권과의 FTA에 보다 적극적으로 나설 필요가 있다. 거대·선진경제권은 우리에게 거대한 시장 확대의 가능성을 제공할 뿐만 아니라 우리 경제구조의 선진화에도 크게 기여할 것으로 기대된다. 이미 거대경제권 주변 국가를 통한 교두보는 어느 정도 구축되었고 유럽연합

(EU), 일본, 캐나다 등 일부 선진경제권과의 FTA 추진기반도 마련된 것으로 평가할 수 있다.

따라서 이제는 중국, 유럽연합(EU) 등 거대경제권과의 FTA를 본격적으로 추진할 필요가 있다. 중국, 일본, EU 등 3개 국가군이 우리 전체 교역의 약 60%에 이르고 있는 상황을 고려할 때 이들 국가와의 FTA는 우리 경제의 미래를 결정하는 핵심 사안이다. 이러한 측면에서 지나치게 '높은 수준의 FTA'를 추진하는 것보다는 '중간 수준의 FTA'를 추진방향으로 설정하는 것을 고려해야 한다. 이 경우 성사가능성도 커질 뿐만 아니라 FTA 추진에 따른 국내갈등을 완화시키는 장점도 존재하여 실익이 오히려 클 것으로 판단된다.

또한, FTA 체결 결과와 연계된 DDA 협상전략을 추진해야 한다. DDA 협상이 타결될 것으로 예상되는 시점에서는 FTA 추진결과로 우리의 개방수준이 높아지고 개방에 대한 공감대도 상당히 증대될 것으로 기대되므로 일부 민감부문을 제외하고는 DDA 협상에 보다 전향적인 자세로 임할 필요가 있다. 향후 DDA 협상에서 우리의 제한된 협상력을 철저히 평가하여 선택과 집중 전략을 통해 우리의 국익을 최대한 확보해 나가야 한다. 현재 우리가 협상전략으로 구사하고 있는 우리와 동일한 입장에 있는 동조국가(like-minded countries)와의 협력을 강화하여 우리의 협상력을 더욱 강화시킬 필요도 있다. 그리고 FTA 및 DDA 협상 등을 통해 대외개방을 추진하는 것은 경제적 요인 외에도 정치적 요인에 좌우되는 경우도 많으므로 관련 이슈에 대한 정치경제학적 인식 하에 정치권의 과감한 결단이 필요하다.

따라서 정치권이 개방정책에 대한 보다 높은 이해도와 문제해결의지를 가지고 실질적인 문제에 대한 충분한 검토 하에 대외개방에 대한 리더십을 적극적으로 발휘해야 한다.

4.3 산업발전전략

향후 산업별 발전전략은 선진통상국가 비전의 달성이라는 목표 하에 설정될 필요가 있다. 이에 따라 산업별 발전전략은 세계화 추세에 능동적으로 대처하고 지식기반경제로의 이행을 촉진하는 방향으로 수립되어야 한다. '정보'와 '지식'이 가치창조의 중요한 원천이 되는 지식기반경제로 이행하기 위해서는 서비스부문의 종합적인 시장개방전략(market opening strategy)이 수립되어야 하며 핵심 분야는 교육, 의료 등에 초점을 두어야 한다. 또한, 대외개방에 취약한 농업부문에 대한 발전전략 없이 대외개방정책을 추진하기는 어려운 현실이어서 종합적인 농업·농촌 발전전략을 마련할 필요가 있다. 대외개방과 연계된 또 다른 취약부문은 중소기업인 데 지속적인 일자리 창출 및 산업발전의 기반이 되는 중소기업의 세계화를 통해 국제분업(international division of labor) 체제로 편입시키려는 전략도 마련해야 한다.

(1) 종합적인 서비스시장 개방 및 경쟁력 제고 전략

서비스업종별로 진행 중인 경쟁력 강화정책을 대외개방과 연계하여 전체적인 시각에서 접근하는 '종합적인 서비스시장 개방계획'이 수립되어야 한다. 또한, WTO/DDA 서비스협상에서 타 국가가 관심을 표명한 분야를 우선 점검하되 해당 업종의 규제 및 경쟁력 현황을 점검하고 우리경제에 긍정적인 파급효과가 큰 분야를 우선적으로 고려하여 개방수준을 결정할 필요가 있다.

〈표 7〉 주요 검토대상 및 부문별 쟁점사항

미개방 분야(상업적 서비스)	
법률·회계·세무	외국 법무법인의 국내변호사·회계사·세무사 동업 및 고용 허용
방송광고	한국방송광고공사의 방송광고 판매 독점 폐지
영화·음반	수입추천제 폐지
서비스 질 제고를 위한 개방 검토 분야(사회 서비스)	
교육 및 보건의료	영리법인의 사립학교·의료기관 설립 허용
외국의 개방요구가 존재하는 분야	
영화상영	스크린쿼터 감축 또는 폐지
통신	기간통신사업자 외국인 지분제한(49% 이하) 완화
뉴스 제공	외국 통신사의 직배 허용

서비스산업의 업종별 경쟁력 강화정책은 우리경제 전체에 미치는 파급효과를 고려해 볼 때 교육, 의료 등 지식기반 서비스업종에 특화하는 것이 바람직하다. 그러나 기본적으로 국민의 기본적인 수요 충족 등 공익적 부분만을 정부가 보장하고 나머지 부분은 과감히 개방하여 경쟁력을 제고시키는 것이 바람직하다. 예를 들면, 통신서비스 등 국가보안(national security)과 관련된 서비스는 다른 서비스와 달리 외

국인 접근에 제한을 두어야 하나 법률·회계·컨설팅서비스 등 경제가 선진화되면서 성장하는 서비스의 경우 급격한 개방으로 인해 기업화되어 가는 국내업체의 시장을 잠식시키지 않도록 점진적 개방을 통해 국내업체의 경쟁력을 제고시켜야 한다. 물론 이 경우 시장개방일정을 명확히 하여 국내업체의 도덕적 해이(moral hazard)를 방지해야 한다. 또한, 관광·레저분야는 해외에서 소비되는 여가수요를 국내에서 흡수하기 위해 동 업종의 비전을 수립하고 아시아 지역의 '한류' 열풍과 연계하여 발전시킬 필요가 있다.

(2) 교육서비스의 시장개방 및 경쟁력 제고 전략

한국은 경제협력개발기구(OECD) 국가에 유학하는 학생 수가 중국에 이어 세계 2위이고 인구 대비 해외유학생 비율은 세계 최고수준이며 이들 유학생의 63%가 교육비를 사적으로 부담하여 경상수지 적자(current account deficit)의 주요 요인이 되고 있다. 또한, 수혜대상이 부유층 자제 중심으로 국한되어 교육기회의 균등성을 저해하고 있는 실정이다. 이에 따라 세계적 수준의 해외 교육기관 유치가 필요하며 이는 비단 글로벌 인재양성에서의 경쟁력 확보에 그치지 않고 사회적 통합(social integration)을 제고시키는 데에도 상당부분 기여할 수 있다.

따라서 교육서비스 시장개방의 기본적인 방향은 초·중등 교육은 사회계층간 원활한 이동을 위해 접근성에 중점을 두고 공공성(publicity)을 유지하되 대학, 전문대학원 등의 고등교육은 개방을 통한 발전을 적극적으로 고려해야 하며 이를 위해서 고등교육기관의 영리법인 허용 등이 필요하다.

외국 대학원의 설립 및 유치 계획은 교육부가 2001년에 2002년 9월부터 시범운영하기로 발표한 바 있으나 추진이 보류되었다. 최근 '제주 국제자유도시'나 '경제자유구역' 등에서 외국인투자유치의 촉진수단으로서 외국인 자녀교육을 목적으로 하는 외국 교육기관의 유치를 특례로 인정하는 특별법이 2005년 5월 제정된 바 있다. 그러나 현재까지 교육부장관의 인가를 받은 외국대학의 국내분교는 아직 없으며 주로 MBA를 중심으로 국내대학과 공동교육프로그램을 운영하는 경우가 약 30여개에 이르고 있다. 외국 대학원의 유치는 국내대학과의 공동프로그램 활성화부터 우선적으로 추진하되 교육제도에 관한 규제완화(deregulation)를 통해 점차 분교유치로 확대할 필요가 있다. 교육내용으로 보아 산업계 수요와 직결된 전문대학원부터 우선적으로 유치하고 일반대학원, 학부의 순서로 점차 확대해 가야 한다.

교육개방에 대한 국내 교육기관의 적응력을 제고시키고 파급효과도 극대화될 수 있도록 국내 교육기관과 외국기관간 공동출자 형태의 추진이 바람직하다. 외국 교육기관의 국내유치가 활성화되기 위해서는 학교법인의 설립 및 운용 요건에 관한 규정들의 대폭적인 완화가 필요하다. 현재 국내 교육법제 중 학교 설립주체가 학교 시설물을 소유해야 하는 의무규정이 완화되어 임대도 가능해야 하며 학교법인의 내국인 이사선임 의무규정도 완화될 필요가 있다. 교직원의 임무 및 교원자격에 관해서 고등교육법 관계규정을 준수하게 되어 있으나 학교 정관만으로 운영될 수 있어야 한다. 향후 우리경제의 성장동력으로 발전하게 될 산업의 지역클러스터화가 추진되고 있어서 지역산업의 인력수요가 교육내용에 신속히 반영될 수 있도록 외국 교육기관의 유치에 지방정부의 역할도 제고될 필요가 있다.

(3) 보건의료서비스의 시장개방 및 경쟁력 제고 전략

보건의료서비스와 관련된 시장개방이슈는 핵심이 영리법인의 병원설립 허용 여부(모드 3과 관련), 의료 인력의 국가간 자격인정 여부 등이다. 기본적으로 개방을 통해 보건의료서비스의 경쟁력을 제고시킬 필요가 있으나 의료서비스의 공공성 차원에서 정부의 역할을 제고하는 방향으로 전략이 수립될 필요가 있다. 현재 국내 의사자격이 있는 외국인은 영리 개인병원을 설립할 수 있으나 내·외국인 모두 영리 법인병원의 설립은 허용되지 않고 있다. 그러나 법적 소유형태보다는 시장에서의 경쟁 양상이 병원 운영 형태에 더욱 직접적인 영향을 주고 영리 법인병원의 도입이 경영효율성 및 경쟁력 제고, 의료서비스 차별화, 자본조달의 용이 등 긍정적인 효과가 클 것으로 전망되어 영리 법인병원의 도입을 적극적으로 검토해야 한다.

그러나 의료 인력의 국가간 자격인정 문제는 보다 신중한 접근방법이 요구되나 면허 관리체제를 정비할 필요는 있다. 보건의료서비스의 공공성 측면에서 외국 의료 인력에 대한 자격인정은 일부 수준 미달의 의료 인력의 유입으로 인해 국민건강에 직접적인 영향을 미칠 수 있으므로 보다 신중한 접근이 요구된다. 그러나 의료 인력의 자격평가절차를 보다 체계화하는 차원에서 종신면허제도 폐지, 면허의 다양화, 면허관리 전문기관의 설립 등 면허의 사후 관리를 강화할 필요가 있다. 또한, 보건의료서비스산업의 경쟁력을 제고시키기 위해서 의료공급자로 하여금 강제적으로 의료보험환자를 진료하게 하는 현행 요양기관 강제지정 제도를 재검토할 필요가 있으며 규모의 경제(economies of scale)를 위해 의료기관간 전략적 제휴(strategic alliance)와 네트워크를 보다 활성화해야 한다.

(4) 농산물시장 개방 및 농업·농촌의 종합적 발전전략

우루과이라운드(UR) 이후 그동안 농산물시장개방(쌀 재협상 포함)의 일정이 예견되었음에도 불구하고 장기적인 관점에서의 구체적인 대책은 미흡한 실정이다. WTO/DDA 협상 및 각종 FTA 협상이 진행되고 있는 상황에서 개방화 시대에 적합한 새로운 농정 패러다임이 마련되어야 한다. 이러한 맥락에서 농업·농촌의 종합적 발전전략은 다음 2가지 측면에서 살펴볼 수 있다.

① 시장기능의 강화

현재의 농업 및 농촌문제는 농업분야에 있어 취약한 시장기능에 기인하므로 시장기능을 보다 강화하는 대신 정부의 역할은 시장탈락자에 대한 지원에 초점을 두어야 한다. 이를 위해서는 우선적으로 농업의 구조개혁(structural reform of agriculture) 및 이행적응에 대한 추진계획이 마련되어야 한다. 시장기능을 강화한다는 정책기조 하에 혁신능력을 갖춘 농업경영업체를 지원하여 수요자의 요구에 호응할 수 있는 지속가능한 농업생산체계(sustainable agricultural production system)를 형성하여야 한다.

즉, 개방화라는 도전으로부터 우리 농촌을 연착륙시키기 위해 농업·농촌 전체의 이행적응을 적극적으로 지원해야 한다. 농가 역시 자구노력이 필요한 데 식가공 기업 운영, 해외투자 등 소득원천을 개척하는 농업 기업가로 변신할 필요가 있으며 정부는 이러한 활동에 대한 재정지원대책을 마련하여야 한다.

② 식품안전 확보 추진계획 수립

식품안전에 대한 소비자 인식도 점차 제고되고 있어 식품안전 확보 추진계획이 수립되어야 한다. 최근 식품산업 역시 '트렌드(유행, 예를 들면 웰빙)' 중심의 급변하는 산업이고 경쟁 역시 치열하여 식품의 안전이 위협받을 가능성이 큰 편이다. 따라서 정부는 산업육성 중심의 정책에서 탈피하여 소비자의 안전 중심에 정책의 초점을 두어야 한다.

(5) 글로벌 네트워킹을 통한 중소기업의 글로벌화 전략

중소기업은 지속적인 고용창출과 산업발전의 기반이므로 중소기업 역시 세계시장 진출을 통해 자생력을 보다 강화시킬 필요가 있다. 중소기업은 국제분업체제 내에서 경쟁력을 발휘할 수 있는 위치를 적극적으로 발굴하여 글로벌 시대의 생존기반을 구축해야 한다. 중소기업의 세계화는 산업경쟁력의 기초인 부품·소재산업의 발전뿐만 아니라 국내 대기업과 중소기업간 양극화 해소에도 기여할 것으로 기대된다.

특히, 대일의존도가 심한 우리의 부품·소재산업은 향후 중국과의 경쟁도 불가피할 것으로 보인다. 이러한 상황 하에서 우리의 부품·소재산업이 생존하기 위해서는 규모의 경제를 유발할 수 있도록 보다 체계적인 부품·소재산업의 집적화가 구축되어야 한다. 또한, 이를 통한 제품의 고부가가치화에 정책적 지원과 기업의 노력이 필요하며 산업연관구조상 생산파급효과가 가장 큰 전기전자 및 기계부문의 집적화 및 고부가가치화가 최우선적으로 추진되어야 한다. 이들 부품·소재 생산업체의 전문화 및 대형화를 유도하여 최종재 생산업체와 부품·소재 생산업체 간의 공동연구 및 공동투자를 통해 기업의 특성에 적합한 다양한 기술이 개발되어야 한다. 특히, 원천기술(source technology) 및 설계기술 확보에 주력할 필요가 있다.

〈표 8〉 주요 경쟁국가와의 기술수준 비교

	한 국	일 본	미 국	중 국
원천기술	100	130	140	70
응용기술	100	110	100	80
설계기술	100	110	105	80
제조기술	100	100	100	90
디 자 인	100	110	105	70
브랜드인지도	100	120	120	70

자료 : 대외경제정책연구원, 2004.

국내에서도 부품·소재 전문기업의 육성 등을 위한 특별조치법이 2001년에 시행되었으나 원천기술보다는 시장성에 주력하여 소규모 살포식 지원에 그치고 있다. 선진국들의 중소기업 및 부품·소재산업 육성정책을 벤치마킹(benchmarking)하되 우리의 경제발전 단계 및 국가적 특성, 그리고 기업과 제품의 특성 등을 고려하여 차별화된 정책을 추진할 필요가 있다.

4.4 개방관련 범국민적 공감대 형성

개방에 대한 국민의 공감대를 형성하기 위해서는 피해예상부문에 대한 구체적인 대안제시 및 사회안전망(social safety net) 구축, 개방 관련 이슈에 대한 국민홍보 등이 효과적으로 추진되어야 한다. 개방으로 인한 피해예상부문의 반발을 최소화하기 위해 사안별로 접근하는 방법보다는 체계적이고 종합적인 지원제도가 마련될 필요가 있다. 무분별한 지원은 도덕적 해이(moral hazard) 현상을 야기하여 경제 전체의 효율성을 저해할 수 있기 때문에 체계적인 접근방법이 요구된다.

이러한 측면에서 동 지원제도는 피해보상보다는 영세 중소기업에 대한 구조조정에 운용되어야 한다. 즉, 비효율적인 기업의 회생보다는 기업의 퇴출을 적극적으로 지원해야 한다. 경쟁력이 약한 기업이 폐업하려고 해도 생산설비 폐기 비용, 환경부담금 등 폐업에 소요되는 비용이 크기 때문에 용이하게 퇴출되지 못하고 있다. 따라서 기업의 원활하고 신속한 퇴출을 위해 제도적으로 폐업소요 비용을 지원할 필요가 있다.

〈표 9〉 OECD 주요 국가의 GDP 대비 사회복지지출(2001년 기준)

(단위 : %)

이탈리아	일본	미국	멕시코	한국
24.4	16.9	14.8	11.8	6.1

자료 : OECD, Social Expenditure Database, 2004.

또한, 체계적이고 종합적인 지원제도를 근본적으로 해결하기 위해서는 사회안전망을 전반적으로 확대시킬 필요가 있다. 구체적으로 미국의 TAA 역시 실질적인 도움이 된다고 평가되기보다는 대외개방 관련 정책의 수행과정에서 부수적으로 사용되는 정책이기 때문에 이를 우리에게 적용하여 운용하는 과정에서도 장기적으로 동 제도를 사회안전망(social safety net)과 통합하는 방안을 고려할 필요가 있다. 그리고 기본적으로 우리 정부의 사회복지지출(social welfare expenditure) 수준이 OECD 주요 국가에 비해 미흡하기 때문에 이를 늘려서 사회안전망을 확대해 나가야 한다.

개방 관련 이슈의 대국민 홍보를 위해서 TV, 라디오, 신문 등 대중 매체를 적극적으로 활용하는 것도 필요하다. 최근 외교통상부를 중심으로 정부의 대국민 홍보활동이 강화되고는 있으나 아직은 미약한 편이다.[8] 따라서 중앙정부 뿐만 아니라 지방자치단체 주관설명회 및 토론회 등을 활성화하고 통상전문가 및 통상 담당 공무원들의 순회 홍보 등도 고려할 필요가 있다.

4.5 정부부처간 이해조정기능 강화

현재의 대외경제장관회의를 보다 실질적으로 운영함으로써 '대외개방 및 통상교섭에 관한 정책의 조정'이라는 동 회의의 설립취지를 고려하여 조정기능을 강화시킬 필요가 있다. 즉, 결론이 필요한 안건에 대해 동 회의 결과 합의가 도출되지 않았을 경우 표결을 통해서라도 결론을 내리는 방안이 적극적으로 모색되어야 한다. 이를 통해 형식적인 이해갈등 조정을 지양하고 보다 실질적인 이해조정체계를 구축할 필요가 있다.

대외경제장관회의의 효율성을 제고시키기 위해서는 대외경제실무조정회의를 강화해야 한다. 통상교섭본부장이 의장인 실무조정회의가 효과적으로 활용되지 못하는 이유는 통상교섭본부장이 실무조정회의에서 가지는 조정권이 약하기 때문인 것으로 평가된다. 따라서 현재의 조직체계에서 대외경제위원회(실무기획단)와 통상관련 정부 부처간 역할 및 기능의 분담도 명확히 하고 대외통상장관회의에 국장급 및 과장급의 실무급 회의를 신설하는 것을 신중히 검토할 필요가 있다.

또한, 대외개방 이슈와 관련하여 여론 수렴기관이자 국민의 대표인 국회와의 협력을 보다 강화할 필요가 있다. 각 이해그룹과의 의사소통을 위한 대화채널을 국회를 통해 상시적으로 운용하고 가급적 정보를 공개하여 정보의 비대칭성(asymmetric information)을 개선하고 상호불신을 제거해야 한다. 그리고 대외개방

8) 외교통상부는 주로 홈페이지를 통해 대외개방의 홍보 활동을 강화하였으나 그보다는 다수의 국민에게 보다 용이하게 다가갈 수 있도록 대중매체를 통해 개방에 대한 공익광고를 이용할 필요가 있다. 예를 들면, 국정홍보처가 행정복합도시, APEC 정상개최 등을 대중매체를 통해 홍보하듯이 한·칠레 FTA 이후 국내기업의 휴대폰 및 전자제품의 수출이 급증하였다는 점을 부각하면서 FTA 체결이 우리기업의 경쟁력 향상 및 수출에 기여하고 있다는 점을 TV에 공익광고하는 방안을 고려할 수 있다.

과 관련된 이해갈등의 표출을 내부화하여 '합법적인 틀'에서 논의되도록 하고 도출된 합의를 상호 존중하는 풍토를 마련하기 위해 국회와 협력할 필요가 있다.

5. 실행계획

5.1 정부와 민간의 역할분담

선진통상국가의 비전을 달성하고 산업별 발전전략을 수행하기 위해서는 정부와 민간부문의 역할 분담을 명확히 할 필요가 있다.

(1) 정부의 역할

정부는 우리경제의 지향점과 개별 산업이 가지는 특수성에 대한 이해를 기반으로 개방관련 정책의 기본방향을 수립하여 이를 일반에 공개하여야 한다. 또한, 정부는 우리산업이 세계화 추세에 능동적으로 대처하여 발전할 수 있도록 경쟁력을 제고시키는 산업정책을 수립하여 시행하고 개방정책의 시행에 따라 야기될 수 있는 각종 문제를 해결하는 데 정책의 초점을 두어야 한다.

(2) 민간의 역할

민간부문은 정부가 발표한 개방의 일정과 변화된 시장환경에 따라 전문화(specialization) 및 제품의 고부가가치화를 통해 경쟁력 및 효율성을 제고시키기 위해 역량을 결집시켜야 한다.

5.2 중점 추진과제(2006년)

추진 전략별 세부 추진계획으로 FTA 및 DDA 정책방향 및 세부분야별 협상전략, 종합적인 서비스시장개방계획, 정부부처간 이해조정체계 구축방안 등이 실시될 예정으로 있다. 그러나 사회안전망 확대, 체계적 종합지원제도, 농업 관련 지원제도 등 예상부문에 대한 고려가 수반되어야 하는 과제의 경우 가급적 조속한 시일 내에 충분히 검토하여 추진할 필요가 있다.

〈표 10〉 추진전략별 정부 및 민간의 역할분담

세부추진전략	민간의 역할	정부의 역할
선진통상국가 실현과제 추진	· 글로벌 네트워킹 추진	· 제도 및 관행의 국제표준화 · 글로벌 네트워킹 촉진 · 개방친화적 사회 인프라 구축
FTA 및 DDA 정책방향	-	· 정책방향 제시 · 세부분야별 협상전략 수립
시장개방을 통한 산업발전전략 수립	· 경쟁력 제고 노력 · 법률회계컨설팅 : 규모의 경제를 위한 기업확대 전략 · 관광레저 : 한류와 연계전략	· 종합적인 서비스시장 개방계획 수립 · 업종별 경쟁력 강화정책 수립
교육	· 고등교육 : 수요자 중심 교육	· 고등교육 중심의 시장개방 전략 수립 · 학교법인 설립 및 운용 관련 규제완화
보건의료	· 영리법인화 전환 준비 · 의료기관간 전략적 제휴 및 네트워크 활성화	· 영리 법인병원의 도입 검토 · 의료 인력 자격평가절차의 체계화
농산물	· 시장기능에 대한 이해 제고 · 혁신 경영업체 형성 · 수요자 중심의 농업경영 · 보다 개척적인 정신 함양 · 식품산업의 현황 · 미래에 대한 연구 · 소비자 안전에 대한 인식 제고	· 농업농촌 종합적 발전전략 수립 · 시장기능 강화정책 수립 · 혁신 농업경영업체 지원 · 농업농촌 이행적응 지원 · 식품안전 확보 추진계획 수립
중소기업	· 제품의 고부가가치화 지향 · 전문화 및 대형화 추구 · 공동연구 및 공동투자 지향 · 원천기술 확보 노력	· 체계적인 부품소재산업의 집적화 · 정책 수립 · 원천기술 개발을 위한 지원
개방관련 범국민적 공감대 형성	· 무분별한 개방저항 지양 · 개방 이슈에 대한 이해 제고 · '울면 떡 하나 더 준다'는 인식 타파	· 체계적 종합적 지원체제 구비 · 사회안전망 확충 · 개방 관련 이슈의 대국민 홍보 강화
정부부처간 이해조정기능 강화	· 공청회 및 국회 여론수렴 등에 적극 참여	· 대외경제장관회의의 실질적 운영 · 대외경제실무조정회의 강화 · 국회와의 협력 강화

〈표 11〉 세부추진전략

세부추진전략	소과제	2006	2007	2008	2009	2010
1. 선진통상국가 비전의 구현	① 제도 및 관행의 국제표준화	기획	실시			
	② 글로벌 네트워킹 촉진	기획	실시			
	③ 개방친화적 사회 인프라 구축	기획	실시			
2. FTA 및 DDA 정책방향	① 정책방향 제시	기획 실시				
	② 세부분야별 협상전략 수립	기획 실시				
3. 서비스시장 개방	① 종합적인 서비스시장 개방계획 수립	기획 실시				
	② 업종별 경쟁력 강화정책 수립	기획	실시			
4. 농산물시장 개방	① 농업농촌 종합적 발전전략 수립	기획	실시			
	② 시장기능 강화정책 수립	기획	실시			
	③ 혁신 농업경영업체 지원	기획	실시			
	④ 농업농촌 이행적응 지원	기획	실시			
	⑤ 식품안전 확보 추진계획 수립	기획	실시			
5. 글로벌 네트워킹을 통한 중소기업의 글로벌화	① 중소기업의 글로벌화	기획	실시			
	② 체계적인 부품소재산업의 집적화 정책 수립	기획	실시			
	③ 원천기술개발을 위한 지원	기획		실시		
6. 개방관련 범국민적 공감대 형성	① 체계적 종합적 지원제도 구비	기획		실시		
	② 사회안전망 확충	기획		실시		
	③ 개방 관련 이슈의 대국민 홍보 강화	기획	실시			
7. 정부부처간 이해조정기능 강화	① 대외경제장관회의의 실질적 운영	기획		실시		
	② 대외경제실무조정회의 강화	기획		실시		
	③ 국회와의 협력 강화	기획		실시		

Ⅳ. 중남미지역의 국가경쟁력 현황과 과제

1. 개황

중남미국가들의 국가경쟁력이 지속적으로 하락하고 있는 것으로 조사되었다. 2004년 10월 세계경제포럼(World Economic Forum)이 발간한 2004년 세계경쟁력 보고서(2004 Global Competitiveness Report)[9]에 따르면, 중남미 20개 국가 중 2003년에 비해 국가경쟁력 순위가 상승한 국가는 6개국(칠레, 코스타리카, 파나마, 자메이카, 아르헨티나, 과테말라)에 불과하였으며, 나머지 14개국은 하락한 것으로 나타났다.

중남미국가들의 국가경쟁력 하락요인으로 '개혁의 불완전성'이 지적될 수 있다. 중남미국가들은 1990년대 이후 개방화, 자유화, 민영화(privatization) 등 거시개혁정책을 지속적으로 추진하였고 어느 정도 성과도 거두었으나 경쟁체제의 구축을 위한 규제·감독 기능의 개선, 행정 서비스의 질 향상, 부정부패 근절과 같은 미시개혁이 미진했고, 이로 인해 경제개혁(economic reform) 노력이 국가경쟁력 향상과 경제성장으로 이어지지 못하였다.

또한, 개혁의 속도도 문제점으로 지적되고 있다. 특히, 자본시장(capital market)의 경우 충분한 준비가 되어 있지 않은 상태에서 조기에 시장개방(market opening)이 이루어짐에 따라 자본유출입 변동 폭이 확대되었고, 이것이 멕시코 데낄라위기, 브라질 삼바위기, 아르헨티나 탱고위기 등 금융위기(financial crisis)가 빈발하게 된 원인 중 하나로 작용하였다. 개혁정책의 추진에도 불구하고 금융위기 빈발과 정국불안 그리고 대외경제여건의 악화로 중남미국가들은 최근 수년간 경기침체(recession)[10]를 경험하였고, 이로 인해 실업률이 상승하고 절대빈곤 및 소득불평등

9) 국가경쟁력 세계 1위의 국가는 핀란드, 2위는 미국으로 조사되었다. 아시아 국가 중에는 대만(4위), 싱가포르(7위), 일본(9위) 등이 상위를 차지하였고, 한국은 2003년 18위에서 2004년에는 29위로 하락하였다(수출입은행, 수은해외경제, 2004. 12. pp. 52~54 요약·재구성).

10) 중남미경제는 2001~2003년 동안 극심한 경기침체를 경험하였다. 2001년에 0.4%의 낮은

(income inequality)은 더욱 심화되었다.

〈표 1〉 세계경제포럼(WEF)의 중남미 국가경쟁력 순위

	2003년	2004년	비고
칠레	28	22	6단계 상승
멕시코	47	48	1단계 하락
코스타리카	51	50	1단계 상승
트리니다드 토바고	49	51	2단계 하락
엘살바도르	48	53	5단계 하락
우루과이	50	54	4단계 하락
브라질	54	57	3단계 하락
파나마	59	58	1단계 상승
콜롬비아	63	64	1단계 하락
자메이카	67	65	2단계 상승
페루	57	67	10단계 하락
도미니카공화국	62	72	10단계 하락
아르헨티나	78	74	4단계 상승
과테말라	89	80	9단계 상승
베네수엘라	82	85	3단계 하락
에쿠아도르	86	90	4단계 하락
니카라과	90	95	5단계 하락
온두라스	94	97	3단계 하락
볼리비아	85	98	13단계 하락
파라과이	95	100	5단계 하락

2. 국가경쟁력 현황

전술한 바와 같이 중남미 제국(諸國) 모두의 국가경쟁력이 하락한 것은 아니다.

성장을 기록한 데 이어 2002년에는 개도국 경제권 중 유일하게 마이너스 성장(-0.4%)을 기록하였다. 2003년에도 교역조건의 개선으로 수출이 큰 폭으로 증가하였으나 내수침체가 이어지면서 1.5% 성장에 그쳤다. 이로 인해 2003년 기준으로 중남미의 1인당 GDP(per capita GDP)는 1997년에 비해 1.5% 낮은 수준이고, 중남미의 빈곤 인구수는 전체인구의 44%인 2억 2,700만명으로 이 기간 동안 2,000만명이 증가하는 등 소득불평등과 절대빈곤 문제가 더욱 심화되었다.

특히, 칠레의 경우는 중남미는 물론 세계에서 가장 성공적인 사례로 지적되고 있다. 칠레의 국가경쟁력 순위는 2003년에 28위에서 2004년에는 22위로 상승하여 중남미 국가 중 유일하게 세계 상위 25개 국가에 포함되었으며 1990년대에 연평균 5%대의 고도 경제성장세를 지속하였다. 과거 중남미 경제위기(economic crisis)의 진원지였으나 현재는 S&P와 Moody's로부터 칠레와 더불어 투자적격등급을 부여받고 있는 멕시코도 비교적 성공적인 사례로 볼 수 있으나 멕시코의 국가경쟁력 순위는 2003년보다 1단계, 칠레보다 26단계 낮은 48위로 최근 다소 정체된 양상을 보이고 있다.

칠레가 중남미국가 중 가장 높은 국가경쟁력을 보이고 있는 요인으로 다음 3가지를 지적할 수 있다.

① 중남미 국가 중 가장 먼저 경제개혁을 시작하였음
② 세계에서 가장 개방적이고 자유로운 시장경제체제를 유지하고 있음
③ 세계 4대 투명국가로 선정될 만큼 부정부패가 적고 투명한 경제체제(transparent economic system)를 유지하고 있음

세계경제포럼 보고서도 칠레의 국가경쟁력 상승 요인으로 다음 4가지를 제시하였다.

① 정부의 건전한 재정정책 지속(continuance of government's sound fiscal policy)
② 공공부채의 감소(reduction of public debt)
③ 무역 및 투자자유화(trade and investment liberalization)
④ 공공 서비스의 질 향상(quality improvement of public service)

2004년에 국가경쟁력지수가 상승한 나머지 5개 중남미국가 중 아르헨티나는 2003년 78위에서 2004년에는 74위로 4단계 상승하였다. 그러나 이는 아르헨티나경제가 2003년 하반기 이후 극심한 경제위기로부터 반등하기 시작하였기 때문이며, 아직까지도 경제위기가 지속되고 있다는 점에서 큰 의미를 부여하기 어렵다. 과테말라의 경우도 2003년말 대통령선거에서 부정부패에 연루된 알폰소 포르티요 정부가 퇴진

함으로써 국가경쟁력 순위가 89위에서 80위로 다소 상승하였으나 실질적인 개선이 있었다고 평가하기는 어렵다. 그 밖에 코스타리카(51위→50위), 파나마(59위→58위), 자메이카(67위→65위)의 국가경쟁력 순위가 소폭 상승하였으나 큰 의미를 부여할 만한 변화가 있었다고는 평가하기 어렵다.

안데스국가들의 국가경쟁력 순위는 큰 폭으로 하락하였다. 베네수엘라, 콜롬비아, 에콰도르, 페루, 볼리비아가 모두 국가경쟁력이 하락한 것으로 나타났다. 특히, 정국이 불안양상을 보이고 있는 페루(57위→67위)와 볼리비아(85위→98위)의 하락 폭이 각각 10단계와 13단계로 가장 컸다. 중미 · 카리브국가 중에서는 도미니카공화국(62위→72위)의 국가경쟁력 순위가 큰 폭으로 하락하였다. 이는 2003년에 도미니카공화국에서 시중은행의 도산으로 극심한 금융위기와 외환위기(foreign exchange crisis)가 발생하였기 때문으로 풀이된다.

3. 과제

중남미국가들의 공통적인 국가경쟁력 하락 요인은 정국불안과 정책의 일관성(policy consistency) 부족, 비효율적인 관료화(inefficient bureaucratization)와 부패 등이 지적되었다. 특히, 세계경제포럼은 제도개혁이 이루어지지 못한 것이 중남미국가들의 가장 큰 문제점으로 지적하였으며, 이를 극복하기 위해 제도개혁 등 미시개혁에 중점을 둔 제2단계 개혁(the second generation reform)을 적극 추진할 필요가 있다고 권고하고 있다.

그러나 동 보고서는 1990년대 개혁정책이 기대하였던 성과를 거두지 못함에 따라 일반 국민들 사이에 반(反)개혁적인 정서가 광범위하게 확산되어 있어 중남미 각국 정부가 지속적인 경제개혁을 추진하는 데 있어 어려움에 직면할 것으로 전망하고 있다. 동 보고서는 이러한 상황을 극복하고 중남미국가들이 제2세대 개혁을 지속적으로 추진하도록 유인하기 위해서는 개혁과정에서 피해를 입는 사회계층에 대한 보상체계(reward system)를 마련하는 한편, 국제적인 개혁 인센티브 체계(incentive system)를 강화할 필요가 있음을 제안하였다.

찾아보기

[ㄴ]

[ㄷ]

[ㅇ]

[ㅈ]

〈기타〉

〈주요 저서〉

『국제통상환경론』(2005), 『현대중국경제론(2005)』, 『21세기 글로벌 기업론』(2006), 『APEC·ASEM·ASEAN+3 Focus』(2006), 『21세기 글로벌 금융의 이해』(2006), 『21세기 글로벌 무역의 이해』(2006), 『현대일본경제론』(2007), 『현대동남아경제론』(2007), 『21세기 글로벌 통상의 이해』(2007), 『21세기 글로벌 투자의 이해』(2007), 『국제경영과 경제의 이해』(2007), 『현대한국무역론』(2007), 『FTA의 경제학』(2007), 『Post-BRICs 경제의 이해』(2007), 『세계화·세계포럼·신경영 포커스』(2007) 외 다수

〈주요 논문〉

- "미국과 일본의 거시경제적 충격이 한국경제에 미치는 상대적 영향", 경제학연구, 제43집 제3호, 한국경제학회, 1995.
- "Empirical Test of The Market-oriented CAPM and January Effect", LSU Working Paper, 1997.
- "Money Demand Model of Inflation : Reexamined", LSU Working Paper, 1997.
- "Cointegration Test of Purchasing Power Parity", Western Social Science Association, 40th Annal Conference Proceeding, 1998.
- "A VAR Analysis of the Influence of the U.S. Economic Disturbances on the Korean Economy", Journal of Korea Trade, Vol. 3, 1999.
- "Economic Interdependence between Korea and Japan : Empirical Inquiry", Journal of Korea Trade, Vol. 4, No. 2, 2000.
- "교육용 유사주문형 비디오에 대한 지불의사액 분석", 경제학연구, 제48집 제13호, 한국경제학회, 2000.
- "산업연관 분석을 이용한 전파통신산업의 산업파급효과 분석", 중소기업연구, 제22권 제2호, 한국중소기업학회, 2000.
- "남북경협과 중소기업의 대북한 진출방안", 무역학회지, 제26권 제1호, 한국무역학회, 2001.
- "Modeling Zero Response Data from Willingness to Pay Surveys", Economics Letters, Vol. 71, No. 2, 2001.
- "Real Exchange Rate-Interest Rate Differentials : Empirical Inquiry", Journal of Korea Trade, Vol. 5, No. 1, 2001.
- "International Transmission of Economic Disturbances : Reexamined", 국제통상연구, 제7권 제1호, 한국국제통상학회, 2002.
- "An Empirical Analysis of Economic Linkages between Korea and U.S.", 산업경제연구, 제16권 제5호, 2003.
- "남북한 금융협력에 관한 연구", 국제통상연구, 제8권 제3호, 한국국제통상학회, 2003.
- "동북아허브 발전전략에 대한 고찰", 한국항만경제학회지, 제19집 제2호, 한국항만경제학회, 2003.
- "An Empirical Analysis of Economic Linkages between Korea and Germany", 유럽연구, 제21권(2005년 여름), 한국유럽학회, 2005.
- "동북아 금융허브 발전전략에 관한 연구", 국제지역연구, 제10권 제3호, 국제지역학회, 2006. 외 다수

글로벌 산업과 국가경쟁력

2017년 3월 5일 중판인쇄
2017년 3월 10일 중판발행

저 자 이 재 기
발행인 유 성 열
발행처 청목출판사
서울특별시 영등포구 신길로 40길 20
전화 (02) 849-6157(代) · 2820
FAX (02) 849-0817
등록 제318-1994-000090호

파본은 바꾸어 드립니다. 값 25,000원

http : //www.chongmok.co.kr

ISBN 978-89-5565-216-1